项目资助

全国教育科学“十三五”规划2020年国家一般课题“我国大学软法治理秩序与效能提升研究”（BFA200066）的阶段性成果

软法与利导

变革时代的大学校院两级治理

何晨玥 著

中国社会科学出版社

图书在版编目（CIP）数据

软法与利导：变革时代的大学校院两级治理 / 何晨玥著. -- 北京：中国社会科学出版社，2024. 11.

ISBN 978-7-5227-4246-5

Ⅰ. G647

中国国家版本馆 CIP 数据核字第 2024XE0811 号

出 版 人　赵剑英
责任编辑　赵　丽
责任校对　赵雪姣
责任印制　郝美娜

出　　版　中国社会科学出版社
社　　址　北京鼓楼西大街甲 158 号
邮　　编　100720
网　　址　http://www.csspw.cn
发 行 部　010-84083685
门 市 部　010-84029450
经　　销　新华书店及其他书店

印　　刷　北京明恒达印务有限公司
装　　订　廊坊市广阳区广增装订厂
版　　次　2024 年 11 月第 1 版
印　　次　2024 年 11 月第 1 次印刷

开　　本　710×1000　1/16
印　　张　23
插　　页　2
字　　数　331 千字
定　　价　138.00 元

凡购买中国社会科学出版社图书，如有质量问题请与本社营销中心联系调换
电话：010-84083683

序 言

在我指导毕业的多名博士当中，晨玥是既聪慧又特努力的一位。我每次读到《礼记·学记》中的“善学者，师逸而功倍，又从而庸之；不善学者，师勤而功半，又从而怨之”这段文字的时候，不知为什么就会很自然地想到晨玥。做教师这个职业之所以叫人快乐，也让人羡慕，也许是因为在教师的生涯中，不知什么时候、不知哪一天，你一不留心就能幸运地遇见一位让你欣喜和能强烈提升教师存在意义感的善学人。

晨玥就是这样一位善学者。她的向学、勤学、好学、乐学，使她在繁重的管理和教学工作之余，仍能持续不断地撰写和发表高水准的成果。前不久，晨玥告诉我，她拓展加深的新作《软法与利导：变革时代的大学校院两级治理》一书，已列入出版计划，希望我写篇序言。读着她发来的书稿，想到这些年来晨玥在大学治理领域的洞察发掘和专业成长，内心来说是特别期待，于是十分愉悦地提笔这次序言写作。

近些年，无论是学术界还是大学本身，大家都意识到治理的重要性，这方面的讨论越来越热烈，研究成果也日趋丰富。有一种经验判断认为，造成这一研究态势主要在于大学作为历史、文化与环境的产物，其所经历的任何一项变化背后都有其社会动因，尤其是对大学运行有伤筋动骨之影响的中国高等教育领域“放管服”改革。如果这种经验判断准确，那么可以推断，当下大学内部治理研究之所以日益高涨，很大程度上是伴随着中国大学体制改革政策及其相关机制的发展而发展的。作为历史、文化与环境等多维意义的代称，“变革时代”显然是我们需要关注的大背景。

晨玥对这方面的主题长期抱有浓郁的兴趣，并一直孜孜以求地在做着这方面的研究探索。还记得她与我最初交流这个话题的场景。她讲道，想在这个话题下写点什么的愿望由来已久，是因自己长期在高校工作的所见所闻的驱动。但更大程度上的驱动是，希望从当下注重改革政策和机制建设的普遍性认识和常规性讨论中解放出来。因为坦率而言，单单以改革政策、规范机制等客观评价来说明中国大学校院两级运转是有很多不足的。她曾谈到，这些年，体会很深的是，大家每次聊起大学内部治理，总是离不开国家和地方及大学本身层层推进的改革政策和制度落实。尤其是“双一流”建设实施推进后，“院办校”的呼声高涨，“学校下放管理权、学院实体化运行”的改革探索可谓层出不穷。在这一阵改革之风中，有这样一种耐人寻味的现象：大学校院两级管理改革政策出台后，理想而言，学院应当具有更清晰的自主决策、管理和发展的实体化空间，但实际上在具体落实政策时并非如此，学校和学院之间似乎总隐匿着原有的行事规则，相互间需要调和的因素越来越多。

本书的核心工作，就是分析这些现象事实的非线性存在，或者更进一步说，是从大学改革与发展的特定情境出发，站在国家、社会、学校和学院共同参与见证的关系立场中，思考大学内部结构变动和人们相互间利益关系的变化，审视校院两级治理行动视界赋予生活世界的意义，从中寻求某种更深层次的法治理解和解释。这让我不禁想到格根先生曾言，“我们关于真理、客观现实和理性的信念是在社会中被建构出来的。正是这种认识促使人们开始尝试从过去各种对真理的诉求中解放出来。更重要的是，这种建构的意识促使人们广泛探索，共同开发创造未来的潜能”（《关系性存在：超越自我与共同体》）。阅读本书，这样的尝试和探索既在预料之中，又在预料之外，似乎所有我们所认识的事物都可以扩展出新的思考方式。我想，也正是这样的探索的心境，本书呈现给读者的那些研究发现既不执着于西方学人某个经典理论，也不拘泥于目前盛行的研究视角和研究观点，而是由作者身处其中的那些问题、体察和信念所引导，并由问题、体察和信念出发延伸出社会普遍性议题，最终选择“软法与利导”这个新的方式来思考。

由是观之，贯穿全书始终的特色是，作者将个体困扰延伸至社会议题，开放且富有想象力地开启发现之旅，来洞察和探寻大学校院治理的真谛。这不仅体现在本书选择软法与利导这个鲜有运用的研究视角，以法学交融高等教育管理的方法理路，开展法社会学意义上的实地研究；还反映在个案探讨部分开放性地构建起软法叙事和软法运行两条主线，对发生在不同时间、不同环境、不同领域的力量交互与利益权衡予以总结和揭示；更反映在综合分析部分创造性地架起从个案到普遍的完整思路，对整体图景、基本面向和核心机制作出统合性论述；以及书尾再思考部分从法治源头出发进行理论对话和观点反思，以实现从理论到经验，再到理论的充分抒展。同时不得不提，本书的另一特色是，作者将组织、权力、信念三维度作为认识校院两级治理的主要窗口，这样的独特设计颇具新意。如书中讲到，大学内部有着多个组织单元、多个权力中心、多个目标、多个灵魂，它们之间可能是相互矛盾、相互竞争，可能随时面临增加或取消，却又必须予以治理。通过三维度的铺陈，读者眼前浮现的不再是循规蹈矩的制度安排，而是变幻无穷的多元生活及其背后的深层关系。

此外，笔者虽然没有言明，但从章节内容中可以感受到，全书暗含着一种观念预设，一种将大学校院两级治理预设为“情理合一”与“平衡再造”的理解和解释，从而使书中陈述的现象、问题和关系全然不同于西方大学。回溯儒家经典，孔子曰：“丘也闻有国有家者，不患寡而患不均，不患贫而患不安，盖均无贫，和无寡，安无倾。夫如是，故远人不服，则修文德以来之。既来之，则安之。今由与求也，相夫子，远人不服而不能来也，邦分崩离析而不能守也，而谋动干戈于邦内。吾恐季孙之忧，不在颛臾，而在萧墙之内也。”（《论语·季氏》）可以看到，孔子关注到利益与规范之间的紧张关系，主张以礼、义、仁、乐的方式解决问题，希望世人懂得均衡、平衡的重要性，主张以人、事、物的融合面来建构社会。不可否认，这样的思想对后代人的影响很大，甚至在现代大学内部，人们期待组织规则兼顾彼此、做人做事合情合理的社会心理和处事原则，也有这样思想的推延与影响。

在这个意义上，可以说，本书是一项回到中国社会现实中，基于独特学术眼光和洞察力，来反映中国大学现实的本土化研究。在书中，具有本土味道的概念、表达和解释很多，比如，“有所为有所不为”“求生存与求发展”“最多跑一次与跑无数次”等。这些提法和总结，引申出了与中国社会法治实践相对应的一系列大学内部治理原则、原理、社会心理和文化心态，从而使读者可以从社会大转型、大变革之处境中，既看到大学内部急剧变化的治理发展，又看到没有发生变化的那些人和事，或者说是很难发生变化的大学治理现实。从而使本书虽然绕不开大背景、大主题，但读起来也不乏生动真实，呈现出令人回味的个案众生和诸多小故事。

也因此，读完此书，我们或许可以形成这样的认识和期待：对于当下中国大学而言，制度充足和运行有序并不等于建构起大学法治，从某种程度上说，真正决定大学法治水平和程度的是大学成员的社会心理与文化心态。或者更透彻一些说，大学治理法治化是一个涵盖国家、社会、大学组织及其成员个体的意义世界，在国家和社会整体拉动的过程中，组织及其成员需要体会到同步成长、齐头并进的意义、价值和责任所在，大学才能向着理想的法治方向不断生长和发展。

让我们共同期待大学法治的真正绽放！

张新平

2024 年 5 月

CONTENTS

目录

第一章　导论

关系裹挟着参与者的身份前行，没有人能够控制它的无限延展。就像大海的浪花，“我”可能在某个凝固的瞬间跳脱出来，但当这个瞬间过去，浪花便消失在汹涌的波涛中，从此与波涛一体，无从分离。

——［美］肯尼思·J. 格根①

也许对于每一位研究者而言，其思想深处都存在一些支撑其研究行动的独特的个体性理论。这种独特的个体性理论指引着研究者进入发现世界、认识世界的研究行动中，构建起内心笃定的信念体系，并以此开展有关研究主题、脉络、问题、目标与技术路线的设计。在展开全书阅览之前，需要说明，尽管这本书的核心关切是要将法治视点和变革背景导入大学治理运转，但我并不希望单纯地把写作本书看作一项理论探索或经验发现，而是希望邀请读者一起，将阅读本书与我们所经历、所感受的那些司空见惯的社会生活现实联系起来，理解在过去、现在及未来的时间长河中，你、我、他共处的大学治理存在和发展。

正如我们所相信的，任何研究者在情感态度与道德伦理上都不可能是“价值中立”或纯粹“客观主义”的，都会带有自己的价值倾向与情

① ［美］肯尼思·J. 格根：《关系性存在：超越自我与共同体》，杨莉萍译，上海教育出版社 2017 年版，第 61 页。

感取向。[①] 在这方面，本书想要强调的是，无论是研究者的个体性理论，还是个人信念体系，都不是可以虚构的理性安排，而是一系列具体的、现实的关系逻辑所致。想象一下，就像大海里的一朵浪花，即便某一瞬间跳脱出来，汹涌的波涛还是裹挟着我们的身份前行，没有人能够控制它的无限延展。眼前我们思考、探索的这一切，正是一系列具体的、现实的关系逻辑始然。事实上，当我们选择和明确了某个主题，就已将自己的愿望、情感与体验连同主题等一起介入了某种关系世界。在这种关系世界中，坚持怎样的研究路向？形成怎样的方法路径？建立怎样的概念框架？采取怎样的研究对策？这些都将是研究者参与并感受研究对象的纲要性呈现。

接下来，本章将从研究缘起、研究综述、研究方法、研究过程、核心概念、研究范围、研究体例、本书框架等方面，澄清支撑研究行动的关系逻辑。

第一节 研究缘起

一 两个向度的思考

如何推动高等学校向院系放权，构建学校和学院之间的新型关系，一直是中国高等教育领域体制机制改革的焦点问题。近十年间，指向构建校院之间新型关系的大学内部改革动议进入高校战略管理决策议程得到办学治校者的普遍关注，并从两个向度上凸显这个议题的重要性。第一个向度是“治理体系的科学建构”，主要表现为在国家治理高校的法律法规与政策要求的指引下，大学办学治校框架与外部环境之间的适应性、匹配性要求提升，并在现代大学制度建设的牵引下表现出更多来自大学内部学校和学院两个层面制度供给侧的系统性、整体性趋势。第二个向度则表现为“治理机制的改革创新”，主要表现为在法治国家、法治社会

① 张新平等：《教育管理学的方法体系》，科学出版社 2012 年版，第 38 页。

深入实施的大背景下，面对日益激烈的高校发展竞争，大学内部顺应“院办校”模式架构的制度规划与规范创建成为改革的首要任务，大学遵循其自身内部学院基层办学治校规律的制度化要求与依法办学、依法治校态势越来越明朗。

以上两个向度带给人们的认识是：国家治理体系和治理能力现代化作为国策和高等教育内涵式发展战略任务的提出及实施以来，为构建学校和学院之间的新型关系，大学一直致力于通过校内政策、制度等规范性建设方式凝聚各种观念意志和利益诉求，构建起一种源自大学自身的、积极的、有序的内部治理图景，以回应日常运转中的各种问题。然而理想在现实面前常常显得有些无力。虽然既定的社会事实态势告诉我们，指向校院新型关系架构的校内政策和制度规划是推动大学内部治理的基本方式，与此相应，此类规范性建设是定义和探究大学内部治理之首要问题，也是核心问题。然而吊诡的是，这些方面的经验信息与现象事实实际上很难澄清“为什么内部结构相同的治理模式会出现绩效上的差异”，也不能解释“为什么改造内部结构也未必会产生所预期的效果”。

围绕上述疑惑，笔者认为首先须重申的是，大学内部治理研究是一个在行动中不断获得内生意义的过程，不仅关涉大学制度、结构、文化以及社会意义，还关涉个体信念、经验、行动和局部环境。同时也一直坚信，大学内部治理研究是一项“从事实出发形成认识、从现实出发建构行动”的理性活动，并非只要有一套逻辑自洽的研究体系就可以理解和体悟。言下之意，大学内部治理研究是一个复杂的、流动的行动世界，所有的研究事实与行动都是在相互关联中展开的。想要深度挖掘这里的问题，不仅需要思考大学整体意义，还需要将社会意义和个体感悟及行动联系在一起，进而形成“从实践中来、到实践中去”的研究法则。

正是置身于这样的思虑，我开始形成一种研究执念。这种研究执念指引着我沉湎于一种新的研究假设、探索与解释，去发现和重构存在于大学内部治理的制度规范、制度建设现象及其背后的运动逻辑。

二　工作世界的探索

如 C. 赖特·米尔斯所说，“困扰产生于个体的性格之中，产生于他与别人的直接联系之中，这些困扰与他自身有关，也与他个人所直接了解的有限的社会生活范围有关；论题涉及许多处于类似处境的组织，这些组织进入作为整体的历史社会的各种制度中，涉及不同的环境重合并相互渗透”①。当越来越多纷繁复杂的自身及社会问题袭来，学术志趣与情愫总是深深根植于困扰与议题之间。

在大学工作和生活的头十五年，随着自己所经历、所接触大学的内部治理的逐渐深入，与身边同人一起被卷入一场困扰与议题同在的制度化变革之中：参与讨论所在学校章程的讨论与起草，调研不同高校内部治理的制度文本与制定实施，讨论修订二级学院实体化运行的计划方案，酝酿制定二级学院人事财务管理方面的具体制度细则……这一切，拉近了大学内部治理、制度化变革与我之间的距离与联系，使我自觉或不自觉地陷于大学校院两级治理局内人与局外人之思，展开了一段感受他人、他物及工作世界整体，进而增进研究理性的体验。

现在回想起来，这个阶段的研究体验是自我增益的，但也是自我禁锢的。穿梭于“学校人”与“学院人”，同时也是“治校人”与“治院人”的重重关系之间，感受与体悟经常是力不从心、磕磕碰碰的。幸运的是，这段力不从心、磕磕碰碰的时间并不长。2016 年起，重新回到学生时代，在随园以书为伴、以研为乐的日子里，与学友们一起，研读大量教育组织学、教育政策学、教育法学、教育社会学、教育研究方法等方面的文献，学术旨趣与工作、生活和经历之间的思想碰撞不断产生，内心长时间潜藏的困惑得到一波又一波的启发。并最终认识到，制度建设是改革探索，也是一把双刃剑，它对大学内在运转具有规范规约的作

① ［美］C. 赖特·米尔斯：《社会学的想象力》，陈强、张永强译，生活·读书·新知三联书店 2016 年版，第 8—9 页。

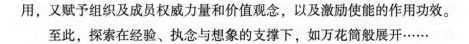

用，又赋予组织及成员权威力量和价值观念，以及激励使能的作用功效。

至此，探索在经验、执念与想象的支撑下，如万花筒般展开……

三 研究主题的审视

的确，大学是一个复杂的社会系统，在这个社会系统中，大学内部新型关系构建不仅关乎学校和学院两个层面的结构性设计和安排，还关乎大学内部学科专业基层的历史沿革、现有格局、行为习惯以及校院两个层级之间的力量交互；更重要的是，大学学科和专业历史沿革、现有格局、行为习惯以及校院两个层级之间的力量交互总是与既定结构嵌套在一起相互竞争，有时甚至相互挤占，产生的影响是层次不一的。这就是说，无论在何种政策议题的动议下，大学内部治理变革并不是由制度规范本身所决定的，还和特定时代、社会环境以及人们在制度规范运行过程中的取向、偏好、观念和对策有关。况且从某种程度上说，这些问题本身也正是大学内部校院两个层面的结构在目标理念和方式方法上的体现。

由此重新审视当前大学内部治理所反映的诸多问题，可以进一步确证的是：大学内部治理不仅是一种有关体系与机制的实体性、具形化存在，还是一种有关时代与环境、过去与现在、取向与偏好、观念与对策的过程性、价值性存在。并且对于大学而言，无论是在哪个层面和哪类问题上，源自学校和学院两个层级之间的力量交互和利益博弈无疑将成为解析大学内部制度建设的关键所在。至此，本研究关注的核心主题不只是大学内部治理的制度规范及其建设，还是在此基础上从静态向动态、从有界存在向关系性存在进一步迈进，关注大学内部校院两级治理的制度化变革中形成的各种有形和无形力量及其背后的互动逻辑。

当然，笔者所言，并非认为大学内部治理研究必须基于以上思考和分析才能得以进行，也并没有贬斥其他类型的高等教育治理研究之意。正所谓“研究者的学术志趣总是深深植根于日常生活体悟之中”，之所以会洞察到、聚焦到以上核心主题，与其说是在追寻大学校院两级治理研究的真实性过程中的大胆尝试，不如说是我个人际遇以及由此形成的研究心境、旨趣、体悟和选择而已。

四　逻辑理路的挑战

选择不同于传统分析的研究思考颇具魅力，也需要勇气。不得不承认，发现、重构并阐释大学校院两级治理的制度化变革中形成的各种有形和无形力量及其背后的互动逻辑，是一个不断突破先见的过程。想要实现合理化辨析，必须找到适合的逻辑理路。在这里，选择几例给予我灵感与启迪的声音先作说明。

伯顿·R. 克拉克的著作是指引我溯本清源的经典之作。他在讲述高等教育领域的八大真理时曾言，“一个国家的高教系统越来越不仅仅是一种依靠政治秩序，或生产的经济力量，或世界系统决定方向的附带现象了。在高教系统的内部和外部有决定性的过程、生长和定性变化的机制，这是高教系统运行的组成部分。有很多冲突和矛盾、力量和对应力量从内部打破现状。有许多信念选择和重新解释环境的压力，并制约系统的反应”①。言下之意，大学校院两级治理是一个关涉综合性、整体性的系统议题，学科组织与行政组织、内部组织与外部环境、组织与利益相关者之间相互勾连、相互混合的各种事实呈现出复杂的系统反应。由此出发，研究者作为解释主体，亟须克服单独研究某一方面事件的局限性，取而代之的就是将具体事件置于各种复杂性关系中，考察“人”、社会变迁等动态因素予以解释和反思，才能解析系统中无处不在的张力关系。

约翰·S. 布鲁贝克的著作将我带入哲学与方法之思。他在解析高等教育哲学时指出，“现在需要的是一种普遍性的解决办法，它要求用共同背景中的各种方法探讨所有的问题”②。可以肯定的是，当下层级越来越

① ［美］伯顿·克拉克主编：《高等教育新论——多学科的研究》，王承绪等译，浙江教育出版社2001年版，第288页。

② ［美］约翰·S. 布鲁贝克：《高等教育哲学》，王承绪等译，浙江教育出版社2001年版，第4页。

庞杂、分化层次越来越凸显的情势下，这种具有普遍性的解决办法对于大学内部治理而言尤为重要。试想，在一所大学内部，学院作为大学内部机构单元会集越来越多的学术人员，成为大学矩阵结构中的交汇点已非新现象、新问题。然而尽管底部沉重的现象不断强化，中心向上偏移的状况也还在继续，大学亦始终难以通过自我修复解决所有问题。如此来看，研究者不为改革中的新鲜所遮蔽，以永续性长存的意义和价值来探究不同层级中的现象与问题，才能捕捉到普遍与特殊之间的规律所在。

埃德加·沙因的著作极大拓展了我的立场假设与想象。他在描述组织文化时指出，“一个团体的文化可以被定义为：在解决它的外部适应和内部整合问题的过程中，基于团体习得的共享的基本假设的一套模式，这套模式运行良好，非常有效，可此，它被作为对相关问题的正确的认识、思维和情感方式授予新来者”①。这一解析着力于文化在团体结构中的效用，将埋藏于团体底层的、不可察觉的基本假设视为最深层次的文化本质，为解析大学结构与运行内核提供了思路。可以预见到，在外部适应与内部整合相互依赖、松散相连的大学团体结构中，深层次文化弥漫于内部机构及其成员周围，归属于校院两级治理关系汇流中的所有人。对于研究者而言，持有某种体验感和距离感，认清埋藏于大学底层的、不可察觉的各种深层次假设，既是一种思维方式，也是一种行动立场。

影响我、启迪我的著作无法穷尽，在后面的各章中会有更多回应。

五　选择以“软法视角”对话

以上思考、探索、审视和挑战汇合在一起，就像建构了一种引人入胜的愿景，一种超越传统的视点——对于大学校院两级治理而言，既以制度化方式展开，又裹挟着各种变革力量，其难度和复杂性不仅在于体系机制，还在于方法运用和过程实践。找到一种允许体系机制与方法运

① ［美］埃德加·沙因：《组织文化与领导力》，马红宇、王斌等译，中国人民大学出版社2011年版，第13页。

用、过程实践同时存在且同时对话的开放视角，才能澄清当下迫切需要关注的问题。正是在这样的情势下，“软法”这一具有丰富内涵和柔性外观的术语工具成为思考脉络上的纲领性扭结，提供了一个以法学概念和法治命题来折射大学校院两级治理的研究视角。可以说，选择以“软法视角”对话大学校院两级治理是颇具魅力的，也是激动人心的。除了学科倾向、研究偏好与研究主题之间的耦合，更重要的恐怕是软法及软法实践本身的特质恰好契合了当前和未来一定时间内中国高等教育领域政策制度法治化建设的大背景，以及法治建设背景下大学校院两级治理改革转型的基本立场和走向。

特殊的视角和方法路线意蕴着研究思路的开拓甚至转向。诚如有研究在论及社会组织软法治理问题时的阐释及叩问，现代社会的公共治理离不开软法，推进民主参与、形成利益衡量、实现公平正义更离不开软法运行，作为在建构、运作和实施治理安排方面主要依靠非政府主体的参与和资源的软法机制，其在搭建社会组织内部治理结构与运行机制方面有何作为？当社会组织邂逅软法治理，它们之间会擦出怎样的火花？[①]在大学校院两级治理的问题上，需要看到，作为公共治理在规范纬度上的表现形式，也是社会利益参与和衡量的导向机制，大学软法既具有“法性”又具有“软性”，选择软法及软法治理对话，不仅可以表征大学校院两级运转中的法治理结构，还可以动态地呈现校院两个层级之间的开放性、参与性、协商性交互与博弈，以及背后更深远的中国社会法治生态。

那么循此理解，大学内部制度化变革实践中，校内软法之于大学校院两级治理究竟产生了何种作用和功效？形成了怎样的治理秩序？存在着哪些压力与挑战？其症结何以应对？未来态势又何以期许？

这些都是当下值得思考的问题，也是本书试图解答的难题。

以上这些方面的疑惑、经验、旨趣、体悟与选择，便是本书正、副

---

① 张清、武艳：《社会组织的软法治理研究》，法律出版社 2015 年版，第 2 页。

标题——“软法与利导：变革时代的大学校院两级治理”的由来及其关联。

第二节 研究综述

根据研究需要，文献综述主要从“大学内部结构和运行的探讨”和“软法及软法治理研究”两个方面展开。其中，大学内部结构与运行的探讨将梳理中西方研究的不同学科视角、分析路径与研究脉络，呈现校院两级治理问题在大学发展与变革中的历史演变；软法及软法治理研究则将沿着“软法理念及原理—软法现象与实践—大学公域软法与软法治理”的脉络，澄清软法及软法治理研究的中西方学术史，进而梳理出软法治理在大学公域中的出现与大学内部软法治理研究动态。

一 大学内部结构和运行的探讨

（一）国外从结构特性到组织运行的研究

20世纪60年代，大学学术组织的结构特点已成为西方高等教育研究的主题，学者们多从历史和经济的观点出发，对本国高等教育改革中的大学管理问题进行阐释。从20世纪70年代末80年代初开始，西方高等教育研究在经济衰退中转向跨国家研究，使这方面研究的学科视角不断丰富，研究方法上逐渐突破。

这一阶段，美国著名高等教育学家伯顿·R. 克拉克教授所著的《高等教育系统——学术组织的跨国研究》《高等教育新论——多学科的研究》等高等教育研究名著，成为推动世界高等教育研究的重要力量。在这些著作中，关于高等教育系统理论的“矩阵结构”“底部沉重”“基层单位和系的分层”等许多论证，至今依然具有很大影响。例如，《高等教育系统——学术组织的跨国研究》指出，与其他组织类型相比，大学或学院并不具有严重相互依存的组成部分。它们的机构部分具有不寻常的首要性，在相当程度上可以自由朝不同的组织方向发展，由各个领域推动前进，相互之间的影响是有限的。大学是学科和院系组成的矩阵结构，实现二者各司其职、各尽所能，是现代大学治理的基本挑战。①《高等教育新论——多学科的研究》指出，各种矩阵的中心，是学术工作这一最普遍的事实：在每所院校中，也同样有横向和纵向的区分：横向的组织，即系、讲座和研究所；纵向的是层次，例如研究生是较高的层次，本科生则是低一级的层次。在所有这类区分中，工作结构是第一个基本因素，学术组织的信念和文化是第二个基本要素，权力则是第三个基本要素。②

除了伯顿·R. 克拉克提出的高等教育系统理论外，还有迈克尔·科恩和詹姆斯·马奇提出“有组织无政府状态”，查尔斯·比德韦尔等人提出“科层制与松散结构的混合体”等理论。加拿大学者约翰·范德格拉夫指出：高等教育组织划分为六个层次，其中学院是第二级层次，大学本身是第三级层次，研究学院与大学之间内在的相互联系，需要充分理解高校决策机构及其组成情况、卷入的群体、官僚结构的程度和等级制与内聚性的程度。③ 美国学者弗雷德里克·E. 博德斯顿则指出：大学不是一个紧密联合的整体，它是一个由不同单位组成的结构松散的学术组织，各单位在运行中的离心程度不同。④

上述研究都在不同程度上阐释了大学组织结构的复杂性特征，除此之外，美国高等教育管理学家罗伯特·伯恩鲍姆著述的《大学运行模式：大学组织与领导的控制系统》一书也以独到的研究观念论述了大学及其学院所具有的独特结构运作过程，提出高校及其内部学院之间并不是单一的管理关系，而是要从问题出发探求出一种行之有效的管理模

① ［美］伯顿·R. 克拉克：《高等教育系统——学术组织的跨国研究》，王承绪等译，杭州大学出版社 1994 年版，第 46 页。

② ［美］伯顿·克拉克主编：《高等教育新论——多学科的研究》，王承绪等译，浙江教育出版社 2001 年版，第 109—110 页。

③ ［加］约翰·范德格拉夫等编著：《学术权力——七国高等教育管理体制比较》，王承绪等译，浙江教育出版社 2001 年版，第 4—7 页。

④ ［美］弗雷德里克·E. 博德斯顿：《管理今日大学：为了活力、变革与卓越之战略》，王春春、赵炬明译，广西师范大学出版社 2006 年版，第 60 页。

式。正如他在书中所强调的，系统的稳定性和有序性是通过控制系统获得的，也就是说，是通过自我修正机制控制组织功能和提供注意暗示，或者当出现不正常情况时，向参与人员提供负反馈等实现。① 该研究致力于缩小理论与实际应用之间的鸿沟，尤其是同时运用组织理论和心理学研究高等教育系统运行中的领导模式问题，分析了大学组织运行过程中的变化规律和不同因素之间的各种联系，这对本研究的开展有很大启迪。

此外，美国著名教育学家约翰·S. 布鲁贝克则在《高等教育哲学》中提到，大学不仅仅是一个由各系组成的集合体，大学在从分科系中得益之时，必须寻求更为深刻的联合。② 图汉斯等学者对德国许多州的高校考察后指出，“管理自治在校级和院系层面都得到了实质性的强化且二者之间的协调正在增强，而大学高层管理者相对院系层面而言享有更为优先的管理权限”③。同时又指出，“自 20 世纪 90 年代以来，德国几乎所有州的院长和系主任的正式权力都得到了强化，许多议题现在可以不经过大学理事会和教职工大会在院系层面做出决定。他们开始被视为重要的中间层，不仅在校长面前代表了院系利益，还负责在院系层面执行校长制定的政策——如果必要的话，违背教师委员会大部分成员的意愿。总之，大学系统拥有了更多层级化的元素”④。这些观点都隐喻着一个重要的信息，即在大学内部，学校和学院之间存在一种无形的且更为深刻的运行关系。

综上可以发现：国外研究中最基本和核心的问题，是如何看待学校

---

① ［美］罗伯特·伯恩鲍姆：《大学运行模式：大学组织与领导的控制系统》，别敦荣主译，中国海洋大学出版社 2003 年版，第 173 页。

② ［美］约翰·S. 布鲁贝克：《高等教育哲学》，王承绪等译，浙江教育出版社 2001 年版，第 142 页。

③ JANSEN D.，*New Forms of Governance in Research Organizations Disciplinary Approaches*，*Interfaces and Integration*，*Netherlands*：Springer，2007，pp. 148-165.

④ JANSEN D.，*New Forms of Governance in Research Organizations Disciplinary Approaches*，*Interfaces and Integration*，*Netherlands*：Springer，2007，pp. 148-165.

与学院（系）之间的结构特性，以及如何看待不同校院组织运行对高等教育事业发展所产生的功能与价值。尤其是20世纪90年代以来，国外研究者开始反思结构主义，认为在大学内部校院结构关系之外，还需要重视政治、文化、人际关系、领导力、法律、政策等各种运行要素在校院关系中的参与度，其研究视角、研究方法和研究路径对中国大学校院两级治理研究有很大的借鉴意义。

（二）国内改革脉络中的结构与运行分析

中国高校管理问题的探讨起源于20世纪末，近十余年间，大学校院两级管理、大学内部治理、二级学院治理在大学改革与发展脉络中受到关注，呈现出相关性研究小幅增长趋势。聚焦于大学内部结构与运行分析，可以归为本体研究、问题与发展路径、历史变迁、中西方比较研究和个案分析四个方面。

在本体研究方面，代表性的观点主要有：宣勇认为，学院是大学组织中承上启下的中层组织，应该是一个相对独立的办学实体，学院制是保证这一层组织发挥效能的最佳制度形式，作为大学组织中的最高层面的学校是在更为宏观的层面上把握学校的组织发展与变革①；刘亚荣、高建广等认为，中国高校校院两级管理体制从管理学角度看属于职能分权制，“事权以及事务管理基本运行经费支配权下移，重大财权、人权及发展事项仍然集中在校级”是对中国高校校院两级管理改革基本特征的判断②；林健指出，作为大学系统结构中的三个层次，校、院、系三者之间的关系可以从权力分配、职能分工、核心地位以及管理方式几方面进行分析③；高雁、宋晓萌认为，正确处理高校校院两级关系的重点在于处理好校院两级的人权和事权、校院两级的财务和分配、校院两级的教学科

① 宣勇：《大学组织结构研究》，高等教育出版社2005年版，第2页。

② 刘亚荣、高建广等：《我国高校实行校院两级管理体制改革的调研报告》，《国家教育行政学院学报》2008年第3期。

③ 林健：《大学校院两级管理模式中的权责划分》，《国家教育行政学院学报》2009年第11期。

研关系等[1]；金宏奎、陆明峰认为，就结构功能而言，学校、学院应在结构均衡的基础上分工协作，在功能精简、分化的前提下分层设置[2]；仰丙灿认为，校、院二级管理属于授权，是上级依据或通过制定规范性文件，将一定的权力或职权授予下级以及其他组织的行为，授权是针对具体事项、具体问题的[3]；谢峰、宋彩萍认为，从中国高校大部分实行三级建制、二级管理的治理体系实践看，作为大学二级机构的"学院或系"，它们是大学职能的直接承担者和各项活动的直接组织者，是在学科专业层面上实现大学发展目标的基本组织单位，是学术心脏地带。[4] 这些研究大多以组织学、管理学的分析框架，将结构与运行问题置于大学内部纵向组织形态与责权定位中予以强调，为本书勾勒了有关大学校院两级治理的基本框架。

面临的问题与改革路径是近年来学界最多关注的问题。从当前文献来看，学界大多将这一问题纳入"学院设置与治理改革"中予以关注。其中，潘春胜认为，深化校院两级体制改革的实质就是放权给院系，落实二级学院教学科研和办学主体地位，明确大学与学院之间的责权利关系，使学院拥有相当大的教学科研及行政事务的自主管理权是其主要内容[5]；刘恩允、周川认为，从作为大学基层组织的院系改起，通过院系管理改革形成改革的倒逼机制，以促进"现代大学制度"的真正建立，进而推动整个高等教育管理体制的改革[6]；叶文明认为，大学在推动内部治理变革的过

① 高雁、宋晓萌：《高校管理体制改革要正确处理校院关系》，《河北工业大学学报》（社会科学版）2014 年第 6 期。

② 金宏奎、陆明峰：《我国大学治理与校院二级管理的实践逻辑》，《高校教育管理》2015 年第 6 期。

③ 仰丙灿：《学院自治：大学内部治理结构优化的路径选择》，《复旦教育论坛》2015 年第 5 期。

④ 谢峰、宋彩萍：《高校院系治理改革的理念、困境与突破——"中国高校院系设置与治理改革"学术研讨会述评》，《复旦教育论坛》2017 年第 4 期。

⑤ 潘春胜：《协同共赢：现代大学治理的新趋势》，《教育发展研究》2014 年第 21 期。

⑥ 刘恩允、周川：《学术主导、分类驱动、协同推进——我国大学院系治理机制探究》，《高等教育研究》2017 年第 8 期。

程中，根据自身的目标定位和发展战略，结合学院发展实际和学科发展需求，可实行区别对待的差异化放权的变革策略①；张德祥、李洋帆认为，新型校院关系是激发大学办学活力、提升办学绩效的关键，主要包括改变以往高度集中的管理体制、实现管理重心下移，改变过度直线职能结构、实现一定程度的校院结构的扁平化，以及管理部门改变过度的行政指挥三方面内容②；张世爱指出，学院治理改革要想取得实质性的进展，不仅需要在自身固有权力结构的基础上取得突破，还要撼动学校既有权力结构的禁锢，而后者更是学院治理改革面临的主要困难。③ 这些研究给予笔者最大的启发是，基于中国当前特殊的时代背景，大学内部结构与运行不仅是一个学理性议题，更是一个基于改革与发展的实践性议题。

对于历史变迁，既有成果主要聚焦在大学治理历史变迁与学院治理历史变迁两条主线上，即在“大学治理变迁”或“大学院（系）治理变迁”中可以探寻到中国大学内部结构与运行的历史变迁。以笔者目力所及，其中最具有代表性的是张德祥对 1949 年以来中国大学治理历史变迁和中国大学院（系）治理历史变迁的研究。张德祥认为中国大学内部治理变革是一个由局部到整体的过程，即由“以大学内部领导体制探索为中心”转向“以大学内部管理体制改革为重点”，最后走向“以完善中国特色现代大学制度为主旨”的系统建设，呈现了由点到面再到体的历史生态。④ 对于大学院（系）治理的历史变迁，张德祥、方水凤指出，中国大学院（系）治理的变迁与大学治理历史变迁具有同质性，政策主导整个变迁过程，历史变迁具有阶段性和连续性，主要经历了 1949—1989 年领导体制探索期、1989—2009 年党政联席会议制度形成期、2010 年至今

---

① 叶文明：《差异化放权：大学内部治理变革的策略选择》，《高等工程教育研究》2017 年第 2 期。

② 张德祥、李洋帆：《二级学院治理：大学治理的重要课题》，《中国高教研究》2017 年第 3 期。

③ 张世爱：《国内高校试点学院治理改革的经验、问题与改进》，《黑龙江高教研究》2018 年第 1 期。

④ 张德祥：《1949 年以来中国大学治理的历史变迁——基于政策变革的思考》，《中国高教研究》2016 年第 2 期。

内部治理结构完善期三个时期。[①] 从这两条主线中，我们可以捕捉到“政策主导”的影子。

中西方比较研究近几年受到较多关注，但成果不多。在笔者目力所及的文献中，王建华指出不同国家有不同的模式，其中欧洲大学以“学院”为组织单位，每个学院都实行学术自治；美国大学内部会区分专业学院和分权的学院组织；英国大学与学院的关系更为特殊，学院往往既不是专业性的也不是学科性的，而更像是一个“小大学”，牛津和剑桥本身则更像是“学院的联邦”。[②] 谢凌凌通过对剑桥大学杰夫·海沃德教授的访谈，介绍了剑桥大学教育学院的治理架构、运行机制、学院文化营造、师资管理与人事政策、大学创新与创业，其中所涉校院关系问题对中国高校校院治理具有借鉴意义[③]；蔡蕾、鲁世林从比较教育学的视角出发，通过对中国和美国研究型大学在“历史”和“制度”方面的探究和分析，指出中国高校在进行“院为实体”改革时应该做到三个“进一步”，即进一步确立权力下放、分权治理的校院两级权力分配体系，进一步强化以学术权力为主导的学院实体地位，进一步完善校内民主和社会监督的民主管理体制。[④] 这些研究主要以管理学、经济学和教育学等学科理论为视角，形成的多维分析框架对笔者考察中国高校校院关系问题具有借鉴意义。

此外还有一些学者着力于当前高校改革与实践的个案分析与应用研究。例如：王为正以 H 学校的个案为例，指出合并高校内部权力纵向分配的关键是，学院制运行模式下的校、院二级的关系问题，具体表现为“三级设置，二级管理”的结构性矛盾，校、院管理权力定位偏差和校、

① 张德祥、方水凤：《1949 年以来中国大学院（系）治理的历史变迁——基于政策变革的思考》，《中国高教研究》2017 年第 1 期。

② 王建华：《学院的性质及其治理》，《中国高教研究》2017 年第 1 期。

③ 谢凌凌：《世界一流大学的学院治理与高等教育创新——对剑桥大学教育学院院长杰夫·海沃德教授的访谈》，《高等教育研究》2017 年第 5 期。

④ 蔡蕾、鲁世林：《“院为实体”校院两级管理体制改革的三个方向——基于中美研究型大学的比较研究》，《高教探索》2017 年第 11 期。

院职能错位[1]；刘向兵、周蜜以A大学内部经费配置中的校院关系为例，指出高校内部经费配置既需要建立强而精的行政系统并提高其战略管理能力，也需要形成强有力的“中间层”治理结构并强化学院责任中心，呼唤中央集权与基层分权相结合的混合经费配置模式[2]；杨颉以上海交通大学为例，指出校院之间资源与政策的博弈是改革的焦点和难点问题，需要避免校院权责“零和博弈”的改革陷阱。[3] 这些研究以“见微知著”的方法，探寻治理环境与大学内部权力、经费、政策之间更广泛、更复杂的联系，丰富了笔者对中国高校校院两级治理的想象。

综观以上研究脉络可以发现：从学界的关注趋势来看，学者们意识到大学内部结构层次与权力与运行在中国大学改革与发展中的重要性，校院两级治理研究逐渐显现多元态势。不过总体上看，对于学校及其学院正在面临的问题，学者们大多只将学术关注点聚焦于校院两级管理的机构设置、权力运行、经费配置定位等方面，且主要停留在“现象—问题—对策”的规范研究层面。当下，中国大学正处于校院两级治理改革实施、完善与产生效能的攻坚期，学校与学院在两级管理制度化进程中能动建构形成的多维力量结构与运行态势是把握大学内部治理改革现状及变动的重要突破口。立足多维结构与运行关系在改革实践中的参与、对比及其互动，找出学院与学院正在面临的问题及其症结所在并提出针对性建议，是我们迫切需要关注的。

二　软法及软法治理研究

（一）软法理念兴起与软法现象的开创性研究

软法理念最初来自国际法领域，是麦克奈尔男爵的创造。当代意义

① 王为正：《合并高校内部纵向权力分配问题研究——基于H学校的个案分析》，《中国高教研究》2011年第10期。

② 刘向兵、周蜜：《我国公立高校内部经费配置中校院关系模式变革的案例研究》，《中国高教研究》2017年第1期。

③ 杨颉：《协同治理 协议授权——探索校院二级管理改革新路径》，《中国高教研究》2017年第3期。

上的软法研究一般认为始于20世纪70年代。1972年的联合国人类环境宣言（斯德哥尔摩宣言）被看作现代第一个国际软法规范，在环境软法规则的形成与发展过程中，联合国环境规划署、经合组织等正式国际组织以及国际法协会、国际法学会等非政府组织，都发挥了重要作用。[①] 但在20世纪90年代之前，国外软法研究一直处于软法理论的论证阶段，即使在其作用与价值被充分肯定的情况下，软法的形态、特征、发挥作用的条件、机制等依然难以界定，甚至还一直面临怀疑和批评。

20世纪90年代后，伴随着现代公共治理在全球范围内的兴起，软法作为一种“智识框架”受到学界极大关注。例如，美国国际法学会设立“软法研究项目”，围绕国际环保协定，就履行无约束力规范的问题开展广泛讨论[②]；瑞典斯德哥尔摩大学组织研究中心就“新管制”开展研究，软法研究成为该研究项目的重要组成部分[③]；以色列特拉维夫大学召开的软法研究会，会集了来自不同专业领域的学者。[④] 软法研究成果因此而出现井喷，尤其是在国际法学、公法学、民法学以及其他社会科学研究领域，产生了一系列有代表性的研究成果，从跨学科、多层次及跨时代的角度研究国际法、国际环境法、欧共体、全球公共行政、人权、军控等领域里的软法现象。在这些国际和区域软法研究的学术活动和学术成果中，法学界主要关注软法的规范地位与约束力问题，政治学、行政学、社会学、经济学等其他社会科学则更多强调公共治理问题。如何将法学视角与其他社会科学视角更好地交融，更全面地认识软法及软法治理问题，这对本研究的触动很大。

在中国，软法及软法治理的开创性研究，源于罗豪才先生主编的

---

① Pierre-Marie Dupuy, “Soft Law and the International Law of the Environment”, *12 Mich. J. Int*, No. 420, 1990-1991.

② Dinah Shelton, *Commitment and Compliance: The Role of Non-Binding Norms in the International Legal System*, Oxford: Oxford University Press, 2000, preface.

③ Ulrika Morth, *Soft Law in Governance and Regulation: An Interdisciplinary Analysis*, Edward Elgar, 2004, preface.

④ 罗豪才、毕洪海编：《软法的挑战》，商务印书馆2011年版，卷首语。

“软法研究系列”丛书。作为中国软法理论的倡导者，罗豪才先生是中国较早关注软法的学者，开创了公法研究与公共治理研究的一种新路向。在他的倡导下，北京大学于2005年成立软法研究中心，越来越多的学者关注软法存在的意义和作用，翻译了许多有关国外软法最新研究动态与理论成果的论著，并围绕软法现象的由来与发展、定义、特征、类型、与硬法的关系、实施手段、发挥的作用与价值等软法基本理论问题，陆续出版了《软法与公共治理》《软法的理论与实践》《软法与协商民主》等软法研究系列丛书，形成了一系列开创性研究成果。可以说，自软法及软法治理的开创性研究开始，中国软法研究一直是在公法及公共治理研究的语境下不断拓展的。

（二）软法现象的重新发现与实践探讨

21世纪开始，针对国内硬法存在的不足，西方软法研究出现从国际领域向国内领域蔓延的趋势。有学者将这种蔓延的趋势称为西方国家对国内软法现象的“重新发现”。而在中国，自软法现象的开创性研究起，这一蔓延趋势除了反思和修正“法”概念的传统定义、拓宽法治化疆域外，更重要的是体现了对软法在调整社会公共治理秩序中作用与意义的“重新发现”。

正如罗豪才先生所述，中国社会现实中存在着大量鲜活的软法规范，这些规范在组织和调整公共领域的社会关系方面扮演着重要角色，可以说构成了公共治理区别于以往国家管理、公共管理重要特征之一。① 近些年，软法更是越来越多，尤其是随着中国日益融入全球社会，全球社会的大量的软法一方面将被政府接受，另一方面也将被社会各子系统接受。② 从此意义上讲，中国软法理论的提出及其研究的深入是在法治实践和社会公共治理实践的大背景下展开的。更重要的是，通过软法这一媒介，把学术关注点与国家、社会乃至整个时代的发展和变迁紧密联系在

① 罗豪才等：《软法与公共治理》，北京大学出版社2006年版，第5页。
② 罗豪才等：《软法与公共治理》，北京大学出版社2006年版，第16页。

一起。[①] 尤其在对于软法的作用、价值与发展趋势等问题上，学者们大多希冀运用软法理论解析、回应和观照中国社会现实中的法治实践与公共治理关系，普遍认为软硬兼施的混合法模式是中国解决公共问题的基本模式。[②]

与此同时，社会组织衍生出的各类软法资源和软法现象越来越受到学界关注，更多的人开始认真对待由社会组织等“第三方力量”衍生出的各类软法资源和软法现象，希冀运用软法理论有效解析其中的共同体秩序问题。例如，王德强、周豪从软法的视角分析了人民政协规范实施过程中的开放协调等运行机制[③]，张清、武艳以职业协会、社区组织为例剖析中国社会组织软法规制的治理模式[④]，张新平、何晨玥从软法治理视角分析了中国义务教育学校办学标准的内涵层次、运行特征、软约束力以及最佳秩序建构问题[⑤]，等等。这些研究成果从中国社会发展具象出发，从复杂性具象中概括与归纳软法治理的内在规律，把软法现象看作具有多样化、地方性特征，并具有法效力的社会公共治理资源，为本书提供了许多借鉴。

（三）大学公域软法及软法治理研究

在大学公域软法研究方面，国外主要是一些相关性研究，且大多将软法交融于“新自由主义”“有限政府”“利益相关方”“消费主义”等理论之上，体现了一种对软法治理的反思性研究倾向。成果主要聚焦于两个方面：一是大学软法中的民主、自由、秩序和道德性问题。James S. 研究了澳大利亚各大学遵守专业标准的情况，指出软法律通常被大学忽

---

① 罗豪才等：《软法研究的多维思考》，《中国法学》2013 年第 5 期。

② 罗豪才等：《认真对待软法——公域软法的一般理论及其中国实践》，《中国法学》2006 年第 2 期。

③ 王德强、周豪：《农村软法与软法治理——基于对浙江省金华市 W 村的个案调查》，《华中农业大学学报》（社会科学版）2014 年第 5 期。

④ 张清、武艳：《社会组织的软法治理研究》，法律出版社 2015 年版，第 10 页。

⑤ 张新平、何晨玥：《软法治理视角下的义务教育学校标准化建设》，《教育研究》2017 年第 11 期。

视，需要大学作出更大限度的道德和专业承诺；Rodney A. Smolla 指出权利与特权的划分、有秩序的自由等都对美国大学产生了深远影响；Robert C. Post 指出保护学术自由不是因为学者或大学自身利益，而在于民享和胜任，对于依法胜任的学者须依具体规则责惩；Collins，Haynes 引用"跨文化"制度化的研究数据发现，大学里的社会行为者挑战新自由主义大学制度的主流话语。二是大学法治与高等教育公共行政、风险管理等问题。David J. 研究了政府间组织如何促进新自由主义教育政策问题；Rodney A. Smolla 强调美国大学是一个思想汇集库，涉及复杂的文化、法律、政治和经济关系，宪法的矛盾与冲突问题几乎没有不转变为校园问题的；Yokoyama，Keiko 在英国大学系统和纽约州立大学系统的背景下讨论了大学制度的风险管理，指出不确定的环境可能迫使大学进入一种反身模式，但没有要对大学制度进行实质性的改变。

中国大学公域软法研究发端于软法研究大背景，十余年来相关研究成果逐渐增多。大致可分为三个方面：一是关于高等教育领域的软法作用、机制与治理困境。罗豪才等认为虽然我们已经认识到软法现象在高等教育领域大量存在的事实，但在高等教育领域中自生自发的软法尚缺乏成熟的软法理论支撑，实然的软法与应然的软法尚存在较大差距；[①] 此后更多的学者指出，大学章程等"校内法"对实现学术自由和提升大学治理法治化具有重要意义。二是关于大学治理改革与软法的关系问题。宣绍龙认为大学治理结构改革中需要软法规则，其作用机制有沟通机制、开放协调机制、回应机制等，[②] 余丙南等认为高校软法之治的机制包括自愿服从、激励机制、内部强制服从、社会强制服从和国家强制力的影响，高校治理的软法存在内容、制定技术和问责性不足问题。[③] 三是着力于法治化改革和大学章程创制和实施过程开展研究。裘指挥等指出现代法治是"良法"与"善治"的结合，大学章程功能的发挥应以完善章程文本

---

① 罗豪才等：《软法与协商民主》，北京大学出版社 2007 年版，第 363 页。

② 宣绍龙：《大学治理结构改革中的软法问题》，《教育发展研究》2012 年第 Z1 期。

③ 余丙南等：《高校治理的软法之维》，《中国高教研究》2012 年第 6 期。

为前提，但章程建设并非以文本发布作为终结，其能否在大学治理中发挥实际作用才是最为关键的。[①] 王韦丹等认为作为软法性质的大学章程之于大学治理法治化改革与实施机制存在着诸多契合点[②]，陈立鹏等则强调以软法理论为指导，大学章程在制定和实施过程中须建立科学的章程制定机制、协商对话机制、监督机制和修改机制，以加强大学章程的实施效果。[③] 以上三个方面的研究希冀以软法理论回应中国大学公域软法实践，对大学软法在规范性问题上的作用与意义探讨较多，在软法具体实施方面的问题则考虑很少。

近年来，除软法的规范性研究之外，一些学者也从具体的个案出发，以软法视角对高等教育领域的典型事件展开讨论。这些研究以现象概述与问题解析为主要脉络，探讨大学软法具体实施情况中呈现的价值、实施困境及实际效果。例如，蓝蓝、冯楚建基于"985"高校学术道德规范，指出学术不端行为调查程序是软法治理需要关注的重要内容[④]；罗豪才以高校教师权利救济为例，强调将教育纠纷裁决机制构建于软法规范之上[⑤]；张翔基于教师学术自由、学生学习自由大学中其他人员的劳动权等多项基本权利，指出大学章程必须在大学组织设计中考虑到不同类型成员的参与[⑥]；胡大伟基于学生参与大学治理的实证研究，指出目前章程制定方面存在的问题[⑦]；汤娜等以教师权利保障为例，指出大学章程在保

---

① 裘指挥、张丽：《正当程序：大学章程功能实现的价值基础——基于 113 所高校章程文本的分析》，《高等教育研究》2020 年第 8 期。

② 王韦丹、史万兵：《大学章程与治理法治化重考——基于软法的视角》，《东北大学学报》（社会科学版）2017 年第 1 期。

③ 陈立鹏、杨阳：《大学章程法律地位的厘清与实施机制探讨——基于软法的视角》，《中国高教研究》2015 年第 2 期。

④ 蓝蓝、冯楚建：《软法视角下的高校学术不端行为调查——基于"985"高校学术道德规范的实证研究》，《西北工业大学学报》（社会科学版）2014 年第 3 期。

⑤ 罗豪才主编：《软法的理论与实践》，北京大学出版社 2010 年版，第 327—344 页。

⑥ 张翔：《大学章程、大学组织与基本权利保障》，《浙江社会科学》2014 年第 12 期。

⑦ 胡大伟：《法治视野下高校学生参与管理的实证研究》，《四川理工学院学报》（社会科学版）2010 年第 3 期。

障教师权利方面存在困境。① 这些研究在一定程度上关注大学软法在具体实施过程中的作用与意义，但在阐释大学公域软法的内在结构及其构成要素之间的关系、解析大学内部软法与其他公共权威之间的关系，以及探讨大学软法与其所依存的社会环境间的关系等问题，显然还有很多可深入的空间。

综上，中国大学公域软法及软法治理研究主要呈现以下几个特点：首先从罗豪才先生开创性研究起，软法的作用与价值被充分肯定，以“理论—经验—理论”为研究进路的成果已较丰富，但以软法理论回应大学软法现象的研究成果不多，对大学软法地方性、多样性特征的关注更为鲜见。其次学者们对大学软法的规范性问题探讨较多，且大多将学术关注点与大学章程的合理性与可行性关联在一起，希冀运用软法理论回应中国大学软法之法治化困境，对于校内软法的具体实施过程和实际效果则很少论及。尤其是结合国家、社会及大学改革本身，探索软法实施情况、实现程度及实际效果的研究成果很少。最后从方法体系来看，近年来从大学治理的复杂具象中归纳大学软法内在规律的成果渐多，但学者们大多以文献研究、思辨研究的方法来概括大学软法现象，立足具体软法素材反思软法治理的实证研究成果偏少。由此可见，未来对于大学软法治理的本土资源认知性研究、实际运行过程性研究、历史文化解释性研究、风险管理反身性研究都还有待丰富。

第三节　研究方法

研究方法的选择是一个求真的过程。运用什么样的方法体系来关注问题、定义问题和解析问题，需要考察研究方法的哲学范式是否契合研究目的。基于这方面的考虑，本书主要采用“能动—结构”的研究取向、

① 汤娜、罗昆：《大学章程中教师权利保障的困境与实现路径——基于教育部已核准的 84 所高校章程的文本分析》，《国家教育行政学院学报》2016 年第 7 期。

质性研究方法和个案研究方式。

一 “能动—结构”的研究取向

研究取向的形成，也是方法论形成的过程。从方法论渊源上看，本书既深受教育管理研究的范式理念影响，又深受法社会学的认知方式影响。关于法社会学认知方式的理念，将在第二章软法之治的行动视界中阐释，此处不予赘述。这里主要围绕教育管理研究的范式理念与渊源做些澄清。

正如有学者在分析当代西方教育管理研究范式问题时所强调的：未来中国教育管理研究方法论将经历五个方面的转型，即从研究的单一简化走向研究的多元综合，从以“管”为研究中心走向以“理”为研究中心，从物化、被动、孤立、唯利是图的人性假设转向现实的、关系的、互主体性的人性假设，从描述解释走向批判反思，从效率理性走向价值理性。[①] 这一分析较完整地呈现了中国教育管理研究在方法论上的范式变迁与动向，也为本研究勾勒了方法论上的基本指向。

应当看到，教育管理研究是建立在多个目标共存基础之上的。通过范式争论，可以使教育管理研究范式之间相互补充，并产生一些新的综合。在西方教育管理研究的范式渊源中，组织社会学家布罗尔和摩根的范式分类影响了很多教育管理学家，对我们形成研究取向也有很大启发。根据布罗尔和摩根的理解，管理研究范式可分为功能主义、解释主义、激进人文主义和激进结构主义四个象限。在其影响下，教育管理学家对各种不同的范式理念展开了形形色色的重思，并基于教育管理研究进行了不同方式的再造。例如，西罗特里克和奥凯斯认为，应该将功能主义、解释主义和批判理论整合在一起而成为一种实际的研究方法，并将这种主张冠之以“批判探究”；卡帕认为，后结构主义范式应该成为教育管理理论范式构想中继结构功能主义、解释主义、批判理论之后的第四大范

① 张新平等：《教育管理学的方法体系》，科学出版社 2012 年版，第 51—57 页。

式，并主张需要用一种“综合范式观”将不同的教育管理理论范式统摄起来。格林菲德与格林菲斯论战，更是成为教育管理领域多元范式争论和范式转换的重要标志。① 这些关于范式理念重思和再造的主张，在为本书提供多元视角和察看方式的同时，带来一种可以将多元范式结合在一起具体运用的启发。

不仅如此，“选取何种范式，要由他的情感投入、教育及其体验来决定，而不能由理性的、中立的评价和选择来决定”②。回到本书想要回答的问题，笔者在将自己的愿望、情感与体验连同研究主题等一起介入关系世界后，考察到在国家政策的指引下，大学校院两级治理的改革目标逐渐清晰，大学内部来自学校和学院的各种关系日渐纳入软法治理进程；但与此同时也感受到在大学软法治理过程中，大学正在不可避免地被穿梭于学校和学院之间的各种开放性、参与性、协商性力量所建构。就像是一把把“关系伞”，校院不同层级的学术、行政、群团组织犹如是大学这把关系伞上相互关联、相互支撑的伞架，往来于不同组织之间的行动者——大学成员则构成关系伞中立体性存在、弥散性分布的整个伞面。

由此研究所要呈现的内容，至少有两层意思：其一是将大学内部运转中被认为理所当然的现象问题化，从经验材料中提炼出校院两级治理的深层次规律与特征；其二是敏锐捕捉到软法赋予生活世界的意义，实现对校院两级治理的能动性、过程性探究。这就需要按照一种“双重解读”的思路开展探究。第一重解读思路用客观主义、结构主义的方式透视大学内部校院两级运转的工作轨迹；第二重解读思路用主观主义、建构主义的方式解读学校和学院之间的行动与互动规律。

社会学家布迪厄曾指出，社会科学并无必要在这些极端间进行选择，

① Griffiths D. E., “The case for theoretical pluralism”, *Educational Management & Administration*, No. 25, April 1997.

② Willian Foster, *Paradigms and Promises: New Approaches to Educational Administration*, Buffalo, NY: Prometheus Books, 1986, p. 57.

因为社会现实既包括行动也包括结构，以及由二者相互作用所产生的历史，而这些社会现实的材料存在于关系之中。[①] 这种方法论上的关系主义，实际上采取的是一种允许行动与结构同时存在，并强调行动与结构进行对话的开放性立场。事实上，教育管理研究中很多范式理念的重思和再造，采取的都是这样一种立场。

本书也倾向于采取这样的一种立场，形成“能动—结构”的研究取向，以“能动”和“结构”作为核心变量，来揭示软法视角下大学校院两级治理及其背后的中国社会变革与法治生态。从范式选择上看，这样的研究取向既不是传统的解释主义或结构功能主义，也不是批判主义、激进人文主义和激进结构主义，而是在整体上更接近强调统摄多元研究范式的“综合范式观”，但同时又保持“批判探究”的反思性立场。

二　质性研究方法

出于研究目的和整体设计的考虑，本书采用质性研究方法。Patton 从方法论意义出发，指出质性研究方法是一种以“整体观”（holism）和“情境性”（contextuality）为核心概念的探究形式，重视社会情境的整体性，研究现象中“人、事、物、情境”之间的互动，符号语言的功能、现象产生的意义以及研究者与被研究者自身的反思与反诘。[②] Ragin 曾对不同方法类型的研究目的进行梳理，指出质化研究指向意义解释、帮助发声、提出新的理论等。陈向明则指出，可将质性研究的特点概括为自然主义的探究传统、对意义的“解释性理解”、演化发展的研究过程、使用归纳法和重视研究关系五个方面。[③] 对照上述解析和个人理解，本书将采纳质性研究的具体考虑归纳为三个方面：

---

① ［法］皮埃尔·布迪厄、［美］华康德：《实践与反思——反思社会学导引》，李猛、李康译，中央编译出版社 2004 年版，第 16 页。

② Patton M. Q.，*Qualitative Evaluation and Research Methods*，（20d ed.），Newbury Park：Sage，1990，p. 37.

③ 陈向明：《质的研究方法与社会科学研究》，教育科学出版社 2000 年版，第 7—13 页。

其一，以自然探究的方式呈现真实的生活情境。质性研究必须在自然情境下进行，对个人“生活世界”和组织日常运作进行探究，并注重社会现象的整体性和相关性。[①] 本书旨在探讨中国大学内部校院之间的软法治理秩序、风险和未来态势，无论是从呈现大学内部软法实践中的各种力量关系来看，还是从审视当下大学软法治理现状、问题及其症结来看，都需要将“校院两级治理”这一主题放置在丰富、复杂、流动的自然情境中，考察大学内部不同层级组织之间的结构样态和日常行动逻辑。而且对大学内部软法实践的理解，不能脱离中国当下国家和社会法治环境，更不能脱离大学校院两级管理改革的政策环境，这些都需要将大学内部情境关联社会、国家和历史进行整体性探究。

其二，在“视域的融合”[②] 的过程中形成解释性理解。质性研究重视研究者与研究参与者之间的关系，强调研究者通过亲身体验，对研究参与者及其自己的故事和意义建构作出解释性理解。在这一方面，本书并不倾向于形成纯粹的“笛卡尔式图景”；而是希望通过实地观察、与研究参与者交往甚至亲身体验，在与研究参与者视域相遇、交融的过程中形成新的理解。研究者犹如行当研究者尝试对研究参与者的生活进行理解时，所带的参考框架（包括前见、理论、观点等）与研究对象的意义视域不是一种互相取替的关系，而是一种融合的关系。[③]

其三，以动态、发展的视角实现能动性、过程性研究。无论探究的是自然情境中的个人还是整体文化，质性研究关注的是动态过程和持续变化。[④] 从前文的讨论来看，本书在这一方面的考虑主要有：从研究缘

---

① 陈向明：《质的研究方法与社会科学研究》，教育科学出版社 2000 年版，第 7 页。

② Hans-Georg Gadamer 在解析哲学诠释学的基本特征时，提出“视域融合”的概念，指出“理解其实总是这样一些被误认为是独自存在的视域的融合过程”。参见［德］汉斯-格奥尔格·加达默尔《真理与方法：哲学诠释学的基本特征》（上卷），洪汉鼎译，上海译文出版社 2004 年版，第 390—393 页。

③ 曾荣光：《理解教育政策的意义——质性取向在政策研究中的定位》，《北京大学教育评论》2011 年第 1 期。

④ Patton M. Q., *Qualitative Evaluation and Research Methods*, (20d ed.), Newbury Park: Sage, 1990, p. 40.

起，到研究综述，再到研究取向，环环紧扣地传递着同一个信息——大学校院两级治理是有关学校治理与学院治理之间既已确立的力量结构和持续变化的互动轨迹。即主张要按照一种“双重解读”的思路开展探究。通过用客观主义、结构主义的方式透视大学内部校院之间的结构样态，以及用主观主义、建构主义的方式解读组织及其成员的行动与互动规律两重思路的解读，这些方面的铺垫性设计和考虑都建立在形成动态、发展的视角之上。

三 个案研究方式

个案研究是社会科学研究领域中使用较广的方式。斯泰克认为，所有个案都是一个有机的特定个体，个案是一个有界限的系统。[①] 艾尔·巴比认为，个案研究是对某现象的例子进行深度检验，个案研究的主要目的可能是描述性的，而对特定个案的深入研究也可以提供解释性的洞见。[②] 克里夫·西尔指出，一个个案是根据其逻辑关联或理论意义进行外推的，外推的有效性不取决于个案的代表性，而取决于理论推理的力量。[③] Yin R. K. 依据分析单元及个案数量，认为个案研究可分为整体（单个单元分析）的单个案设计、嵌入（多个单元分析）的单个案设计、整体（单个单元分析）的多个案设计、嵌入（多个单元分析）的多个案设计四种类型。上述关于个案研究的不同视角界定表明，无论持以何种见解，个案研究方式适用于在不脱离现实生活环境的情况下研究当前正在进行的现象，处理多个变量而不仅仅是一些数据点，研究的结果也依赖于多种证据，并需要类似三角验证的方式进行交叉检验，它也需要以

---

① ［美］诺曼·K·邓津、伊冯娜·S·林肯主编：《定性研究：策略与艺术》，风笑天译，重庆大学出版社 2007 年版，第 468 页。

② ［美］艾尔·巴比：《社会研究方法》，邱泽奇译，华夏出版社 2009 年版，第 286—287 页。

③ Clive Seale, *The Quality of Qualitative Research*, Sage Publications, 1999, p. 109；转引自卢晖临、李雪《如何走出个案——从个案研究到扩展个案研究》，《中国社会科学》2007 年第 1 期，第 118—130 页。

先前的理论来指导资料的收集和分析。①

对于本书而言，“大学校院两级治理”这个主题存在于每一所特定的大学，是每一所大学正在发生和发展的社会事实。为了发现学校与其下设学院之间正在发生和发展的这些结构关系和变化轨迹，需要从多种来源搜集证据资料，还需要通过多种关系情境开展三角验证。此外，本书建立“软法与利导”的解析框架和法社会学意义上的研究理路，这些都为后续资料收集和分析反思提供了导引。

之所以在多所大学调查总结和比较分析的基础上，聚焦于一所大学开展深入研究，这与研究对象的特殊性密切相关。一所大学虽然只是一个样本，但从其层级结构和管理运转来看，每一所大学都将是一个十分丰富、复杂、流动的世界。在这个丰富、复杂、流动的世界里，校院两个层级的学术、行政和群团组织星罗棋布，学校和学院的决策者、管理者、普通教师以及学生的经历、观念、需求和利益取向差异显著，组织与组织之间、组织与其成员之间以及成员与成员之间的互动无处不在。这些互动不仅与大学内部校院两级运转以及校内软法治理实践交织在一起，又时刻都在对两级运转和软法治理实践产生新的影响。

从此意义上讲，一所大学并不只是孤立的、单一的个案，而是有着多个单元分析的个案。并且在笔者的想象中，校院两级治理与国家、社会、时代有着千丝万缕的联系，在过去和当前各种环境因素影响下是立体性存在、弥散性分布的。综合以上种种因素以及研究者时间、精力的有限性考虑，本书并没有将研究重点放在多个案调查分析和比较研究上，而是在对多所大学进行嵌入式（多个单元分析）的多个案初探，了解掌握多个案基本特征的基础上，重点聚焦一所大学进行嵌入式（多个单元分析）的单个案研究。

---

① Robert K. Yin, *Case Study Research: Design and Methods* (*second ed.*), Thousand Oaks, London, New Delhi: Sage, 1994, pp. 13-14.

当然，本书重点聚焦一所大学开展个案研究，除了以上考虑，还在于这所大学处于中国无数大学之中，共性与个性并存。并且以当前中国大学的现实情况来看，校院两级管理改革、软法治理实践等问题在全国各地大学普遍存在，但因为有太多的国情、校情与特色需要考虑，大学校院两级治理的现代化和法治化都并非一朝一夕即可实现。因此以当下现实情况来看，还没有十分成熟的成功典范，不足以建立普遍规律来总结经验。这也是本书之所以选择单个案研究方式，而没有采用多个案研究方式或更具普遍意义的经验研究方式的重要原因。

最后还有必要再作出说明的是，人文社会科学研究中的个案研究，无论研究者多么谨慎，无论他们多么刻意地限制自己研究结论的适用范围，他们事实上都有走出个案的学术抱负。① 确立个案研究的方式后，越试图紧扣“软法治理”对大学内部制度经验进行考察，越感到需要将个案调查的时空扩展至与其具有关联的更广阔而绵长的社会事实。埃伦·康德利夫·拉格曼曾在《一门捉摸不透的科学：困扰不断的教育研究的历史》中写道：在教育领域内，学者们往往研究教育中教学的、管理的或者是政策的问题，而忽视了它们的社会含义。② 在这一点上，本书虽然重点聚焦单个案研究，但并不希望囿于个案研究的现场、将自己局限在有限的田野设想中生成研究路径，而是期望基于更宏大的社会事实展开考察。

实际上，软法及软法治理本身就是一个关联广阔而绵长的社会事实的研究视角。从软法视角出发，将本书研究的问题放置在法治国家、法治社会、法治高校的宏大背景下，通过个案研究来呈现中国社会法治生态，以实现对大学内部治理改革之价值追问。这将成为笔者最终的学术抱负。

① 卢晖临、李雪：《如何走出个案——从个案研究到扩展个案研究》，《中国社会科学》2007 年第 1 期。

② ［美］埃伦·康德利夫·拉格曼：《一门捉摸不定的科学：困扰不断的教育研究的历史》，花海燕等译，教育科学出版社 2006 年版，第 237 页。

第四节 研究技术

确立方法体系后，接下来就涉及如何选取个案学校、如何对待个案现场、如何收集、整理和分析资料等技术问题了。

一 个案的选取

当下，校院两级治理持续深化已经成为中国各地大学内部治理的基本选择，但由于地区经济、社会、文化发展的差异、高等教育投入和发展水平的差异，以及不同大学校情和历史沿革差异，大学校院两级治理在具体的制度化运转上千差万别。为了尽可能完整地、准确地回答研究问题，本书采用目的性抽样策略进行区域、多个案高校和单个案高校的选取。

首先，选择中国东部经济、社会、文化水平较发达、高等教育投入和发展水平较高的东部地区发达城市J省A市和Z省B市作为个案区域。之所以将区域定位于J省A市和Z省B市这两个城市，主要考虑到J省和Z省近年来大力发展高等教育，在深化高等教育体制机制改革中持续提出高校管理体制改革的政策导向和保障机制，而A市和B市都是省会城市，也是高等教育投入最大、高校分布最为密集的城市。因此，可以确保获取高等教育宏观领域的丰富性社会政策和改革实践信息。

其次，从J省A市和Z省B市百余所高校中，选择四所公办高校作为个案高校开展初步调查。这四所高校两所来自J省A市，两所来自Z省B市，涵盖省属双一流高校、省属重点建设高校、市属普通高校等层次类型。虽然层次类型不一，但四所高校也有着共性特征，即都是地方省属或市属高校，在全国同类型高校中属于较早启动内部治理体制机制改革和配套校内制度探索的大学，并且近十年间已开展至少两轮“院办校”模式改革探索，具有较强的代表性和典型性。

最后，聚焦位于J省A市的云城大学（代指）作为单个案高校进行深入细致的实地调查。这是一所正处于校院两级管理改革探索阶段且学校整体发展势头较为强劲的地方省属重点建设大学。近年来由于J省A市的经济、社会、文化发展和高等教育投入的持续加大，学校在获取高等教育政策信息和体制机制改革的资源保障方面具有先天优势，表现出颇具地方和学校校情特质的治理基础和连续不断的改革现实。也正是这方面的特质，使单个案的选取最终花落于此，而没有倾向于那些具有成熟改革经验和治理逻辑较为固化的中央部委直属大学，更没有选择学院制改革刚刚起步、治理逻辑尚不明确的市属普通高校或职业类高校。

因为在笔者看来，这所大学虽然在改革经验和治理逻辑上不及中央部委直属大学，在改革运行和治理安排上没有市属普通高校或职业类高校简单直接，但其具有丰富且鲜活的历时性与现时性共在信息。这些共在信息对于本书所要探讨的问题更具解释力。当然在这些客观因素之外，另外一个方面的考虑是，笔者在J省A市的云城大学获取研究所需要的数据资料方面具有一些便利，并且能够根据前期的了解积累，更加有效地选择访谈对象、收集资料和落实实地研究。

二 现场的对待

实地调研的过程是漫长而曲折的。从2018年11月开始，笔者在个案学校着手开展实地调研，因为研究条件的关系，前后经历多次中断和继续，现场资料的收集也经历了多次调整和补充。大致可分为2018年年底的初试调研、2019年年初至2020年年初的深入调研，以及此后至2021年的反思补充三个阶段。

质性研究中，研究者如何在符合基本研究伦理的情况下进入个案现场，如何处理自身与研究参与者的关系，如何审视研究问题和结论对研究参与者的影响，都是必须思考的伦理问题。本书虽然没有采取民族志、叙事之类的田野研究方法，然而研究现场对笔者而言也并非完全陌生，想要穷尽个案研究中的丰富与细腻，做到真正的“物我两忘”和“完全关注”依然困难重重。很多时候，始终有一个主体的“我”挡在所有观念和经验的前面，或者更进一步说，“我”本身就类属于研究对象群体，“我”的教育管理者和教师的身份、认知、经验和感受为研究提供了便利，也时刻提醒需要在价值中立和价值关联之间不断内省。

“一切数据都是从现实中挑选出来的，这种选择要以一个时代的或理论模式为基础，要受到特定群体所持立场的过滤。”① 在这方面，笔者建立个人的研究取向和立场，但并没有完全抛弃个人价值关联，因为我在其中的认知和感受可能恰恰也是研究的出发点。另外，在笔者看来，过去的“历史前见”赋予了研究者与研究参与者不同的视域。这就如同陈向明老师所言，研究者和被研究者的视角就像是人的两只眼睛，他们彼此的理解就是双方“视域”的融合，研究者应该做的不是努力将研究关系中的影响因素排除出去，而是应该在充分反省自己角色的基础上积极地利用这些因素。②

三　资料的收集

进入研究现场后，如何收集和整理资料也成为需要精心设计的工作。为了对个案现场中真实的人事物作出全景式呈现，笔者主要采用观察、访谈和制度文本法收集资料。经过实地调研，在实地调查的云城大学共收集各类层级不一的校内软法制度近300份，获得来自38位受访者的52份深度访谈和自由访谈资料，以及来自事件现场的22份参与式和非参与式观察资料。所有的访谈和观察资料转化为文本信息后，近24万字。（详细列表见文后“附录1-3”所示）

事后再来回忆，不得不感叹，资料收集是一个漫长而艰难的过程。这个过程中能走多远，或许就意味着研究能做多深。首先，观察需要对具体事件发展的过程展开现场扫描。在这方面，即使研究者先前具有类似经历的情况下，因为时间、空间、角色和知识结构等诸多限制，也常

① ［美］华勒斯坦等：《开放社会科学》，刘锋译，生活·读书·新知三联书店1997年版，第98页。

② 陈向明：《质的研究方法与社会科学研究》，教育科学出版社2000年版，第133页。

常很难以经验和想象力来企及各型各类的研究场域。有鉴于此，笔者进入个案现场后无时无刻提醒着自己，要不断转变自己的“局内人”和“局外人”视角，善于从观察中发现理论与现实之间的冲突，并不断重构自己的研究假设。在有针对性地展开参与式观察和非参与式观察的过程中，更真实地参与到云城大学校院两级治理的日常运转中，包括各类不同层次和类型的会议，与校院两个层面领导、行政人员、教师和学生在工作上的互动和往来，以及随同校院领导、行政人员和普通师生参与的一些互动和活动。

其次，与观察相比，访谈需要更深入具体的事件内部，甚至需要进入被访者的情绪、体验和心理感受之中。在实地调查期间，采取的访谈分正式访谈（半结构式访谈）和非正式访谈（自由访谈）两类。总体上看，正式访谈是根据研究问题精心设计的。笔者从云城大学的校院两级行政职能部门和不同学科归属的二级学院中确定对象人选，围绕访谈提纲中的大致主题，与每个受访者进行大约两个小时的交谈。这种方式的交谈是定型的、集中的，笔者会就校院两级治理变革的具体事件说起，并且会告诉受访者一些基本的取向，让受访者可以尽可能地表达有关校院两级治理改革的具体运转事件与过程，而不仅仅局限于制度文本的规范性表达上。但与此同时，也会尽可能地将自己的假设与判断悬挂起来，关注和捕捉被访谈者的本土概念，探寻这些述说背后的校院关系。这个过程也证明了笔者的基本研究假设，即一个人的制度经验和对制度的解释总是以难以预测的方式呈现的。此外因为各种活动交集，笔者与个案大学管理层、教师和学生的日常交往和自由对话必不可少，这些情境下的交流虽然没有主题和方向设计，但却能从中捕捉到深度访谈难以发现的问题。

最后，学校内部的软法文本是最为基础的资料线索。由于这类文本涉及学校和学院不同层级组织，类型、数量十分庞杂，只有部分公开在学校学院两级网站和校内信息平台，档案馆藏也只能收集到学校层面最为基础的文本，且因为历史因素常常存在缺损。一些未能通过网络检索和档案馆收集的制度文本，尤其是二级学院层面的制度文本，只能通过深入校院不同层级组织的受访者个别询问和调取。此外还有与主题相关的上级行政部门政策意见，校内工作计划、总结、会议资料以及各类现场记录等。这些实物资料与软法文本相比，主要是辅助性和补充性使用，以建立对个案大学校院两级治理的整体性理解。

四　资料的处理

收集完上述资料后，为了便于后期查阅、分析和引证，笔者对所有实地调研期间所得的原始资料反复阅读后，转录成文字材料并建立编号系统。其中，L 表示校内软法制度，D 表示其他实物资料，O 表示观察资料，I 表示访谈资料。并按照“资料类型—研究参与者姓氏拼音/资料收集地点—资料内容—收集时间”的次序进行赋予标号。然后在将资料打散、寻找意义、设码等初步分析的基础上，鉴于本书解读方式上的不同需要，尝试结合使用基于差异理论的“类属分析”方法和基于过程理论的“情境分析”方法进一步设码和归类。

“一个类属可以有自己的情境和叙事结构，而一个情境故事也可以表现一定的意义主题。”[①] 在类属分析方法的运用上，考虑到本书不仅要探寻大学内部学校与学院之间存在怎样的结构样态，还要呈现结构样态中的力量交互、利益博弈及其背后更深层次的中国社会法治生态，主要形成“高涨的社会改革趋势”“多变的校内改革环境”“软法叙事中的基本结构”“软法运行中的日常建构”四个既各自独立又相互依存的类属，并以“软法叙事中的基本结构”和“软法运行中的日常建构”为核心类属，用来表征大学校院两级治理中的各种现实问题。

需要说明的是，以上不同类属的甄选和描述，既是从经验中归纳出来的，也是从逻辑上推导出来的。其目的在于，运用这些维度来确定我们的实物收集、观察和访谈资料是否被这些维度包括在内以及是否被这

① 陈向明：《质的研究方法与社会科学研究》，教育科学出版社 2000 年版，第 297 页。

些维度所恰当地描述，并且设想这些维度不仅为描述本书的个案，而且也为描述任务此类社会行动场合构建了最为基本和重要的变量。① 其中，选取“软法叙事中的基本结构”为核心类属，主要鉴于两个方面的考虑：一是相较于硬法而言，软法在文本表达上通常以文章叙事的形式出现，并且大多比较完整地交代创制背景、制定依据、所持立场、指导原则、基本要求、行为导向、配套措施、保障措施等问题，这种文本表达上的逻辑构造显然与硬法大相径庭；二是相较于软法文本而言，软法叙事是一种结合“静态和动态”双重内涵的表达，其基于软法文本却又不局限于软法文本，涵盖了软法的规定形态、表达形式、成文安排以及产生的影响等意涵。

与此相应，选择“软法运行中的日常建构”为核心类属，也是出于两个方面的考虑：一是考虑到与“软法叙事的基本结构”相对应，希冀通过“软法叙事”和“软法运行”两条脉络线索，呈现“文本中的软法”与“行动中的软法”两个层面的全方位、全过程；二是为了强调组织及成员在软法治理实践中的能动性及意义建构过程，本书在脉络安排上采用更具法社会学旨趣的“软法运行”，而非一般意义上的“软法运行”，旨在强调软法治理过程同样也是组织及其成员之间相互作用并从中不断建构出意义、形成新的关系的过程。

然而四个类属的确立依然只是资料处理的开端。因为在质性研究中，类属分析强调的是在资料中寻找反复出现的现象以及可以解释这些现象的重要概念的一个过程。在这个过程中，具有相同类属的资料被归入同一类别，并且以一定的概念命名。而与此同时，情境分析则强调的是将资料放置于研究现象所处的自然情境之中，按照故事发生的时序对有关事件和人物进行描述性的分析。这是一种将整体先分散再整合的方式，强调对事物作整体的和动态的呈现，注意寻找将资料连接成一个叙事结

① ［美］帕特里夏·尤伊克、苏珊·S. 西尔贝：《法律的公共空间——日常生活中的故事》，陆益龙译，商务印书馆2005年版，第114页。

构的关键线索。① 想要实现类属分析与情境分析的较好结合，还需要考虑组成类属的基本要素、类属中的情境以及表现的意义主题。

在这个方面，不得不承认，比较高等教育名著《高等教育系统——学术组织的跨国研究》为笔者认识大学内部结构和运行提供了一个整体思路。在《高等教育系统——学术组织的跨国研究》一书中，伯顿·R. 克拉克以“知识”为基点，选定“工作”“信念”“权力”三个主要特征作为高等教育核心要素并据以分析高等教育系统运行规律。这种关于高等教育系统的要素分析法是必要的，它意味着对大学内部校院两级治理的理解应该是在一个概念体系下的多维度解析，并且这些要素是相互交织的、持续推进的。

有鉴于此，笔者在既已确立“软法”为研究基点的同时，提出这样一种学术想象，即在社会转型和大学体制机制改革持续深化的大背景下，中国大学校院两级运转在校内软法的导向下，其多元、立体、动态逻辑不断显现。那么，是否可以在肯认软法治理为大学内部治理首要问题的基础上，本着“方法无国界、问题要原生”的原则构建多维分析框架，串联起其中的所有问题？于是“软法治理”之于“组织”“权力”“信念”三维分析路线，即软法治理概念体系下大学校院两级治理多维度解析的要素框架（如图 1-1 所示），就这样有机地建构起来了。

由此，资料处理就进展到以软法为基点的大学校院两级治理编码阶段。

根据研究目的需要，在以“软法叙事中的基本结构”和“软法运行中的日常建构”为核心类属的基础上，将“软法叙事中的基本结构”外化为组织构造、权力分配、信念表达三种属性，将“软法运行中的日常建构”外化为组织建构、权力建构、信念建构三种属性，由此确立相应的维度并编制“变革时代的大学校院两级治理”编码表（如表 1-1 所示），来具体解读个案大学的故事。

① 陈向明：《质的研究方法与社会科学研究》，教育科学出版社 2000 年版，第 290—293 页。

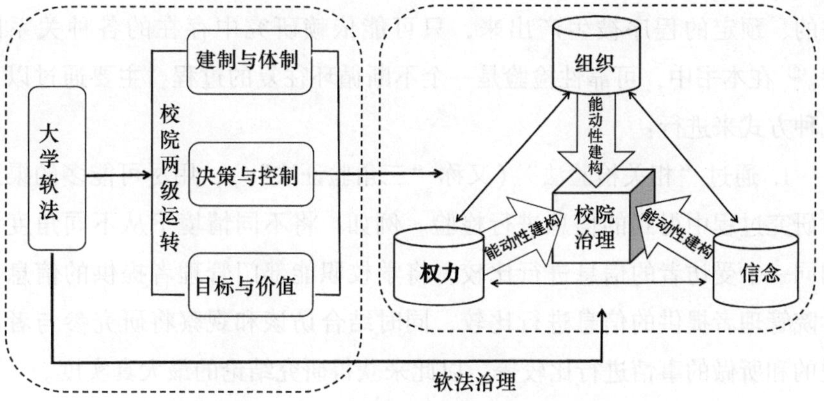

图 1-1 “大学校院两级治理”要素框架

表 1-1 “变革时代的大学校院两级治理”编码表

类属	属性	维度
高涨的社会变革趋势	社会转型	快 VS 慢
	政策发力	大 VS 小
多变的校内改革环境	制度供给	快速 VS 缓慢
	制度实践	刚性 VS 弹性
	制度演变	延续 VS 断裂
软法叙事中的基本结构	组织构造	机构设置 & 任务联系
	权力分配	学术层级 & 行政层级
	信念表达	目标设定 & 绩效评价
软法运行中的日常建构	组织建构	学院整合、学科汇聚
	权力建构	人才把控、资源调控
	信念建构	考核管理、分配管理

五 可靠性检验

质性研究关注社会事实的建构过程和人们在特定社会文化情境中的经验和解释，一般用“效度”这一概念来衡量研究结果的可靠性，即研究的结果是否反映了研究对象的真实情况。[①] 这种效度不可能按照某种严格的、预定的程序被生产出来，只可能依赖研究中存在的各种关系因素。[②] 在本书中，可靠性检验是一个不断循环往复的过程，主要通过以下几种方式来进行：

1. 通过“相关检验法”（又称“三角验证法”），用尽可能多的渠道对研究过程中得到的信息进行检验。例如，将不同情境下从不同角度询问同一个受访者的信息进行比较，将学校职能部门管理者提供的信息与学院管理者提供的信息进行比较，同时结合访谈和观察将研究参与者所说的和所做的事情进行比较等，以此来获得研究结论的最大真实度。

2. 使用“阐释循环”的方法，不仅将研究者自己的理解与收集到的资料、文本解释与调查研究进行循环论证，还将研究得出的初步结论与原始资料、部分结论与整体结论反复循环论证。

3. 将研究过程中的初步结论反馈给个案学校的研究参与者，察看他们对研究结论的反应。

4. 与个案学校中具有丰富经验的专家学者、研究者的导师及其他学者交流，验证自己在研究过程中的初步结论。

第五节　两点说明

接下来通过核心概念和研究范围的说明，进一步还原既有研究成果、经验知识与研究者旨趣、体悟之间的意义联系，使立论观点、基本假设可以更为明朗。

一　核心概念

（一）关于“校院两级治理”

“校院两级治理”在前文研究综述中已有所涉及，这里再作一些补充

① 陈向明：《质的研究方法与社会科学研究》，教育科学出版社 2000 年版，第 389 页。
② 陈向明：《质的研究方法与社会科学研究》，教育科学出版社 2000 年版，第 391 页。

说明。诚如有分析所指，大学场域是学校中各种复杂矛盾的多元位置之间存在的多元关系的网络，是有形与无形的整体集合与各种力量的不断重组[①]。当我们探讨大学场域中的概念术语时，常常需要从其关系网络中抓取一些常识性命题，如“大学由学院组成”“学院是大学的主体结构”，继而依托并运用这些命题作出进一步阐释。于是乎，作为一个整体概念，“校院两级治理”不可回避地成为大学内部治理体系机制、两级管理改革、校院力量重组等命题的基本表述。

不过客观地说，以中国当前既有成果来看，尽管“大学内部治理”“两级管理改革”“校院关系”一直为学界所重视并成为高等教育管理研究的主阵地，但直接阐释校院两级治理的情况却十分鲜见。以笔者目力所及，最多只是在解析大学内部治理、两级管理改革、校院关系等命题时，暗含校院两级治理的基本要旨与重要性。例如，王建华认为，大学制度以学院制度为基础，大学的治理也应以学院的治理为支撑；同时指出，协调大学与学院关系是学院外部治理的核心命题，学院在中国并不具有独立的法人地位，大学与学院之间更多是一种行政上下级关系，学院的治理更多的只能是象征性的而非实质性的；[②] 肖国芳认为，学校要完善现代大学治理体系，指导学院加强内控体系建设和风险管理朝着学校内部治理体系和治理能力现代化的目标，在放开放活的同时，加强学院和学校的制度完善，防范风险，特别是要加强对学院内控体系建设和风险管理的指导、评估和监督；[③] 张庆奎、张兄武认为，大学治理结构的核心是多元化权力的合理配置与有效运行。大学内部权力配置既包括政治权力、行政权力、学术权力与民主权力的横向配置，也包括权力在学校与学院之间的纵向配置。[④]

---

① 马维娜：《局外生存：相遇在学校场域》，北京师范大学出版社 2003 年版，第 165 页。

② 王建华：《学院的性质及其治理》，《中国高教研究》2017 年第 1 期。

③ 肖国芳：《权力规制视域下的校院两级管理改革路向研究》，《高教探索》2019 年第 10 期。

④ 张庆奎、张兄武：《“学院办大学”：本质、意义、路径与风险防控》，《江苏高教》2021 年第 6 期。

这表明，随着大学管理问题的扩解，校院两级治理被逐渐赋予内涵及价值意义，然其作为一个概念术语来加以阐释和运用或许还是一种新的尝试。不过即便如此，笔者也必须承认，本书在这里的尝试并非要对此概念下一个精准的或标准的定义，而是希冀能够通过问题聚焦和观点阐释，对大学校院两级治理这个概念在某个逻辑基点上予以抽象化显现。即从法社会学语境切入，通过选取大学内部多维力量作为理解校院两级治理的核心要素，并将其聚焦于能动性建构与过程性发展之中，全面、整体地推导和还原其实践逻辑。由此最终将校院两级治理阐释为：学校与学院在法治化进程中能动建构形成的多维度力量结构及其变化轨迹。

（二）关于“软法”及“软法治理”

关于软法概念，西方学者有许多界说。一般认为，软法（soft law）概念是个舶来品，其最早起源于西方国际法学，主要是在与“硬法”（hard law）概念相对的意义上加以使用。在经济全球化、公共治理模式日渐崛起和建设和谐世界的宏大背景下①，软法概念在国际法学著述中出现的频率越来越高，尤其在国际环保、人权与经贸领域，已经发展成一个便捷的、不可或缺的描述性概念。②

在国际法学著作中，软法常常被表述为合作规制、自我规制、准规制、自愿规制，等等。比较复杂的软法概念是 Linda Senden 的定义，即“以文件形式确定的、不具有法律约束力、但是可能具有某些间接法律行为规则，这些规则以产生实际的效果为目标或者可能产生实际的效果”③。这类概念界定一方面强调软法不具有法律约束力，另一方面又采用“法”的称谓，看起来似乎在软法与法律的关系问题上有些自相矛盾。实际上，学者们是将软法作为一个与硬法相对的称谓，在与硬法相对的意义上使

① Orly Lobel, “The Renew Deal: the Fall of Regulation and the Rise of Governance in Contemporary Legal Thought”, *Minesota Law Review*, Vol. 89, No. 2, 2004, pp. 345-347, 388-389.

② Ulrika Morth, *Soft Law in Governance and Regulation: An Interdisciplinary Analysis*, Cheltenham, Edward Elgar, 2004, pp. 191-195.

③ Linda Senden, “Soft Law, Self-Regulation and Co-Regulation in European Law: Where Do They Meet?” in Vol. 9, Electronic Journal of Comparative Law, January 2005.

用软法概念，并不在于纠缠软法概念本身的分析逻辑。

在国内法研究方面，美国“伯克利学派”塞尔兹尼克是最早涉及软法和硬法区分性研究的代表人物，他在 1973 年“关于现代社会与回应型法”演讲和 1978 年《转变中的法律与社会：迈向回应型法》著作中对软法的界定，主要基于法律社会学的研究，将软法大体理解为回应型法。此外，比较简洁、明确的软法概念是法国学者 Francis Synder 在 1994 年为软法下的一个定义，即“软法总的来说是不具有法律约束力但可能产生实际效果的行为规则”①，被诸多学者频繁引用。

此外，也有一些学者按照规范效力标准，将软法与硬法的效力范围与程度进一步区别界定，例如，“硬法具有明确、授权与义务三个基本要素，即通过详细的法规条文明确地规定具有约束力的义务与责任，授予权威机构以规范解释权，并督促这些义务和责任的履行。与之相对应，软法则是那些缺少三个要素当中的一个或多个的制度安排”；②这类概念界定从软法基本要素出发，正面回答了软法与硬法的关系问题，对软法置于法框架中作出了更为清晰的逻辑描述。

在软法研究尚不深入的条件下，尽管中国学者们对软法概念的界定存在着许多不同意见，有关软法概念的定义也大多是初步的与描述性的，主要选择法律效力角度来加以界定。③ 但总体而言，学界对软法概念的理解和认识在不断加深推进。罗豪才先生本人就对软法概念多次推进。2005 年指出：“软法是指那些效力结构未必完整、无需依靠国家强制保障实施、但能够产生社会实效的法律规范。”④ 2009 年又进一步指出：“软法是由国家制定或认可的，行为模式未必十分明确，或者虽然行为模式明确，但是没有规定法律后果，或者虽然规定了法律后果，但主要为积

① Francis Snyder, *Soft Law and Institutional Practice in the European Community*, in S. Martin (ed.), The Construction of Europe, Kluwer Academic Publishers, 1994, p. 198.

② Kenneth W. Abbott and Duncan Snidal, “Hard and Soft Law in International Governance”, *International Organization*, Vol. 54, No. 3, 2000, pp. 421-422.

③ 罗豪才等：《软法与公共治理》，北京大学出版社 2006 年版，第 49 页。

④ 罗豪才等：《软法与公共治理》，北京大学出版社 2006 年版，第 49 页。

极的法律后果的规则体系。”①

与此同时，也有一些学者对上述从法效力出发的软法概念界定持有异议，例如，Jan Klabbers 认为，对于法律规范，我们虽然可以区分特定性的多少，精确度的多少，具体规定的多少，适用范围的大小，紧迫性的强弱，严重程度的差异，深远意义的不同，但唯一不能区分的是约束力的多少。② 姜明安认为，目前国内外学者大多引用法国学者 Snyder 在 1994 年对软法概念所作的界定，实际上，这个定义对软法概念的描述也并非完全令人满意，人们并不能从这个定义中真正理解什么是软法。与此同时，他指出，软法是法，但不是一般意义上的法，而是一定人类共同体通过其成员参与、协商方式制定或认可的，从而其内容具有相应的民主性、公开性、普遍性和规范性。③ 这些观点抛开语词的争论，更关注软法现象背后的意义、价值与作用，这对本研究有较大启发。

综上，鉴于软法的研究语境十分复杂，目前学界尚未形成一种明确的、统一的、权威的软法定义。本书建立在对一种独具中国特色的软法现象的发现的基础之上，主要借鉴塞尔兹尼克的“法社会学”研究理路，但并不奢望去回答现代社会宏大背景下软法的回应性问题，而是建立“行动中的软法”语境，关注软法的日常建构和赋予生活世界的意义。此外，分析中也会不可避免地涉及软法的具体规定、适用范围、精确度等维度，但不作为重点进行讨论。鉴于上述考虑，本书所指的软法是：共同体成员以参与、协商的方式制定或认可，并通过权威约束、自我约束、社会舆论、利益驱动等机制实施运行的法规范。

与前面软法概念的界定面临的问题相似，软法治理的解析同样面临研究视角与语境带来的复杂性问题。诚如有学者所言：当下中国对软法治理的定位与评价，满足于工具化的解读，忽略了社会治理观念和治理

---

① 罗豪才：《公共治理的崛起呼唤软法之治》，《政府法制》2009 年第 5 期。

② Jan Klabbers, “The Redundancy of Soft Law”, *Nordic Journal of International Law* 65, p. 167.

③ 罗豪才等：《软法与公共治理》，北京大学出版社 2006 年版，第 88—90 页。

能力的跟进；适用软法的同时，有关软法治理的范围和限度尚未能准确澄清。[①] 在社会变革日益复杂的当下，若是仅仅借鉴理论逻辑来关注中国软法治理具象的实施方式、社会功能等形式特征，极有可能剥离社会公共治理与法治化的原意与观念精髓。有鉴于此，中国语境下深度解读软法治理现象，需要在强调软法与公共治理之间内在契合、公共治理就是软法治理的基础上，以一种更为开放的态度来对待软法治理的概念。将软法治理解读为：人们运用软法规范维持共同体秩序、满足共同体成员需要的社会调整模式，这种社会调整模式不仅指向开放、动态和多元的软法运行方式和运行机制，还指向人们在大学内部软法实践中的情感反应、能动性以及关系模式。

二 研究范围

（一）本书所指的软法治理主要限定于“大学内部的软法治理”

大学校院两级治理具有复杂性，与其相关的软法实践既涉及校内软法实践，又涉及校外软法实践，十分繁杂。从大学内部来看，校院两级管理体制下的大学内部软法层级不一，既包括校级层面（学校职能部门）制定和实施的软法，又包括院级层面制定和实施的软法。从大学外部来看，与校院两级治理相关的大学外部软法更为繁杂，如国家政策、行业标准、党章党规等形形色色的软法，都在对大学校院两级管理产生不同程度的影响。本书旨在考察大学内部软法治理样态，强调软法在校院两级治理中的方式、作用、效能与意义，将“软法治理”主要限定于大学内部软法治理。在此基础上，将国家政策、行业标准、党章党规等大学外部软法作为高校内部法治化的外在环境予以论述。

（二）本书所探讨的大学限于“院办校改革动议下的地方公办大学”

普通高等学校可以有多种分类方法，不同类型的普通高等学校内部管理体制存在较大差异。为获得研究结论的最大真实性，需要对研究对

① 邢鸿飞、韩轶：《中国语境下的软法治理的内涵解读》，《行政法学研究》2012 年第 3 期。

象作进一步说明。以下两类高校不在本书讨论之列：

第一类是“未正式作出或未正式实施‘院办校’改革动议的公办普通高校”。考虑到本书以大学内部管理体制机制改革为背景，着力于探讨“院办校”动议模式下中国大学校院两级治理的法治化变革问题。其形成的基本研究假设是：大学从学校和学院两个层面已初步构建起涵盖“学校章程、政策制度、配套规范以及学院实体化运行制度”的校内软法体系。有鉴于此，未正式作出或未正式实施“院办校”改革动议的公办普通高校不在本书讨论之列。

第二类是“民办普通高等学校”。根据中国当前实际情况，民办普通高等学校管理体制较为复杂，大致可分为“独立设置的民办普通高校”和“以公办高校独立学院形式设置的民办普通高校”。首先，独立设置的民办普通高校大多已形成较为完善的软法体系，但其董事会制度与公办高校的校院两级管理与决策机制存在显著差异，不在本书讨论之列。其次，以公办高校独立学院形式设置的民办普通高校，在管理体制上仍然依附于母体高校，其内部教学单位大多难以实体化运行，因此本书将这类民办普通高校定位为中国公办普通高校在当前特殊历史时期里出现的一种区别于普通二级学院的特殊学院，对此不予专门研究。

在排除以上两类高校的基础上，之所以将研究对象聚焦于“地方公办大学”，还有以下两个方面的考虑：一是考虑到中央部委直属大学与地方大学不仅在校院两级管理改革的时间轴上差异较大，在社会基础、资源结构和改革环境等方面的差异也很大，对于大学校院两级治理的发展轨迹与实践逻辑问题需要作区别对待。二是从当下现实情况来看，作为中国普通高等学校的重要组成部分，地方高校尤其是地方公办大学不仅在国家统筹推进高等教育的征程中不可或缺，在全国普通高等学校中的数量占比更是远远高于中央部委直属大学。据了解，截至 2020 年 6 月 30 日，全国普通高等学校 2740 所，其中中央部委直属大学不足 5%，地方公办高校无疑代表了全国最大数量的普通高等学校。

第六节 本书框架

至此，本书立足大学校院两级治理的复杂性和多变性，以教育管理研究范式和法社会学认知方式相结合的方法理路，聚焦当下中国大学校院两级运转现实和校内软法治理实践，提出变革时代大学校院两级治理的研究框架。

即以中国大学校院两级治理的制度化运转作为突破口，紧扣改革这个时代命题，将大学内部治理看作学校与学院在大学法治化进程中多维度力量结构及其变化轨迹。通过规范体系和实际运行两个层面分析讨论校内软法的酝酿设计、实施情况、实现程度及实际效果，剖析提炼“院办校”动议持续推进的现实背景下大学校院两级治理多面样态，解析阐述多面样态之上的整体图景、基本面向与核心机制，实现对变革时代大学校院两级治理秩序的能动性、过程性、整体性研究。并希冀发挥高等教育管理研究和法社会学的批判反思功能，在对大学内部治理法治化本质要义及其背后中国社会法治生态进行价值追问的基础上，反思大学软法利导之利弊风险及其背后深层级逻辑所在，形成重新构想校院两级治理的基本共识、着力点以及优化改进建议，以期对大学内部治理研究有新的推动和开拓。

根据研究框架，正文分基本概要和概貌总览、深入实地的三维具象、具象之上的拓展思考三个部分，共九章内容。涵盖大学“院办校”动议与软法治理概要，大学校院两级治理的样态初探，“组织、权力、信念”三个维度的具象及多面样态、多面样态之上的整体图景、基本面向、核心机制，大学“软法—利导”之现实红利、陷阱危机、逻辑依归，未来大学校院两级治理的基本构想以及优化建议等重要内容。整体性的框架路线如图 1–2 所示。

第一部分“基本概要和概貌总览”介绍本项研究的研究缘起、研究综述和研究设计，并且聚焦主题对理论基础、理论推演和个案经验资料

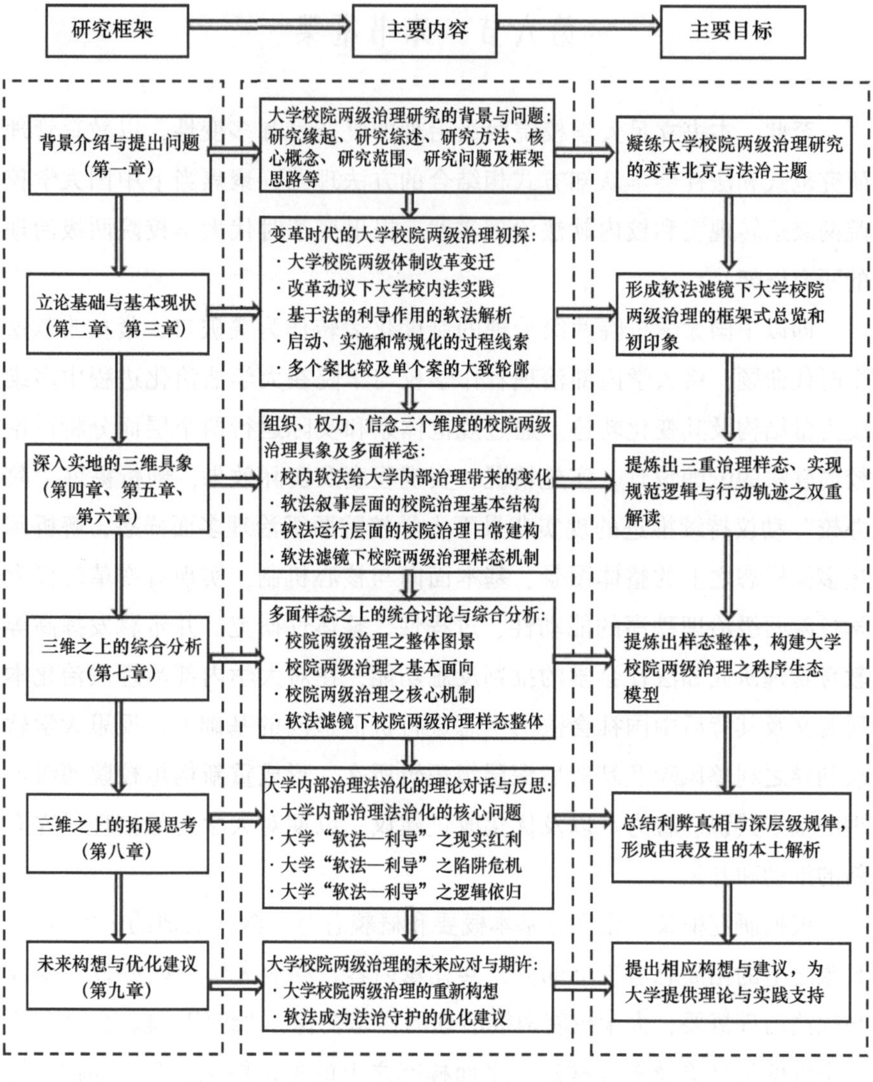

图 1-2　变革时代的大学校院两级治理研究框架

进行总览式梳理。其中，第一章从“一起介入某种关系世界”开启，用“以一种新的方式来思考”收尾。通过澄清研究缘起、研究综述、研究方法、研究技术、核心概念、研究范围、研究问题及框架思路等内容，还原既有研究构想、研究成果、经验知识与研究者心境、旨趣、体悟、之间的意义联系，使本书的立论观点、基本假设、方法理路、立场取向从开篇布局起就在大背景、大主题下清晰化、明朗化。

第二章“‘院办校’动议与软法治理概要”是立论基础，也是本书想要提供给读者了解此后各章内容及其相互关联的重要铺垫。本章从“变革的意义”开始，前三节为背景铺垫、现状铺垫和理论铺垫，通过梳理中国大学校院两级体制改革变迁、描述“院办校”动议下大学校内法实践、澄清基于法的利导作用的软法治理解析，力图以大背景、大主题来审视大学内部治理问题，在演进、现状、理论三个层面上形成一个在逻辑上层层递进的思考脉络。第四节为宏观、整体的铺垫，将全书立论基础最终交会于“法治视角与中国特征”。

第三章“校院两级治理的样态初探”是理论推演与经验资料的初次呈现。本章基于“变革的过程”理解，四节内容从校院两级治理的框架式总览开始，先在改革启动、实施和常规化的过程线索上进行梳理。然后从框架式总览转向多个案比较，呈现“院办校”动议下大学校院两级治理的初印象。在此基础上，从多个案比较中抽身出来，带着普通人的常识落座到一所具体的大学里，呈现单个案大学（云城大学）过去与当下内部治理运转及软法日常的大致轮廓，并以此阐述大学校院两级治理的行动视界及其赋予生活世界的意义。最后以“软法滤镜下的改革旋涡”对前面的总体呈现进行小结，为此后三个维度的讨论提供线索和依据。

第二部分“深入实地的三维具象”是进入具体的单个案分析，三章内容按照组织、权力、信念多维分析的构思，将城市作为核心隐喻，逐章考察大学内部校院两级治理的现实具象。三个章节基于不同的分析维度，运用不同的实地资料，但都以“软法利导”作为理论观照，沿着“软法叙事中的基本结构”和“软法运行中的日常建构”两条脉络主线，关注几个共同的问题：校内软法给大学内部治理带来了何种变化？在校院之间形成了怎样的结构？这些结构是如何建构形成的？意义何在？最终形成了怎样的治理样态？在此基础上，对发生不同时间、不同环境、不同领域的力量交互与利益权衡予以总结、讨论和揭示，提炼出大学校院两级治理的三重样态机理，实现规范逻辑与行动轨迹之“双重解读”。总体上看，这三章从法社会学语境切入，主要通过文本、场景、案例、片段串联起经验资料，让发生在云城大学的故事以一种更贴近日常的方式呈现，这样的方式有助于读者用生活的眼光来看待大学内部校院之间的治理问题。

在这三章内容中，第四章“组织维度的治理考察”从“布局与构造”切入，主要关注的是《机构方案》《改革方案》及其相关配套软法的创建和实施运行。通过聚焦其中所呈现的校院组织构型和组织建构事实，解析和阐释大学内部以学院为重要层级的机构设置、任务联系及其行动的集中性和连续性等问题，呈现在读者面前的大学可视化印象除了“机构、任务的组织体”，还有“机构、任务的变化体、复杂体”。通过机构调整和任务规划两种印象的汇合，学院、学科、团队在校院两级运转中的合法性显现出一种高度相似的治理图式。循此，小结部分提炼出第一重“规范性支持下的网络态治理”样态机理，并将其具体解读为学校和学院基于软法规范性支持和保障而发生、发展的“相互依赖、优势互补”的治理过程及走向。

第五章“权力维度的治理考察”从“等级与控制”切入，主要关注的是《学校章程》及相关配套软法创建和实施运行。通过聚焦其中所呈现的校院权力分配和权力建构事实，解析和阐释大学内部校院决策层级如何划分、权力如何分配以及相互间的控制与影响如何展开等问题，呈现在读者面前的是来自学术和行政两大体系的各种看得见和看不见的介入、干预、出让和妥协。这样的治理图式存在于软法把控与支配的特定场域，强调处于特定位置的机构及成员为维护各自不同的利益主张而付诸实践的各种努力。循此，小结部分提炼出第二重“约束性把控下的阵地式治理”样态机理，并将其具体解读为学校和学院基于软法约束性把控和支配而发生、发展的“瓦解分化、整合巩固”的治理过程及走向。

第六章“信念维度的治理考察”从“理念与追逐”切入，主要关注《目标管理办法》《标志性成果奖励办法》及相关配套软法的创建和实施运行。通过聚焦其中所呈现的校院信念表达和信念建构事实，解析和阐释大学内部校院两级运转的目标考核、绩效分配以及面对共同趋势和压力的理解和反应等问题，呈现在读者面前的除了整体性的共同理念与信条，还有不一样的观念与价值判断。与此相应，其治理图式不仅反映了软法注重大量经济性的或量化的物质刺激，还重点表达了学校和学院对待改革压力时的状态和过程。循此，小结部分提炼出第三重“激励性驱动下的压力型治理”样态机理，并将其具体解读为学校和学院基于软法激励性驱动和维持而发生、发展的“相互调和、相互适应”的治理过程及走向。

第三部分“具象之上的拓展思考”是总结、反思与启示。其中，第七章“多维治理的综合分析”是三维具象之上的统合讨论与综合分析。从研究发现的“合而为一”切入，立足软法形式和位阶、软法需求和关切、软法环境和条件，依次论述“院办校”改革情境下的大学校院治理整体图景、基本面向和核心机理，以回应导论部分提出的“大学软法在校院两个层级之间形成了怎样的治理秩序？”这个关键问题。在这一章，笔者希望强调一点，即组织、权力、信念三维度下的经验故事并不是独立的，而是共同置于大学日常运转中的，需要统合在一起进行探讨以修正前三章的多维度样态发现。由此在个案大学的故事与更广泛的大学内部治理之间架起了一座桥梁，不仅向读者呈现了“惯例型软法牵引下的校院协作圈—政策型软法导向下的校院协作链—宪章型软法统合下的校院协作网”之整体图景，厘清了“大学内部单位与单元之间的资源调配问题、前端与终端之间的项目运转问题、委托与代理之间的绩效疏导问题”三种基本面向，还将大学校院两级治理的核心机理最终界定为“学校与学院之间以中心人物为枢纽呈现差序信任、在向上依赖和协商性控制中走向模糊治理、依效能和机会决定院院之间的优先排序”三重核心机制。最终以“交叠嵌合的‘同心圆’样态整体”作为小结，构建大学校院两级治理之秩序生态模型，并将发生在学校和学院之间多维治理的样态整体具体解读为：大学软法组合作用下，由“经验—因果—利导—生活”四重平衡相互嵌套的极其复杂的过程与走向。

第八章“大学校院两级治理的再思考”是理论对话与反思部分。在第四、五、六章个案分析和第七章综合分析的基础上，从“大变局下的端详”切入，重申社会大变革这个时代背景，强调大学软法需要直面“怎样体现和捍卫公共理性”这个核心问题。并顺此因果脉络而下，形成有关大学“软法—利导”之现实红利、陷阱危机、逻辑依归的一系列反思，整体性地回应了绪论部分提出的“存在哪些压力与挑战?”的问题。通过这一章的分析，“大学内部法治理究竟何以一方面支撑着法治构想，同时又没有像法治构想的那样渐次展开，而是面临重重难以回避”的问题得以解开；“大学校内软法为何以及如何基于校院两个层级各种不同利益主张而产生出来、运转起来、演化发展”的实践逻辑得以呈现。在有关法效果、法效用和法效益的最大化产出，有关象征性、变通性、实用性三重治理陷阱及其可能引发的法治危机，有关诱致性创建、诱导型运用、诱训式保障所致的两面效应还原中，最终形成“一种由表及里的认识”。总体上看，这个章节的探讨是对前七章探讨的提升，通过理论对话与反思，构建起“软法—利导”的法治理模式在大学校院两级治理实践中的本土解析，并将大学依法办学、依法治校由已推及至他物、他域和社会整体，以实现从一般理论到本土解释的充分舒展。

第九章余论聚焦“大变局的关口”，立足过程和意义建构，在重新构想大学校院两级治理的基础上，提出软法何以成为大学内部治理之法治守护的设问，以回应绪论部分提出的“大学校院两级治理的实践症结何以应对、未来态势何以期许”两个终极问题。最终在“十字路口的抉择与推进”收尾部分，提出真正触及根本的问题并不在于大学应该付诸多大程度的努力去积累制度经验，而在于当前社会时代背景下大学应当做出何种符合公共理性方式的反应，才能发展出、构建起校院两级治理“法治文化”，使不断积累的制度经验与那些虽然肉眼看不见、实际上却对大学日常运转产生很大影响的社会现实进行有效连接。可以说，第九章似题外思考，实际上以未来构想与建议关联起了前面八章所有的分析和论述，希冀能够带给读者更加真切、更具建设性的体会和感受。

第七节　小结：以一种新的方式来思考

本章概述了变革时代大学校院两级治理的研究缘起、研究综述、研究方法、研究技术、核心概念、研究范围及研究思路等内容，还原了研究者的研究心境、旨趣、体悟、选择之间的意义联系，澄清了国内外早期相关研究成果和经验知识，勾画了各种即将被打开的新的观点、假设和理解。这一系列的溯本清源，目的在于：在本书展开正式分析前，就向读者说明为什么这个主题的研究如此重要，为什么不再局限于以往的治理视角，而是选择有关变革与法治的新的探索。

正如路德维希·维特根斯坦在《札记》中所言，洞见或透识隐藏于深处的棘手问题是艰难的，因为如果只是把握这一棘手问题的表层，它就会维持原状，仍然得不到解决。因此，必须把它“连根拔起”，使它彻底地暴露出来；这就要求我们开始以一种新的方式来思考。① 法治国家、法治社会深入实施大背景下，大学被纳入全面推进法治建设宏大叙事，“院办校”动议下的校院两级治理在变革与稳定之间游移、徘徊，各种缘于大学内部与外部的矛盾和紧张关系不断涌现。洞见或透视隐藏于深处的这些棘手问题是十分艰难的，以一种不同以往的新的方式来思考，将问题充分地、彻底地暴露出来，才不至于局限于表层化的构想。

---

① ［英］路德维希·维特根斯坦：《札记》，转引自［法］皮埃尔·布迪厄、［美］华康德《实践与反思——反思社会学导引》，李猛、李康译，中央编译出版社 2004 年版，第 1—2 页。

在笔者的构想中，这种新的思考方式将研究视点置于关系的汇流中，不再局限于关注静态的、局部的校院两级治理结构性问题，而是着力于校院之间各种动态的、过程的复杂性、多变性和弥散性问题；不再只是强调校院两级治理中政策方略和制度规划之应有之义，而是将大学内部治理与国家、社会、时代的发展与变迁联系起来；不仅致力于从制度体系上考察校院两级治理的演化发展，更注重通过制度体系与制度运行的双向分析，揭示其中治理规律、问题及症结……

第二章 “院办校”动议与软法利导概要

我们对于变革已经如此熟悉，以至于我们很少停下来想想变革对于我们这些正在经历着变革的个体到底意味着什么？更重要的是，我们几乎从来没有停下来想想变革对于可能身处变革情境的我们周围那些人的意义。

——［英］迈克尔·富兰①

过去的无数事实表明，变革的复杂性远远超过人们的规划与想象，即使不那么复杂也有着很多难以掌握的地方。比如，变革可能是强加的（出于某种自然事件的或者是审慎的变革），也可能是我们自愿的，甚至是因为我们对现状不满意、不协调或者不能容忍。但是任何一种情况下，变革的意义都不可能在开始的时候清晰起来，矛盾的心理将蔓延整个过程。② 在现代大学治理变革中，这方面的问题同样不可避免地存在。没有一所大学能够真正摆脱对新制度、新规划的焦虑，也没有一所大学能够真正解决内部重整的难题，那些通过计划方略来提前做出应对的努力，最终往往走向不彻底的实施或以不了了之告终。这样的经历使我们不得不相信，对于任何组织或者个体而言，变革总是以不确定的矛盾为特征。

---

① ［加］Michael Fullan：《教育变革的新意义》（第四版），武云斐译，华东师范大学出版社 2010 年版，第 16 页。

② ［加］Michael Fullan：《教育变革的新意义》（第四版），武云斐译，华东师范大学出版社 2010 年版，第 17 页。

然而即便如此，变革依然是普遍存在且持续不懈的。变革是一项有计划的旅程，同时在复杂条件下又是一个永无止境的命题。[①] 维持现状的力量是制度性的，实施变革的力量也是制度性的。无论是制度的组织者、促进者，还是制度的参与者、关联者，面对当前的制度与过去的制度交错在一起，总是相信比过去任何时候都了解变革的发生，并且总是确信可以通过调整和改善来抵御各种复杂问题，甚至有时还总是假定可以从变革中轻松获益。于是很多时候，就像迈克尔·富兰所言，变革是一种如此熟悉的事情，我们很少会静下来想一想它究竟意味着什么，更不会去考虑它对于我们周围的那些人、那些物、那些事的意义所在。

接下来，本章将从改革的历史性发生开始，呈现中国大学校院两级治理变革之背景脉络、当前现实和理论解析。以大背景、大主题审视的同时，邀请读者一起来体悟变革对于大学及身处变革情境的我们而言的意义所在。

第一节　大学校院两级体制的改革变迁

不同国家、不同时期、不同国家的不同时期，驱动高等教育改革的工具各不相同。[②] 中国高等教育属于“后发外生型”，从近代大学产生，政府就与大学的关系紧密，这个特点一直保持至今。受此影响，大学内部治理结构及其运行模式的变迁一直离不开政府的影响与作用[③]。既然大学内部治理结构及其运行模式的变迁离不开政府的影响与作用，那么国家政策对大学内部体制性改革的影响就十分大，甚至可以说，每一次体制性改革背后都会有国家政策的驱动和主导。而中国大学校院两级体制

① ［加］迈克尔·富兰：《变革的力量——透视教育改革》，中央教育科学研究所、加拿大多伦多国际学院译，教育科学出版社2004年版，第33页。

② 王建华：《政策驱动高等教育改革的背后》，《清华大学教育研究》2019年第1期。

③ 张德祥：《1949年以来中国大学治理的历史变迁——基于政策变革的思考》，《中国高教研究》2016年第2期。

的发展史，无疑也是国家政策主导下的校院体制变迁史。

通过对国家政策的梳理发现，总体上看，中国大学校院两级体制的改革变迁如表 2-1 所示，可分为 1949—1985 年和 1985 年至今两个阶段。

表 2-1　政策主导下的大学校院两级体制的改革变迁

时　间	阶　段	国家政策	特点
1949—1958 年	中央集权高教管理体制的确立	1950 年 8 月《高等学校暂行规程》	1. 大学内部体制性变革十分频繁，与那个时期充满改造、运动和革命的社会因素以及中国大学自身发展不成熟密切相关
1958—1963 年	由集权向放权的改革	1958 年 9 月《关于教育工作的指示》；1961 年 9 月《教育部直属高等学校暂行工作条例（草案）》	
1963—1966 年	由放权到收权的调整		
1966—1976 年	“文化大革命”期间高教管理体制的无序	1967 年 3 月《关于大专院校当前无产阶级文化大革命的规定（草案）》	2. 大学始终强化“校办系（院）”体制下的高度集权与资源统一调控的，与新中国成立后以政治为中心、高度中央集权的国家本位范式密不可分
1977—1985 年	拨乱反正后的集权	1978 年 10 月《全国重点高等学校暂行工作条例》（试行草案）	
1985—1998 年	校院（校院系）体制框架的重建期	1985 年 5 月《中共中央关于教育体制改革的决定》；1992 年 8 月《关于国家教委直属高等学校内部管理体制改革的若干意见》	1. 从框架重建到探索、再到创新发展，从“校办院”办学模式到“院办校”改革呼声，大学校院两级体制性改革具有阶段性与连续性
1998—2010 年	校院两级体制的改革探索期	1998 年《中华人民共和国高等教育法》；1999 年《关于当前深化高等学校人事分配制度改革的若干意见》；2007 年《中共教育部党组关于加强普通高等学校基层党组织建设的意见》等	2. 伴随着政策范式从国家本位向市场本位转型、从行政主导向法人治理转型，大学内部体制性改革的动力机制也由此向“积极、主动和创造性发展”转变

续表

时　间	阶　段	国家政策	特点
2010 年至今	校院两级体制的改革发展期	2010 年《国家中长期教育改革和发展规划纲要（2010—2010 年）》；2012 年《关于推进试点学院改革的指导意见》；2015 年《统筹推进世界一流大学和一流学科建设总体方案》等	3. 在政策推动体制性改革的过程中，大学内部制定出台制度的速度与改革一样迅速

1949—1985 年，在国家政策的主导下，中国高等教育体制经历了五次重大变革，分别为中央集权高教管理体制的确立（1949—1958 年）、由集权向放权的改革（1958—1963 年）、由放权到收权的调整（1963—1966 年）、“文化大革命”期间高教管理体制的无序（1966—1976 年）以及拨乱反正后的集权（1977—1985 年）。[①] 在高等教育体制，尤其是高校领导体制的政策性探索推动下，大学内部体制一直在建构中探索。比较典型的政策性变革有：1950 年 8 月，教育部发布《高等学校暂行规程》，采取“以苏联为师”的政策，逐步改革原有的高校，实行校院系三级管理。此后在全面效仿苏联制度的政策影响下，中国大学逐渐取消学院，全部实行校系两级集权管理；1958 年 9 月，根据中共中央和国务院《关于教育工作的指示》，指出高校实行党委领导下的校务委员会负责制与系党总支委员会领导下的系务委员会负责制，高校内部集权管理得以强化；1961 年 9 月，中共中央批准《教育部直属高等学校暂行工作条例（草案）》，指出高校校务委员会负责制以校长为首，系务委员会负责制以系主任为首，系总支委员会起保证和监督作用，集权与放权相结合；1967 年 3 月，中共中央发出《关于大专院校当前无产阶级文化大革命的规定（草案）》，工宣队、军宣队进驻高校，全校师生革命大联合，高校内部管理无序化；1978 年 10 月，教育部发出《全国重点高等

① 马陆亭：《我国高等教育管理体制改革 30 年——历程、经验与思考》，《中国高教研究》2008 年第 11 期。

学校暂行工作条例》（试行草案），指出高校实行党委领导下的校长分工负责制和系总支委员会领导下的系主任分工负责制，高校内部集权管理体制再次得以强化。

考察1949—1985年政策主导性变革，可以发现，这个时期的大学内部体制性改革主要呈现出两个方面的特点：一是改革十分频繁，这与那个时期充满改造、运动和革命的社会因素以及中国大学自身发展不成熟密切相关。二是大学始终强化“校办系（院）”体制下的高度集权与资源统一调控，与新中国成立后以政治为中心、高度中央集权的国家本位范式密不可分。

1985年起，伴随着国家对高等教育政策的价值转向，高等学校内部体制性改革亦进入了改革、发展的历史新阶段，主要经历了校院（校院系）体制框架的重建期、校院两级体制的改革探索期和改革发展期三个阶段：

第一个阶段：1985—1998年，校院（校院系）体制框架的重建期

1985年5月，中共中央正式颁布《中共中央关于教育体制改革的决定》，体现了国家对高等教育政策的价值转向，重新推行校院系三级管理，但国家本位、行政主导的政策范式依然占主导地位。1992年2月，国家教委决定在其直属的36所高等学校全面展开内部管理体制改革，并于同年8月下发《关于国家教委直属高等学校内部管理体制改革的若干意见》，开启了新一轮高校内部体制性改革。1993年，《关于加快改革和积极发展普通高等教育的意见》与《中国教育改革和发展纲要》颁布，明确提出要采取综合配套、分步推进的方针，加快步伐，改革“包得过多、统得过死”的体制。这两个政策文本的颁布，标志着中国大学治理由国家本位向市场本位转型。[①] 社会转型开始后，全国各地开展大规模的高校合并，原有的校系两级体制再次受冲击，许多高

① 罗红艳：《我国公立大学治理政策变迁的制度逻辑——基于历史制度主义的分析》，《中国高教研究》2014年第3期。

校改革并重新设立学院，形成校院两级管理或校院系三级管理的基本体制框架。

第二个阶段：1998—2010 年，校院两级体制的改革探索期

1998 年《中华人民共和国高等教育法》的出台，标志着国家对高等教育政策的价值范式向法人治理转向。在法人治理型政策范式的主导下，高校开始通过改革人事与分配制度，改革校院权责关系，目标指向办学质量和办学效益的提升。1999 年起，教育部发布《关于当前深化高等学校人事分配制度改革的若干意见》，2000 年中组部、人事部、教育部印发《关于深化高等学校人事制度改革的实施意见》，2006 年人事部、财政部、教育部联合下发《关于印发事业单位工作人员收入分配制度改革方案的通知》，大学人事制度改革全面推行聘任制，强调高校岗位管理与聘用制改革相结合，与收入分配制度改革结合。此外，院（系）党政联席会议是这一时期加强校院两级管理的一项重要变革。2007 年发布的《中共教育部党组关于加强普通高等学校基层党组织建设的意见》指出“院（系）工作中的重要事项，要经过党政联席会议，按照民主集中制原则集体研究决定”，标志着中国大学院（系）党政联席会议的正式建立。这一阶段，高校根据国家关于深化高等学校内部体制性改革的文件精神，逐步探索以“目标管理”和“绩效管理”为核心的二级资源分配改革。改革探索的同时，传统的“校办院”办学体制在很大程度上并没有转变。

第三个阶段：2010 年至今，校院两级体制的改革发展期

这一阶段，高校向院系放权的意识逐渐增强，“院办校”办学模式的呼声越来越高，主要与以下三方面国家政策的出台密切相关：

一是管办评分离的全面深化改革政策。2010 年，中共中央和国务院发布的《国家中长期教育改革和发展规划纲要（2010—2020 年）》对深化教育体制改革进行了顶层设计和全面部署，为全面深化高校内部体制奠定了政策框架和行动指南。为贯彻教育规划纲要精神，大学内部简政放权、权责明确和规范有序在国家政策层面进一步得以明确。

2011年，教育部颁布《高等学校章程制定暂行办法》，以章程为统领的校院两级配套制度逐步推进。此后，2013年党的十八届三中全会通过的《中共中央关于全面深化改革若干重大问题的决定》提出“深入推进管办评分离”；2015年教育部颁发的《关于深入推进教育管办评分离促进政府职能转变的若干意见》明确了教育管办评分离的行动路线图；2017年中央办公厅、国务院办公厅印发的《关于深化教育体制机制改革的意见》提出“坚持放管服相结合，……构建政府、学校、社会之间的新型关系”；[①] 同年《教育部等五部门关于深化高等教育领域简政放权放管结合优化服务改革的若干意见》具体提出了以管办评分离为重点的高等教育领域改革方向，《国家教育事业发展“十三五”规划》则将“推动高等学校进一步向院系放权”作为落实学校办学自主权的重要举措来强调，为理顺校院权责关系、激发学院活力提供了很好的外部环境。

二是试点学院改革的支持政策。《国家中长期教育改革和发展规划纲要（2010—2020）年》出台后，在国家推动的改革试点中，把学院试点也列在其中。2010年《国务院办公厅关于开展国家教育体制改革试点的通知》提出要“设立试点学院，开展创新人才培养试验”。此后2011年，教育部启动试点学院改革项目，全国首批17所高校试点学院开始推行综合改革。2012年，《教育部关于推进试点学院改革的指导意见》提出三条“完善学院内部治理结构”支持政策。此后，越来越多的高校沿袭先行高校的改革逻辑，探索“学校宏观决策、职能部门指导服务、学院自主运行”综合改革，目标均指向高校管理重心向院系下移。

三是加快实施“双一流”建设的国家战略。2015年，国务院印发《统筹推进世界一流大学和一流学科建设总体方案》，强调“要以学科为基础，完善内部治理结构，加强学术组织建设，充分激发高校内生

① 申素平、周航、左磊：《“公立高校举办者”概念的规范分析》，《高等教育研究》2020年第5期。

动力和发展活力，引导高等学校不断提升内部办学水平”。2018年，教育部、财政部、国家发展改革委三部门印发《关于高等学校加快“双一流”建设的指导意见》，强调建设高校要积极主动深化改革，以增添改革动力。在这两个政策文件的指引下，各地高校结合地方政府和高校自身的“十三五”规划的制定，进一步研究全面深化改革、激发师生活力、建设世界一流大学和一流学科的具体措施。在“双一流”建设的推进中，院系成为学科建设发展的直接载体，日益承担起学科和专业建设的责任。

纵观1985年以后的政策主导性变革，可以将这个时期大学校院两级体制的改革变迁总结为三个方面：一是大学内部改革具有阶段性与连续性，从框架重建到治理探索再到治理新发展，从“校办院”办学模式到“院办校”改革呼声，改革探索在国家政策主导下持续推进；二是伴随着政策范式从国家本位向市场本位转型、从行政主导向法人治理转型，大学内部改革的动力机制也由此向“积极、主动和创造性发展”转变，这与法治中国建设不断深入的社会大背景密不可分；三是在政策推动体制性改革的过程中，大学内部制定出台制度的速度却与改革一样迅速，甚至在人们还未揣摩法治含义时，就已敲响了以学校章程为统领的大学校院两级治理法治化的锣鼓。

第二节　“院办校”动议下的校内法实践

“院办校”是国家管办评分离政策在高校管理领域的集中体现，其核心要义在于，在大学办学自主权不断扩大的背景下，通过管理重心向学院下移，形成“学校宏观决策、学院自主运行”的校院两级管理动力机制，以充分发挥学院在大学发展和学科建设过程中的办学主体地位，实现“学院办大学”的理想。有学者指出，作为一种大学办学理念，“学院办大学”理念的提出是对当前中国大学内部管理体制，尤其是校院关系权力配置失衡问题，以及大学管理模式变革的一种反省，对中国大学改革创新发展具有特殊意义。① 还有学者指出，“学院办大学”从表象上看是一种校院关系问题，其本质是现代大学内部治理体系的构建问题，蕴含着破解大学内部管理体制症结改革的政策取向和实践意义。②

从以上有关意义本质的论述中可以感受到，“学院办大学”（简称“院办校”）理念提出后，在深化改革层面尤其是大学深化内部治理改革层面形成很大反响。举目可见的是，2013 年全面深化改革及此后深化高等教育体制机制改革的这十年间，伴随着“学院办大学”改革动议不断强化，重构大学内部学校与学院之间的关系、赋予学院更多的办学自主权，确立学院的办学主体和实体地位，激发学院办学活力和发展潜力③，等等，相关新理念、新机制的确立迫在眉睫，中国大学内部治理由此迎来改革目标和愿景逐渐清晰状态下的制度快速供给的新阶段。就像是一场波及全国各地高校内部治理体制改革的校内法实践，越来越多的高校以“学校宏观决策、学院自主运行”的模式启动或加大其内部体制问题的改革步伐，从校院两个层面强化治理改革及其配套制度设计，确保管理落地、权力放而不乱。

从结构外观来看，伴随着大学启动或加大“院办校”改革步伐，校内法建设总体上呈现出规范分层的发展态势：首先是作为校内总纲领，也是校内根本法的“学校章程”。这个层面的校内法根据国家或地方政府法律法规制定，经上级行政主管部门核准后颁布实施，在协调改革中发挥校内“宪法”保障作用。其次是学校层面的“指导意见”和“实施方案”。这个层面的校内法以学校红头文件形式确立下发，内容上不涉及具体明确的行动条款和责任条款，而是表现为学校内部带有指导性和宣示

---

① 张庆奎、张兄武：《“学院办大学”：本质、意义、路径与风险防控》，《江苏高教》2021 年第 6 期。

② 梁文明、何敦培：《“学院办大学”命题探讨》，《衡阳师范学院学报》2017 年第 4 期。

③ 张庆奎、张兄武：《“学院办大学”：本质、意义、路径与风险防控》，《江苏高教》2021 年第 6 期。

性意义的整体性安排。然后是校院不同层级形形色色的“规范细则”。这个层面的校内法通常以管理规定、实施办法、目录标准、工作规范等命名，但与“指导意见”和“实施方案”相比，在内容安排上更为聚焦和量化，包括组织、人事、学科、财务、物资、文化、安全等方方面面的内容。最后是大学内部各领域经过长期历史积淀形成的“惯例”和“行规”。这个层面的校内法主要涉及学科基层领域，因为没有官方正式的出台程序，形式和内容都灵活多样。

从功能作用来看，校内法制定出台后，因为贴近大学运行现实，不仅为克服国家法律法规和地方政策失灵等问题提供了解决思路和实践经验，在合理回应校内多元主体的治理需求，以及提高大学治理实效性方面更是发挥了独特功效。甚至伴随着重心下移、权力下放的新理念、新机制涌现，很多时候，校内法本身就被理解为大学内部治理的一项改革成就，一种运作依赖、政治方略和管理手段，不仅涌动着组织成员的智慧和抱负，而且赋予校院两级组织结构、任务联系、权力决策和人们的观念表达某种力量，产生了不可低估的作用。甚至令人感觉，大学通过校内法即可简单而轻松地实现激发学院办学活力与潜力的愿景。

可以说，“院办校”的改革动议下，大学无论在结构上，还是在功能上，都已自觉或不自觉地被纳入国家和社会“全面推进法治建设”宏大叙事，大学内部运转的法治目标和法治要求日趋显现；不仅如此，与法治目标和要求并肩而来的，还有大学校内原有政策制度的大量废止、修订，新的政策制度和配套规范的快速创建、出台，以及随之而来的学校与学院、学院与学院之间的结构变动和人们相互间利益关系的变化。于是在这样一场可以折射国家、社会和大学本身法治万花筒的体制机制改革中，大学俨然已发展成一个自我变革、自我发展的实体，大学校内法治理通过学校和学院两个层级的目标、理念、要求、举措，以及大学成员的观念、行动、想象、推理、判断、应对……能动地建构起来，“院办校”动议下校院两级治理孕育法治、走向法治的活力与基础最终交汇于此。

然而必须指出，校内法建设呈现出规范分层和回应需求的积极态势，大多数情况下却还是一种“意识状态”微弱情况下的法治运用。因为从制度酝酿出台到制度落地运行，各个环节都很难找到直接可循的国家法律法规。正如克拉克·克尔在《大学的功用》中指出的，在任何一所有许多独立的创造性和力量源泉的大型大学中都有“一种无法律现象”，困难的任务就是要使这一无法律现象不要超越合理的范围。① 大学“院办校”改革动议下，虽然校内法自带政策光芒，在调整和改造校院两个层级之间的管理运行中发挥了独特的法治理功能，但从大学章程、政策制度、配套规范的实际运行来看，带来了目标创新与结构变动，并没有导致行动上的同频共振，甚至一定程度上还产生了相互拉锯。这种情况下，各种源于大学内在创造性却又面临合法性和有效性检验的“无法律”现象也频频发生，校内法难以撬动校院两级旧体制是一个更凸显艰巨性的问题。

2016 年 5 月，《光明日报》刊发《大学办学院还是“学院办大学”》一文，指出受长期的集权式管理影响，当前高校校院关系矛盾突出，主要表现在以下方面：一是大学校院两个层级之间的权力配置严重失衡，学校一级处于主导的、支配的和强势的地位，学院一级处于依附的、被支配的和弱势的地位，导致学院自主权缺乏。② 2018 年 10 月 15 日，新闻以中山大学由“校办院系”改为“院系办校”为例，重点讨论当前中国大学转变办学管理模式与制度设计上的深刻转变。③ 2020 年高等教育国际论坛年会上，清华大学原副校长谢维和则以清华大学为例，讲述了大学内部体制性改革中有一个非常特别且具有普遍性的矛盾，即学校与院系之间的关系，包括它们之间的责权利的划分及相互关系。它既关系到大学建设中的整体性与系统性，也涉及充分发挥不同院系学科自主权与积

① ［美］Clark Kerr：《大学的功用》，陈学飞等译，江西教育出版社 1993 年版，第 23 页。
② 石中英：《大学办学院还是“学院办大学”》，《光明日报》2016 年 5 月 1 日。
③ 蒋子文：《中山大学转变办学管理模式：“校办院系”改为“院系办校”》（https：//www. sohu. com/a/259517604_260616）。

极性的问题，对一所大学的办学质量与管理水平具有非常重要的影响，因而是大学治理中十分重要和具有高度关联性的问题，也是现代大学制度的基本内容。[①] 这些社会关注度较高的新闻专题、重点讨论和论坛讲述，引发人们对大学“院办校”动议下校院两级体制改革与校内法治实践更多的思考。

的确，“学院办大学”起源于中世纪牛津、剑桥等英国古典大学的学院制，强调学院是完全的自治法人，而学校则是一个由各学院组成的松散集合体[②]。这样的管理体制对于中国大学而言原本就是舶来品，在既无法律法规可循，也无先例可援的情况下，想要充分适应本土文化，必然需要通过校内法来改革大学内部管理体制上原生的各种缺陷。然而现在更困扰的问题是，大学反复强化加大投入和重点建设，在实践中往往演化成“今天一个政策、明天一个规定，上面一个发现、下面一个创新”[③]，很难见其在大学内部体制改革问题上的根本性突破，通常情况下只是围着国家政策兜圈圈。有学者对教育部核准的 84 个大学章程作了统计，发现章程中非常明确写明学校实行的是校院两级管理体制的学校是 55 所；另外，60 所高校的章程中最主要规定的是学院组织本单位的教学活动、科学研究、社会活动、思想品德教育，这表明实际上学院主要还是一个生产单位，是一个执行单位，[④] 其结果自然难见其在大学内部体制改革问题上形成根本性突破。

当然就现在的情况来看，“院办校”动议下大学校内法实践带来的法治考问远远不止以上所述，其中可以反观的大学校院两级治理的法治真谛也远远不止以上分析。随着国家政策要义在高等教育乃至大学组织体系中持续深入，在瞬息万变的改革实践中，无论是法规则的创造性空间，

① 谢维和：《“工字厅不空转”：大学治理的故事与启示》（https：//www. 163. com/dy/article/G2IE8GMQ0516RJOM. html）。

② 张庆奎、张兄武：《“学院办大学”：本质、意义、路径与风险防控》，《江苏高教》2021 年第 6 期。

③ 罗志敏：《我国大学治理的制度供给逻辑》，《教育发展研究》2014 年第 5 期。

④ 宣勇：《论大学的校院关系与二级学院治理》，《现代教育管理》2016 年第 7 期。

还是人的创造性思维与行动，都可能成为大学校院两级治理难以回避的问题。

第三节 基于“法的利导作用”的软法解析

前文主要讨论了“院办校”动议下的大学校内法实践，提出法治考问和反观法治真谛的同时，暗含着这样一个道理：与社会生活之复杂性相契合的法治秩序，最终须通过软法尤其是社会组织软法，而非国家硬法规范即可实现。大学校内法治理正是这样一种面向大学多样化和地方化特征的社会组织软法实践，它见证了中国社会深化改革进程中的本土性法治资源、法治现实和法治需求。

在当下法治模式日益崛起的时代，面对层出不穷的大学校内软法现象与软法素材，软法与软法治理解析具体应当建立在何种理论观照之上？透过软法与软法治理的滤镜，又可以探寻到何种法社会学意义上的方法论旨趣呢？

首先来看第一个问题：软法与软法治理解析具体应当建立在何种理论观照之上？

根据 E. 博登海默在《法理学：法律哲学与法律方法》中的解释：“如果一个社会为发挥个人的积极性和自我肯定留有空间，那么在相互矛盾的个人利益之间肯定会有冲突和碰撞”，“法律的主要作用之一就是调整及调和上述种种冲突的利益，无论是个人的利益还是社会的利益”。这在很大程度上必须通过颁布一些评价各种利益的重要性和提供调整这种利益冲突标准的一般性规则方能实现。如果没有某些具有规范性质的一般性标准，那么有组织的社会就会在做下述决定时因把握不住标准而出差错，比如：什么样的利益应当被视为值得保护的利益，对利益予以保障的范围和限度应当是什么，以及对于各种主张和要求又应当赋予何种相应的等级和位序。如果没有这种衡量尺度，那么这种利益的调整就会取决于或然性或偶然性（而这会给社会团结与和谐带来破坏性后果），或者取决于某个有权强制执行它自己的决定的群体的武断命令。① 这在根本上意味着，法是一种必不可少的“利益导向”机制，通过法规范确立利益保护的衡量标准，对需要保护的社会及个人利益在范围和限度上作出相应的规定，以及对各种不同的利益主张和要求在等级和位序上作出相应的安排，是人们维护社会生活秩序的基本方式。

也正是从此意义上讲，本书在社会法治化语境中解析软法及软法治理，形成有关“校内软法是大学内部最基本的利益导向机制，在利益调整和调和作用的发挥上具有先天的优势”的进一步解读。即作为大学内部的日常法治实践，大学校内软法与组织及成员的物质利益和精神利益总是交融在一起，是人们维护大学校院治理秩序的最基本的方式、模式和最日常的选择，其在影响大学组织及成员的欲望、需求、伦理、思维、行为等方面具有先天的优势。如此一来，“法的利导作用”就成了软法治理解析的理论观照，并以此为突破口，在行动者及其能动性、自利动机与合法性、有限理性与组织决策等方面形成一些关联性解析：

第一，有关行动者及其能动性

在讨论行动者及其能动性之前，首先需要明确的问题是：基于“法的利导作用”的软法治理解析，究竟是针对组织还是个人？对此，个体主义、整体主义与综合主义三种方法论给出了三种不同的回答，代表了三种法学研究范式。其中，整体主义方法论将公共机构视作不可再分的、有机的、最小的分析单位②，个体的能动性无法进入研究视野；个体主义方法论不承认公共组织的有机性③，认为制度结构是个体活动的产物，但忽略制度结构对个体行为选择的内化作用；综合主义方法论既不认为公共组织必然是个有机体，也不认为公共组织内部诸要素不可以通过恰当

---

① ［美］E. 博登海默：《法理学：法律哲学与法律方法》，邓正来译，中国政法大学出版社 2004 年版，第 414—415 页。

② 罗豪才、宋功德：《软法亦法：公共治理呼唤软法之治》，法律出版社 2009 年版，第 76 页。

③ ［美］詹姆斯·M. 布坎南、戈登·塔洛克：《同意的计算——立宪民主的逻辑基础》，陈光金译，中国社会科学出版社 2000 年版，第 11—12 页。

的制度建立起比较确定的联系①，而是强调可以通过恰当的制度在个体能动性和组织结构之间建立起一种确定性联系。本书通过软法叙事与软法运行研究大学校院两级治理，更倾向于体现方法论上的综合主义，将行动者视为“软法治理关系中能动建构的集合体”，认为在大学校院两级治理的法治理关系中，软法实践是一种关联主体能动性和组织结构的行动理论。

此外，新制度主义中很多理论将制度与组织结构与行为联系在一起②，也为本书提供了一些启发：Di Maggio 是最早主张在制度过程的解释中考虑“行动者的能动性”的理论家，他认为制度化反映组织的利益与为了利益而动员的各种行动者的相对权力。③ Giddens Anthony 的结构化理论中，持有一种非决定论的、意愿性的行动理论，认为行动者在参与社会结构的持续生产和再生产时，会创造、遵守规则，并得用资源，因此，能动性指的是行动者对社会世界具有某种影响能力——如能够改变规则、改变关系连带或者资源分配。④ Emirbayer & Mische 在其现象学假定中指出，能动性存在于“理解过程之中，通过这种理解过程，行动者在与不断变化的环境进行持续对话的同时，设想各种选择，对这些选择

① 罗豪才、宋功德：《软法亦法：公共治理呼唤软法之治》，法律出版社 2009 年版，第 77 页。

② 自 20 世纪 50 年代开始，随着一个被认可的新研究领域即组织研究的出现，学者们开始把制度主张与组织的结构与行为联系起来考虑。这些关于组织的制度研究，既建立在早期制度理论家的研究之上，又与早期的制度理论发生了分离，逐渐在各个社会科学领域呈现出不同的面貌，形成“新制度”理论。其中，经济学的新制度理论的重要推进是支持正统的或稍加放宽的理性假定，并应用经济学的主张来解释组织与制度的存在；政治学的新制度理论分裂为两大阵营，其中一大阵营应用理性选择的经济模型来解释政治系统，另一大阵营则强调制度在建构行动者的过程中具有广泛的影响；社会学的新制度理论建立在根源于认知心理学、文化研究、现象学和常人方法学松散地建构起来的思想框架之上。参见［美］W. 理查德·斯科特《制度与组织——思想观念与物质利益》，姚伟、王黎芳译，中国人民大学出版社 2010 年版，第 82 页。

③ Di Maggio, “The, iron cage revisited: Institutional isomorphism and collective rationality in organizational fields”, *American Sociological Review*, 1988, p. 13.

④ 行动者既然能够应用“如果不这样，就采取另外的行动”的策略，那么就意味着行动者能够干预这个世界，也能够抑制进行这样的干预，并影响特定过程的结果或特定事件的状态。参见 Giddens Anthony, *The Constitution of Society*, Berkeley: University of California Press, 1984, p. 14。

进行评价，并随机地对这种选择进行重构。[①] Fligstein Neil 指出无论是在稳定的还是不稳定的制度背景中，行动者都并非简单地受到其场域中的共同意义的控制。相反，行动者通过运用一定数量的社会技能，来再生产或对抗权力和特权系统。[②] W. 理查德·斯科特在分析其制度理论时强调，所有的行动者，包括个体与集体行动者，都具有某种程度的能动性，但各种行动者之间以及各种社会结构之间，能动性的程度存在极大的差异。[③]

在以上综合主义和新制度主义的理论预设基础上，结合既有软法原理，将软法治理框架中的行动者及其能动性事实作进一步解析：

首先是关于软法主体的能动性差异。与硬法相比，软法最小限度的独特性在于其多样化、开放性、灵活性、参与性和不断变动性，因此，软法实践可以为主体提供更合宜的能动性条件和机会。无论是软法制度创建、实施、适用过程的主导者还是参与者，无论是个体还是集体行动者，都将表现出某种程度的“改变规则、改变关系连带或者资源分配”的主体能动性，并且不同的主体以及同一主体在不同社会结构情境下，其主体能动性程度都不一样。

其次是关于软法主体能动性的存在与变化。软法机制的逻辑结构包括三个方面：从静态来看，它体现为一种“未完全理论化的协议”；从动态来看，它体现为一种“动态合作博弈的过程”；从本质来看，它体现为一种“程序民主的商谈政治”[④]。根据这一分析，从静态、动态和本质来看，软法实践都是一项呈现主体能动性的行动理论，这种能动性存在于行动者与社会结构以及行动者之间的持续互动过程中。并且随着互动的持续与深入，其能动性程度也会随之不断变化。

---

① Emirbayer& Mische, *What is agency? American Journal of Sociology*, 1998, p. 966.

② Flígstein Neil, “Social skill and the theory of fields”, *Sociological Theory* 19, 2001b: 111.

③ [美] W. 理查德·斯科特：《制度与组织——思想观念与物质利益》，姚伟、王黎芳译，中国人民大学出版社 2010 年版，第 88 页。

④ 罗豪才等：《软法与公共治理》，北京大学出版社 2006 年版，第 239 页。

最后是关于主体能动性与软法之间的互动。软法治理解析框架中的能动性事实表明，软法制度是利益共同体有意识建构的规则系统，可以为行动者提供更合宜的能动性条件和机会。反之，人们之所以需要和运用软法工具，其意义清单①也在于软法能够将一些更为细致的社会事实与制度联系起来，更大程度地对社会组织、对人的能动性及行为选择产生约束、内化和塑造。正因如此，无论是规则层面的软法实践，还是方法层面的软法实践，在主体能动性与软法制度之间不断相互影响、相互强化，最终将呈现出“制度均衡”与“对策均衡”② 的结果。

另外，还需要补充说明的是，在特定社会组织内部的软法实践中，主体能动性不仅发生在组织内部关系之中，也发生在其外部关系之中；不仅发生在组织精英和专业人员之间，也发生在普通的边缘人员之间。这就是说，国家（政府）、社会（其他组织及公众）和组织内部的边缘博弈者，看似不在场，实际上将对特定社会组织的软法法治实践带来重要影响。

第二，有关自利动机与合法性

主体行为动机是分析法的利导作用的逻辑起点，这方面的理论路向十分多样。其中，主体的自利性是难以回避的问题。正如罗豪才先生在反思和修正“法”的定义时所指出的，“尽管我们不应否认主体行为动机

① Orly Lobel 曾列举一个比较全面的软法意义清单，认为人们之所以需要和运用软法工具，主要在于以下一些理由：其一，很多复杂问题并没有现成的解决方案；其二，预期的规范和社会现实之间的差别太大；其三，决策者之间存在着强烈争论；其四，硬法存在着许多意识形态或思想观念方面的抵制；其五，软法能够减少协商的障碍，提升制度的整体正当性。See Orly Lobel, “The New Deal: The Fall of Regulation and the Rise of Governance in Contemporary Legal Thought”, *Minnesota Law Review*, Vol. 89, December 2004, pp. 393-395.

② “制度均衡”与“对策均衡”区别于新古典理论中的“一般均衡”。“在新古典理论中，人是模型中的原子：个人仅仅被看作循着一个设计好了的追求最优化模式对经济环境作出反应，偏好一旦确定，选择于是便确定了；个人被置于一个机械世界里，其中质点总对合力直接作出反应。”与此相应，在综合主义方法论中，主体能动性与制度结构刚性之间具有互动性，通过制度变迁所形成的制度均衡，主要源于在多样化法的主体之间展开的多方博弈形成的一种均衡，据此形成的权利/义务与权力/权利配置的结构性均衡，是一种“对策均衡”。参见罗豪才、宋功德《软法亦法：公共治理呼唤软法之治》，法律出版社 2009 年版，第 79 页。

的多元性，我们甚至还可以有限度地承认主体行为动机中经常表现出利他性的一面；但是，由于法旨在通过恰当的制度安排来有效地预防与惩治机会主义，而对应于机会主义的行为假定就只能是利己而非利他的，这就决定了关于法的主体的行为假定就只能是自利动机而非利他动机，至多也只能是自利与利他的双重动机"①。这是规范层面的软法主体自利动机之假定。

此外，从软法的本质特征来分析，还可以得到对“软法主体自利动机”更有力的解释：“人们在利益分配上的差异和争夺是人类社会永恒的矛盾，即使是在同一个利益共同体内，为实现利益的最大化也需要对共同体成员进行引导或者指引，这构成了软法的基本成因。”② 这就意味着主体追求利益最大化的自利假定，不仅要在软法规范中予以体现，还要在软法运行过程中予以规范和引导，由此才能实现软法治理的法治化目标。因为从人的本性出发③，无论是软法制定者、监督者，还是贯彻者、执行者，每个人在趋利避害的行为动机方面其实都是一样的，只是在其自利性的表现方式上存在着多元化和差异性。

在这一方面，戈森的“效用最大化原则”④，对进一步解析软法主体自利动机之多元化与差异性有很大的借鉴意义。即软法主体所追求的是一种由“多元利益整合而成的整体效用最大化”——软法制定者、执行者、监督者与普通的软法权利主体一样，都具有追求利益最大化的自利动机；并且在很多情况下，自利性动机不只是体现为“经济性自利”，还

---

① 罗豪才、宋功德：《软法亦法：公共治理呼唤软法之治》，法律出版社 2009 年版，第 69 页。

② 梁剑兵、张新华：《软法的一般原理》，法律出版社 2012 年版，第 68—69 页。

③ 斯宾诺莎认为，按照人的本性，每个人总是以最大的热情追求自己的私利；只有在他认为这样做有助于加强自己的地位的情况下，他才会去支持别人的利益。参见［荷］斯宾诺莎《政治论》，冯炳昆译，商务印书馆 1999 年版，第 65 页。

④ “效用最大化原则”由戈森最早提出，他力图以边际效用递减律为基础，论证效用最大化法则，并认为经济学的任务就在于发现这些享乐规律并按照这些规律行事，从而帮助人们获得人生最大之享乐。参见晏智杰《经济学中的边际主义（历史的批判的研究）》，北京大学出版社 1987 年版，第 81—82 页。

体现为其权力、地位、荣誉、社会名望、晋升机会等其他“超经济利益”。当然，在社会日常法治实践中，即使承认主体自利动机是一种“天性”，我们仍然要强调“法的控制与社会生成”对主体自利动机的强有力影响。也就是说，赋予主体自利动机经济性或超经济性的力量，溯及根源还在于现存的社会制度与社会现实。怎么来认识这里的问题呢？

诚如新制度学派所强调，组织面对两种不同的环境：技术环境和制度环境。这两种环境对组织的要求是不一样的，技术环境要求组织有效率，制度环境则要求组织服从合法性机制。这里的合法性不仅是指法律制度的作用，而且包括了文化制度、观念制度、社会期待等制度环境对组织行为的影响。同样地，合法性机制的基本思想则是，社会的法律制度、文化期待、观念制度成为被人们广为接受的社会事实，具有强大的约束力量，规范着人们的行为。[①] 这就是说，无论是社会组织，还是个人，都不是一个简单的、封闭的自利系统，而是不断受到自身所处外在制度环境的影响，如果组织或个人的行为有悖于这些事实就会出现“合法性”的危机。“即使是在同一个利益共同体内，为实现利益的最大化也需要对共同体成员进行引导或者指引，这构成了软法的基本成因。”[②]

由此回到社会制度与社会现实赋予软法主体自利动机经济性或超经济性的力量的问题，需要从以下两个方面进一步廓清：一方面，对于主体而言，“不考虑个人身处其中的现存制度，就不可能解释他当前的行为”[③]。其中，社会规范、专业化准则、观念制度等各类成文的或不成文的制度事实成为关键所在。软法是社会公共治理模式中的最基本的制度事实，在塑造主体自利动机的形成与实现路径方面，自然成为最重要的

① 周雪光：《组织社会学十讲》，社会科学文献出版社 2003 年版，第 72—74 页。

② 梁剑兵、张新华：《软法的一般原理》，法律出版社 2012 年版，第 68—69 页。

③ ［英］马尔科姆·卢瑟福：《经济学中的制度：老制度主义和新制度主义》，陈建波、郁仲莉译，中国社会科学出版社 1999 年版，第 43 页。

影响因素；另一方面，从与其他社会因素的比较来看，软法并非塑造主体自利动机的唯一因素，而是与政策、法律、文化、道德等其他社会因素共同地内化着主体自利动机。在某些特定情境下，后者甚至对主体自利动机的形成与实现还会产生关键性影响。

第三，有关有限理性与组织决策

综合以上两个方面，无论是对软法治理框架中的行动者及其能动性事实之阐述，还是对追求利益最大化的主体自利动机与合法性之强调，都在强调利导机制中的“理性人”假设。如何解析“理性”① 及“理性程度”就成为最核心的问题。

在这一方面，本书依循社会法治化的分析理路，强化法治生活之日常轨迹，主要采纳 E. 博登海默在《法理学：法律哲学与法律方法》中所强调的“更为广义的理性观念”②。即一种理性论证或判断，从其广义来看，是建立在下述基础之上的：①详尽考虑所有同解决某个规范性问题有关的事实方面；②根据历史经验、心理学上的发现和社会学上的洞识去捍卫规范性解决方案中所固有的价值判断。一个具有这种性质的理性论证和判断，从逻辑的角度来看，可能既不是演绎的，也不是归纳的，而且严格来讲也不是使人非相信不可的。不过它却可能具有高度的说服力，因为它所依赖的乃是累积的理性力量，而这些力量则是从不同的但

① 西方文明的知识历史所提供的大量权威典籍可以用来支持这样一个命题，即一个判断或一个结论，只有在它是以确定的、可靠的、明确的知识为基础的情形下，才能被认为是“理性的”。参见［美］E. 博登海默《法理学：法律哲学与法律方法》，邓正来译，中国政法大学出版社 2004 年版，第 270 页。

② 此处的“更为广义的理性观念”与经济学和管理学上的“广义理性”解析存在很大差异。西蒙认为，广义的理性指一种行为方式，它适合实现指定目标，而且在给定条件和约束的限度之内；在某些特殊场合下，这个定义的两个方面可以有更精致的规定。为此，西蒙将比较重要的特殊用法归纳为：（1）目标可假定为效用函数期望值在某一时间区域上的极大化的形式；（2）目标可假定为意欲达到的一些准则所构成的，但要么全部达到，要么全部达不到；（3）条件与约束的一般定义可指决策者的外部环境的客观特征，可指该环境被感知的特征，也可指以固定形式出现的、不受自身支配的抉择者的自身特征；（4）定义中的所谓目标，可以是抉择者的目标，抉择者所属社会系统的目标，或观察者的目标；（5）毫不含糊地使用理性一词，要求使用者讲清楚他对目标和条件这两者所作的假定。参见［美］赫伯特·西蒙《现代决策理论的基石》，杨砾等译，北京经济学院出版社 1989 年版，第 3—4 页。

通常是相互联系的人类经验的领域中获得的。① 显然，更为广义的理性观念强调主体理性思维和行动方式主要依赖于独立和不偏不倚的精神，而非局限于逻辑推理与既定约束条件。这是一种更接近法治日常的理性观念。

不过需要注意的是，即使采纳上述更为广义、更为日常的理性观念，依然不可能将主体行动假定中的“非理性因素”排除。根据理性主义的解析：行动者可能不是工具性的；或者他们可能是工具性的，但不是具有远见的；也许最重要的情况是，行动者事实上有着一种单独的、工具性的目标，且是具有远见的，但是制度可能产生重要的意外后果；最后，行动者可能作出理性的设计选择，但是更广泛的社会环境中发生的变迁，和/或这些行动者本身特征（如他们的偏好）的变迁，可能在他们选择某种制度安排之后，明显地恶化行动者与制度安排之间的适配性。② 也就是罗豪才先生所强调的，法的主体能否进行理性决策，要受到主体的专业技能、价值观、对目标的了解与理解程度、相关知识、相关事实信息与规范信息的完备程度等诸多因素的综合约束（如图 2-1 所示）③。

此种意义上说，无论法的主体能否进行理性决策，全能全知型的行动者并不存在，在主体价值观变化、心理和情感偏离、信息不对称等非理性因素影响下，现实中的主体行为理性只能是一种“有限理性”。人们试图按照理性去行动，但由于理性本身是有限的，人们无法按照充分理性的模式去行为，即人们没有能力同时考虑所面临的所有选择，无法总是在决策中实现效率最大化。④ 显而易见，与理性模式相比，“有限理性”

① 参见［美］E. 博登海默《法理学：法律哲学与法律方法》，邓正来译，中国政法大学出版社 2004 年版，第 271—272 页。

② Pierson，*Paul. Politics in Time*：*History*，*Institution*，*and Social Analysis. Princeton*，NJ：Princeton University Press，2004，p. 108.

③ 罗豪才、宋功德：《软法亦法：公共治理呼唤软法之治》，法律出版社 2009 年版，第 85 页。

④ 周雪光：《组织社会学十讲》，社会科学文献出版社 2003 年版，第 161 页。

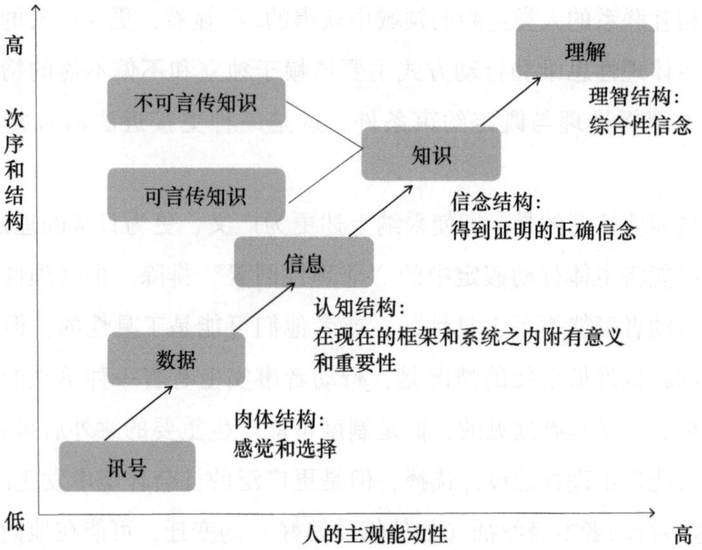

图 2-1　决策依据与决策理性①

是认识组织现象的一个重要前提，接受有限理性这一基本前提的组织研究会提出不同的研究课题，关注不同的组织问题，寻找不同的组织机制。而在笔者看来，也正是这样一种建立在“有限理性”基础上的主体行为假定，才更贴近大学日常运转实际，也更有助于解析大学内部治理现状。

正如有学者在分析有限理性与组织决策问题时所指出的，与个人决策相比，组织决策有几个鲜明的特点：第一，它是一个多人之间相互作用的过程；第二，它是一个稳定的组织结构、组织制度中运行的。此外，组织决策还是一个涉及多重平行的过程，它是一个组织运行的过程，在很大程度上受到已有规章制度的约束；又是一个政治过程，是一个各种利益派别相互冲突、相互妥协的过程；同时还是一个“解释”的过程，决策的许多信息依据都需要经过人们的解释才能产生影响，不同的解释常常会达到不同的结果。② 有鉴于此，我们在这里以软法视角来考虑、讨

① 罗豪才、宋功德：《软法亦法：公共治理呼唤软法之治》，法律出版社 2009 年版。
② 周雪光：《组织社会学十讲》，社会科学文献出版社 2003 年版，第 293—295 页。

论大学内部基于校内法治理的组织决策问题，包括校内正式制度和非正式制度基础上的决策行动、决策机制以及利益和观念在其中的分配，无疑具有重要意义。

至此，结合行动者及其能动性、自利动机与合法性、有限理性与组织决策三个方面的具体阐述，对基于“法的利导作用”的软法治理解析再作一些补充性交代：首先，从整体上看，软法治理与软法主体选择之间的张力无处不在，软法治理是组织内部多人之间相互作用的过程，但其创制和实施又需要面对个人有限理性假定和实现个人利益最大化的行为选择；其次，在软法治理模式中，不同的主体作出行为选择时，由于所处的利益立场与自利动机不同，在行为目标、主体价值观、经验、情感等各种有限理性因素影响下，最后确立的软法治理决策方案和行动路线常常呈现出混合性；最后，决策方案和行动路线的混合性并不能说明组织决策是混乱无序的，相反在制度规则、利益驱动、价值观念等各种有限理性因素影响下，还可能呈现出软法治理模式特有的行事规律。

接下来再来看第二个问题：透过软法及软法治理的滤镜，又可以探寻到何种法社会学意义上的方法论旨趣呢？

不可否认，软法研究是一个充满争议的话题，自奥斯丁至今已有一个半世纪，虽然其间不时有一些“不安分”的学者试图走出分析法学的“围城”，但更多的学者选择的是沿袭经典法学传统并习惯于生活其中。① 不过尽管如此，在当下公共治理模式日益崛起的时代，面对层出不穷的软法现象与软法素材，亦有越来越多的学者选择更为开放的领域探索软法之治，希冀成就法社会学意义上的方法论旨趣。本研究以“法的利导作用”作为软法治理解析的理论观照，致力于大学日常治理研究，正是怀揣着这样一种义无反顾的学术勇气和学术旨趣。

在这样的研究探索中，必须看到，社会法治化是一个重建社会秩序

---

① 罗豪才、宋功德：《软法亦法：公共治理呼唤软法之治》，法律出版社2009年版，第9页。

的极具复杂性的过程，与社会内部机制、限定条件和历史文化相连，也与亿万人的价值、观念、心态以及行为相连。尤金·埃利希曾提出一种彻底的社会学法律理论，认为活法是支配社会生活的法律，即使它没有被列入法律命题。用诺思罗普的话说，“真正的社会学法学认为，离开‘活法’的社会规范，就无法理解实在法”①。也就是说，在法社会学的取向中，其研究的对象——法律，不只是法典中的白纸黑字，或者法律机构/泛法律机构的适用过程与结构，也包括日常生活中人们谈论、表达、解释与运用法律的行动。② 同样，我们透过软法及软法治理的滤镜，基于软法的利导作用致力于大学校院两级治理研究，并不只是立足于客观存在的软法文本或是软法的适用过程和结构，而是着力于组织运转和人际互动中的软法行动。即通过田野调查和经验研究，归纳呈现“行动中的软法”过程与全貌，这就产生了法社会学意义上的方法论旨趣。

沿着软法治理的视角，若是继续追问法社会学意义的方法论旨趣，那么“软法的日常建构”话题就出现了。相比较而言，固定的软法文本包含资源干预与分配、组织结构安排等，其背后都有着确定的价值；行动中的软法则是人们在日常生活中不断建构的，并没有一个永恒不变的客观性。反之，也正是因为人们用不同的方式来对待行动中的软法，软法制度才能在特定组织中持久性发展。这就意味着在法社会学的取向中，我们不仅需要着力于“行动中的软法”过程与全貌，而且需要将研究的焦点转向“软法的日常建构”，强调人们是在日常互动和组织运用中以不同的方式不断建构着校内软法。此种意义上的软法治理研究，其独特性主要在于：突破结构主义研究范式，强化软法知识体系对社会现实的观照，但不套用既有的软法理论去裁剪大学内部软法素材。而是站在更开阔的法社会学层面，将视角放置在中国社会特定历史与时代变迁下，捕

① ［美］E. 博登海默：《法理学：法律哲学与法律方法》，邓正来译，中国政法大学出版社 2004 年版，第 147—148 页。

② 王启梁、张剑源主编：《法律的经验研究》（修订本），北京大学出版社 2016 年版，第 133 页。

捉人们在大学内部软法利导作用下的情感反应和能动性要素。

“当世界被公认为是一捆或多或少由客观决定的社会关系束时，（我们需要）将其解开，将其还原为（我们所认为的）它的真实面目：即人们在行动、在想象、在推理、在判断。”[①] 接下来的分析，能否从广阔而丰富的社会事实中强化社会学想象力，继而敏锐捕捉到“行动中的软法”赋予生活世界的意义，实现对大学校院两级治理的过程性、能动性探究；能否将大学内部日常治理中被认为理所当然的软法利导现象予以问题化，并将“软法的日常建构”作为一种解释性框架，从中提炼出校院治理的深层次规律，这是笔者将要面临的挑战。

第四节　小结：法治视角与中国特征

法治国家、法治社会、法治高校三者间的联系是自然显现的。当中国社会从“国家统一管理”转向“注重社会治理”阶段，与此相应，中国大学也将从“国家型大学”“行政型大学”向“治理型大学”转变，从“外延式扩张”向“内涵式发展”转变[②]。可以预料得到，随着国家和社会治理体系、治理能力建设的持续发力，国家治理和社会治理正在发生的法治化变革和面临的法治化问题，或多或少，或迟或早，都将显露在大学校园里，并由此呈现出典型的“中国特征”。

本章以“变革的意义”为引子，从演进、现状、理论三个层面，分别论述了中国大学校院两级体制改革变迁、“院办校”动议下大学校内法实践，以及基于“法的利导作用”的软法治理解析。这些论述在为此后各章内容作好铺垫的同时，阐明了两个问题：一是学院制在中国不是来自长期实践的自然生长，而是在治理变革的特殊历史条件下由政府来启动和推动，其实践现状总是与方略、规划存在很多出入；二是中国大学

① Gordon, Robert, *New developments in legal theory*, in The politics of law, edited by David Kairys, New York: Pantheon Books, 1982, pp. 218-293.

② 罗志敏：《我国大学治理的制度供给逻辑》，《教育发展研究》2014 年第 5 期。

治理相关的法律法规虽然匮乏，但存在大量鲜活的校内法规范，这些法规范在调整校院治理方面扮演着重要角色，可以有效解析共同体秩序问题。由此以大背景、大主题形成一个层层递进的思考脉络，引导读者面对大学内部制度化重整的各种难题，必须看到变革和法治中的各种具象。

作为与硬法相对的一个范畴，软法建立在治理实践之上，与国家、社会、时代的发展与变迁紧密联系起来，以一种更注重过程与全貌的思路展开探讨，是笔者一以贯之的学术执念。从这一点来看，本章三个层面的论述，也恰好说明了为什么接下来的实地调查和实证分析如此重要。

第三章　校院两级治理的样态初探

> 在每一步骤上，多重的相互冲突的影响造成目的被改变或被现存政治结构及其进程磨损掉，并且环境在中途的变化也要求我们修改计划和行动……既不能忽视手段—目标理性的重要性，也不应忽视生活中潜藏的偶然性，这两方面都必须融入一种适当的理论解释中去。
>
> ——［加］本杰明·莱文①

每个时代有每个时代的特征。在社会大变革的背景下，越来越多的大学作出转型，试图通过校内立法或其他正式途径改变内部运行的很多方面，包括目标设定、愿景规划、任务管理、资源投入和成果评价。这样的改革步履使我们相信，变革在持续的压力下通常会经历从发起到采纳，再到实施的制度过程，既不可能简单地从意图推导结果，也不可能单一地从结果反观意图。如莱文在《教育改革——从启动到成果》中所述，变革总是要历经很多个步骤，变革中的相互冲突无时不在造成目的被改变或结构及进程损耗，并且环境变化还总是带来计划和行动的改变……这种困难正说明了具有清晰概念框架的细致性实证工作的重要性。

考虑到方方面面，本书在法社会学理论观照下尝试描述大学内部制

① ［加］Benjamin Levin：《教育改革——从启动到成果》，项贤明、洪成文译，教育科学出版社2004年版，第22—23页。

度变革、定义启动、实施和常规化的整个过程，同样持有这样的信念和假设。变革也许在本质上是细心思考和精心策划的，但在实践中又总是带有不同程度的模糊性和偶然性，每一个阶段或每一个步骤，都不像我们想象的那么简单明朗。基于变革背景和软法视角的整体总览，以及大量结合大学内部制度现象与问题的实证探讨，将有助于我们更全面、更真实地了解大学校院两级治理的样态现实。那么，制度变革的过程逻辑究竟意味着什么？触及现实又可洞悉到何种真实性？

下面，本章就从框架式总览切入，在过程线索上呈现变革时代大学校院两级治理的大致轮廓。然后从过程总览转向比较调查和个案故事，具体洞察过去与当下中国大学校院两级治理的行动视界及其赋予生活世界的意义。

第一节　变革时代的校院两级治理总览

特殊的背景和视角意蕴着研究思路的开拓甚至转向。大学校院两级体制“院办校”动议的推行，不仅是提升内部运转能力与水平的改革开拓，还是对改造和改变现实问题的软法回应，表现出一种存在于大学内部的独特的治理样态。审视其概貌之前，先对“改革”和“软法”这两个概念术语作进一步领会。

先来看关于“改革”这个概念术语的理解和领会，需要关注到，作为预测未知世界的创新尝试，改革是普遍存在的，更是持续不懈的。在《教育改革——从启动到成果》一书中，莱文以教育理论和实证研究为基础，提出一个分析改革计划的概念框架，强调“改革”一词常常有一种积极的标准化的特质，暗示着某种值得做的事情，对改革的评判是建立在实实在在地打破现存惯例的需要基础之上的。[①] 即在现代化语境中，改

① ［加］Benjamin Levin：《教育改革——从启动到成果》，项贤明、洪成文译，教育科学出版社 2004 年版，第 20 页。

革总体而言是以“标准化”方式展开的已经承诺的明确计划，而不是行动主体一时潮流追求，需要依托某种精心设计的新兴标准形式去推动、去鼓舞，才有可能实现实质性的目标理想。与此同时，在一定程度上，改革还是带有“值得做”信念的模糊行动，因为受到价值取向的影响，改革可能是一种承诺和推动，也可能是一种教条和遵从，或是直接体现为支持和保障。

概言之，改革以标准化的方式展开，但并没有统一模式，而是根据具体取向而发生变化，并且改革越是深入推进，各种不可预见的变化越多。有鉴于此，很多研究试图以过程描绘改革整体，指出改革或称变革通常可分为三个阶段：阶段Ⅰ——有各种标签，如启动、发动、采纳，包括为变革作准备，及作出决定采纳或者继续某项变革；阶段Ⅱ——实施或最初使用（通常为实践开始后的2—3年），指把某种理念或者变革付诸实施的最初经验；阶段Ⅲ——又叫继续、合并、常规化或制度化，指变革是否发生以及是否成为系统的一部分，或者变革是否因某项决定或因损耗而废除。这些阶段性认识聚焦在一起，进一步指明，一些人或一些团队，不论何种原因，发起或推动了变革的特定项目或方向。变革的方向，可能在解释阶段就或多或少得到了界说，然后进入尝试使用阶段（实施），会取得或多或少的成效。继续或制度化阶段是实施阶段的拓展，变革在最初实施的一两年之后（或者任何一个时间框架）继续进行。根据不同的目的，结果有多种不同的形式；总的来说，它们都可以被看作与特定标准有关的学校改进的程度。①

再来看关于“软法”这个概念术语的理解和领会，回顾前一章有关软法及软法治理的理论阐释，这里仍要重申：软法是法，但不是一般意义的法，而是兼具“法性”和“软性”的法。按照本书前文的解析，在社会法治化的建构语境中，软法是指共同体成员以参与、协商的方式制

① ［加］Michael Fullan：《教育变革的新意义》（第四版），武云斐译，华东师范大学出版社2010年版，第50—51页。

定或认可，并通过权威约束、自我约束、社会舆论、利益驱动等机制实施运行的法规范。与此相应，软法治理则是指人们运用软法规范维持共同体秩序、满足共同体成员需要的社会调整模式，这种社会调整模式不仅指向开放、动态和多元的软法运行方式和运行机制，还指向人们在大学内部软法实践中的情感反应、能动性以及关系模式。

不仅如此，在前文基于“法的利导作用”的软法治理解析中，本书借用罗豪才先生在《软法与公共治理》一书中的观点，着重强调，作为与硬法相对的一个范畴，软法之所以能够在公法体系中拥有一席之地，独立于硬法而存在，主要归功于其独特的法律功能，它不仅以不同于硬法的方式体现法的基本功能，而且通过弥补硬法不足与引领硬法变革的方式来推动公法制度结构的均衡化，并依靠其协商性来推动公共治理模式的确立，依靠其实效性来强化法律权威，依靠其经济性来节约法治与社会发展的成本，进而推动公域之治与法治目标的全面实现。[①] 确言之，软法以其独特方式体现着法公共性、规范性与普适性等共性特征，[②] 同时其与硬法的区别也主要在于更多协商、更少强制，以及更为开放、动态与多元。

如此，当我们综合以上有关“改革”和“软法”这两个概念术语的理解及其核心聚焦，这方面的框架设定和思路变得清晰起来。首先，当大学校院两级治理邂逅高等教育“放管服”改革和“院办校”改革动议，大学校院两级治理的样态概貌不仅在于标准化方式展开，还在于持续不断的阶段性实践。在借鉴已有研究的基础上，构建一种允许标准化方式与阶段性实践同时存在且对话的过程框架，才能澄清当下迫切需要关注的现象和问题。其次，当大学校院两级治理邂逅校内软法的规约、内化、塑造和影响，本章有关大学内部治理过程性解释的核心关切也变得更为丰富，除了关注办学治校制度规则之于大学内部治理的合法性支撑，还

① 罗豪才等：《软法与公共治理》，北京大学出版社 2006 年版，第 49—55 页。

② 罗豪才、宋功德：《软法亦法：公共治理呼唤软法之治》，法律出版社 2009 年版，第 371 页。

需探究办学治校过程实践之于大学内部治理的协商性、经济性、实效性意义所在。

为进一步呈现这里的关系链条，构建图 3-1，试图描述大学校院两级治理发生、发展的过程总览（如图 3-1 所示）。可以看到，在高等教育领域“放管服”改革深入实施和依法办学、依法治校的法治建设推动下，“院办校”动议下的大学校院两级治理无论基于何种理想预期和愿景，也无论在组织、权力、信念哪个治理维度上，总是表现出改革启动、改革实施和改革常规化三个阶段的变革实践，同时也是校内法启动、实施和常规化三个阶段的软法实践。这种情形正如有研究在论述高等教育领域改革时所描述的，“政策和改革有时候就像是一枚硬币的两面，政策的酝酿期就是改革的准备期，政策的出台则意味着改革的启动”。[①] 这是一个环环递进又相互重叠与作用的过程，不同的阶段面临不同的法治理议题，不同的阶段经历不同的法治理事项，同时三个阶段又很难精确划界，因为

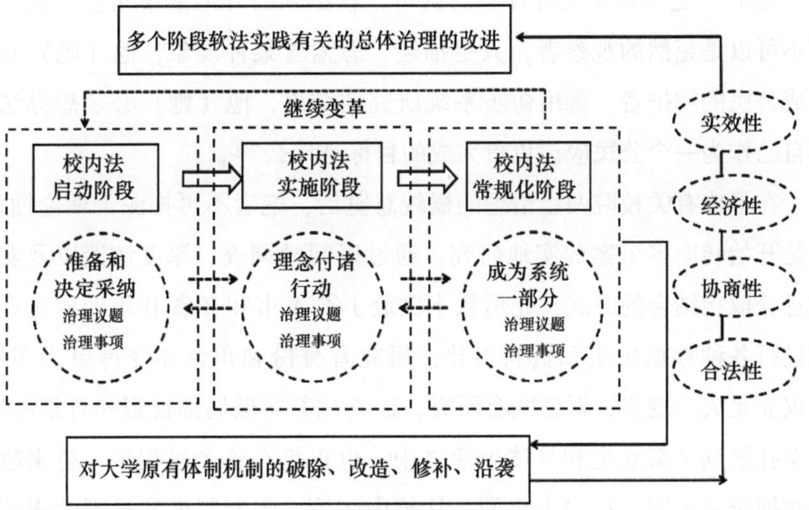

图 3-1　“大学校院两级治理”过程总览

① 王建华：《政策驱动高等教育改革的背后》，《清华大学教育研究》2019 年第 1 期。

它们在过程实践中有时可能是不连续的，有时又可能是相互嵌套的，并且此阶段的法治理议题和治理事项很可能影响彼阶段甚至前阶段的法治理决定和行动。

基于这样的交互影响，变革时代的大学校院两级治理总体上可被看作与内部多个阶段软法实践有关的总体治理的改进，大学校院两级治理的结果将会呈现出对大学原有体制机制的破除、改造、修补、沿袭等不同的法治理情形。

第二节　多所大学的调查总结

我们从理论视角出发专注于构想，依然不能低估样本证据的重要性，事实上，更真实、更具活力的中心问题正是存于现实。就像《看不见的法律》一书中所描述的，“一个研究关系问题的学者，如果要在‘我们’与‘他们’之间都要获得普遍的认可，就必须公开地变换角色。这个学者不可以是超然的观察者，只是描绘、思索着某种现象，他（她）必须变成公民的辩护者，善用初步系统研究的结果，他（她）必须想办法厘清自己作为一个公民应该负责完成的目标是什么”①。

在形成有关校院两级治理的概貌总览后，笔者不再拘泥于理论抽象，而是开始转向多个案的实地研究。通过以问卷调查、深度访谈以及实物信息获取相结合的方式，先后数十次赴J省A市和Z省B市四所公办高校进行各种数据采集和资料对比，研究者身份和角色亦变得更为多样。不仅立足大学现实、对话既有研究，还尝试着突破局部视野和背景限制，直至扎根到个案众生和具体生活之中。也正是在这个过程中，越来越多的数据资料表明，过去十年间，从校内政策、配套制度和规则的规范性建设，到细则规范的贯彻实施与解释，乃至整个规则体系的修补完善，

① ［美］迈克尔·瑞斯曼：《看不见的法律》，高忠义、杨婉苓译，法律出版社2007年版，第193—194页。

大学校院两级治理的内在规范、规约和规限一直朝着最大化方向发展。

这样的治理发展至今，似乎给我们一种印象：作为一个高度理性化的社会组织，大学总是期许着通过自身努力，将外部要求和内部诉求聚合为某种具有普遍意义的治理主张和行动，以实现对校院两级体制机制的改造。的确，笔者承认这种印象的真切性所在。从实地走访来看，这样的治理主张和行动不仅以整体趋势表现出大学作为社会主体的自我强化，还从学校和学院两个层面相互回应呈现出来自校院两个层面的合作性强化。同时借软法滤镜中的各种治理关切，又总是能体察到大学校院两级治理的艰难困顿及其带来的连贯反应。更进一步说，聚焦合法性、协商性、经济性、实效性等软法关切，大学虽已在整体面上强调“重心下移、权力下放”的法治理结构，且在学校和学院两个层面不断强化“共同参与、共同遵守”的法治理过程，但终究只是“强化”意义上的治理变革，而非完全意义上的治理变革，这使校院两级治理被卷入一波又一波看似不可调和的关系之中。沿着前文过程总览的阶段线索，这里对调研高校在“院办校”改革动议下的校院两级治理样态先作一个高度浓缩的描述。

即伴随着高等教育领域改革持续发力，在一所大学内部，指向学校宏观决策、学院自主运行的大学“院办校”动议不断强化，表现出从校内法启动到实施，再到常规化的各种努力。总体上看，这些努力反映了政策要求和社会需求，又体现为大学指向自身实力提升的预期；有着各种明确定义的推动，又有着诸多变幻莫测的表现。最终如图 3-2 所示，形成包括启动阶段的“泛政策化”与“泛法律化”同在实施阶段的“低限落实”与“高限变通”并行镜像，以及常规化阶段的“重心保留”与“局部突破”共存问题在内的基本样态。

首先是启动阶段的“泛政策化”与“泛法律化”同在情形。从“院办校”动议的发起酝酿到决定采纳，启动意味着新体系新机制形成具体构建。这个过程看起来不复杂，实际上为实现体系机制的具体构建，大学内部每项治理决策的作出都须以人们广为接受的治理状态体现“学院

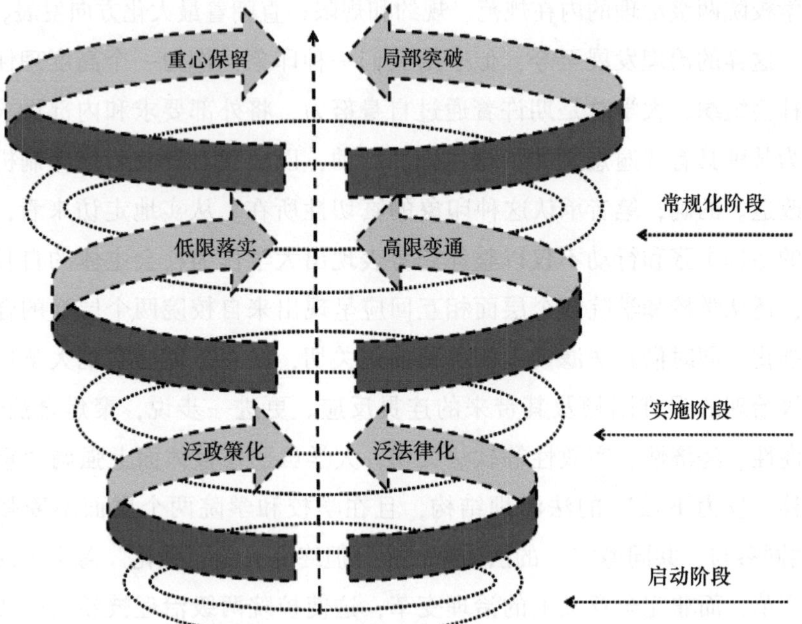

图 3-2　多所大学的样态初探

办大学”的合法性所在。调查表明，近十年间，从中央及部属高校先行先试，到省属和市属地方高校紧随其后，大学内部指向学校宏观决策、学院自主运行的“院办校”动议不断强化，有关教学、科研、人事、财务、资产等不计其数的校内政策文件、配套制度及其规范细则予以发起制定。就像是一场关涉大学内部各领域治理目标、规划安排和任务体系的强化风暴，校内规则之于院办校改革的合法性支撑从无到有快速创制并得到最大化汇合，形成“泛政策化”与“泛法律化”同在的基本治理事实。

根据调研走访的几所高校，“泛政策化”主要表现为大学基于文件治校传统将上级下达的各种政策作为校院两级治理的最高基准，或是将带有指导意义的校院两级政策文件直接作为内部治理的依据，甚至认为改革就是官方政策宣示和强化范畴内的事情。与此同时，“泛法律化”则主要表现为大学在校院两级治理探索中一味强调校内法建设，认为校院两个层面的制度文本越多越能表现对内部治理的重视和决策的科学有效，并且总是强化这些制度文本的可量化、可程序化要求，对制度文本背后的责任后果很少关注，对制度文本本身的效力等级更是鲜有区分。这些现象混合在一起，所有的治理议题和治理事项既被赋予其政策意义，又被赋予其法律意义，大学校院两级治理必然暗含着各种不可化解的问题。

比如，在文件治校思维笼罩下，大学改造两级运转结构的范围和领域看似越来越广，真正意义上稳定可控的规制空间却十分有限。即便一定程度上明确了规制性改造，也需要承受未来可能不予兑现、被收回等各种难以预料的压力。又如，在校内法建设思维强化后，大学之间的相互沿袭或效仿已成为当前普遍性的做法，很难在改革之初即呈现出校本特色与效能优势。由此而产生的制度同质化现象不断升温，规则不匹配、不适应的压力感在大学内部学校和学院之间持续性传递。再如，面对学校和学院两个层面的制度广泛庞杂繁复、责任后果关注较少、效力等级不加区分等现象的无休止发生，大学还需承受内部治理可能存在着超越上位法边界、不符合于法有据原则等问题，裹挟着各种内耗的恐慌也随之产生。并且从目前的情况来看，大学内部体系越是庞大，这方面的压力与恐慌越凸显。

其次是实施阶段的“低限落实”与“高限变通”并行镜像。改革进入实施阶段后，需要将已经发起采纳的新体系新机制全部投入实践。这个过程是深入系统内部的过程，大学内部治理不再局限于合法性投入，而在于对可能出现的驱动不足、保障不力等状况作出积极妥帖的协商共治。对此，目前大学的普遍性做法是，在学校把关整体治理方向的基础上，由职能部处牵头各个归口领域的规则调控，同时将部分解释权和处置权下放至学院，鼓励学院作为二级机构可以因地、因时制宜地进行规则再造与解释。即站在学校和学院同为变革主体，也是治理主体的立场上，既不信奉校院两个层级间平等参与的治理模式，也不迷恋学院基层完全自主的治理模式，而是强化归口可控与灵活处置的治理结合。

于是在这个过程中，“低限落实”与“高限变通”并行成为无从摆脱的镜像。

从调研走访的几所大学来看，这里的样态现实与学校和学院一直以来的任务处境紧密相连。按一些管理层的话来说，院办校体系机制想要真正贯彻到实践中去很难，因为通常情况下，学校作为法人须从整体出发构建其目标、理念和任务体系，尤其在面对“双一流建设”等新情势时，重新规划与整合其内部学科关系、专业结构这些都是当务之急的问题，通过学科整合、资源配置、经费管理机制来加强控制和影响更是迫在眉睫。而学院作为学校内部的二级单位，当越来越多的行政资本和社会资源注入后，很多时候也是身不由己，除了强化内部学科和专业发展要依赖学校决策，争取资金资源甚至赢得校内特权更是取决于学校。于是在这种情况下，校院之间的协商共治总是会综合考虑大学内部实际条件或根据实际结果来形成治理方略、作出治理决断，而不是作出一以贯之的规则应用。

聚合在学院办大学的贯彻落实问题上，就呈现出：一方面，在政策允许和制度可控的范围内，倾向于综合考虑任务条件和治理结果作出小步子缓慢推进，形成一种为确保安全稳妥而关注基础执行的“低限落实”现象；另一方面，又为挑战底线的治理决策留有很多口子，甚至对敢于触碰底线的行为予以倾斜，形成一种为赢得竞争发展而允许差异对待的“高限变通”行径。两种现象长期并行，校院两级治理的展开和推进自然波折不断。这不仅体现在时间战线的无限拉长和更多资金资源的损耗性投入，还体现在大学内部治理实践需要一直化解学校与部处、部处与学院因为低限落实而产生的情绪摩擦和难以完成的目标压力，以及需要不断调和学校、部处和学院各方在高限变通问题上形成的责任拉锯和牵扯。如若遇到校院两级决策群体发生变化或是大环境发生了改变，这方面的时间、资源和精力消耗就更加明显，甚至远远超过了制度本身给人的印象。

最后是常规化阶段的“重心保留”与“局部突破”共存问题。改革走向常规化阶段后，学院办大学的体系机制经过长时间探索运用，有可能牢固确立下来，也可能发生改变，或是产生断裂，甚至会被抛弃。此时大学为使这些体系机制内化为系统的一部分，赋予了校院两级治理更多内涵，其中最重要的莫过于实效性和经济性强化。在调研高校，十分显见的情形是，经过至少两轮“院办校”探索，大学有目的、有指向地强化内部需求、机会、效率、收益等一揽子解决已成共识。这样的探索发展至今，我们所见的大学内部治理不再是孤立的、片面的自我鞭策，而是整体化、协同化的自我驯化。不仅如此，实地调查中稍加留意还可发现，在各种意象和评判最大化的驯化下，大学还始终持以一种姿态，试图更加理性、更为谨慎地开展治理，长此以往演化出了“重心保留”与“局部突破”共存的问题。

从几所调研高校的比较来看，这方面最典型的表现是：尽管大学反复强调通过制度废、改、立调整推进重心下移和权力下放，实际上这方面的探索无论如何推进，始终都是在保留关键领域（人事、财务、物资领域）管理重心和关键学院（重点学科所在学院）控制重心在学校的前提下不断内化规则，大学内部并没有呈现出学院办学校的预期效果；同时在这个过程中，大学对照外部形势变化还不断强化资源调配和技巧运用，小范围局部突破缓冲压力的现象越来越频繁地发生。以至于在调研中经常听到，当废、改、立的速度越来越快，密度越来越高，大学根据外部形势变化不断强化新政策、新制度的成本试探、选择性内化，真正意义上的校院两级治理似乎并没有发生。可以预料到，这样的情形如若持续性迭代，主要领域的动力机制一直受到牵制，实质性的成果很难稳定下来，大学内部治理常规化运转的自我锁定必然难以挣脱。

这就如同有学者在反思高等教育体制改革时指出，一方面，真正需要改革的深层次体制问题一直处于“在说不在改”状态；另一方面，在以管理主义为导向的改革实践中政策制定者又在不断尝试建立新的管理机构，不断推出新的改革花样。[①] 通过多所大学的比较，同样看到，大学反复强化来自自身内部的治理主张和行动，却始终没有形成学校宏观决策、学院自主运行的理想化状态，而是呈现出游离在标准化的制度轨道边缘的诸如治理张力难抗衡、治理交集和空集难落实等各种矛盾事实。从根本上讲，这些方面的矛盾事实是中国高等教育体制改革难题的进一步显露，但又不止限于此，而是表现出种种不同于政府与高校之间体制机制壁垒的大学校院两级治理弊病与限度。

第三节　云城大学的故事呈现

根据前两节的过程总览与样态初探，中国大学正走在一条内部治理改革转型和强化软法治理的探索道路上。在政策、法律、规则等外在社会环境的塑造，以及组织及其个体价值、动机、竞争等内在因素的影响下，大学校院两级治理不仅是校内政策、配套制度以及各种规范细则调整、调和的过程，还是不同利益主张相互冲突、相互碰撞的过程。随着校院两个层级之间需要进行调和的问题越来越多，并非所有的改革构想都可以通过校内软法治理方式得以实现。这是笔者从宏观整体的构想和分析中得到的基本感受，也是走向云城大学前的最初察觉。

接下来，笔者将从宏观整体中抽身出来，落座到一所具体的大学（云城大学），尝试还原有关大学校院两级治理的更多真实性。据了解，云城大学创建于20世纪50年代，是J省一直以来重点建设的地方特色高校，也是中国最早一批省部共建型大学。学校在20世纪80年代已具有本科和硕士两类层次的学科专业，此后在同类型高校竞争中获批多个博士学位点，构建起本科、硕士、博士三个学历层级，内部机构和师生规模处于持续扩大态势。与J省其他高校相比，云城大学的办学历史并不短。过去的60余年间，从当初的专科学校到本科高校，再到省重点大学，学

① 王建华：《重申高等教育体制改革》，《教育发展研究》2018年第1期。

校历经10余次更名、改建和改制，在规模性发展中有过辉煌历史，也有过波折坎坷，积累了大量内部管理和治理的经验性做法。尤其是最近几年，学校在J省A市经济、文化发展浪潮中乘势而上，学科特色优势日趋明显，知名度和社会声誉日渐提升，校内创新性理念、机制越来越多。这些理念、机制大多以政策形式延续下来，成为学校过去和当下校内法体系机制的重要组成部分。

档案馆资料显示，从学校一家办教育变成学校与其下设学院共同办教育，随着简政放权政策的不断落实，云城大学2001年至今的19年里有关校院两级运转的校内软法资料层层叠叠地排列在四十余个档案盒中。这些资料是学校有关校院两级治理的基本印迹，也是学校内部法机制中最具整体性、最受关注的层面。粗略估计，大概平均不到两年就启动一次改革，每改一次都会出台有关校院两级管理（治理）的改革规划、政策、配套规范等一揽子校内法机制，就机构设置、职能调整、管理运行、人才培养、科学研究、经费管理、资源配置、教师培养、人才引进以及评价与考核等方面做出调整，并且一次比一次跨步大和精细化。此外，从2013年起，这些资料中涉及二级学院及其下设机构的治理安排不断增加，并且大多明确要求以二级单位政策文件的形式来细化呈现。由此可见，学校的每次体制性改革都是在思想更为解放、准备更为充分、计划更为周密的情况下进行的，学校、学院乃至于校内所有成员的发展都离不开校内法的规划、变革与创新。

不过仍需看到，对于云城大学的主体——这里的师生来说，校院两级管理（治理）改革的意义远远不止于规划、政策、规范等诸如此类的校内法大跨步和精细化调整。因为无论是对学校和学院管理层来说，还是对广大教师和学生而言，这里是他们夜以继日地工作和学习的空间，更是他们生活于此、依赖于此的物质世界与精神世界。打破或改变旧的校院两级组织设置和权责利规则，就意味着校院不同层级的管理者、更重要的是全体教师与学生，都需要对自身长期以来所依赖的动力机制和已经形成习惯的行事逻辑作出不同程度的改变。

事实也是如此。在实地调查期间，尽管学校又形成了新一轮的校院两级治理方案和配套制度，改革实践却并非方案和配套制度所安排的那样，能够呈现出“学校宏观决策、职能部门指导服务、学院自主运行”这一预期的理想化效果。总体上看，管理层们大多参与新制度的制定，他们将改革看作学校发展的必经路径，但对改革中一些利益攸关的问题却总是难以抉择；教师们正在逐渐参与和接受新的改变，但因为学科立场上的差异，他们对改革方案和与自己利益、发展相关的校院两级新政策、新规则常常意见不一；学生们看似并不关心，但不同学院学生聚在一起时，讨论最多的话题也总是离不开对学校和学院最新政策的比较。

时代在变，云城大学在改革浪潮中也变得越来越复杂。如同在一座城市里，在一部法规的管辖下，有着许多互不相连的努力一样，[①] 在云城大学内部，有着多个组织单元、多个权力中心、多个目标、多个灵魂，它们之间可能是相互矛盾、相互竞争，可能随时面临增加或取消，却又必须对它们予以治理。显然，这些充满变幻又具活力的生活具象是云城大学治理现实的重要显现，也是实地考察的关键所在。那么扎根于此，究竟可以探寻到怎样的校院两级治理现实呢？

在这个问题上，笔者虽然坚信“世界偏僻角落发生的事可以说明有关社会生活组织的中心问题”[②]，但并不奢望沿着前文多个案分析的过程路线对资料作出统一阐释。一方面是因为校院两个层级间的治理交互发生在大学组织、群体及个体行动的不同时间、不同环境和不同领域，它是多元、动态和弥散性存在的。另一方面如前文所述，对于任何一项改革而言，改革过程涉及的三个阶段很难精确划界，它们有时可能是不连续的，有时又可能是相互嵌套的，想要完全按照过程路线来对这里的微观具象作出深描和阐释也许并没有太大价值。

---

① ［美］Clark Kerr：《大学的功用》，陈学飞等译，江西教育出版社 1993 年版，第 27 页。

② ［美］罗伯特·C. 埃里克森：《无需法律的秩序》，苏力译，中国政法大学出版社 2016 年版，第 4 页。

此外更为重要的方面是，基于本书导论部分已提出的学术想象：尽管变革时代的校院两级治理是多元、动态和弥散性存在的，都离不开组织、权力、信念这三个主题，并且几乎所有的现实问题都渗透在软法叙事和软法运行这两条脉络主线上。由此，笔者在肯认法规则、法治理为大学校院两级治理首要问题的基础上，构建“组织、权力、信念”三个章节来具体解析和阐释这里的现象和问题。三个章节基于不同的分析维度，但都沿着共同的脉络主线关注问题：校内法给大学内部治理带来了何种变化？在校院之间形成了怎样的治理结构？这些治理结构是如何建构形成的？意义何在？最终又形成了怎样的治理样态？在此基础上，对发生在不同时间、不同环境、不同领域的大学校院两级治理现实予以讨论、总结和揭示。

当然任何一种研究方法都可能存在一定的局限性，对于本书所要探讨的大学校院两级治理而言，能否从中获取真实的访谈资料和足够的实物资料是最不能忽视的。然而在实地调研过程中，尽管笔者通过与学校党校办、组织部、教务处、科研处、人事处、计财处、学生处、设备处等主要职能部门以及二级学院不同层面领导、行政人员、普通教师和学生的往来与互动，不断扩展受访面和接触面，积累了大量信息资料，调研探访中的局限性依然难以规避。比如，在与大学管理层、教师等高级知识分子互动中，受访者总是乐于回忆和分享自己或他人身边发生的那些看似可能会打破常规、最终却固守常态的校院两级治理场景和情境；与此同时鉴于身份、场所和情境所限，对于一些敏感资料和问题常常有所保留，甚至避而远之。对于这些难以规避的问题，除了保持更为真诚的心境、保证研究过程规范以及给予研究对象和研究参与者更多尊重之外，更为重要的是在处理研究资料的真实性与负面影响之间作出取舍，以确保自由与理性之间达到一定程度的平衡。有鉴于此，本书采用代指研究现场的方式，抹去个案大学范围内具体人事物的真实信息，以确保给予研究对象和研究参与者更多的尊重。

另外不可否认，对于笔者而言，在进行实地调研前，已经形成了自己的知识结构和观念取向。这就如同肯尼思·J. 格根在《关系性存在：超越自我与共同体》中所述，“在以往的传统中，我们认为，关系是在两个独立的个体之间存在的某种联系。可以开启的另一种理解是，把关系理解为一种不断协调的过程，独立的——或关系——人的观念自这一过程产生。关系的过程发生在我们关于人的观念之前，并可以解释这种观念的构成。而最终，我们需要着力维护和支持的也正是这样一种关系的过程”①。当笔者以这样的一种思想和意象来对待校院两级治理这个主题时，亦尝试着以一种关系过程的发现之旅，来追溯、深描和探寻大学校院治理的真谛。这不仅表现在研究内容上，着力于校院之间的力量交互与利益权衡是如何在各种关系中产生和发展的，并将大学与国家、社会、时代的发展紧密联系起来；还表现在研究视角上，选择软法利导作为理论观照，开展有关人的感知性和关系的多变性的实地研究；更体现在研究方法上，以法学交融高等教育管理理论、法学解释高等教育管理现象的方法理路展开；以及研究路径上，遵循“实践—理论—实践”的研究规律和“能动—结构”的研究范式。

也正是在此意义上，本书以大学校院两级治理为主题，但并没有期待对此作出直接的、明确的结论，而是更倾向于将法社会学思维贯穿行文全过程，向教育管理研究者与实践者提供一种内隐于文本、场景、案例、片段的治理关联。在此基础上，以研究者和研究参与者互动的研究模式，构建起“资料收集、资料浓缩、资料展示、研究结论的循环往复，直到资料饱满、结论充实、结论翔实为止”的闭环路线图（如图 3-3 所示），从循环往复的资料分析过程中寻找本土概念、进行编码和归类分析，最终呈现大学校院两级治理的故事。

① ［美］肯尼思·J. 格根：《关系性存在：超越自我与共同体》，杨莉萍译，上海教育出版社 2017 年版，第 1 页。

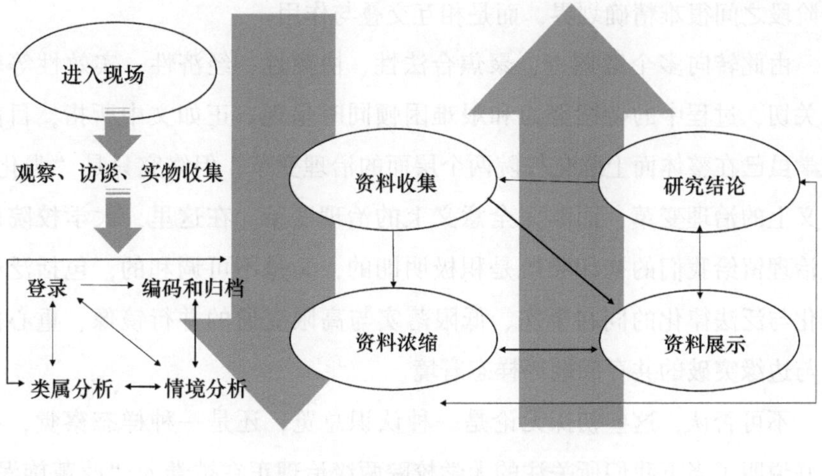

图 3-3　云城大学个案研究路线

云城大学的故事是特殊的，也是普通的；是过去和当下中国大学的缩影，在未来也将是一项需要修复、无法终结的整改。接下来，笔者就带着普通人的常识，沿着组织、权力和信念的三维分析路线，以及软法叙事和软法运行的脉络主线，过程性、情境性、关系性地深描发生在这里的故事，邀请教育管理兴趣者带着自身的经验和感受来一起理解、体会、反思当下中国大学校院两级治理的内涵所在。

第四节　小结：软法滤镜下的改革旋涡

软法及软法利导分析是大学内部治理研究的一种新路向。透过软法及软法之治的滤镜，本章从过程性、阶段性、实践性的角度勾画了一个认识框架。通过这样的勾画，我们看到，高等教育领域“放管服”改革和依法办学、依法治校的法治高校建设深入后，大学校院两级治理的改革探索在国家政策主导下持续推进，又真真切切地由大学自身发起、实施和演进。同时，改革探索的过程也是校内软法实践的过程，在这个过程中，不同阶段面临的法治理议题、经历的法治理事项各不相同，以至于阶段之间很难精确划界，而是相互交叠与作用。

由此转向多个案调查，聚焦合法性、协商性、经济性、实效性等软法关切，过程中的持续努力和艰难困顿同时呈现。正如文中所指，目前大学虽已在整体面上强化校院两个层面的治理变革，但终究只是“强化”意义上的治理变革，而非完全意义上的治理变革。在这里，大学校院两级治理留给我们的初印象既是积极明朗的，又是不可调和的，包括泛政策化与泛法律化的同在事实、低限落实与高限变通的并行镜像、重心保留与边缘突破的共存问题等样态窘境。

不可否认，这些初探无论是一种认识总览，还是一种样态察觉，都恰好说明了当下我们所关注的大学校院两级治理正在被卷入“改革旋涡”之中。正如一些研究指出的，“旋涡是对常态的一种破除，呈现一种中心化趋势，展现一种超越，但又似一种被动锁定”①。直观意义上，作为一种状态，大学从学校和学院两个层面持续加大创新谋划和建设步伐，使治理变革始终处于启动、实施和常规化的周而复始之中，这与自然界不断向内自转的旋涡流有着相似之处；问题层面上，作为一种瓶颈，大学在外部环境推动下，至今已经历多轮“院办校”动议与治理实践，却一直没有走出强化学校主导、扩展学院参与的传统模式。最终上一轮目标承诺还没完成，下一轮规则要求不断下达的改革怪圈难以挣脱。此种问题层面的循环瓶颈，显然又与旋涡流在自转中难以自脱的困难有着异曲同工之妙。

带着这些最初印象，笔者最终落座到一所具体的大学（云城大学）探寻单个案故事，致力于呈现这所大学过去与当下内部治理改革及软法日常的大致轮廓，为后面三个章节有关组织、权力、信念三个维度的具体解析和阐释作好铺垫。

---

① 李云星：《“漩涡”：教育内卷生成机制解码——兼论教育内卷的破解之道》，《教育发展研究》2022年第22期。

第四章 组织维度的治理考察

> 组织，既是一种容器，又是容器中的内容；既是结构，又是过程；既是对人类行为的制约力量，同时又是人类行为的结果。
>
> ——［法］埃哈尔·费埃德伯格①

提到大学内部校院两级治理，人们首先想到，也是最容易想到的，就是大学内部校院两个层级机构单元的组织布局，尤其是学校下设职能部门和学院的组织布局。云城大学的故事，亦从组织维度的考察开始。与中国很多高校一样，云城大学创办于20世纪50年代全国高校院系调整时期。从校史馆中一段段历史沿革可见，由建校之初的专科高校发展成而今的多学科综合性大学，学校内部职能部门与学院的治理构造一直处于变化之中。曾经的主校区（老校区）坐落于A市繁华地带，校园不大，树木繁茂，四幢院系大楼与行政主楼富有东方建筑特有的历史感。但对如今的大部分管理者和教师而言，老校区似乎如同一幅陌生的历史画卷，学生们更是几乎对此一无所知。因为从21世纪初开始，随着A市城郊地带大学园区的新建，学校早已将主校区搬迁至此并经历夜以继日的变化。

从新校区行政楼顶层俯瞰，如今的整个校园一马平川，学校环境尽收眼底。横贯教学区中心区域的是一条O形主道，高耸直立的图书馆大

① ［法］埃哈尔·费埃德伯格：《权力与规则：组织行动的动力》，张月等译，格致出版社、上海人民出版社2017年版，第2页。

楼矗立于主道中央。因为周围大树稀疏，图书馆显得十分耀眼，与富有科技感的学校大门遥相呼应。O 形主道内，十幢已经建成和正在施工的教学、科研、实验、办公群楼错落有致地分布于四大核心区域；O 形主道外，另有四幢教学、办公群楼集中坐落在靠近学校侧门的闲庭雅院区域。有意思的是，理科和工科类学院全部集中分布于 O 形主道内的核心群楼，社科类学院则散落分布于 O 形主道内、外群楼。据说，接下来学校 O 形主道内还可能新建教学楼，一些学院也将面临再次搬迁调整。

学校环境是呈现在人们眼前的基本样貌和形状布局。从学校环境布局中，依稀可见一些独特的外化特征。然而大学内部组织治理并不止于这些样貌布局和外化特征，还有与此相汇合的各种结构性安排以及更深层次的构造机制。接下来，本章基于软法叙事和软法运行两个层面的考察，具体探讨云城大学内部的组织构型和组织建构，以期呈现组织维度的治理样态。

第一节　软法叙事中的组织构型

组织构型是了解大学组织、解析其内部治理样态的关键问题，也是核心问题。伯顿·R. 克拉克在分析高等教育系统时曾指出：要解析大学组织，了解其结构，首先要研究基层，研究生产，在基层了解任务和有关技术，了解是什么东西使系统成为有生产能力的系统。[①] 由此指明了大学内部机构设置与任务联系，包括机构单元的系统归属和职能定位上的整体状貌，以及“任务如何分配，谁向谁报告，正式的协调机制和相互关系的模式”[②]，是组织构型须关注的两大组成部分。

就像一座城市的区域组建一样，在看似固化的城市环境布局和外化

① ［美］伯顿·克拉克主编：《高等教育新论——多学科的研究》，王承绪等译，浙江教育出版社 2001 年版，第 119 页。

② Stephen P. Robbins, *Organization Theory, Theory, Structure, Design and Application*, New Jersey: Prentice-Hall Inc, 1987, p. 4.

特征背后，还蕴含着各种盘根错节的结构性安排以及更深层次的构造机理。于是当我们将大学看作社会法治化的具象空间，并从软法角度来研究组织维度的校院两级治理样态时，可以更进一步接近现实，了解并领会到当下大学的平均规模迅速增加，那些巨型大学内部的学院不但在结构上，而且在规模上越来越接近“小大学”。[①] 除了关注静态意义上的组织规划和布局之外，学校与学院在动态意义上的力量交互、利益权衡及其意义建构也将成为我们关注的焦点。

一　松散扁平的机构设置及其组织构型

（一）基于《内设机构调整方案》的建制调整

机构设置是大学对其内部组织进行构型布局的第一步，也是最关键的一步。在云城大学，校院两个层级在机构设置上的构型布局主要体现在学校《内设机构调整方案》（以下简称《机构方案》）这部典型性校内软法中。

资料显示，从有该方案记录以来，每隔三至五年不等，学校就会颁布一次《机构方案》，对接下来即将展开的内设机构调整工作作出具体的安排。最近三次分别确立于 2013 年、2016 年和 2019 年，均以“校办”红头文件形式发文，以“决定”（L-XYW-内部机构调整的决定-2019-202005）、“意见”（L-DAG-内部机构调整与建设指导性意见-2013-201902）或“通知”（L-XYW-内部机构调整的通知-2016-201907）等方式灵活命名。考察其核心内容，主要在于勾勒学校下设机构“指导原则”“基本要求”“配套措施”“保障措施”等基本概要，附件部分则多以列表形式呈现“机构设置图”与“机构性质一览表”。

可以说，三次《机构方案》的共性特征是：行文言简意赅，既没有涉及学校改革与发展的宏大叙事，也没有规制组织及其成员权责利关系的具体条款和量化规范。不过这样的共性特征并不意味着这类《机构方

---

① 王建华：《学院的性质及其治理》，《中国高教研究》2017 年第 1 期。

案》在学校的影响力不大。恰恰相反，以实地调查反馈来看，但凡提到学校内部组织机构设置上的问题，学校管理者和教师们都会不约而同地想到、聊起《机构方案》，而且总是习惯于称其为“机构改革方案”。根据两位学校管理层的描述：

> 机构改革方案和其他方案不一样，学校情况不一样，互相之间没有可参考性。通常来说，每个学校都需要根据自身学科发展和学校阶段性的目标、任务来自行设计，不会没有统一的标准……尤其是这几年，学校各方面发展越来越快、要求越来越高，各个层面的管理机构也越来越多，每个学院的学科发展、专业基础等具体情况又有很大差异，总之是更加复杂了……（I-NIU-1-201902）
>
> 机构改革是一件有关学校整体和全校所有人的“大事情”……机构调整以后，学校管理运行的很多方面都会随之发生变化。看似简单，实际上对于学校而言，想要破除或改变原有的体系，要考虑和兼顾的事情太多了。因为涉及学校内部各个不同系统、不同层次的撤并、整合、重组等一系列问题……（I-AIH-1-201902）

显而易见，在学校管理层的印象中，学校《机构方案》出台之前，充满各种变数和不确定性的“改革信号”已无处不在。就像是在全校范围内酝酿着一场“含有目标、价值与策略的大型计划”①，在计划付诸实施之前，人们已经感受到，与《机构方案》相伴而行的，将是“突破、改变现有组织格局”“纠正现有机构弊端”“重新建立两级组织架构”等一个个不可预料的组织变革问题。

那么，《机构方案》的叙事框架究竟具有怎样的神奇力量，具体又在组织构型上作出了怎样的调整呢？带着这样的疑惑，笔者翻阅对比了很多相关资料，发现与其他资料的比较来看，这些《机构方案》中提纲挈

① 陈庆云主编：《公共政策分析》，北京大学出版社 2006 年版，第 4 页。

领的各种声明不仅确立了学校新一轮的组织架构，还厘清了组织架构内不同机构单元的职能定位及系统归属，是学校规划布局校院两级建制的“最先行”软法，也是“方向性”软法。《机构方案》确立下发之后，大学内部组织构型的变革与调整才真正开始。

同样以2013年、2016年和2019年的《机构方案》为例：

在2013年《机构方案》的“机构设置图”和“机构性质一览表”中，学校组织架构整体上由“职能型机构”“科研单位”“教学单位”“基层党委”四类单元构成。第一类单元“职能型机构”共计48个，分“行政机构”“党务部门”“群团组织”“教辅机构”“附属企业”五大类，全部为学校下设的校级机构。这些校级机构的建制关系较为繁杂，除了27个直接隶属于学校的之外，其余21个机构之间建有不同形式的“迭代隶属”或“合并隶属”关系。第二类单元“科研单位”共计7个，都以职能型机构下设单位的形式组建，科研单位之间建有不同形式的“业务指导”关系。第三类单元“教学单位”共计25个，分“一级教学单位”和“二级教学单位”两个类目，分别对应2个直接隶属于学校的校级机构和23个相对独立的学院实体。其中后者又可细分为20个建有学科专业的“学科型学院”，以及3个不建有学科专业的“职能型学院”。此外第四类单元“基层党委”共计21个，分别以不同的组合方式和建制关系重合于以上48个“职能型机构”、7个“科研单位”和25个“教学单位”。(L-DAG-内部机构调整与建设指导性意见-2013-201902)

在2016年《机构方案》的“机构设置图”和“机构性质一览表”中，学校组织框架整体上调整为“职能型机构（含科研机构）”“教学机构”“基层党委”三类单元。其中第一类单元是之前“职能型机构”与“科研机构”的合并体，共计52个，归为“党政管理机构”“群团组织”“直属服务单位”“科研单位”“直属企业”五个类别。类别界分调整后，机构建制关系发生了较大变化，比如建有“迭代隶属”或“合并隶属”关系的机构从21个调整为16个；科研机构改变了之前全部隶属于职能机构的做法，调整为独立建制单位，相互间的“业务指导”关系不变。第二类单元“教学机构”的归类方法照旧，不过组合方式和单元数量也发生了相应变化。比如调整后的“教学机构”由25个调整为23个，其中归为学科型学院的学院实体由20个调整为18个。第三类单元“基层党委”共计19个，分别以不同的组合方式和建制关系重合于以上52个“职能型机构”和23个“教学机构”。（L-XYW-内部机构调整的通知-2016-201907）

在2019年《机构方案》的“机构设置图”和“机构性质一览表”中，学校组织框架整体上也由“职能型机构（含科研机构)”“教学机构”“基层党委”三类单元构成。不过与2016年《机构方案》不一样的是，第一类单元“职能型机构（含科研机构）”从52个缩减为46个后，不再依照此前的“六类界分法”，而是归为“党政管理机构”“群团组织”“直属服务单位”“科研单位”和“直属企业”共计五大类。数量和分类调整后带来更多的建制性变化，比如建有“迭代隶属”或“合并隶属”关系的职能型机构从16个调整为9个，具有“业务指导”关系的科研机构从7个调整为3个，其余4个科研机构被并入相应的学科型学院不再独立建制。第二类单元“教学机构”同样在归类方法不变的基础上，组合方式和单元数量发生了变化。比如调整后的“教学机构”由23个缩减为19个，其中归为学科型学院的学院实体由18个调整为17个，归为职能型学院的学院实体由3个调整为2个。第三类单元“基层党委”在数量基本持平的同时，则同样以不同的组合和建制关系重合于“职能型机构”和“教学机构”。（L-XYW-内部机构调整的决定-2019-202005）

比较三份《机构方案》可知，云城大学在整体架构上是一个涵盖行政和党务机构、群团组织、教辅和科研机构、直属服务单位、附属企业、二级教学和科研单位、基层党委等各类组成单元的“组织体”。这个组织体具备亨利·明茨伯格所说的任何组织都由技术核心、高层管理部门、中层管理部门、技术支持和管理支持部门五个部分构成的一般特征，也具有罗伯特·伯恩鲍姆所指的高校系统至少包括技术与管理两个子系统[①]的具体特征。与此同时，还呈现出一些组织构成和系统组成之外的复杂问题，比如职能型机构在系统归属与职能定位上存在多种交织或交叠情况，并且总体趋势是机构之间的迭代隶属关系逐渐减少，技术支持、管理支持的显现度不断提升；学科型学院既是学校下设的二级机构，又是实体单位，在职能定位上并非只对应技术核心，而是技术核心与中层管理的结合；系统归属也不只是局限于技术与管理两个子系统，而是至少包括技术、管理、党群三个子系统……毫无疑问，这些问题是评价大学内部校院两级建制的重要指标。

故此，在结合以上组织构成和系统组成分析的基础上，需要将关注点扩展至更广阔、更细化的层面——多层次、多系统的联合层面，对学校内部组织构型作出进一步总结：即通过校内《机构方案》的建制性设计与调整，学校将各种具有不同职能定位和系统归属的下设机构联系在一起，构建起了一个松散扁平的“组织联合体”（如图 4-1 所示）。

根据图 4-1 所示，总体上，这个松散扁平的“组织联合体”在学术系统、行政系统、党群系统共同汇入后，由学校层级的职能型机构、学校下设的二级学院以及以不同方式重合于二者的基层党委三类单元组成。但在具体建制上既不是完全以学校层次为核心单元的模式，也不是纯粹以学院层次及其所在学科为核心单元的模式。而是在减少学校部门职能交叉、增加部门运转支持和强化学院主体职能的趋势下，将学科型学院作为聚合技术与系统的基本单位，形成学校与学院、学院与学院“既各

① ［美］罗伯特·伯恩鲍姆：《大学运行模式：大学组织与领导的控制系统》，别敦荣主译，中国海洋大学出版社 2003 年版，第 30 页。

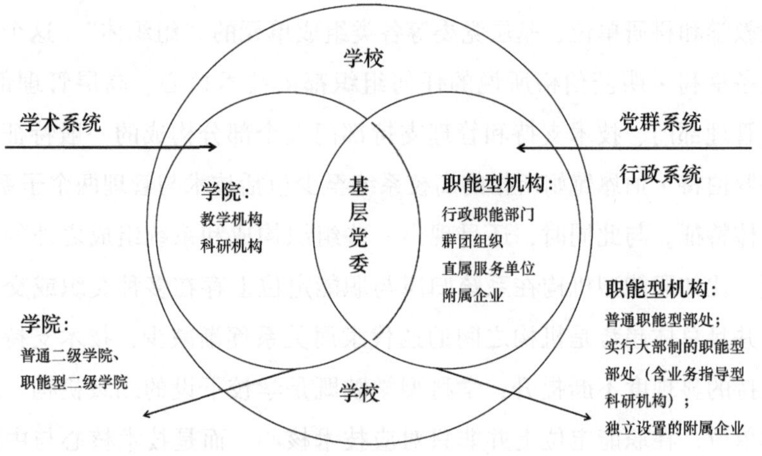

图 4-1　松散扁平的“组织联合体”

自独立、又相互卷入”的校院两级建制。

下文以“职能型机构调整”与“二级学院调整”为例，进一步解析在松散扁平的“组织联合体”中，具体形成了怎样的机构设置、职能定位及系统归属。

（二）“大部制、合署制的推陈出新”：职能型机构调整的例子

作为一种普遍的形式，学校职能型机构从 21 世纪初起经历了不同形式的建制性调整。这些建制性调整大多是在学校整体架构保持不变的情形下，以减少部门职能交叉、增加部门运转支持为目标，改变某些特定领域的机构格局、调整其目标定位和职能体系。一些重点领域或新兴领域的职能型机构调整尤其如此。

根据最近三次《机构方案》，最常见的有以下两种情形：

一种情形是“大部制”的持续推进。这种情形主要发生在学校某些重点或特色领域的机构调整中，将那些职能相近或趋同的职能型机构相对集中地设立在一个核心部处之下，形成“1 个大部处+N 个小部处”的机构格局。比如根据 2013 年《机构方案》记载，为做大、做强、做实＊＊＊＊领域的重点和重大项目，成立“＊＊＊＊研究中心”，将 2 个相关业务部门和2个管理部门集中在一起，成为研究中心下设的处；2016年《机构方案》记载，为全面提高学校＊＊领域的整体实力与竞争力，成立“＊＊部”，将3个管理部门集中在一起，成为部下设的处；2019年《机构方案》记载，为加快推进省重点高校和“双一流”建设步伐，成立“＊＊＊＊研究院”，将2个相关业务部门和3个管理部门集中在一起，成为研究院下设的处。

另一种情形是“合署制”的不断强化。这种情形主要发生在学校某些业务相关领域或社会服务相关领域的机构调整中，大多与“大部制”嵌套在一起，将大部处之下的部分条件相似的职能型机构合署建制，形成“一套班子、N块牌子”的机构格局。以“＊＊＊＊研究中心”为例，在2013年《机构方案》中，首次提出为更好地发挥学校学科协调创新，狠抓落实重点和重大项目，对“＊＊＊＊研究中心”下设的2个业务新部门合署，一套班子，2块牌子；此后2016年《机构方案》记载，为推动J省战略性新兴产业的转型升级，重新规划“＊＊＊＊研究中心”内部建制，将其下设的合署部门从2个扩展为3个，一套班子，3块牌子；而在最近一次2019年《机构方案》中，则强调根据J省改革与发展需要，以学校转型和跨越式发展为着落点，将2016年的3块牌子重新整合，整合后3个合署部门规模不变，但在合署部门之间建立若干个创新组，以强化小规模、高水平建设。

（三）“重组、再造的集中出现”：二级学院调整的例子

在减少部门职能交叉、增加部门运转支持的同时，学校下设的二级学院，尤其是学科型学院的设置，不仅关系到管理支持的实践落地，还关系到技术核心的实体性操作，是学校内部校院两级建制之关键所在。

对比三次《机构方案》可以发现，随着机构布局的不断修正、调整，云城大学为适应社会需求和行业发展趋势，加快重点和特色领域的转型和改造，在每一轮机构改革中都会规划多个二级学院开展必要的重组、再造。而且总体上，这类重组、再造工作都是通过学科整合和专业压缩、新建的方式展开。根据统计，在2013年至今的三次方案中，涉及重组、再造的二级学院分别为9个、6个、7个，达当年二级学院总数的43%、33%、41%；涉及学科整合和专业压缩或新建的数量超50%以上，另外还有个别专业在机构调整前后被取消建制。

此外十分巧合的是，从2013年至今的三轮机构调整中，学校对其下设学院予以重组、再造的情况几乎无一例外地集中在看似固定的那几个学院，呈现出集中且频繁的机构调整具象。例如，2013年《机构方案》确立新组建的A学院和B学院，历经多次学科压缩和专业撤并后，在2019年《机构方案》中被重组成E学院；2016年《机构方案》确立新组建的D学院，在2019年《机构方案》中再一次经历学科调整后并至F学院；变动更为频繁的是，2013年《机构方案》确立新组建的C学院，经历2016年和2019年上半年的机构重组，分别从C学院调整为G学院合并至H学院，2020年年底不足半年时间又重新经历整合改名为I学院。

当然以上集中且频繁的变动具象并非只存在于学院调整，从概率与比率来看，职能型机构的大部制、合署制调整比学院重组、再造性调整更为集中且频繁。不过客观地说，如果要论及受到"实质性"震动或影响的程度，学院在其中所受到的震动或影响的程度远远大于学校职能型部处。有关这方面的问题，将在第二节组织建构部分深入分析，此处不予赘述。

二　重心下移的任务规划及其组织构型

（一）基于《两级管理改革方案》的体制调整

前文介绍并分析了大学内部机构设置及其调整，这样的总结十分直观，但只呈现了组织架构、职能定位、系统归属上的一些建制布局。事实上，校内组织的结构、层次和序列远远不止于建制性问题。根据社会系统组织化的一般规律，大学校院两级治理是一个从"建制布局"到"体制设计"逐步调整深入的过程。与此相应，校内软法也呈现出一个逐步深入且循环往复的过程，即在对校内机构建立一定的建制体系，确立各层次机构的基本架构、职能定位与系统归属上的原则和要求之后，还需要规划其内部不同机构之间的纵向与横向任务联系机制。

这方面的话题要从学校的另一项重要校内软法——《两级管理改革方案》（以下简称《改革方案》）说起。在云城大学，每一轮《机构方案》形成建制设计之后，《改革方案》就紧随其后构建起来。根据资料显示，从2001年开始，学校自上而下酝酿过11次《改革方案》。这些校内软法多数可见于档案馆藏，大多以“实施方案”“管理办法”“实施意见”等命名，并以“校办文件”或“校发文件”的方式出台下发至学校所有职能部门与二级教学、科研单位。也有个别几份资料没有抬头文号，看似是学校未正式确立下发的方案讨论稿。考虑到需要呈现整体性历史脉络，本研究将档案馆藏和其他不同渠道获取的改革方案统合在一起予以对比分析，并将这些资料统一称为《改革方案》。①

总体上看，《改革方案》规划了校内不同领域、不同层级机构，尤其是学校与学院间的任务分工和协调，在学校内部纵横体制设计方面具有很强的方向性、原则性和宏观指导性，是主导学校日常运转基本精神、原则、方式的重要政策型软法。将11份不同阶段的《改革方案》叠放在一起后，页码合计1300多页，呈现了学校从2001年至今由浅至深、由简至繁的探索（具体见表4-1）。

表4-1　2001年至今的《两级管理改革方案》

序号	改革方案	附件
1	L-DAG-两级管理体制改革实施方案（试行）-2001-201902	经费、人事、财务、教学、科研
2	L-DAG-两级管理体制和运行机制改革实施方案（试行）-2003-201902	经费、人事、财务、教学、科研、考核、奖励

① ＊在个案大学的档案馆藏中，除文中所述的11份改革方案之外，还可以找到《＊＊大学两级教学管理暂行规定（1999年）》之类的文件。这些方案虽然也以“两级管理”的表述命名，但内容大多只囿于教学管理，而非校院两级管理的综合性规定。鉴于文本内容上的考虑，本书不将其作为“机构管理改革方案”的历史渊源来追溯。

续表

序号	改革方案	附件
3	L-DXB-校院两级管理办法（试行）-2004-201906	财务、教学经费、科技项目、岗位聘任、专项资金、科研奖励、教学成果奖励
4	L-DAG-校院两级管理实施意见（试行）-2005-201902	财务、教学经费、科技项目、岗位聘任、成果奖励
5	L-DAG-校院两级管理实施意见-2007-201902	绩效工资与考核（本科教学工作量、研究生教学工作量、科研业绩点）、学科建设、学院业务经费、岗位聘任
6	L-DXB-校院两级管理实施意见-2011-201906	绩效工资（本科教学工作量、研究生教学工作量、科研业绩点、实验室工作量）、业务经费、岗位分级与奖励性绩效
7	L-DAG-进一步深化校院两级管理制度改革的意见-2013-201902	学院运行机制、目标管理、绩效工资（本科教学工作量、研究生教学工作量、科研业绩点、实验室工作量）、经济收入
8	L-DAG-全面深化改革的实施意见-2014-201902	不详
9	L-DXB-深化校内管理体制改革方案-2016-201906	岗位设置与聘任（专任教师、专职辅导员、实验技术人员、其他）、绩效工资与考核、学院自主理财
10	L-XYW-深化校内管理体制和运行机制改革方案-2018-201907	目标管理、岗位设置与聘任（专任教师、专职辅导员、实验技术人员、其他）、绩效与考核、财务管理
11	L-XYW-深化校内管理体制和运行机制改革的实施意见-2020-202007	目标管理、岗位设置与聘任（专任教师、专职辅导员、实验技术人员、其他）、绩效与考核管理、财务管理与经费配置

其中，2001年、2003年、2004年和2005年《改革方案》是学校连续签发的四份“试行”方案，行文简单，除了开篇强调“指导思想”“改革目标”等内容，还主要设计了校院两级“组织结构”“责权利”“经费”等框架内容。［L-DAG-两级管理体制改革实施方案（试行）-2001-201902；L-DAG-两级管理体制和运行机制改革实施方案（试行）-2003-201902；L-DXB-校院两级管理办法（试行）-2004-201906；

L-DAG-校院两级管理实施意见（试行）-2005-201902]

2007 年和 2011 年《改革方案》的框架与内容变化不大，附件部分中体现校院不同层级“岗位差异”和“科研业绩”的内容逐渐详尽，学院发展与学校发展紧密结合逐渐成为牵动各个领域任务机制的重要核心。（L-DAG-校院两级管理实施意见-2007-201902；L-DXB-校院两级管理实施意见-2011-201906）

2013 年至今的五次《改革方案》不再沿袭之前较为简单的脉络体系，而是围绕“人财物的输入”“教学科研活动与过程”以及“成就的状态或目标”等内容形成各具特色的框架体系，更强调学院尤其是学科型学院在工作投入、任务分工和目标成就之间的各种联系。与此相应，以往方案中的“组织结构”“责权利”“经费”等内容则分门别类地被归入附件中予以专门规定。[①]（L-DAG-进一步深化校院两级管理制度改革的意见-2013-201902；L-DAG-全面深化改革的实施意见-2014-201902；L-DXB-深化校内管理体制改革方案-2016-201906；L-XYW-深化校内管理体制和运行机制改革方案-2018-201907；L-XYW-深化校内管理体制和运行机制改革的实施意见-2020-202007）

从中可以辨别的一个趋势是：随着学校战略规划的大跨步推进，学校内部涉及多种产出或多个目标的活动和事务日益增多，校院两级组织之间的纵向与横向任务联系越来越复杂，“学校工作重心向学院下移”的组织构型正在绵延不断地以体制性设计呈现。尤其是在 2013 年至今的五份《改革方案》中，作为校院两级体制改革的重要着眼点，“重心下移”的体制性设计在《改革方案》中不断强化，成为校院两个层级之间各种任务规划联系的脉络主线。

---

① 2012 年后，个案大学以方案附件或专门发文方式陆续出台《＊＊大学关于健全学院运行机制的办法（2012 年试行）》《＊＊大学学科建设管理办法（2015 年）》《＊＊大学二级学院自主理财的实施办法（2016 年）》《＊＊大学学科特区建设实施意见（2016 年试行）》《＊＊大学交叉平台和创新团队建设的实施意见（2017 年试行）》等制度，这些制度对校院两级“组织结构”“责权利”“经费”等内容作出了专门规定。

不仅如此，调查中多位管理层讲到，这类方案与学校和学院、学科、专业等各个层级日常运转之间有着千丝万缕的联系。因为在他们看来，未来与大学各个层次的日常运行相伴而行的，正是这类方案的创新性谋划与准备。

比如，2016 年《改革方案》强调，按照重心下移、强化服务、提高效率的原则，推动人事、财务、资产、教学、科研、社会服务等方面的工作重心进一步下移，实现运行机制从以学校为主向以学院为主转变，调动各学院承担、完成学校任务的积极性和创造性，让学院成为相对独立的办学实体……通过全面深化改革，打破壁垒，健全机制，建立起符合我校实际的现代大学治理体系，使学校发展有众多动力源、增长点，促使学校办学治校能力现代化、综合实力和师生归属感的提高。（L-DXB-深化校内管理体制改革方案-2016-201906）

2018 年《改革方案》强调，坚持重心下移、优化服务、提高效能的原则，进一步调整以岗位聘任、绩效考核、自主理财为核心的校院两级管理体制与运行机制，理顺以学院为主体的校院两级管理体系，持续激发学院发展的内生动力，让学院真正成为充满生机和活力的办学主体和实体……通过建立由学院自主制定学院各类经费预算、绩效分配政策，增强学院在资源配置与利用过程中的成本意识和效益观念，增强学院统筹办学资源尤其是争取外部资源的能力。（L-XYW-深化校内管理体制和运行机制改革方案-2018-201907）

2020 年《改革方案》强调，以理顺和优化校院关系为基础，统筹推进重心下移，继续深化符合学校实际、与学校建设发展相适应的校院两级治理体系和运行机制……通过强化事权相宜、权责一致，在内培外引、绩效分配、成果激励中充分调动学院的积极性和能动性，在自主理财、资源配置与利用过程中充分激发学院的主体意识、活力与潜能，确保省重点高校和“双一流”建设目标的实现。（L-XYW-深化校内管理体制和运行机制改革的实施意见-2020-202007）

可以进一步察觉到：作为主导学校两级管理改革基本精神、原则的重要软法，《改革方案》主要聚焦于校院两个层级不同领域任务分工与联系的调整，尤其是有关校内办学资源如何统筹、校外资源如何争取的纵向与横向任务体系与运行机制调整。与此相应，以重心下移为脉络主线的工作结构、层次和序列不断显现，并且这一变化是随着任务体系与运行机制的强化而连续、逐步显现的。接下来，从纵向任务机制调整与横向任务机制调整两个方面展开进一步讨论。

（二）"学科主导与市场牵引"：纵向任务机制调整的例子

在大学内部体制性改革的软法叙事中，纵向任务体系与运行机制的调整是了解校院两个层级之间的工作结构、层次和序列，即学校高层级机构单元与学院低层级机构单元之间的工作协调与相互关系之首要问题，也是核心问题。

以云城大学最近三轮《改革方案》为例，一个很典型的现象是：无论是统筹校内办学资源，还是有争取外部资源的问题，学校内部纵向任务体系与运行机制的调整总是"有选择性地"倾向于某些特定学科所在学院的投入与建设问题上，或是聚焦于这些学院所能辐射或带动的未来发展问题展开。具体而言，在时间脉络上，分别体现为"学科特区"所在学院（2014 年方案）、"省 * * 领域重中之重学科"所在的学院（2016 方案）以及"双一流建设学科"（2018 年和 2020 年方案）所在的学院。比如，2014 年《改革方案》着重指出，"探索建立弹性管理、目标考核的学术特区，对 * * * * 人才和团队的引进、培养实行政策倾斜"（L-DAG-全面深化改革的实施意见-2014-201902）；2016 年《改革方案》多处强调，"强化省重中之重等重点学科在人才培养、科学研究、平台建设、经费使用中的引领辐射作用"，并规定"实行向 * * 领域高层次人才、关键岗位倾斜和有利于团队建设的绩效工资分配激励政策"（L-DXB—深化校内管理体制改革方案-2016-201906）；2018 年和 2020 年《改革方案》在重点规划"学院、部处目标任务紧紧围绕国家双一流和省重点高校建设指标体系"与"突出对省重点高校和双一流建设的贡献率"的基础上，重点强调"改革学科资源配置模式，建立基于学科发展水平和目标定位的资源配置原则与标准”（L-XYW-深化校内管理体制和运行机制改革方案-2018-201907；L-XYW-深化校内管理体制和运行机制改革的实施意见-2020-202007）。

这一现象无时不在暗示人们：大学内部校院两个层级间的任务体系与运行机制的调整，尤其是资金、资源再分配以及成本核算上的任务体系与运行机制的调整，其核心聚焦并不在于多少目标活动和事务需要投入和支持，而在于哪些目标活动和事务的运行需要“优先投入”和“重点支持”。为了作出最恰适的调整，云城大学的做法是，将“不同学科在学术市场的竞争力、影响力”作为学校任务体系与运行机制调整时需要考虑的重要原则，由此便产生了图 4-2 所示的“学科主导、市场牵引”下有选择性的纵向任务联系。当然在这个方面，还需看到，尽管市场因素正在从各个方面越来越多地渗透至学校日常运转中，依然需要基于学科才能产生实际作用。从此意义上说，市场牵引也正是学科主导的具体表现。

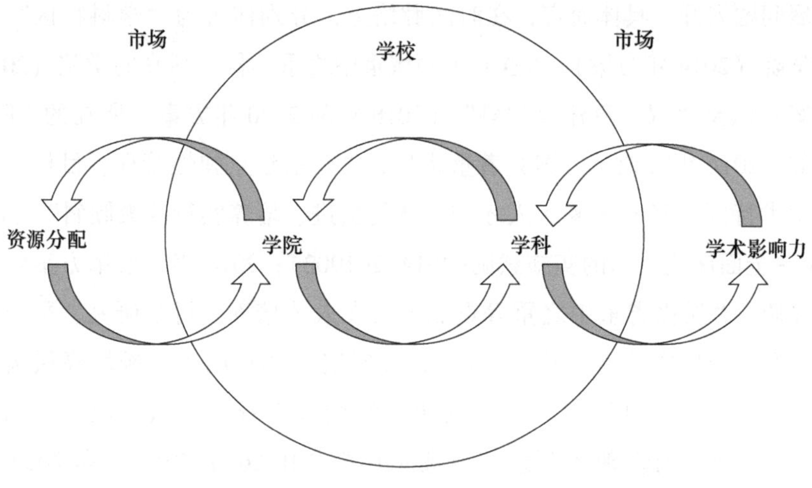

图 4-2 “学科主导、市场牵引”的纵向任务联系

(三)“牵一发而动全身”：横向任务机制调整的例子

需要强调的是，重心下移的体制性改革并非只反映在纵向任务机制调整上，学校下设机构单元之间的横向任务机制调整同样反映了这一现象。比如前文已指出，云城大学的《改革方案》具有很强的方向性、原则性和宏观指导性，主导着两级管理改革的基本精神、原则、方式和具体运行。因此在任务机制调整的问题上，其并不是一项可以独立规划设计的校内软法，而是需要与人事、财务、资产、教学、科研、绩效分配、社会服务等各项具体配套的软法机制嵌套在一起出台。换言之，学校在规划确立《改革方案》的过程中，还需同时酝酿很多与之相契合的各个领域的具体配套机制，才能形成以方案为统领的一揽子校内软法。

也正因如此，与其他方案相比，《改革方案》不仅是一份专业性较强的校内软法，更是一项参与性较强的大工程，其内容体系需要历经学校层面人事、财务、资产、教学、科研等各个核心部门和二级学院固定人群的酝酿和讨论才得以确立，“牵一发而动全身”的横向任务联系也就应运而生（如图 4-3 所示）。

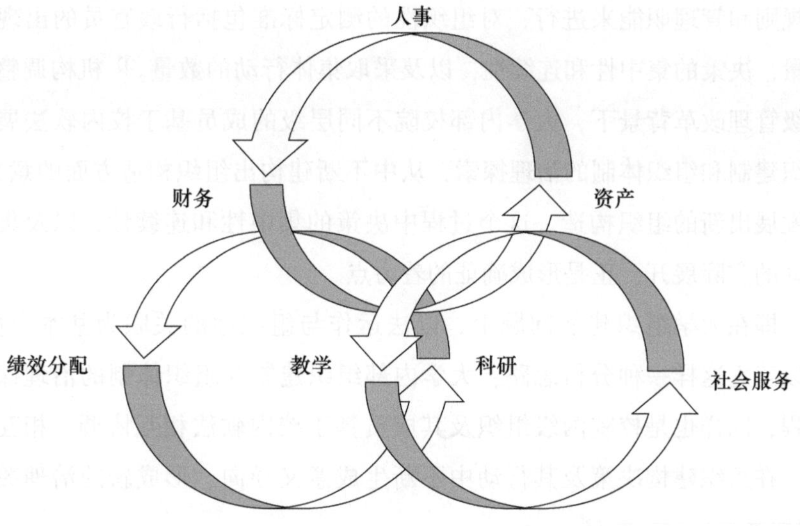

图 4-3 “牵一发而动全身”的横向任务联系

根据学校2018年的一份“关于成立全面深化机构管理改革工作机构的通知”记载，当年《改革方案》出台前，学校成立专门的方案研究小组、领导小组、办公室、专家咨询小组等临时工作机构，机构成员除了校领导、核心部处领导和校内有名望的专家学者，还包括学院院长、书记以及活跃在这些固定人群周围的基层智囊人物。从方案的规划研究、意见征集，再到讨论、审议和制定出台，每一项机制都历经了学校层面和学院层面的反复酝酿和讨论才能形成意见决策，方案文本中有关部门与学院、部门与部门、学院与学院相互间多重资源供给和投入、多种活动与产出以及多项工作成就分配及协调的情况随处可见。

第二节　软法运行中的组织建构

相较于组织构型而言，组织建构的问题也许很难确证，但同时也更有趣。正如布莱克在有关法运作与组织性的分析中指出，组织性主要指向社会生活的组合方面或者进行集体行为的能力，组织性的协调可通过法规则和管理职能来进行，对组织性的测定标准包括行政官员的出现和数量，决策的集中性和连续性，以及采取集体行动的数量。① 机构调整和两级管理改革背景下，大学内部校院不同层级的成员基于校内软法展开组织建制和组织体制的治理探索，从中不断建构出组织构造方面的意义，并发展出新的组织构造。这个过程中决策的集中性和连续性，以及集体行动的实际展开，正是形成确证的着力点。

即在大学组织建构问题上，以法运作与组织性的关联为基本遵循，可以建立这样一种分析思路：大学内部组织建制和组织体制的治理探索过程，同样也是校院两级组织及其成员基于校内软法相互协调、相互作用，在组织建构决策及其行动中不断生成意义导向、形成新的治理关系

① ［美］唐纳德·J. 布莱克：《法律的运作行为》，唐越、苏力译，中国政法大学出版社1994年版，第100页。

的过程。接下来，本节就以《机构方案》《改革方案》以及其他相关配套软法的具体运行为例，聚焦“学院整合”“学科会聚”“团队构建”三个方面的组织建构事实展开讨论。

一 反复角逐：学院整合之徘徊

学院是“大学内部按学科或专业设置的、集教学管理科研于一体的、具有一定办学自主权的学科性实体性组织机构”①，其中“内部设立”意在明确学院与高等教育机构间的隶属关系；“实体”则意在强调学院特定的人员构成、特定的组织目标和特定的运行规则。② 根据前文分析，云城大学《机构方案》中有关学院调整的规划布局占据大幅内容，“学院整合”是学校规划调整其下设机构单元之首要问题，也是校院两级治理推进之核心问题。不过实际操作起来却并非简单纯粹的事情。具体而言，方案酝酿、确立、实施三个阶段的“反复角逐”，反映了大学在面临学院变动时的三种治理徘徊。

（一）方案酝酿阶段的“各持己见”与“众意难调”

2018 年秋季学期开始，根据学校机构调整及两级管理改革进度，云城大学启动学院压缩、重组、再造等一系列问题的规划布局，并围绕规划布局展开新一轮治理实践。正如本章前文已指“从 2013 年《机构方案》开始，学校对其下设组织机构予以压缩、重组与再造的情况几乎无一例外地集中在看似固定的那几个学院”，“学院整合”对于学校管理层乃至广大老师而言显然不是一个新鲜的话题。因为每当学校运行状态不理想时，学校都会选择从二级学院开始进行建制性调整。不过尽管如此，在如何依托当时的社会机遇来考察、比较和明确学院的取舍、定位和功能等问题上，每一次学院整合都是一次全新的“治理挑战”。甚至整合工

① 卞良：《中国研究型大学二级学院内部治理及其影响因素研究》，博士学位论文，华中科技大学，2017 年，第 32 页。

② 段从宇、朱德玲、李增华：《概念阐释、来源分析与边界厘定：高等学校二级学院权力管窥》，《教育发展研究》2020 年第 7 期。

作还未真正开始，治理挑战已经扑面而来。

·归口讨论“各持己见”

根据受访者反馈，在学校最近几次有关机构调整和改革的专题会上，一些牵头机构调整工作的职能型部处从不同的归口上三番五次地强调学院整合的目的和意义，对如何依托当时的社会机遇来考察、比较和明确学院的取舍、定位和功能等问题，展开新一轮的意见酝酿。以下部分校领导和部处处长就新一轮学院整合工作所持主张和意见，来自一次工作专题会（O-XZHY-2-会议201901）：

学院整合总体上要分几个层次进行，比如接下来要冲刺一流学科的学院归为一个层次，冲刺博士点的学院归为一个层次，已经在进行博士点建设和验收的学院归为一个层次，然后是申报硕士点的学院以及其他学院。可以这么说，对以上这些发展目标起正向作用的，学校要重点去推进，否则就可以缓一缓暂时不动，当然起反向作用的一定不去做……前些年也有好的发展机遇，但我们总是在这种选择之间犹豫，最后就错失了好机遇。要有所取舍才行……（O-UZX-2-201901）

学院整合工作要看得远，多想想为什么要做这个工作。事实上大家都明白，最核心的原因是学校的学科结构和院系结构都还不太顺，比如学科归属问题，目前从我们学校的情况来看，一级学科分成几个学院这一现象还在很大范围内存在。学校接下来申报博士点和硕士点，这类问题必须想办法解决……还有学院之间的绩效很不平衡的问题，这轮学院整合工作如果以学科群为基础来调整，这类难题也要想办法解决，毕竟各个学院都要有所均衡……（O-BJX-2-201901）

学校现在是定位在“不上不下”的情况上。在学院整合过程中必须会有很多“坛坛罐罐”，这个时候不是要把这些坛坛罐罐全部砸烂，有些可以放一放继续用，有些必须换新的，这样才能产生学校发展上的效益。否则，几年后这些目前的优势学院、优势学科想要发展也来不及了……（O-MHX-2-201901）

过去我们学校是“双非高校”（非985高校，非211高校），现在对照“双一流”目标我们又是“三无学校”（无国家奖，无ESI前千分之一学科，无教育部学科评估A类学科）。怎么去突破？虽然每个学院都很重要，但现阶段战略重点还是要有利于省重高、“双一流”的实现，有利于学科综合实力的提升……（O-UIE-2-201901）

学院调整工作要集中人力、物力和财力，为了冲A类学科，让部分学院牺牲一些、支撑一下，一些学院尤其是学科基层的意见会非常大。这类问题若能通过学院整合工作化解掉一些，可以说才是成功的……（O-SRS-2-201901）

总体上看，对于新一轮的学院重组和改革，校领导和部处领导从不同的归口上“各持己见”，考虑和顾及的问题主要涵盖了社会评价、学科竞争、学科归属、绩效平衡、成果评价、效益产出等方面。但意见中“不谋而合”的地方也是显而易见的，即无论是校领导，还是部处领导，都认为学校在面对社会发展机遇时，要建立对标“省重点”和“双一流”的战略重点，要把资金和资源集中在最有潜力、最有回报的“学科建设”上，才能实现“重点突破”，确保学校长期充满活力。由此可见，从学院整合方案的规划布局开始，学校层面已就学院整合工作达成“有所为与有所不为”的集体主张。

· 深入基层“众意难调”

值得注意的是，形成上述“有所为与有所不为”的集体主张只是学院整合工作的第一步。因为在高等教育系统中，任何人都不可能知道哪一项或全部得到说明的目标是否为系统中的重要群体所接受，如果被接受的话，它们各自的优先程度如何。[①] 即便学校已达成“有所为与有所不为”集体主张，想要将这种集体主张集中地、连贯地规划至《机构方案》以及此后的《改革方案》，并非易事。

① 陈杰：《高校公关危机管理策略》，《高等工程教育研究》2005年第4期。

大多数情况下，从校领导及相关部处领导赴不同学院走访、听取意见、研究反馈到最后意见确立，学校深入基层就学院整合问题进行互动的过程短则三至五个月，长则半年甚至一年，最终方案还常常不被大多数人满意：

> 学院院长A：现在的学院格局建立在上一轮机构改革之后的学院建制与学科划分基础上，一些学院历史上已经经历过多次调整，这方面的内部纷争一直很多。如果打破现有的学院结构再重新调整，一定会带来新的冲突与矛盾，甚至比前几轮调整过程中的纷争还要激烈……（I-NIU-1-201902）
>
> 学院院长B：学院是大学组织结构里的中间层次，哪些学院要重新整合，哪些学院要撤并牺牲，需要考虑每一个学科单位的情况。对于学院而言，我们所有下设的学科单位都在开展教学、科研，都是主宰力量……（I-HIA-1-201905）
>
> 学院院长C：前几轮调整时，学校最初认为学院之间合并主要涉及学院领导的想法和考虑，只要能说服学院书记和院长就可以了。等到改革调整启动后，发现其实最难的地方并不在于学院书记和院长，而在于学院各个学科单位的老师们，当然还有各个专业的学生们，甚至还会有家长意见……（I-OIN-1-201904）
>
> 普通老师A：在学院合并问题上，不同学院的具体情况不一样，但作为普通老师，我们还是会去很真实地表达自己的意见和态度。事实上大家都明白，如果学院整合了，之前很多对你有利、对他不利的规则也会发生变化。毕竟“蛋糕”就这么大，份额和规则却改变了，大家都不愿意看到不利于自己的情况发生。就算是“蛋糕”做大一些，也还是会有这样的问题……（I-OIH-1-201901）
>
> 普通老师B：我们学院虽然向来在学校不占优势，但老师们并不希望现在的格局发生变化。如果与别的学院合并了，或是把学院一分为二了，大家事实上都会受到影响。老师们对自己的专业都是有很深情怀的……（I-AIA-1-201904）

事实上，也正是这些存在于组织内部的不同声音，很好地解释了为什么在学院整合问题上，即便已经形成“有所为与有所不为”的集体主张，想要将意见构想集中地、连贯地规划至《机构方案》，并贯彻到此后的《改革方案》，并非易事。

就像曼瑟·奥尔森在《集体行动的逻辑：公共物品与集团理论》中所说，集团越大，组织成本就越高，这样在获得任何集体物品前需要跨越的障碍就越大。① 在云城大学，因为历史沿革、学科主宰、利益分配、专业情结等各种问题，学校内部各个二级学院不仅在职能定位和任务格局上已“高度定型”，而且工作模式上也都形成了各自所认同的特定规律。因此对于新一轮的学院重整，尽管学校已经达成“有所为和有所不为”的治理主张，并通过统一走访、听取意见、研究反馈等协商性举措来具体规划《机构方案》，却依然很难改变各个学院的不同声音。甚至在一定程度上，还导致校内软法酝酿过程和信息传递渠道的日益复杂化，降低了学校适应外界环境变化重新分配资源方面的治理能力。

（二）方案确立阶段的“惯性扩张”与“无限期搁置”

前面讨论了方案酝酿阶段的“治理挑战”，接下来的现象事实则发生在方案确立过程中。如人们所了解，每一轮学院整合方案确立后，必然会有一些学院面临内部单元的压缩、重组和再造，并且随着这些内部单元的压缩、重组和再造，所对应的任务体系、协调与联系机制也将发生改变。那么在云城大学的学院整合中，当其内部单元结构及任务机制发生改变时，组织及其成员参与其中的行动事实又有着何种表现呢？匪夷所思的是，实地考察中发现了两种不同寻常的现象：

· 学院压缩时的“惯性扩张”

在访谈中不少老师反映，学院组织建制和任务结构上的变化与实际运转情况不能相提并论。最典型的情况是，当学院面临组织单元的压缩

---

① ［美］曼瑟·奥尔森：《集体行动的逻辑：公共物品与集团理论》，陈郁、郭宇峰、李崇新译，格致出版社、上海人民出版社2018年版，第46页。

时，按照通常理解，其内部任务结构将发生收缩性调整。然而从实际运转来看，方案确立前后，无论是在师资规模、招生人数，还是在建筑场地、学术项目、资金来源，组织及其成员在资源获取、使用上的意向却并没有发生收缩性变化，甚至有增无减。

> 我们学院的＊＊＊＊专业，两年前投入上千万经费买了很多大型仪器设备，当时的解释是根据学校前期规划要重点发展这个专业。至今也就两年时间。这次学院整合却要把这个专业给撤了，感觉“越是要撤并，越要重点投入”……很多实验设备买来后一直没拆，专业撤了，这些设备只能“废弃”了……（I-OIH-1-201901）
>
> 这次机构调整，准备把我们学院的＊＊专业撤掉，但是很奇怪，“越是要被撤，越是使劲招人”，不仅是招这个专业方向的新老师，包括学生的招生规模也没有降下来，接下来新招的老师和学生进来了，专业却没了……（I-IIH-1-201901）
>
> ＊＊＊＊学院和＊＊学院在这次机构改革中要被合并掉，前一阵子听说这两个学院的内部动荡很大，但这阵子又说好像在编制范围内大量进人，各种层次进了很多，很多新博士，也有几个学科厉害的。不管怎么说，这两个学院的学科队伍一下子壮大了……也不知道后面会怎么处理。（I-AII-2-201904）

这种现象有如弗雷德里克·E. 博德斯顿在其所著的《管理今日大学：为了活力、变革与卓越之战略》中所言，“原则上讲，大学具有扩张性动机，增加新项目有助于实现学校目标，而且这样做也不会对现有项目的排名、规模、质量带来不良影响”①。更进一步说，扩张是大学内部学术组织运行过程中的“惯性表现”。即便是在大学意识到组织发展不理想，并且开

① ［美］弗雷德里克·E. 博德斯顿：《管理今日大学：为了活力、变革与卓越之战略》，王春春、赵炬明译，广西师范大学出版社 2006 年版，第 14 页。

始规模性处理“组织增生”时，这方面的惯性表现也同样存在。

·学院扩张后的“无限期搁置”

相较于学院在面临压缩情况下的“惯性扩张”，接下来的现象则反映了学院扩张之后的不同寻常。同样根据弗雷德里克·E. 博德斯顿的分析，“大型组织——包括大学在内——倾向于遵循科层增生率，根据这个规律，随着单位的扩张，其功能会增加，科层也会随之发展，因此需要额外的协调和支持”①。然而在实地访谈中，云城大学的情况却是，当学院的规模、功能和科层都呈扩张趋势时，学校的资源协调和支持并没有及时与之匹配，而是被“无限期搁置”了。

> 学院面临合并那段时间，内部组合上发生了很大变化。可以说，在学院正式合并前，学科的确是扩充了，主要表现在师资力量和学生规模增大了。但是奇怪的是，师资力量和学生规模增大的同时，场地和实验物资却没有太大变化，这就让学院的领导、老师和学生都很为难了。因为我们是工科学院，老师们引进来开展科研都需要做实验，但现实情况却是配套场地一直维持原样，包括仪器设备都迟迟到位不了……其实不止学院领导为难，学校领导和牵头部门领导也为难，很多问题好像一时是解决不了的。(I-UIU-1-201901)
>
> 上一轮机构调整方案确立后，我们学院和＊＊＊学院在办公场地上僵持了很长时间。当时两个学院都在同一幢办公楼办公，两个学院的规模和实力都差不多，但场地资源上没有实现比例相当，而是＊＊＊学院把这幢办公楼的一大半都占领了。虽然那个时候＊＊＊学院是比我们学院要稍大一些，但还没有大到这个程度。之后我们学院一直向学校争取，但这种格局却很难改变，一直到现在也没有改变，马上新一轮的机构调整又要开始了……(I-IAE-3-201903)

① ［美］弗雷德里克·E. 博德斯顿：《管理今日大学：为了活力、变革与卓越之战略》，王春春、赵炬明译，广西师范大学出版社2006年版，第186页。

整体而言，方案确立前后，一些学院的基本建制开始发生不同程度的变化，然而学院基本建制的改变并非意味着其行动也随之改变，而是在《机构方案》的行动框架内呈现出“不同寻常”的治理逻辑：一方面，只要不与校内软法所预设的情况发生冲突，组织及其成员在任何时候都有增加规模、功能和新项目的可能性。并且这些有关增加规模、功能和新项目的扩张动机及行为并不仅仅在学院扩张时存在，在学院压缩时也同样存在，而且还不受其行为实际表现所影响；另一方面，由于组织及其成员本身也是一个个子系统，增加规模、功能和新项目的同时，一些软法难预测、难兑现的治理问题也从扩张动机及行为中产生，并且随着时间的推移还在不断演变、强化。

（三）方案实施阶段的“求发展与求生存”

当学院整合工作正式实施起来后，一个比方案确立时的行动更微妙且更难解决的问题是：伴随着新一轮机构调整，学院的职能定位与任务联系得以重构，工作划分上的“新秩序”已经明朗。然而“新秩序”并没有真正调和不同学院之间的分裂状况，在一些情形下甚至还加剧了此类情况。并且从现在的情形来看，这类现象不仅发生在“近来蒸蒸日上的学院”和“历来稳定建制的学院”，也同时存在于“经历重整再造与撤并风险的学院”，甚至是“未来还将面临调整的学院”。

· 近来蒸蒸日上的学院

在国家和J省区域经济发展的推动下，K学院、L学院和M学院的规模越来越大，是目前学校内部公认的最具发展势头的“三大学院”，也是学校三大优势学科所在学院。每次谈及学院整合，K学院、L学院和M学院都会强调自己在“学校大平台建设”“社会资源获取”“学术资源汇聚”等方面发挥的“强劲作用”：无论是在国际和国内大平台上，还是政府资源、社会资源、国家西部大开发资源、“一带一路”资源，我们学院在校内一直是最前列的（I-HIA-1-201905）；相对于其他学院，我们学院的老师科研能力更强，创造的绩效更多。比如，学校这两年的“高倍引学者”，大部分都在我们学院……（I-HIA-1-201905）

此外，N学院虽然建院时间短且规模小，但一直是学校与政府合作、服务国家大方略的支撑单位，因此在学院定位和资金资源的问题上也一直“当仁不让”：学校对我们学院的定位和“三大优势学科”所在学院的定位是一样的，都属于重点支持发展的第一梯队，接下来都是要去冲一流学科的……（I-AII-1-201901）

·历来稳定建制的学院

在学校近二十年的发展历程上，O学院、P学院、Q学院和I学院是组织建制最为稳定的四个学院，每次机构调整都没有在这几个学院中激起太大波澜。或许也是这方面的原因，这些学院在“公共课建设”“基础教学”方面的诉求持续高涨：不管学校机构怎么变，我们学院的变化不会大，这是由现实情况所决定的。我们承担的是全校的公共课教学，不可能把我们这里撤销掉；就算不设这方面的专业，＊＊课程还是要建设的，否则全校的基础课教学怎么办……（I-NEU-1-201901）

同样存在这方面问题的还有W学院。不过与前面四个学院不一样的地方是，W学院的成立依托于国家政策的推动：按照国家层面政策要求，原则上是每个学校都要建＊＊学院，现在这方面的政策要求越来越强化＊＊课程建设，并且在其他专业课程中也要求体现＊＊元素。所以我们的老师在这方面没有顾虑，国家政策给我们做支持了……（I-IIH-1-201901）正是这方面的特殊性，W学院大多以校内特殊型学院来认知自己，并期望从学校得到更多的支持。

·经历重整再造与撤并风险的学院

这类学院主要涉及两种类型，其中第一类是经历重整再造的学院，例如，新建的E学院（A学院和B学院合并后组建），以及“三大学院”之一的M学院（D学院合并至F学院后组建）。对于这类学院而言，无论是由两个力量相当的学院合并而建，还是由两个力量悬殊的学院组建而成，在学院整合之后，学院内部不同组成部分之间的相互“认同”是一件最令人头疼的事情。尤其是在“团队构建”“科研评价”“学科融合”“绩效分配”等问题上。

第二类是经历撤并风险、但最终维持原样的学院。在最近这一轮机构改革中，S 学院、T 学院、U 学院和 V 学院都经历了此类风险，从某种程度上说“成功规避”了此类风险。对此，这四个学院每次谈及学院撤并风险，都会强调最终维持原样的各种“理所当然”：从学科发展角度来看，学校目前已有博士点数量远远不够，还需要其他学科的发展壮大，我们这里的＊＊＊学科也有升博的实力……（O-JGHY-1—会议201903）；＊＊专业一直是学校重要学科，从建校到现在积累了很多校友资源，每年生源质量也遥遥领先……（I-IHI-1-201811）；以前＊＊专业的实力是很强的，后来因为一些原因走下坡路了。但大家都知道，这几年在学科重中之重、一流学科等方面，我们这个专业之所以发展不起来，很大的原因在于，成果评定方面一直在支撑优势学科……（I-AOI-1-201901）

· 未来还将面临调整的学院

I 学院是经历学院整合不足半年又可能面临调整的典型。提到 I 学院的几经调整，虽然人云亦云者很多，但学院内部的“自我强化”依然十分坚定：作为学校为数不多的人文社科类学院，我们一直在做全校通识教育，这方面的工作对高水平大学建设有非常重要的作用……况且从一所大学的建设发展来看，比如国内一些实力较强的综合型高校，都会保留我们这类学院，不能缺少这方面的人文符号……（I-OIN-1-201904）不过对于未来学院重新调整的问题，又常常流露出无可奈何之情，认为接下来又将面临动荡也将是预料之中的事情。

从以上四类学院的现状描述中可知：在大学这个巨型的工作联合体中，无论形成何种工作划分上的软法规划与安排，都不能改变所有学院都在“力争维护其自身不可替代性”的结构性事实。所不同的是，一些学院在“力争发展”，另一些学院则在“力争生存”，最终共同表现为学校内部“各种互不相连的决策努力和合理化”。用一位经历多次机构改革的校领导的话来说，在机构改革过程中，每个学院都有自己的定位。不过究竟应当定位在什么层面，作为学院如何在学校获得它的位子等这些方面的界定其实是很模糊的。就像一只手有五个手指，每个手指都不一样，发挥的功能也不一样……（I-OHH-1-201904）

二 迂回推进：学科会聚之张弛

通常认为，与学院整合并行的另一项组织构建事实是：无论是学校下设的二级教学机构，还是二级科研机构，都需要与学科结合在一起才能形成对其下属基层组织的工作控制。学科既在很大程度上决定了院校内的劳动分工，又为劳动分工提供了要旨，[①] 就像是学校内部的一个个“学术群落”[②]，是联结校院不同层级学术组织及其成员工作生活的专门化组织力量。调适其中的关系，在多数情况下主要是组织的改革问题，即改变组织的结构、形态等使之更加适应知识以及学科的发展规律。[③] 那么云城大学内部的“学科组织化”[④] 具体是怎样一番情景呢？

根据实地观测，无论是规划之中，还是规划之外，学科组织化都经历了一个“迂回推进”的过程，呈现出学校与学院在“学科会聚”方面的两种治理张弛。

---

① ［美］伯顿·R. 克拉克：《高等教育系统——学术组织的跨国研究》，王承绪等译，杭州大学出版社 1994 年版，第 17—38 页。

② 托尼·比彻等在《学术部落与学术领地：知识探索与学科文化》中将彼此隔离、共同性少、交流也不多的各个学科共同体比作部落，指出其内部共享着相同的信念、文化和资源，但与其他的部落却很少往来。形成部落的基础就在于学科共同体是在同一块知识领地上进行生活与劳作，因此，知识的特征对于学科文化的影响显然是非常基本的。参见［英］托尼·比彻、保罗·特罗勒尔《学术部落与学术领地：知识探索与学科文化》，唐跃勤等译，北京大学出版社 2018 年版。本书遵循以上基本思路，但采用了不同于托尼·比彻的概念，认为“学术群落”更能够将人们的注意力引向学术领域包括学科、学科群、学术团队在内的各种专门化组织力量。

③ 胡建华：《知识学科与组织学科的关系分析》，《高等教育研究》2020 年第 5 期。

④ 宣勇曾在其著作《大学变革的逻辑：学科组织化及其成长》（上篇）中对“大学学科组织化”作出以下定义：大学学科组织化是指在大学组织中按照知识分类的体系在二级学科上建立知识劳动组织并使之逐渐有序的过程，并认为学科组织化是一个较为复杂的成长过程，包含学科组织的分层化或结构化、学科组织的演化以及学科组织复杂性增长，大学学科建设应当遵循学科组织化的内在逻辑。参见宣勇《大学变革的逻辑：学科组织化及其成长》（上篇），人民出版社 2009 年版，第 101—102 页。本书之所以将“学科会聚”看作学校与其学院之间的“学科组织化”问题，也主要是基于以上同一语义和要旨的考虑。

（一）规划之中的“学科分野”与“联合生存”

总体上，在云城大学，校内软法在学科方面的建设规划经历了一个由少到多、由浅至深的过程。2014 年之前，有关学科的专门性校内软法十分少见，只是在《改革方案》中可见到一些散落的原则内容；2014 年以后，尤其是 2014 年和 2016 年学校《改革方案》运行后，学校陆续制定出台五项“学科建设”方面的专门性校内软法，学科布局与发展的规划要求日渐丰富，此后 2018 年学校《改革方案》运行后的半年时间内，“学科建设”方面的三项软法新要求再一次疾风而来……

不过令人费解的是，尽管近年来学科建设一次次被卷入校内软法之中，这方面的制度安排却不足以对学科组织化产生具有决定性意义的影响。在一次访谈中，一位院长坦言，“记得 2016 年学校开展学科大讨论，大概开展了两轮，校领导、主要职能部门和重点学科所在的学院院长都参加。在讨论会上，大家都聊到如何在部分学科发展上实现集聚式突破的问题。当时提出的一些想法很好，讨论会后很长一阵子可以说是热血沸腾的。无论是学校，还是学院，都开始陆续规划一些政策规定。但是一晃眼三年过去了，很多想法到现在好像都还没有真正实施起来……”（I-HIA-1-201905）这些信息暗含着学校重点学科及学科群建设发展的不易，由此也勾连起有关规划、时机、趋势的进一步思考。“学科分野”和“学科联合”是其中十分典型的两个例子。

· 案例一：“学科分野与赶上好时机”

KC 学科最初是从 Q 学院的 JC 学科划分出来的二级学科，几经组织模式变更，在云城大学的发展时间并不长，但一直保持较好的发展势头。在 KC 学科老师们的回忆中，“从 1985 年在 Q 学院建立＊＊＊研究室和 1994 年成立＊＊＊系，到 2000 年从 Q 学院独立出来专门成立新的 F 学院，再到 2017 年成为五大特区学院之一，以及最近 2019 年将 D 学院的学科整合至 F 学院后创建 M 学院……”，KC 学科的发展历经“研究室”“系”“二级学院”“特区学院”等不同层次校内组织模式，“引人引资”的规模和势头一直在壮大。

不过熟悉云城大学 KC 学科发展历程的人们都清楚，KC 学科之所以能一直呈现出强大势头，并不只是从校内汲取资源力量，而是同时输入了很多外界和半外界的资源力量。提起这些方面的故事，几位曾经一起见证 KC 学科发展的学院班子成员不约而同地谈到，KC 学科这几年的集聚发展并不是人们所想象的那样是学校政策倾斜的结果，而是在学校政策压力下遇到了“好时机”：

当初我们从 Q 学院独立出来时，学科和专业力量非常弱，可以说是学校把老师们的实力一步步“逼迫”出来的。从那以后，我们的组织建制从“研究所”到“系”，再到“学院”，慢慢地就有了一批老师走出去拿项目、做项目，形成了科研传统……另外更重要的原因是，正好赶上 2004 年的“大好时机”！这是对我们学院影响很大的一件事。2004 年省里推进重中之重学科建设，相当于 J 省开展学科特区建设，我们正好赶上了。当时我们这个学科在学校是第二梯队，推到省里后，反而是我们的项目排在第一了。后来进了重中之重学科后，省里一年投 500 万，引人引资就都加大了，于是队伍、规模、力量都壮大起来了……（I-HIA-1-201905）

别人都认为学校政策对 KC 学科是倾斜的，但说实在的，我觉得也谈不上什么倾斜。因为最早的时候，政府资源、国家西部大开发资源、“一带一路”的资源等这些方面，这个学科是做了很多工作、很多贡献的。有了这些国家级和地方层面的大平台，学校对其作出相应的资源倾斜也是“理所当然”……另外特别重要的是，这个学科的发展确实赶上了“好时代”，尤其是这几年的发展机遇特别好，以后势头肯定也会好……所以并不是学校资金资源倾斜后才去做的，而是学科发展壮大后，学校同时给予了更多资源支持其继续发展。当然也需要学校的支持，单凭一个学院，也办不了“大事”……（I-UII-1-201901）

·案例二："学科联合与迎合大趋势"

如果在三年前，云城大学的老师们肯定不会想到，为强化学科特色和优势，学校在机构调整时会将 SH 学科与 SJ 学科会聚在同一个学院（E 学院）。因为在老师们的印象中，这两个学科一直都处在与其他跨界学科"合合分分"的状态中。并且介于这两个学科之间的一个"特别棘手"的问题是：从知识分类体系来看，SH 学科与 SJ 学科分别归属于两个关联度很小的学科，如果想要实现二者之间的联合，必须打破曾经构建起来的"各种平衡"并开始更多"新的努力"，这些都需要通过"集中的规划和协调"才得以强化……

同样存在此类情况的，还有学校"学科群"布局中有关 ML 学科与 WQ 学科以及 JJ 学科与 DC 学科之间联合的一系列安排。不过与前面 SH 学科与 SJ 学科会聚在同一个学院的联合情况不一样的是，ML 学科与 WQ 学科以及 JJ 学科与 DC 学科之间的联合主要是通过学校政策推动这些学科在科学研究、人才培养等方面作出"方向上的改变"，并没有涉及要将两个学科或专业安排在同一个学院，也就没有呈现出特别棘手的问题。

上述两种"学科联合"情形的出现，表面来看意在强化学科特色和会聚学科优势，实际上还有更深层次的考虑。在一次学科发展会议上，几位校领导不约而同地强调学科规划与"双一流""重点大学建设"之间的诸多关联性问题，希望学校未来发展能够迎合"大趋势"："我们学校在这一轮学科评估中整合了全校的优势与资源，下一轮肯定还要在这方面作出整合，不仅要整合一些学科来支撑重点学科，还期望学校所有专业都具有学校特色，否则很难确保学校目标"；"学校目前在全国和省里的排名大家都看得很清楚，改革要突出学校特色，需要全校教师加入双一流建设中来"……（O-XZHY-2—会议 201901）此外 2018 年，在学校本科教育评估反馈会上，教育部专家意见更是"一针见血"地指出，"目前每个学校都非常关注实现学校定位，其中最重要的是学科整合，因为双一流和重点大学建设的评价标准主要在于学科发展"。（O-PGHY-1—会议 201806）

由是观之，无论是学科分野，还是学科联合，学科组织化不仅仅是学校内部集中规划与安排的结果，还是学科组织围绕学校规划与外界环境进行互动的结果。正如有学者曾指出，某一组织之所以采取一种制度，并不是因为它提高了组织的效率，而是因为它提高了组织或其参与者的社会合法性，换句话说，某一组织之所以会采取某种特定的制度形式或实践模式，是因为其在一个更大的文化环境内具有更大的价值。[①] 在云城大学的学科布局与发展过程中，校内软法能否刚性化实施、评估理念与方法标准是否合理设置、学科共同体公认共建的规范体系能否得以坚守，都是影响学科会聚进展的重要因素。

除此之外，国家和地方政府的政策机遇与趋势已然成为影响学科会聚的关键因素。尤其是“项目申报”“人才引进”“专业建设”“国际交流”等方面的外界政策，看似与学科布局和发展的关联度并不紧密，实际上却正在悄无声息地产生关键性影响。当然在这个过程中，所有校内的、外界的和半外界的力量，最终都将通过学院底层结构中的“人”才能产生集聚作用。拿受访者的话来说，“人的问题解决了，也就有了重点学科的集聚效应”。（I-HIA-1-201905）

（二）规划之外的“边际竞争”与“体外膨胀”

除了规划之中的一些典型性表现，规划之外的情况自然更是难以预料。这里主要有两种情况：第一种情况是因为学校、地方和国家政策环境总是在发生变化，由此对学科集聚带来的影响也是难以预料的。即使是在重点学科集聚发展到达一定程度后的“自然爬坡”阶段，政策变化后产生的“反弹”和“天花板瓶颈”还是在所难免。第二种情况则是学科自身发展与学校内部非常规决策相互作用的结果。比如，在云城大学，当优势资源集聚于少数呈现日益膨胀之势的重点学科时，校内其他学科（包括学科群内支撑重点学科的其他学科机构，以及非主流学科群内的其他学科机构）并没有因此而减少自我增殖、维护和竞相变动，而是在其

① 李路曲主编：《比较政治学研究》（第 4 辑），中央编译出版社 2013 年版，第 56 页。

各自学科领域内依然显示出各种“坚持不懈”的生命力和发展力。这种情况下，即便学校规划做得再缜密，实施推进后的实际情况也总在计划之外。

在访谈中，一位非主流学科的学院院长谈道：“我们这个学科是从二级学科开始发展的，之前学校几次机构调整时险些被整合掉，但后面经过努力学院保留下来了，之后就有了一级学科，有了本科专业，再有了硕士点。能够发展到目前的规模，这在全省都是非常难的！我们其实是创造了奇迹！就是一个工科大学中非主流学科的从无到有、从弱到强……”（I-OIN-1-201904）显然，这类现象不同于规划之中的重点学科集聚发展，但同样是不可忽视的学科发展结构现状。接下来的“边际竞争”① 和“体外膨胀”两个案例，正是两种典型情况：

·案例一：“边际竞争与悬而未决”

V 学院的 HS 学科（二级学科）不是学校重点建设学科，但却是学校历史最悠久、实力较稳定的学科之一，不过近年来在学校的定位却弱化了很多。与 HS 学科形成对照的是 U 学院的 GS 学科（一级学科），GS 学科的历史基础不及 HS 学科，近些年的发展则突飞猛进，目前是学校为数不多的博士点建设学科。之所以将这两个学科相提并论，原因在于这两个隶属于不同学院的学科之间有着一些“剪不断理还乱”的关系。更确切地说，HS 学科是 GS 学科下属的二级学科。于是乎，但凡校内软法规划触及这两个学科，实施过程中的矛盾和纠结总是源源不断……

尤其是在学科建设问题上，每每谈起这个话题，U 学院的管理者总是强调“我们虽然是学校重点建设的学科，但学校重点大学建设经费是先按一级学科打包的，HS 学科是我们下面的二级学科，所以每次都是两

① 弗雷德里克·E. 博德斯顿在讨论大学的学术组织时，强调大学在确定学术项目、评估这些项目的地位、决定发展优先权、进行预算分配斗争中会同时出现竞争因素和互补因素，其中边际竞争法则（Law of Competition at the Margin）提醒人们，要用资源去支持某个系的新增活动，就必然会减少对其他系的资源，或者占用学校有限的自由资源和储备金。参见［美］弗雷德里克·E. 博德斯顿《管理今日大学：为了活力、变革与卓越之战略》，王春春、赵炬明译，广西师范大学出版社 2006 年版，第 186 页。

个学院一分为二。即使有了博士点建设经费也没有太大比例的增加，甚至每年这方面的缺口还更严重，远远满足不了学科建设的需要……”（I-EIH-1-201901）V 学院的管理者则认为，“学校现在对我们没有什么倾斜性支持，虽然与基础学科相比可能稍好些，与重点建设学科相比却差得很远……”（I-IHI-1-201811）蹊跷的是，对于这些方面的问题，学校有过很多次重新规划、征求意见和协商讨论，甚至考虑过重新整合这两个学科，但每次还没等到方案出台，总会因为一些难以抉择的因素和变化导致“悬而未决”。

类似的情况也常常发生在学科归属不同的学科之间以及学科群之间，甚至是在几个重点学科之间。当学科集聚发展到一定程度后，几个学院抢人才和抢资源情况愈演愈烈。“引进的人才通常情况下是几个学科相关的学院都可以去，因为现在学校内部好几个学院的学科方向是有重叠的，这就出现了同一个教授本来可能在 K 学院比较好，却被拉到 F 学院……”（I-OIA-1-201901）“N 学院的学科虽然也是学校重点建设学科，但和 K 学院的学科相比，就像是学校的小儿子一样，什么都拿不到最好的。此外在校外申请国家基金和重大项目时，往往不同学科之间还可能会撞车……”（I-AII-2-201904）对于学科之间的“同质竞争”，学校一直处于各种“应接不暇”之间。虽然想尝试改变这样的局面，但在很多问题上又显得十分“小心谨慎”，因为学校要考虑的不仅仅是简单的人财物的问题……

· 案例二：“体外膨胀和为其让路”

T 学院的 CX 学科在云城大学的发展只有短短六七年，根据学校《校志》记载，这个学科最初由两个跨界较大的学科整合而成。虽然既不是学校主流学科群内的重点学科或支撑学科，也不是学校基础学科，但自从在 T 学院扎了根，CX 学科的组织建制一直坚如磐石不曾发生改变。即使在 2019 年机构调整方案酝酿时，学校也曾一度将其列入可能面临调整的学科名单，最终还是维持了其本来建制。

对于 CX 学科的稳定建制，学校管理层和老师们都清楚，这并非巧合之事，而是要归咎于其本身的“学科生产力”。因为在学校所有“非主流”学科中，CX 学科是典型的“小而美”，甚至很多情况下不亚于学校主流学科。

在一次学校学科建设会议上，一位部处负责人以 CX 学科为例，总结了学校目前“偏离主流、游离于学科甚至学院之外的科研生产和队伍建设”问题，并提出是否可以“通过政策微调予以改进”的建议：这里举一个生动的例子，刚刚公布的“＊＊世界一流学科排名”对 52 个学科进行了全球排名，我校 5 个学科榜上有名。这 5 个学科中，4 个学科是学校主流学科，另有 1 个学科在学校主流学科之外。从全球排名来看，排名最领先的学科也正是这个学科……类似于这样的“体外循环和膨胀”现象，也就是一些学科方向、研究团队、科研成果游离在学校主流、优势特色学科之外的情况，随着学校规模的扩大、引人层次的提高，难免会出现……学校在发展期，一些领域目前存在的“只做加法、摊大饼”的苗头值得警惕，建议可以通过校内政策做出微调来改进……（O-WXHY-1—会议 201801）

客观地说，学校学科建设会上指出的“体外循环和膨胀”现象已引起云城大学管理层的极大关注，“通过政策微调予以改进”的建议也符合目前的学科会聚方略。然而在实施操作时，CX 学科的组织建制最终还是成为学校机构调整的“非常规考虑”。更进一步说，学校并没有因为主流学科的会聚发展而调整 CX 学科，也没有因为 CX 学科的体外膨胀而调整学校整体学科方略，而是在学校机构调整时采取了“为其让路”的做法——维持其本来建制。

随着学校的学科体系越来越庞大，云城大学内部类似以上规划之外的学科发展情况越来越多。“每一个领域都有它自己的一股不容忽视的动力；每一个领域都是一种自治的事业；每一个领域都有一块以组织为形式的地盘要保存、维护和扩张；每一个领域都有自己的知识疆界、分析步骤和研究方法"①，从此意义上说，学科组织化无疑是一个关涉校内各个学科动力、自治、地盘及知识疆界的命题。

然而矛盾的是，在学科会聚的治理问题上，学校的实际情况是既要通过校内软法照顾全局、实现一体化，又要基于校内软法培育重点、强化优势。于是在具体推进的过程中，就会因为两难而"悬置本应作出的抉择"或是"采取非常规考虑"。就像一位管理层在总结学校学科结构困境时所说：在一个工科大学里，这种情况恐怕也是一种"无奈之举"，因为学校需要这些学科，又不可能给予这些学科更大的发展空间和平台。(I-OIA-1-202001)

三 日趋默会：团队建构之虚实

在讨论学院整合和学科会聚之余，若是还需要了解大学内部更微观的组织化力量，则可以发现：前些年人们谈论最多的是"系""教研室"以及此后的"研究所"，现在情况则发生了变化，"学科团队"越来越受到人们的关注。的确，从当下云城大学的实际情况来看，一直以来建制于学院内部的"系"和"教研室"虽然还在运行，但其显示度和运行功能已经开始淡化。与"系"和"教研室"并存且越来越受关注的，起初是一大批隶属于学院或学科的"研究所"，然后是分布于学院内部和不同学院之间的更微观的组织单元——"学科团队"。

相比较而言，学科团队的建构既不同于系、教研室的整齐划一，也不同于研究所的轴心定位，而是表现出一种更为灵活、更具倾向性的变动不居。就像是坐落于大学内部的一个个大小不一、错落有致的学术群落，在"日趋默会"的规模化建设和战略化更迭之中，呈现出校院两级治理的"虚实态势"。

（一）规模化建设的"团队建制与发展"

在云城大学，学校对"学科团队"的集中强调主要是近几年的事情。

---

① ［美］伯顿·R. 克拉克：《高等教育系统——学术组织的跨国研究》，王承绪等译，杭州大学出版社1994年版，第230页。

尤其是最近四五年间，学校确立了几项有关学科团队建设的校内专门性立法，并将建成一批“多学科深度融合的交叉平台和创新团队”、培育和建成“国家级科研平台（基地）与创新团队”纳入加快推进省重点高校建设和“双一流”建设规划中予以重点强调（L-XYW-学科建设管理-2015-201902）。一时间，仿佛全校范围内展开了一场大规模建设行动，所有的学院都需要在遵循学校官方要求的前提下，将学科团队建设纳入学院内部发展规划以适应各种新的变化。

有趣的是，学校通过校内立法一直在强调团队规模化建设的规划要求，但事实上，这些规划要求很难建立在对不同学科透彻研究的基础之上，实际上也不可能顾及校内所有学科发展。与此同时，学院虽已接纳并启动团队建设，但并没有直接采纳校内法所期待的团队模式，因为那样做可能会与学院内部既有格局与期望产生冲突。于是在这种情况下，团队建制与发展呈现出三种类型：

· 完全实体化的团队建制与发展

完全实体化的团队类型以正式建制和整体发展呈现，强调人员、经费、项目、考核、分配等一揽子组织运转问题都通过团队模式展开。比如L学院内部的团队构建是以完全实体化运行的典型。根据《校志》记载，L学院自2016年起内部建有6个系，下设6个教学机构和6个研究机构，此外与系对应的还有13个正式成立的学科团队。这几年学校政策推动下，L学院内部基层建制发生了较大变化：6个教学机构已从原来的教研室变成了若干个只负责教学工作的课程组，6个研究所也早已经名存实亡，尽管牌子都还挂着没有撤。唯有13个学科团队在规模化发展中蒸蒸日上，不仅在人员、经费、项目、考核、分配上拥有越来越多的“决策席位”，还成为学院工作规划和任务协调的“决定性支撑”。

对于L学院的团队建制与发展，学院管理层和老师们的看法大多一致，访谈中一般都认为这几年学校＊＊＊＊学科特色趋势下，学院内部的学科发展势头迅猛，“做实做强学科团队”是学院目前和接下来的重点。“学院这几年做得比较好的就是学科团队……从资源配置到考核，再到评优评奖，这些方面的工作都是按学科团队来规划和运行的，现在学院还在考虑是否将教学工作量也划到团队……可以说，几乎所有能考虑的都设置在团队了，只有党建还没有以团队来做，接下来可能也要试点……”（I-UIU-1-201901）不过客观地说，完全实体化的团队建设也遇到一些问题，比如“团队结构的合理安排”“团队负责人的稳定选配”“团队场地的必要保障”“团队设备的充足供应”等。尽管这些问题在其他类型的团队模式中也可能存在，但很显然，完全实体化的团队环境强化了任务结构中的成员集聚和相互协作，使这些问题“更加突兀”。

· 半实体化的团队建制与发展

半实体化的团队类型同样强调正式化的组织建制，但在任务分配和协调联系上不再强调团队方式的唯一性，而是主张与其他方式兼容共存。主要有两种情况：一种情况是学院内部的半实体化建构。比如，在 U 学院内部，教研室、研究所、研究中心一直以来建制稳定，学科团队的规划与管理则经历了跌宕起伏。根据《校志》记载，U 学院从 2017 年起开始全面规划和施行团队建制，并要求专任教师在教研室、研究所和研究中心归属的同时，人人进学科团队；2018 年下半年，因为部分团队的人员结构分化严重，团队建制受到较大动荡，团队管理一时陷于垮塌；2019 年下半年起，学院在团队发展困境中重新调整了规划，将团队区分为重点团队和培育团队，并且改变了之前人人进学科团队的做法，开始实行部分团队、部分个人的半实体化模式。按照 U 学院管理层的说法是，“接下来学院共设立 6 个团队，其中 3 个是重点团队，其他 3 个是培育团队。进团队的老师们，按照团队任务来定位，没进团队的按照个人定位……”（I-EAI-3-201912）

另一种情况是跨度几个学院的半实体化团队，即“学科交叉型团队”。相比较而言，这类团队大多构建于几个重点学科之间，规模和实力比前者可能更胜一筹，与此同时人员编排和任务分配也更显复杂。因为与学科交叉型团队并肩共存的，不再只是本学院内部的教研室、研究所和研究中心，而是跨度多个学院的教研室、研究所和研究中心。在访谈中，F 学院院长的一段话形象地说明了这些问题：“2017 年起学校开始组建学科交叉型团队，需要在全校范围内相应的学科抽人来组建。事实上，就是从几个重点学科和特色学科抽人，我们学院的学科被抽走了好多人，自然就面临需要重新规划学科建制的问题了，学院内部的工作也受到很大影响……”（HIA-1-201905）此外访谈中还了解到，学科交叉型团队的发展也显得更为坎坷。比如“院院之间的工作难推动”“前期目标迟迟没落地”“学科建制重新规划”等都是常有之事。不过尽管如此，人们依然在为支持和维护此类团队坚持不懈地作出努力。

· 虚化的团队安排与发展

与前面两种类型相比，虚化的团队类型表现为一种非正式的安排，任务分配和协调联系也更显松散，由此常常引发人们对此类团队存在意义的质疑。比如，Y 学院是学校为数不多的人文社科型学院，学院内部的系、教研室建制十分稳定，研究所已经有名无实，学科团队在学院行事过程中不断予以强调，但始终没有被列入建制范围；E 学院是学校屈指可数的跨界混合型学院，系、教研室、研究所等学术单元的情况复杂但十分稳定，学科团队只在部分学科中予以明确强调，在另一些学科中比较含糊，也同样都没有被列入建制范围。

十分蹊跷的是，在 2016 年的机构改革中，Y 学院和 E 学院被整合到了同一个学院——Z 学院。机构整合之后，Z 学院内部变得更为复杂，学科团队的非正式和松散也更为突出。在一次访谈过程中，来自 Y 学院和 E 学院的受访者在谈到学院整合后的团队发展时，不约而同地认为“过于谈团队合作好像是个伪命题”：

原 Y 学院教研室主任：学院整合的用意是为加强学院之间的学科或专业融合，在这方面，学科团队有一定的引领作用……但人文社科与理工科不一样，人文社科的老师们做科研并不一定要像理工科的老师那样，你做光学、他做机械，把人安排在一起才能做成一个事情……很多时候，人文社科的老师们开展研究，往往只需要将个人能力和大体方向汇聚在一起就可以了，我甚至认为对于人文社科的发展而言，过于谈团队合作好像是个“伪命题”……（I-OIN-1-201904）

原 E 学院系主任：这几年，我们学院的系、教研室没什么变化，团队合作在大部分情况下是一个“伪命题”……或者说，更多时候是学校层面上需要成立这样一个群体而已。平时真正做科研时，老师们还是各干各的，并没有真正以团队运营。……当然团队运营也会存在，但一般情况下都是一个“大牛”带自己的博士后、博士生和研究生来开展。而像文件里规划的，几个老师一起合作做事情，在我们看来是不太现实的……学院整合之后机构更复杂，做团队太难了……（I-OIH-1-201904）

综上所述，由于受到学校内部各种预定性限制、环境压力以及学科条件的局限，云城大学的团队建制和发展并没有呈现出严格遵循学校官方要求的“集体行动逻辑”，而是以一种“更为灵活”的方式得以呈现。进言之，在团队建制和规模化发展的问题上，学校通过校内校法不断强化“应当在所有领域内构建团队”的规模化要求，学院受制于校内软法的规划要求但并没有被其束缚住，而是在接纳学校官方安排的同时又吸收了环境压力以及学科条件局限，并最终以一种“自然结合”的方式呈现团队建制（安排）和发展上的差异。

此外更微观的问题是，实体化程度不一样的团队，团队建制（安排）和发展所依托的条件也不一样，尤其反映在学院内部环境压力以及学科条件局限方面。例如，在前文的分析中，完全实体化的团队建制和发展建立在学校政策推动、学院条件合拍和学科力量契合的“整体利好趋势”下，同时还需具备的前提条件是，学院内部的其他学术单元已经完成其“功能转移”和“意义弱化”；半实体化的团队建制和发展所依托的“利好趋势”常常受限，学院内部的其他学术单元与团队发展并行；虚化的团队大多没有被列入建制范围，与团队发展并行的其他学术单元一般稳定建制，且实体化运转。当然以上情况不能一概而论，团队实体化程度在不同情况下还会发生转变。在云城大学，十分典型的情况是，因为院院之间的合作问题，一些学科交叉型团队正在从“半实体化”逐渐走向“虚化”。

（二）战略化更迭的“团队支撑、团队拆借[①]与抱团竞争”

云城大学团队构建方面另一个引人注目的现象是，以“培育和建成高水平、高层次团队”为目标的战略模式在治理改革中加速推进。比较学校近年来的《改革方案》及其配套制度可以发现：“扶优、扶强、扶特”的战略原则已逐渐渗透至岗位设置、师资聘任、绩效考核、经费划拨等各个领域的制度设计。而且随着校内制度的推进，校院两个层级的日常工作运转也越来越呈现出各种“战略化更迭”的倾向和趋势。比如，学校围绕J省经济和国防建设战略正在建设以优势学科为轴心的多领域合作创新中心；一些学院在充分汇聚校内资源优势的基础上正筹划面向国际科学前沿的大项目、大团队；另一些学院在不断调整其内部资源配置机制以支持学科群内其他学院重点团队的新发展和新突破；还有些学院在积极沟通校内其他学院的团队成果为下一轮学科规划作准备……

于是在这种情势下，团队建构呈现出另一种“虚实态势”：

· 团队支撑与“受庇护”

团队支撑是近年来学校基于战略原则时时强化的团队模式，主要指向同一学科群内不同团队之间的支持性发展与运行。总体上看，这些同一学科群内的团队，大多介于两个或三个学院之间，也可能发生在一个学院内部，相互间的支持倾向“从低指向高”，即“学科低定位的团队”通过项目、平台、成果等各种方式支持“学科高定位的团队”。例如，S学院和L学院、N学院的学科同属于一个学科群，这几年，在学校“扶优、扶强、扶特”战略倾向下，三个学院的团队发展存在一种

① 需要说明的是，无论是团队支撑，还是团队拆借，在不同的情境标准下其支持倾向都会发生转变，因此个案大学的人们也习惯于称这两类情况为“相互支撑”和“相互拆借”。

不可逆转的支撑关系。具体而言，学科较低定位的S学院团队一直在以各种方式支持学科高定位的L学院团队和N学院团队。当然在三个学院内部，基于学校战略需求，这种从低定位团队支持高定位团队的支撑现象同样存在。

聊起这方面的问题，S学院的管理层不由感叹“我们目前共建立八个团队，其中两个是重点扶持团队，这些团队在研究方向和团队合作上与L学院、N学院内部学科都有一定交集，这几年因为支持L学院和N学院的学科评估，自身发展总是受限”，同时又强调“发展虽然受限，但也能及时得到学校支持，尤其是我们这里的重点团队，学校在一些方面还是有给予重点考虑的。比如团队经费紧缺时，学院通过一些努力，还是可以得到学校及时补给的。毕竟对于学校而言，也需要用我们这里的团队成果和资源去支撑其他重点学科……当然喽，学校对我们团队的支持有重点考虑，但在支持力度上与重点学科不能比……”（I-AOI-1-201901）

显然，因为需要对L学院、N学院作出支撑性贡献，S学院内部的团队构建充满了各种难以掌控的不确定性。这种现状使S学院的学科团队总体上在学校处于弱势地位，并且随着时间推移，将来也可能如此。不过令人欣慰的是，S学院并没有因此而“陷入泥沼”，而是逐渐认识现实强化学院内部的重点团队，并运用这些现实“及时得到庇护”，由此弱化了支撑L学院、N学院带来的负面影响。

· 团队拆借与“避风港”

与团队支撑不一样的是，团队拆借并非学校层面的直接强化，而是学院层面的干预与实施；拆借现象发生在同一团队内部，而不是团队与团队之间的问题；拆借倾向也没有依循通常意义上“从低指向高”的扶优、扶强、扶特逻辑，而是“从高指向低”，即“学术高成就的团队成员”通过拆项目、拆成果的方式支持“学术低成就的团队成员”。因此确切而言，团队拆借是学院内部的拆借现象，是团队成员之间的拆借现象，既反映学校学科建设战略原则在各个学院的制度性渗透，又反映学院在理解、领会和执行学校战略原则过程中的创新性实施，以及不同学院之间的具体结构规则和做法差异。

就像N学院管理层所说，“现在团队内拆借是很正常的事情，学校在目标任务和成果要求上对学院的要求一直在往上涨，学院要跟上学校节奏，又要顾及学院内部各个机构和老师们的现实状况，用团队拆借这个办法也是迫不得已的……学校形势和政策要求发展这么快，学院根据内部实际情况把目标任务与成果压力绑在团队。从效果来看，这样做也许不仅是大家在一起进行合作科研，很多时候团队运行起来后还成了老师们考核任务的避风港……”（I-AII-1-201901）在云城大学，团队运行中的拆借规则越来越普遍地在各个学院实施并为大多数老师所接受，其中的缘由，除了任务与风险的分解，还有成果扶持给团队内成员带来的“避风港”效应。

值得注意的是，这里的“避风港”效应不仅是对于团队成员而言，对于团队所在学院更是如此。在学校“扶优、扶强、扶特”的战略倾向下，学院确立和实施拆借规则的过程，同样是不断“消解”外部压力和“调整”内部结构的过程。

·抱团竞争与“赶死队”

与前面两种现象相比较，抱团竞争现象并非学校或学院制度性干预，而是团队运行和发展过程中“集中力量办事情”的自发性选择；在覆盖的范围方面，也比前面两种现象更广，某种意义上甚至可以说所有的团队运行和发展都是一种抱团竞争现象。至于以什么为方向来抱团，抱团后与谁竞争、如何竞争，则是“扶优、扶强、扶特”战略模式实施、推进过程中的自然显现。换言之，无论是在几个学院之间，还是在一个学院内部，抱团竞争既是团队自发性驱动，又是学院和学校推动的结果，并且随着学校战略模式的实施和推进还会发生方向性扭转。

F学院的团队经历就是最典型的例子。根据访谈了解，F学院从建院开始，以几个教授为中心就形成了不同的“学科方向圈”。最初是教授们自我发展需要集中力量办事情；后来学科方向基本形成了，是F学院发展需要集中力量办事情；再后来学科方向做强了，是学校需要通过强化F

学院团队来集中力量办事情。根据F学院管理者回忆，“因为政策变化，很多时候团队就像‘敢死队’一样：大家抱团在一起，先冲国家平台和国家大奖，然后因为没成功又改成冲学科交叉型团队，然后还是没达到预期，现在又变成了要冲双一流……”（I-HIA-1-201905）

“赶死队”的隐喻在这里显然有些极端，但也恰恰凸显了人们对优先发展哪些团队总是持有各种不同的理解和行动。幸运的是，尽管见解不一，人们总是能够最大限度地悟出其中的意义，并与学校和学院的政策保持“步调一致”。

“当学校变得复杂化，学校的某些或全部组成部分都与不同的环境之间建立了相互关系时，学校的每一个子单位都必须专门化并保持其相对的独立性。当子单位看上去悬殊时，系统的一体化就难以实现了，而学校还必须向子单位提供更多的资源，并给予更多的关注。”① 的确，云城大学内部战略化更迭中各种团队建构倾向的虚实显现，并非源自学校和学院在实现团队“扶优、扶强、扶特”问题上趋于一体化，而是校院两个层级相对独立的不同单元，在软法运行中不断认识和把握各种变化不定的现实情况，并运用这些现实情况调整并维护其内部组织结构所致。

第三节 小结：规范性支持下的网络态治理

组织维度通常被认为是肉眼可见、可辨的基本构造，主要关注的是大学内部以学院为重要层级的机构设置、任务联系及其行动的集中性和连续性等问题。通过软法叙事和软法运行两个层面的讨论，我们在头脑中形成两种印象。

第一种印象以文本呈现为核心聚焦，从云城大学内部以学院为重要

① ［美］罗伯特·伯恩鲍姆：《大学运行模式：大学组织与领导的控制系统》，别敦荣主译，中国海洋大学出版社2003年版，第42页。

层级的校内机构设置与任务联系方面的一系列软法规划与安排中，看到大学就像是一个“机构、任务的组织体”，在《内设机构调整方案》《校院两级管理改革方案》等校内政策、制度的规划布局中，日渐强化以松散扁平、重心下移为主要特征的组织构型。第二种印象以行动实践为核心聚焦，看到大学不仅是一个“机构、任务的组织体”，还是一个“机构、任务的变化体、复杂体”，无论是二级学院整合，还是学科基层会聚，抑或是团队单元建构，大学围绕《内设机构调整方案》《校院两级管理改革方案》等校内政策、制度开展改革探索，总是在经历反复角逐、迂回推进、日趋默契等情形中，不断尝试跨越变幻莫测的各种障碍和复杂不易。

两种印象汇合在一起，显现出一种高度相似的治理图式与走向，即通过机构调整和任务规划上的规范性安排，不断强化学院、学科、团队在校院两级运转中的合法性显现。那么究竟应该如何总结组织维度所呈现的治理样态？又该如何具体阐释校院两个层级之间变幻莫测的复杂性治理关联的呢？

W. 理查德·斯科特等在融合理性、自然和开放视角后指出，任何组织以及任何其他社会系统都可以用网络表示，网络是一个连接网络组成部分的关系系统，这些组成部分通常称为节点，部分之间的关系被称为联结；这里的前提假设是联结对行为的影响往往大于节点的属性，并且节点的行为不仅受其直接联结的影响，还受更大范围的网络结构和联结模式的制约。网络通常都是“复合的”，即各种网络往往互相重叠。① 作为一般概念，“网络”可用于分析组织、组织结构以及组织之间行动关系的各个层面，同样也为我们总结组织维度的治理样态提供了思路。即在组织维度上，以机构组合中的基本建制单元为节点，以组织构造上的各种任务纽带为联结，大学形如“机构、任务的网络联合体”，在校内软法

---

① ［美］W. 理查德·斯科特、杰拉尔德·F. 戴维斯：《组织理论：理性、自然与开放系统的视角》，高俊山译，中国人民大学出版社 2011 年版，第 319—321 页。

的支持与保障中维系着校院两个层级多系统、多领域组合与构造，从规划构想到运行实践，大学内部网络态治理动向与关联无处不在。

由此综合前文分析，可将组织维度的治理解读为“规范性支持下的网络态治理”，以显现学校和学院基于软法支持和保障而发生、发展的“相互依赖、优势互补”的治理过程及走向。对应网络态的镜像特征，具体表现为：通过校内政策、制度和配套细则的规划布局，大学在组织构型上着力于学校职能型机构由传统的管理型机构向支持型转向，集聚各领域力量强化二级学院、学科基层和团队单元的机构职能地位与任务联系，校院之间扁平化、多元化治理构造不断显现；与此相应，随着校内政策、制度和配套细则的制定出台与实施推进，大学内部各类机构单元的政策、市场和竞争意识逐渐增强，学院与学院、学科与学科、团队与团队在机构调整与任务联系过程中的政策化、市场化和竞争性治理不断强化。

构建其样态机理，如图 4-4 所示，其中有关学校与学院之间的治理关联，可从“学院整体网”和“学院在学校整体网中的定位”两个方面进一步阐释：

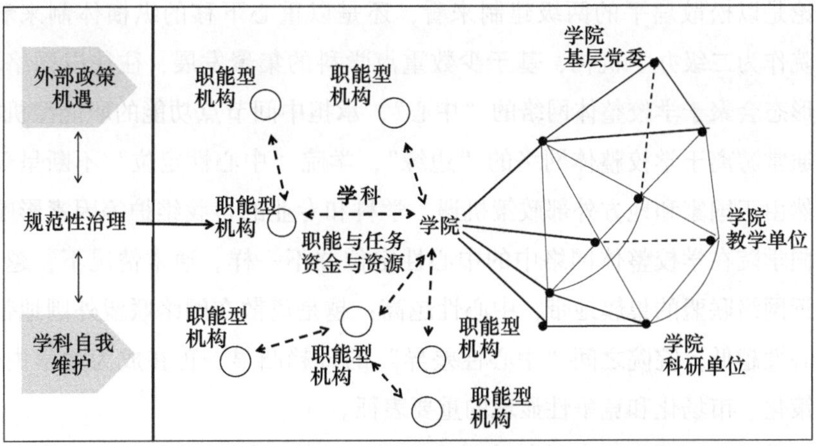

图 4-4 软法规范性治理中网络化联结的样态

首先在“学院整体网”层面。毋庸置疑，大学整体网是一个被卷入学校所有建制性和体制性动态纽带的巨型网络，包括所有大学内部基本内设机构、学术群落以及他们之间的各种关系。在校内软法的支持和保障下，大学整体网层面的职能型机构、学院教学和科研单位、基层党委三类建制单元相互联结、各司其职。其中，学院作为基本节点，在职能定位和任务规划上建有各种以“学科”为主要联结的关系纽带；职能型部处作为学院和学校之间的中间节点，则发挥着向学院及其内部学科传递“职能与任务”、传输“资金与资源”的桥梁作用。与此同时在不同的软法情境下，三类建制单元的网络态联结与作用还会有很多动态表现。简单地说，学院节点上以“学科”为主要联结的关系纽带不仅连接着学院，还连接着学校部处，即学科既是学院的一部分，又是学校的一部分；职能型部处节点也并非简单地连接着学院与学校，而是常常以一个中间节点连接另一个中间节点的方式存在。这使以学院为重要节点的关系交叠以及连接学院的次级中间节点越来越多，学校整体网络中松散耦合的治理关联难以避免。

其次在“学院在学校整体网中的定位”层面。可以进一步了解到，无论是以松散扁平的两级建制来看，还是以重心下移的纵横体制来看，学院作为二级办学机构，基于少数重点学科的集聚发展，往往以网络联盟形态会聚于学校整体网络的“中心”，承担中间节点功能的职能型机构则通常游离于学校整体网络的“边缘”，学院“中心性定位”不断呈现。当然由于国家和地方外部政策机遇、学科和专业的自我维护等因素影响，不同学院在学校整体网络中的中心性定位并不一样。通常情况下，越是靠近网络联盟的集簇地带，中心性越高；越是离散在网络联盟外围地带，中心性越低。院院之间“中心性差异”的日趋凸显，正在成为大学内部政策化、市场化和竞争性显现的重要表征。

最后，环顾当下中国大学不难发现，虽然不同学校的组织建制、组织体制的状况并不一致，但校院两级治理运转中所呈现的组织构造及其调整方略与走向却不外乎如上。在国家高等教育“双一流”建设大潮中，首先看到的也正是这种存在于大学内部的高度相连的网络态组织构造及其调整方略与走向。这里的期许大概是：通过内设机构及学术群落调整的制度化举措，不断推动二级机构尤其是作为学科组织化部落的学院及其学科专业的“中心性”在职能定位和任务联系上最大化显现，使优势学科更优，特色专业更特，可以“拉动”大学整体上、宏观上的竞争力、驱动力和发展力。不过在这个过程中，大学也无时不在面临着组织机构“改革过激”或“改革不到位”的风险，甚至还有可能因为“改革不合理”而束缚了学院、学科和专业的发展。那么，大学作为高等教育机构，究竟应该遵循怎样的校内法治理逻辑来调整其内部组织构造，才是契合“院办校”理念且符合高等教育内部治理规律的呢？

可以肯定的是，面对外部压力的持续发酵，当下大学面临的主要问题早已不再是应该在哪些学科领域进行治理改革和进行多大程度的治理改革，而是大学究竟应该在“治理创新”和“治理稳定”之间寻求一种怎样的“治理均衡”，以避免组织机构及学术群落改革过激、不到位、不合理的问题。尤其是在政策以及市场力量的交互作用下，各种量化评估和排名使大学的发展越来越趋于“精确化”。或许也只有更多地强调“一张蓝图绘到底”，将这样一种寻求“均衡治理”的软法实践作为衡量改革方略正当与否、合理与否的关键标尺，大学才能克服因为应对精确化而频繁更迭其内部组织构造的认知偏差，最终在改革浪潮中构建起“既体现高等教育发展规律，又符合大学组织运行规则”的大学内部治理关系。

第五章　权力维度的治理考察

> 权力是一生中能在他人身上产生预期变化的能力，是一种影响他人，并使其按照要求行事的能力；正如在其他组织中的作用一样，权力对于协调和控制大学工作人员与团体的活动是至关重要的。
>
> ——［美］罗伯特·伯恩鲍姆①

学术领域里最突出的一个特点就是几乎每件事都或多或少以一种微妙的方式划分等级。② 这是学术领域权力分析的重要方面，但还没有反映出权力分析的全部要旨。诚如罗伯特·伯恩鲍姆在分析大学运行模式时强调，权力是一种影响他人并使其按照要求行事的能力。在大学日常运转中，权力是一件十分复杂且微妙的事情，几乎每个内设机构和单元群体或多或少都以权力的方式划分等级，也几乎每项任务和活动或浅或深都需要通过权力的影响才能真正得以合法化。

那么在大学校院两级治理中，究竟有哪些权力等级在控制着学校与学院？这些权力方式在学校和学院之间是如何分配的？又是如何在治理运行中不断合法化的？须注意，这些问题与前文分析的组织构型及建构紧密相连，但又不是同一回事，因为在一所大学内部，权力与组织并不是完全对

---

① ［美］罗伯特·伯恩鲍姆：《大学运行模式：大学组织与领导的控制系统》，别敦荣主译，中国海洋大学出版社 2003 年版，第 13—14 页。

② ［英］托尼·比彻、保罗·特罗勒尔：《学术部落与学术领地：知识探索与学科文化》，唐跃勤等译，北京大学出版社 2018 年版，第 95 页。

应的。在实地调查中，我们了解到，云城大学是一所典型的多校区办学的地方综合性高校，目前共有主校区、老校区及大小规模不等的分校区共六个校区。其中，本硕博三个学历层次的学科型学院、人才培养试验区学院、中外合作型学院以及国际文化教育学院一直扎根于主校区，继续教育学院、独立学院以及其他个别重新整合、调整和新建的学院则分布在其他五个校区。多校区、多模式、多层次的办学格局下，学校内部不同层级、不同领域发生的各种“看得见”“感受得到”的控制唾手可得。

然而尽管如此，初次来访云城大学的人，即使花上一个月的时间，恐怕都很难对学校内部所有办公室、学术团体之间重要联系作出整体观察，也很难对这些机构团体成员在重要活动和重要事项上的控制及其变化进行全面了解。接下来，本章基于软法叙事和软法运行两个层面的考察，具体探讨云城大学内部的权力分配和权力建构，以期呈现权力维度的治理样态。

第一节　软法叙事中的权力分配

在权力分配方面，约翰·范德格拉夫为我们提供了很好的研究思路。根据他的观点，“结构的等级性”和“决策的内聚性”① 是分析权力结构的两个基本概念，并且结构的这两个方面——等级制和内聚决策——是相互联系的，又是各具特色的。② 由此提醒人们，“权力分配”是有关决策层级如何划分、决策内聚如何构建、如何运行的正式影响机制和相互关系模式。

同样，研究大学内部治理中的权力分配问题，其首要任务并不在于

① 本书在第三章第二节的讨论中，同样强调了“决策的集中性与联系性”问题，但主要指向社会生活组织方面或进行集中行为的能力，分析的是有关劳动分工或是工作划分范畴中的结构性概念，与本章有关权力划分范畴中的“决策内聚性”分析与讨论紧密相连，但并不是同一回事。

② ［加］约翰·范德格拉夫等编著：《学术权力——七国高等教育管理体制比较》，王承绪等译，浙江教育出版社 2001 年版，第 2—3 页。

探讨人们在大学治理运转中各种模糊不定的权力游戏，而是要发现和总结大学内部广泛的、法定的决策层级划分、内聚构建及其关系模式。包括大学内部不同领域、不同系统，尤其是学术和行政两大系统的决策机构及其组成情况、卷入的不同群体、相互之间的控制与影响及其内在联系等结构性事实。

一　底部主导的学术层级及其权力分配

（一）基于《学校章程》及其配套制度的学术权力金字塔

从第四章组织维度的分析中可知，云城大学是一个按学科逻辑组织起来的网络联合体，学科既是学院的一部分，又是学校的一部分，或者更确切地说，是在学校和学院的网络化联结中汲取力量。这种网络化联结使学校内部的学术机构、团体及其成员显示出强大的力量，学术系统的层级划分及其权力分配也就成为人们关注的中心。有关这方面的规定，可从《学校章程》中找到原委。

如人们所了解，大学章程是大学内部的“宪法”，是大学的权力机构为了保证大学的独立地位，根据国家或地方政府法律法规，按照一定的程序制定的有关大学组织性质和基本权利的并且具有一定法律效力的治校总纲领。[①] 作为治校总纲领，也是校内根本软法，云城大学的《学校章程》，正在为协调校院不同层级间的权力问题提供校内“宪法”保障。总体上看，《学校章程》共九章内容。在体系庞大的章程文本中，总则部分开宗明义“党委领导、校长负责、教授治学、民主管理”，构建起了学校内部治理的基本轮廓。与学术权力直接相关的内容主要集中于“组织机构”的五个条文，通过列举“学术委员会”“人才培养委员会”“学位评定委员会”的职能定位、成员组成、产生方式及主要职权的方式，大致规定了这三个学术机构的“决策群体比例”“决策权力分配”“决策生效

① 于丽娟、王向东：《大学章程的本质探析》，《黑龙江教育》（高教研究与评估）2010 年第 12 期。

原则”等问题。这个部分的条文内容简单抽象，但从“学术委员会是学校最高学术机构，统筹行使学术事务的决策、审议、评定和咨询等职权”的表述中，可以十分清晰地感受到，学校学术委员会在三个学术机构中具有最高统筹意义上的决策权威。

除此以外，《学校章程》还有一些关于学术权力分配的具体内容。例如根据章程规定，“学术委员会就学科建设、教师聘任、科学研究、学术道德等事项设立若干专门委员会，具体承担相关职责和学术事务……”“学术委员会的主要职权是：审议决定各专门委员会或学术分委员会章程。审议学术机构设置方案、交叉学科与跨学科协同创新建设方案、学科资源的配置方案；审批专门委员会或学术分委员会委员名单，决定设立和撤销专门委员会或学术分委员会；授权、指导、监督和评估专门委员会或学术分委员会的工作……”（L-XYW-大学章程-2015-201811）

这些条文内容向人们传递了一个十分重要的信息：以学校学术委员会为核心，学校可以根据校内学术事务的处理需要，在任务分工的基础上建立“学术专门委员会”，同时还可以基于重心下移原则在学院或学科设立“学术分委员会”。

以上《学校章程》文本中的内容，在统合意义上建构起“以学校学术委员会为核心、横向分工与纵向转移相结合的”学术系统层级划分和权力构想，但能否通过配套软法将这些构想完整呈现还有待考察。因为从前期笔者掌握的各类方案资料来判断，云城大学依据学校章程开展治理的历程事实上只有短短五年时间。确切地说，2014 年，学校在“深化内部治理体制改革”中第一次明确指出“完善学校内部行为基本准则，出台学校大学章程，重点理顺各类权力的关系，规范各级组织的功能……”（L-DAG-关于全面深化改革的实施意见-2014-201902）依章治校开始提上议事日程。此后 2015 年，《学校章程》经 J 省教育行政部门核准后以校内文件形式正式印发，依章治校的历史性拐点才正式到来。

此种意义上说，《学校章程》虽然发挥着统合功效，具有校内根本法的宣示价值，但从依章治校的历史发展和正当性事实角度来看，更像是一部有关大学组织性质和基本权利的校内“名义宪法”。因为在大学先有“制度”后有“章程”的情况下，学校长期以来一直处于“无章办学”状态，并且这种状态从未招致行政问责和法律追究，相反兼具有制度正当性、行政合法性以及法律“违法性”的合理性。① 这种情况下，学校内部学术系统层级划分和权力构想无疑也陷入从制度规定到章程保障的“反向安排”之中，需要延伸至更宽泛、更细化的层面考察：

根据实地资料分析，“学院学术委员会”的校内软法规定远远早于学校章程，最早大概可追溯至2001年《两级管理体制改革实施方案》。据此方案记载，“学院设立学术委员会，主要由学科带头人、从事教学科研工作的教授代表和学院党政主要负责人组成。学院学术委员会是学院学科和专业建设、学术、学位、专业技术职务的评议评审机构……”（L-DAG-两级管理体制改革实施方案（试行）-2001-201902）由此形成“学院学术委员会”职能定位、成员组成、主要职权等基本构想供学院参考适用。这之后，学校在历次“改革方案”以及“有关学院运行的机制办法”又反复强调“学院学术委员会”机构设置与权力分配方面的内容，但从其文字表述上看几乎没有作出任何调整。

相比之下，“学科学术委员会”和“学术专门委员会”的校内软法专门性记载则主要是最近几年的事情，从实地资料来分析，大约从2014年和2015年的校内软法文本开始有这方面的规定。比如，2014年9月学校出台《专业技术职务评聘实施办法》，构建起“学科—学部—学校”三级评审决策机制（L-RSC-专业技术职务评聘实施办法-2017-201902）；2015年3月学校出台《学科建设管理办法》，明确在学科建设上实行“学校—学院—学科”三级管理决策机制（L-XYW-学科建设管理办法-2015-201902）。由此分门别类地构建起有关“学科学术委员会”和“学术专门委员会”职能定位、成员组成、主要职权等一系列规定。此后学校章程颁布后，这些校内软法规定继续沿用的同时，还有一些配套补充

① 罗向阳、林瑞娟：《大学章程的效力约束及对策思考》，《教育发展研究》2016年第19期。

规定。

至此，可以概括地说，在云城大学，先有“制度”后有“章程”以及校内软法更迭频繁、形式灵活多样等治理事实，使学校内部学术系统的层级划分和权力分配日趋复杂。不过即便如此，学术权力划分和分配的基础始终在于“学科和专业的技术专长”。或者更进一步说，学科和专业作为具体的、微观的学术单元，在整体学术权力分配中拥有最广泛的决策权力，最终大学学术系统的层级划分和权力分配呈现出“底部主导”的金字塔结构（如图 5-1 所示）。

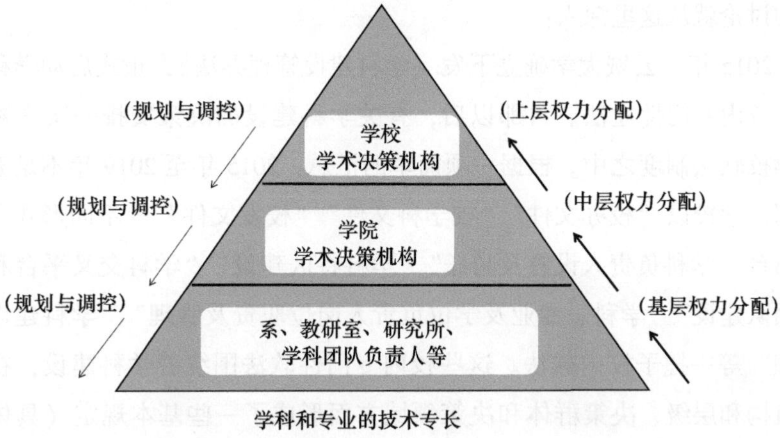

图 5-1　“底部主导”的学术权力金字塔

在图 5-1 所示的学术权力金字塔结构中，第一个层级是最高层次，即学校层面的学术权力分配，包括校级学术委员会、学位委员会、人才培养委员会、学科建设委员会等决策机构的权力安排，可称为“上层学术权力的分配”；第二个层级是学院层面的学术权力分配，这个层级通常基于学院层面的组织建制，并且往往建立在相邻学科的集合之上，包括学院学术委员会、教学委员会等决策机构的权力安排，可称为“中层学术权力的分配”；第三个层级是学科层面的权力分配，这个层级是最基础、卷入决策人群最多的层次，包括系、教研室、研究所、学科团队的负责人等，可称为“基层学术权力的分配”。

接下来以“学科建设”和“职务评聘”为例，来具体看看在这两个领域的学术权力金字塔中，究竟形成了怎样的决策机制、卷入了哪些决策机构及其不同人群，产生了何种相互之间的控制、影响及其内在联系。

（二）“渐进规划与分散控制”：学科建设的例子

根据学术权力金字塔的总体性介绍，云城大学在学科建设上实行“学校—学院—学科”三级管理机制，并已构建起“学校学科建设领导小组”“学院学科建设委员会”“重点学科学术委员会”等决策机制。接下来的讨论就从这里深入：

2015年，云城大学确立下发《学科建设管理办法》，正式启动学科建设的校内专门性立法。自那以后，有关学科建设的决策安排一次次被卷入学校软法制度之中。根据一项简单的汇总：2015年至2019年不足五年时间，学校以“校办文件”“校学科文件”“校发文件”等不同形式，陆续出台“学科负责人设置及聘任”“学科特区建设”“学科交叉平台和创新团队建设”“学科、专业及学位负责人岗位职责及管理”“学科建设费管理”等一揽子校内软法。这些校内专门性软法围绕着学科建设，在决策机构和层级、决策群体和决策领域方面形成了一些基本规定（具体见表5-1），同时也呈现出几个方面的问题：

一是学术权力在学校整体规划之下。从校内学科建设的专门性立法开始，学校在这方面的制度设计一直在渐进中展开，有关学术权力的规划与安排也由此不断增长。可以大致了解到：2015年是学科建设的规范年份，学校将学科建设作为“办学发展的一项根本性的战略任务”，明确从“学科建设工作领导小组”到“学院学科建设委员会”“学科学术委员会”的“学校—学院—学科”三级权力机制，开始从“学科特区学科建设委员会”规划试行学科特区建设。紧接着2016年加快推进省重点高校建设，学校开始“整合全校力量跨学院组建学科特区”，着力“学科

表 5-1 2015 年至今学科建设专门性立法中的决策机制

<table>
<tr><th>序号</th><th>校内软法</th><th>决策机构</th><th>决策群体</th><th>决策领域</th></tr>
<tr><td rowspan="3">1</td><td rowspan="3">L-XYW-学科建设管理办法-2015-201902</td><td>学科建设工作领导小组</td><td>由校长任组长，分管副校长任副组长，其成员包括各学院负责学科建设的领导与相关职能部门领导</td><td>负责领导全校学科建设，其中学术问题由学校学术委员会商议处理，重大事项由校长办公会研究决定</td></tr>
<tr><td>学院学科建设委员会（集体决策机构）</td><td>学院负责人、学科负责人、学科方向负责人、学术骨干等</td><td>负责审定学科发展规划、资源保障计划以及学科申报与评估</td></tr>
<tr><td>学科学术委员会（学术指导和审议机构）</td><td>由 5 名以上校内外专家组成，其中本校专家不超过总人数的二分之一</td><td>负责审议学科建设目标、任务、研究方向、重大建设项目及指导重大学术活动</td></tr>
<tr><td>2</td><td>L-XYW-学科特区建设的意见-2015 试行-201902</td><td>学科特区建设委员会（行政事务和日常管理机构）</td><td>学校相关部处负责人、学院院长、学科负责人、团队负责人</td><td>负责学科特区的规划与建设</td></tr>
<tr><td rowspan="3">3</td><td rowspan="3">L-XYW-学科特区建设实施意见-2016 试行-201902</td><td>学科特区学术委员会（学术咨询机构）</td><td>9—11 名特区所在领域的校内外专家学者担任</td><td>负责审定特区学术发展方向、研究人员学术成就等重要事务</td></tr>
<tr><td>学科特区建设委员会（行政事务和日常管理机构）</td><td>学院院长、学科负责人、团队负责人</td><td>负责特区建设、人才培养、队伍建设、科学研究、教育教学、实验室管理等具体管理规则的制定与执行</td></tr>
<tr><td>学科特区负责人</td><td>略</td><td>略</td></tr>
<tr><td>4</td><td>L-XYW-学科负责人设置及聘任办法-2016-201902</td><td>学科负责人（由学校设岗）</td><td>每个一级学科设学科负责人 1 名，下设学科方向负责人若干名</td><td>负责本学科发展规划、建设方案，决策本学科建设中的重大问题；做好人才引进、选拔培养、评估与检查验收</td></tr>
</table>

续表

序号	校内软法	决策机构	决策群体	决策领域
5	L-XYW-学科、专业及学位负责人岗位职责及管理实施办法（暂行）-2019-201912	学科负责人（由学校设岗）	同上	同上
		专业负责人（由学校设岗）	每个本科专业设置一位专业负责人	负责本专业建设规划、人才培养方案，专业认证、学术活动
		学位点负责人（由学校设岗）	每个学位点设置一位负责人	负责本学位点发展规划、培养方案、评估验收、监督指导等

特区学术委员会”“学科特区学科建设委员会”“学科特区团队负责人”更多、更新的权力内涵，形成“学校—学院—学科特区—学科方向—团队”创新运行模式。此后2017年加快推进省重点高校和国家“双一流”建设，学校强化顶层设计与宏观调控的同时，“着重赋予”学科交叉平台和创新团队“战略性”定位，强调“成立平台建设工作小组或学术委员会”负责平台规划、建设与管理。从以上几个方面看，学校上层无疑是学科建设的“制度源地”，在学术权力规划与安排上居于显赫地位。

二是基层决策权限呈现差异化表现。根据校内软法规定，学校学科建设实行“自下而上”与“自上而下”相结合的三级决策模式。其中“自上而下”的模式从上述学校整体规划的问题中大致可见，“自下而上”的模式则大量表现在基层决策问题上。简单地说，在学校上层、学院中层的决策机构与权力安排之外，大量日常决策机构与权力机制出现在学校基层，扎根于各学科和专业的发展之中。但这并不意味着学校基层的决策权限都来自各个不同的学科和专业，也并非意味着可以理想化地对其一概而论，而是在学校整体规划下呈现出“既具普遍性、又显类型化”的差异化表现。例如，“各重点学科成立学科学术委员会，其他学科鼓励建立学科学术委员会”的区别对待问题，以及“学科特区”“学科交叉平台和创新团队”等相对独立的权力机制问题。

三是教授权力几乎卷入所有决策群体。相对于前面讨论的权力分配，这里强调的是比基层决策机构更细化的学术权力。正如伯顿·R. 克拉克在分析高等教育系统时指出，学术系统中，专业的和学者的专门知识是一种至关重要的和独特的权力形式，它授予某些人以某些方式支配他人的权力。[①] 以云城大学校内软法规定来看，教授们在学科建设决策结构中被组织成一个个权力群体，担任不同学科领域的“学科负责人”“学科特区负责人”“专业负责人”，无疑已成为学校学术权力规划与安排的一部分。当然需要注意的是，无论是教授“负责人”控制着某个学科、专业领域内的学科建设事务，还是教授群体控制着校内更重要、更大领域的学科建设决策，教授权力的核心依然在于“由学校设岗”和“向所在学院负责”，即教授权力与组织管控的结合。

综上所述，围绕学校学科建设，权力无所不包地统合在学校规划中，但并不是步调一致地集中控制，而是朝着更加多元方向不断增长的“渐进式”“连续性”改革。即学术权力大量扎根于“学科—学院—学校”三个层次决策机构自下而上的差异化控制之下，处于各个不同学科和专业领域的教授群体分散支配之中，但同时也保留了学校和学院自上而下的整体规划和集中管控的关键成分。可以总结为“渐进规划与分散控制”的权力模式。

（三）“集中设计与双重调控”：职务评聘的例子

同样聚焦学术系统的权力分配，专业技术职务评聘的校内软法规定是另一个关切点。不过不同于学科建设的是，这方面的规定并不是渐进式、连续性展开的，而是主要集中在一部校内专门性软法，即 2014 年 9 月学校出台的《专业技术职务评聘实施办法》（以下简称《实施办法》）。诚如该办法前言记载，“从 2014 年起，由高校自主组织教师等专

① ［美］伯顿·R. 克拉克：《高等教育系统——学术组织的跨国研究》，王承绪等译，杭州大学出版社 1994 年版，第 121 页。

业技术职务评聘工作”，七年前，根据J省“关于深化高校教师专业技术职务评聘制度改革”的文件要求，专业技术人员的职务评聘自主权从教育行政部门转移至高校自身，《实施办法》成为学校享有“专业技术职务评聘自主权”后的首部校内立法，一直沿用至今。

在云城大学《实施办法》中，有两条“权力主线”处于中心位置：

第一条权力主线是由“学科推荐组”“学部评议组”“学校高级专业技术职务评聘委员会”组成的“学科—学部—学校”三级评审决策机制。即学校“专任教师”在内的所有专业技术人才的职务评聘，都需要经历学科、学部、学校三个层级决策机构“自下而上”的“同行评议”和“票决意见”，才会最终被学校接受和认可。并且显而易见，《实施办法》在这方面的精确化要求很高，除了在评审机构的结构设置、同行资格、职权安排等方面有严格的规定，在“评聘程序要求”“岗位数总量和结构比例的核定”，以及由此派生出来的“评审票决”“岗位指标”“竞聘预留”“新进评聘”“转评考察”等方面还有具体的量化限定。

第二条权力主线则是由“学校专业技术职务评聘工作领导小组”和“学院专业技术职务评审工作小组”组成的“校院两级评聘责任机制”。根据《实施办法》规定，“学校成立教师及其他专业技术职务评聘工作领导小组，研究决定专业技术职务评聘重大事项，研究解决评聘中的重大问题，领导开展专业技术职务评聘工作。各学院建立专业技术职务评审工作小组，负责本学院专业技术职务评审组织工作”（L-XYW-专业技术职务评聘实施办法-2014-201902）。这就是说，云城大学在专业技术职务评聘问题上，一直保留着校院两个层级“自上而下”的“责任制”。一方面，学校要在总体上作出计划、指导、限制、监督等宏观控制；另一方面，又要留给学院大量具体的实施细节问题，维护学院和学科在一定程度上的职务评聘自主空间。

综上所述，在有关职务评聘的校内立法中，权力被步调一致地集中设计，通过“评审决策”和“评聘责任”两条主线显现出来。即权力处于“学科—学部—学校”三个层次自下而上的同行评议控制之下，同时也为“学院—学校”自上而下的双重责任管控保留了足够空间。可以总结为“集中设计与双重调控”的权力模式。

二　顶部主导的行政层级及其权力分配

（一）基于《学校章程》及其配套制度的行政权力金字塔

大学是一个按学科和专业逻辑组织起来的学术系统，同样也是一个带有明显行政管理倾向的科层系统。正如有研究在分析中国大学治理结构问题时曾指出，在中国，无论是对个体还是对集体而言，政府都强调“又红又专”，大学要培养“社会主义事业的建设者和接班人”，那么大学就是政治和学术使命兼而有之的混合组织。① 从云城大学的治理镜像来看，与学术系统并行的无疑还有科层系统。这是一种校内法严格规定且具有明确效力层级，类似于马克斯·韦伯所说的“理法型权威模式”的行政体系。在这样的理法型权威体系中，校院两个层级的机构基于规章条款结成一体，不仅享有行政管理倾向上分门别类的权力和责任，而且在政治使命意义上也享有不同程度的权力与责任。

根据《学校章程》，这方面的规定主要有三个方面：

一是“党委”“纪委”“校长”“校长办公会”的职权定位和决策分工。这些内容集中安排在“组织机构”章节之首，无论是机构定位、成员组成、决策领域等方面的简要概述，还是组织职权方面的详细列举，都是原则性很强的条款规定。其中，“党委是学校的领导核心”“纪委是学校的党内监督机构”“校长是学校的法定代表人”以及“校长办公会议是学校行政议事决策机构”等方面的规定，在将大学内部领导体制——“党委领导下的校长负责制”制度化的同时，主要框定了学校领导机构的职权定位、决策分工等基本内容，呈现出学校行政管理倾向上严格统一的“一体化”要求和“指令—执行”关系。与此

① 阎凤桥、管培俊等：《中国大学治理结构中的行动空间构型：聚焦党政领导关系》，《高等教育研究》2020 年第 9 期。

相应，对于学校领导机构究竟在多大程度上对学校层级任务施加影响，如何具体化学校领导机构与其他校内行政机构之间的决策关系，以及如何平衡学校领导机构与学术机构之间的决策关系等问题，并没有直接的条款规定。

二是“教职工代表大会”“学生代表大会”的职权定位和参与结构。这方面的内容主要强化的是，校院两级教职工代表大会和学生代表大会是学校成员参与民主管理和监管的基本形式①，承担着行政决策“底座”功能。对此，学校章程在统一表述为“学校民主管理和监督的基本形式”和“在学校党委领导下开展活动”的同时，详细列举了教职工代表大会各项职权，并着重强调“学校工会是教职工代表大会的工作机构”以及“学校建立二级教职工代表大会制度保障教职工参与本单位的民主管理和监督”。至于在多大程度、多大领域行使职权，十分显见，这两类机构承担的是其他建制性机构分享出来的部分行政任务，因此其参与行政决策的权力范围、限度、能力都是有限的。

三是“学院（教学部）”的职权定位与决策结构。根据章程规定，“学校赋予学院（教学部）相对独立的办学自主权，保障和监督其依法运行。学院（教学部）实行党政领导、分工合作、共同负责的管理体制，党政联席会议是学院（教学部）决策机构，学院（教学部）设立学术委员会、教职工代表大会，涉及学院（教学部）发展、教职工切身利益等重要问题，按规定交学术委员会、教职工代表大会提出意见或作出决定”（L-XYW-大学章程-2015-201811）。可以肯定的是，这些方面的规定主要反映了两个方面的问题：一是从整体的条款安排来看，科层系统的决策权力正在从学校向学院发生“实质性转移”，但与此相关的制度依据还很不足，学校权力向学院发生“非正式转移”的情况天然地存在；二是从具体的条文表述来看，无论是哪一类决策领域的权力安排，它们都不是以单纯的科层化模式联系在一起，而是往往涵盖学术组织的专业化、

① 张宇：《学校管理全过程民主的逻辑框架与重点领域》，《教育发展研究》2022年第12期。

党群组织的政治化等多种系统模式。

以上是《学校章程》中创设的行政管理倾向上的“刚性决策结构”。可以看到，在学校章程的统合性指引中，科层系统的权责分配不再局限于学校层面，而是在校院两个层级上呈现出行政任务与政治使命并行的职权与责任。不仅如此，如果延伸至更宽泛、更细化的层面考察，还可以关注到，在学校章程的统合性指引之外，另有一些校内配套软法还在以其他方式创设权力形式。这些权力方式并非简单纯粹地对应于学校（部门）和学院，而是在学校与学院之间表现出更多的层次和梯队，以适应校院两级治理的运转需要。

学校 2019 年《有关校级议事机构组成原则的实施意见》中的权力形式就是很典型的例子。在这项软法规定中，学校采取“领导小组”抑或“委员会”的形式，对 59 个校级议事协调机构的决策原则分门别类地予以规定。例如，“依法治校工作领导小组”“治安综合治理领导小组”“党风廉政建设工作领导小组”“保密委员会”“招生委员会”（L-XYW-议事机构组成原则的实施意见-2019-201904），这些校级议事协调机构大多由分管校领导任组长和副组长，从任务分工上看也都归属于学校层级的行政安排。但与学校普通职能型机构不同的是，这些机构改变了“一个校级部处主管一个行政领域”的科层体系，取而代之的是采取“多个校级部处负责人担任成员共同负责”的方式，同时糅合了“校领导统一指挥”和“多部门分工协调”的模式，从而将学校行政（政治）决策的“权力链条”贯穿至校院两个层级。

“改革必然带来改组，改组常常导致分层——一个行政梯队堆上一个行政梯队，不停地探索协调、对称、逻辑和全面的秩序。”① 随着章程及其配套制度的出台，学校科层系统中的权力分配也由此呈现出层次增多、梯队扩充的结果。这不仅仅表现在学校上层结构中增添了更多高层次的

① ［美］伯顿·R. 克拉克：《高等教育系统——学术组织的跨国研究》，王承绪等译，杭州大学出版社 1994 年版，第 161 页。

控制与协调，还表现在学院层次结构中强化相对独立的自主决策，以及在校院两个层级中强化师生参与行政决策等。如果要作出整体性划分，同样可以看到一个涵盖三个层次的金字塔结构。当然与学术权力金字塔结构不同的是，这里的层级划分及其权力分配不再是“底部主导”，而是呈现出“顶部主导”的层层管控（如图 5-2 所示）。

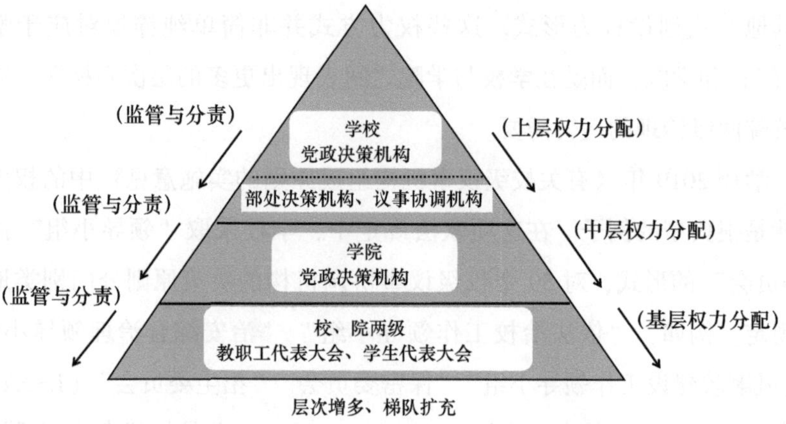

图 5-2 “顶部主导”的行政权力金字塔

在图 5-2 所示的行政权力金字塔中，第一个层次是学校“上层行政权力的分配”，主要包括学校最高层级的党政决策机构，由学校设置并“代表学校”主管某个行政领域的部处决策机构，以及由学校设置并“代表学校”协调多个部处的议事协调机构的权力安排；第二个层次是学院“中层行政权力的分配”，即由学校设置且具有相对独立办学自主权的学院党政决策机构的权力安排；第三个层次则是“基层行政权力的分配”，即校院两级教职工代表大会和学生代表大会的权力安排。

下面以“岗位设置与聘任”和“中层干部换届”为例，具体讨论在这两个领域的行政权力金字塔中，究竟形成了怎样的决策机制、卷入了哪些决策机构及其不同人群，产生了何种相互之间的控制、影响及其内在联系。

（二）“统一指挥与责任分散”：岗位设置与聘任的例子

鉴于“将科层制看作是由那些维系组织本身功能的活动和职位组成的系统”① 的解析，岗位设置与聘任是理解科层系统权力分配问题的首要面向。

这方面的决策更迭在学校历史上早已有之。访谈中有管理层谈到，“印象最深的一次，也是学校历史上的第一次岗位改革，好像是 1999 年以后学校开始实施校院两级体制，那个时候正逢中组部、人事部、教育部印发了深化高等学校人事制度改革的实施意见，学校改革加上政策驱动，就这样动起来了”（I-OHH-1-201904）。“2000 年学校两级管理改革开始后，岗位改革的讨论和试行是一类核心问题。里面涉及的问题太多了，看起来是影响个体的事，实际上对每个学院、职能部门都会产生不同程度的影响”（I-HEU-1-201904）。

不过奇怪的是，在学校软法资料中，这些内容并非都有迹可遁。即便是 2012 年起，学校在《改革方案》及配套软法中不断强调“岗位管理与聘用制改革相结合、与收入分配制度改革结合”，也大多都是以学校内部文件形式传递上级文件要求，很少有具体的校内层级管理规定。直至 2016 年学校专门出台岗位管理方面的专门性软法——《岗位编制管理办法》和《岗位设置与聘任实施办法》，这方面的规定才逐渐清晰明朗起来（具体见表 5-2）。

根据 2016 年《岗位编制管理办法》和《岗位设置与聘任实施办法》两份校内软法资料，这里贯穿始终的“权力链条”主要有两个层面：

首先是学校领导小组统一指挥全校岗位编制、设置和聘任工作的“指挥链”。这个层面的权力链条重在强调“自上而下步调一致”和“全校上下一盘棋”，以形成“统一严密的规划体系”。例如，《岗位编制管理

① ［美］W. 理查德·斯科特、杰拉尔德·F. 戴维斯：《组织理论：理性、自然与开放系统的视角》，高俊山译，中国人民大学出版社 2011 年版，第 54 页。

表 5-2　　2016 年至今岗位管理专门性立法中的决策机制

序号	校内软法	决策机构	决策群体	决策领域
1	L-XYW-岗位编制管理办法-2016-201902	校编制工作领导小组	党委书记和校长担任组长，分管副校长和纪委书记	负责审定学校岗位编制设置方案，研究决定与岗位编制管理相关的重大事项
		下设办公室	人事处	负责学校岗位编制的总体方案的拟定
2	L-XYW-岗位设置与聘任实施办法-2016-201902	校岗位设置与聘任工作领导小组	不详	统一领导和组织学校岗位设置、聘任和审定等工作
		下设工作小组	工作小组办公室挂靠人事处	不祥
		专职辅导员岗位聘任工作小组、实验岗位聘任工作小组、其他专业技术岗位聘任工作小组、管理岗位聘任工作小组、工勤技能岗位聘任工作小组	专职辅导员岗位聘任由学生工作部和研究生工作部具体负责，实验岗位聘任由国有资产与实验室管理处具体负责，其他工作小组不详	负责相应岗位的聘任工作
		学院岗位聘任工作领导小组	不详	负责相应岗位聘任组织实施工作
		学院教师岗位聘任工作小组	不详	负责专任教师岗位二至十三级的聘任工作
		学校、学院（部处）分别设立岗位聘任工作监督协调小组	不详	负责监督聘任过程，调解聘任过程中出现的矛盾，接受教职工的投诉和申诉，并就投诉和申诉进行调查
		下设办公室	校工作	不详

办法》规定，学校“成立校编制工作领导小组，由党委书记和校长担任组长，分管副校长和纪委书记”（L-XYW-岗位编制管理办法-2016-

201902)；《岗位设置与聘任实施办法》规定，“成立校岗位设置与聘任工作领导小组，统一领导和组织学校岗位设置、聘任和审定等工作”（L-XYW-岗位设置与聘任实施办法-2016-201902），由此将包罗万象的岗位纳入一个统一严密的体系，构建起“学校领导小组统一指挥”全校岗位编制、设置和聘任工作的行政权力金字塔。

其次是“中间层次”决策机构负责岗位编制、设置和聘任具体工作的“责任链”。需要强调的是，在云城大学岗位管理的行政权力金字塔中，学校领导小组并不是直接指挥学院领导班子，而是在学校统一控制的指挥链条下进一步组建专门的“学院领导小组”和校院两级“工作小组”和“监督协调小组”，形成许多“中间层次”的决策机构。继而将岗位管理的操作性决策尽量控制在“中间层次”，由这些“中间层次”的决策机构承担相应工作，形成一种“责任分散的指挥模式”。例如，《岗位设置与聘任实施办法》规定，学院成立“学院岗位聘任工作领导小组”和“学院教师岗位聘任工作小组”，学校成立“专职辅导员岗位聘任工作小组”“实验岗位聘任工作小组”“其他专业技术岗位聘任工作小组”“管理岗位聘任工作小组”和“工勤技能岗位聘任工作小组”，分别负责相应岗位聘任的组织实施和聘任工作；此外，学校、学院（部处）分别设立“岗位聘任工作监督协调小组”，负责监督聘任过程，并对聘任过程中的投诉和申诉进行调查（L-XYW-岗位设置与聘任实施办法-2016-201902）。

由是观之，在有关岗位设置与聘任的校内专门性立法中，权力一方面遵循“自上而下步调一致”的层级行政逻辑，表现出“学校党政力量统一指挥校内二级机构”的刚性结构；另一方面通过各种“中间层次”的决策机构及其职权划分，又呈现出“二级机构分级分类自担责任”的特定形态。可以概括为“统一指挥与责任分散”的权力模式。

（三）“党管干部与下管一级”：中层干部换届的例子

同样有关职位，干部换届工作涉及校院两个层级领导岗位的设置与领导干部的选任，是理解科层系统权力分配的另一重要面向。这里的决策问题并非纯粹的行政安排，而是行政逻辑和政治逻辑兼而有之的科层活动，从中可以捕捉到中国大学内部科层系统控制、影响及其内在联系的独特缩影。拿一些管理层的话来说是，“学校中层干部换届改革的是领导干部的位子，领导干部的位子变动带来的影响就会很大”（I-YWD-2-201905）。为溯及话题源头，这里的讨论主要围绕学校《中层干部换届工作实施方案》（以下简称《换届方案》）展开。

据了解，云城大学《换届方案》三至四年确立一次，虽然更迭节奏较频繁，内容规划却相对稳定。以 2019 年《换届方案》为例，大致涵盖“换届范围与任期”“职位与职数”“任职条件与资格”“换届工作程序”“组织领导和纪律”等内容，其中的控制、影响及其内在联系主要呈现在两个方面：

一是“党管干部”成为最重要的组织支柱。“党管干部”是《换届方案》中的第一原则，也是学校中层干部换届工作中最重要的组织支柱，意味着学校党委在处级和副处级干部选任方面具有主导性决策权。根据方案规定，云城大学一直以又“红”又“专”作为校院两级领导干部的选任标准，强调德才兼备、以德为先、事业为上、注重实绩、群众公认等原则，并由此形成了很多具体的机制性安排。例如，干部轮岗交流的机制性安排——“加大机关与学院、党务与行政、机关部门之间、学院之间的干部交流力度。中层干部在同一岗位任满两届鼓励进行交流，任满三届必须交流”；纪检监察的机制性安排——“为加强纪检监察工作，根据高校纪检监察体制改革的要求，在相关单位设置专兼职纪检干部，设党委的二级学院副书记兼任纪委书记”；干部任职交叉的机制性安排——“设党委的二级学院党员院长兼任副书记，书记兼任副院长”；工作程序的机制性安排——“按照先中层正职、后中层副职，分批分次选任到位。中层正职干部选任以组织选拔方式为主，中层副职选任根据岗位特点采取组织选拔或竞争上岗的方式”等。

二是“下管一级”调控所有校设二级机构。如人们所了解，云城大学是一所公办性质的地方大学，学校党委书记、校长等校级领导由J省教育行政主管部门统一任命。与此相应，学校作为事业单位，对其下设所有二级机构的处级和副处级干部也实行统一选任和管理。这方面的控制与影响虽然在《换届方案》中没有形成直接的条文表述，但事实上，无论是从换届范围与任期、职位与职数、任职条件与资格等规划界定来看，还是从轮岗交流、任职交叉、纪检监察等具体机制来看，“下管一级”无疑是学校调控所有校设二级机构的核心要旨。

以上两点是历年《换届方案》中普遍显现的集中式控制与影响，除此以外，在2019年方案中，依稀可见一些新规定，比如根据干部岗位分为“党政管理”“专业技术”“经营管理”三类的政策要求，强调“专业技术类干部在选任时应充分考虑科研创新能力、团队领导能力等，在出国等方面给予更大自由度；经营管理类干部在选任时应充分考虑市场运营能力、业务开拓能力等，在薪酬等方面给予更大自由度”；根据“重点学科群建设”和“大部制改革”需要，对学科特区所在学院和资源保障型机构的专业技术类干部选任作出更多倾向性设计等（L-XYW-中层干部换届工作实施方案-2019-201907）。这些新规定在方案中比重虽小，但从分类规划与重点设计的思路来看，已显现有效性探索的改革新趋势。

由是观之，在有关中层换届的校内软法规定中，权力关涉学校下设的所有的二级单位但并没有简单呈现出校院两级行政管理的科层制逻辑，而是在大学内部“党委领导、校长负责”的现行体制下，致力于维护一种更为“集中且有效”的行政体系及其决策结构，构建起学校党委主导和调控下设所有二级学科单位和经营单位的层级联系。可以概括为“党管干部与下管一级”的权力模式。

第二节　软法运行中的权力建构

“权力并不是哪一个人绝对拥有的‘东西’，而是一种可能会发生流变的关系”①，这个观点同样可运用于软法运行中的权力建构分析。正如我们在前文分析中已有所强调，基于规章制度的公共决策是一个复杂微妙的政治过程，在这个过程中，各方利益主体相互协调、相互作用，组织内部的信息被策略性地使用，最终决策能否符合预期恐怕只能是一个“未知数”。如今，大学治理越来越紧密地与学校规章制度结合在一起，在学术与科层、学校与学院的协调与作用之中，软法稳定与否、集中程度、具体运作等一系列问题都产生变化不定的影响。

走进云城大学，学校行政办公楼是每个校区里空间规划最精致，也是最引人注目的一幢建筑，无论是在走廊过道、公共休闲空间，还是在办公室或会议室，总是带给人庄严肃穆的印象，人们在这里低声交流，按照层级指令和日程安排十分严谨地处理着“推荐、建议、报告、检验、监督”等各种事情。相比之下，学院的行政办公区域、教师办公室、实验室及学生日常学习往来的教学楼、图书馆等地方的互动则显得比较轻松，这里的人们有着不同程度的交流、参与、协调、支持和专业化互动，在工作互动过程中产生各种“支配、合作与妥协”。

不过这些依然还只是权力现象的冰山一角。因为在这些“看得见”和“感受得到”的权力分布之外，一些“看不见”也“感受不到”的控制、协调和支配力量及其影响还在更为频繁和微妙地发生着。引用《大学的功能》里的观点，现代大学类似一个政府体系，如一座城市，它可能是不统一的，是一个权力分得很细的复杂实体，对于这种权力有一批竞争者；一些人在城市中失败了，另一些人则上升到城市的上层，大多数人则在许多亚文化群中生活着。②

于是在这个过程中，权力控制及其影响变得更加微妙起来。学术系

① ［法］米歇尔·福柯：《规训与惩罚》，刘北成、杨远婴译，生活·读书·新知三联书店 2007 年版。

② ［美］Clark Kerr：《大学的功用》，陈学飞等译，江西教育出版社 1993 年版，第 12 页，第 26 页。

统与科层系统中校院不同层级的决策机构及其成员群体在软法实践中基于各自利益主张，策略性地施以“决策支配、决策把控及其内聚性表现”，并从中不断建构出新的控制、影响甚至具有决定性意义的治理关系。接下来，本节就以《学校章程》及其配套软法的运行为例，聚焦“人才引育”“自主理财”“资源调控”三个方面的权力建构事实展开讨论。

一　集权与分权：人才引育之风波

大学是国家拥有的最稀缺、最有价值的人力资本的宝库。① 能否充分开发和利用人力资本或人力资源，尤其是学术人力资源，不仅关乎学校整体发展规模，还直接决定着学校办学层次与水平。在云城大学的资料记载中，“过去六年，学校坚持人才强校战略，深入实施 2213 和 5512 人才工程，师资队伍规模迅速扩大、结构不断优化。专任教师由 13＊＊人增加到 18＊＊人，其中具有博士学位教师比例由 52.1%提高到 70.3%。新增全职院士 3 人，国家级人才 50 余人次……”（D-HY-学校人才会议-2019-201901）显而易见，通过“完善多层次人才发展体系”和“加大高层次人才引进力度”，云城大学的人才规模和高层次比例大幅提升。

然而人才工作成效显赫的背后，一个不断困扰的问题是：在校内软法运行实践中，人才引育方面的决策把控正在向着“集权化”与“分权化”两个方向分布、发展和产生影响，由此在学校与学院之间形成一系列治理风波。这不仅反映在“特区人才引进”的问题上，还反映在“人力资源开发”的问题上。

（一）特区人才引进上的“反复拉锯”

在云城大学，学科特区就像是一面权力的镜子，可以最大化地映射出校院两级体制下学院和学科基层人才引进工作的实施运行。我们的讨

① ［美］希拉·斯劳特、拉里·莱斯利：《学术资本主义：政治、政策和创业型大学》，梁骁、黎丽译，北京大学出版社 2008 年版，第 10 页。

论就从这里开始。

2016 年《学科特区建设实施意见》出台后，学校不断强化“组建学科特区并在学科特区实施特殊的人员聘用、薪酬分配、考核体系和组织管理模式，力争在高端人才引育和标志性教学科研成果产出上取得重大突破，使学科特区成为高端人才聚集区……”等目标体系；根据实施意见要求迅速成立“学科特区人才引进协调小组，由人事处牵头，重点办、发规处、研究生院、本科生院、科学技术研究院、计财处等部门负责人参加”；在大会小会中反复强调“学校将人才引进自主权最大化地下放至特区学院”，“学科特区享有人才引进的充分自主权，薪酬待遇实行一人一议，学校只履行报批手续……”（L-XYW-学科特区建设实施意见-2016 试行-201902）一时间，学科特区人才引进方面的资金、资源投入规划达到空前的程度，并且现在和未来还将不断增加。然而当特区人才引进规划真正施行起来后，情况却远比人们设想的要复杂得多，甚至还出现了权力“拉锯”的情形。

· 案例一：“最多跑一次”与“跑无数次”

M 学院 KC 学科人才引育方面的故事很长，尤其是四年前被学校确立为学科特区之后，因为带有“特区光环”，自主引进人才的政策优势在学校口口相传。

不过这些方面的政策优势并不意味着 M 学院 KC 学科的引人工作向来一帆风顺。一次学校人才工作谏言会上，M 学院院长谈到学科特区型学院高层次人才引进问题：学科特区的高层次人才引进政策总体上是见效的，确实是把人引进来了，但对于学院而言，每次引人在学校流程上并不顺利，用大家的话来说要在学校各部门间不断“跑动”才行，这个问题如何解决……都说机关处长之间相互协调很难，机关改革要谈“最多跑一次”。现在我们学科特区在高层次人才引进方面，想运用学校已经明确的特区政策去落实人才工作，常常是要“跑无数次”。说真的，院长要做协调处长的事情，实在是难上加难！（O-JGHY-1—会议 201903）

对于 M 学院院长的忧虑，旁人乍一听或许有些“匪夷所思”。因为在云城大学，学科特区的建设路线早已“铁板钉钉”，不仅特区学院在高端人才引进方面具有很大的决策自主权，学校与特区学院之间的联系也比普通学院要“牢固很多”。因此很多普通学院无法规划、无法推进的事情在特区学院都可以得到政策性支持和保障。究竟是什么阻碍了特区学院的高层次人才引进工作？

在与M学院院长的几次访谈和闲聊中，一些过程细节得以还原：

“集中力量办事情”：2016年学校开始实施学科特区政策，当时大家都是雄心勃勃的，学校出台的特区政策对学科发展非常有利！校领导还专门组织我们几个相关学院开展了学科大讨论，大概开展了两轮，聊如何集聚各个领域的高层次人才取得重大突破，从学校政策设计的角度来看确实是“集中力量办事情”。

“一做事就碰到问题”：学校的学科特区政策看着确实很好，没有进入操作阶段问题不会出现，但“一做事就会碰到各种问题”，需要突破原则才能推进。原因很明显，因为做事时涉及具体操作在学校政策文件中并没有详细规定，这些操作想要真正落实又不属于一个部门管辖，而是要和学校多个部处打交道。

“一边走一边磨合”：通常情况下，学院在引人方面形成意见后，需要先向学校去“打报告”，涉及人事处、党校办、国际处、组织部等各个部处，尤其是要催着部处解决引进高端人才的“薪酬待遇”问题。这个过程说实话太艰难！因为每个高层次人才都不一样，每引一个人才，都要和这些核心部处领导去沟通才能推动，只能想办法“一边走一边磨合”，耗时耗力非常大。

“首先考虑自己层面上的政策依据”：在这个过程中，几乎所有的学校部处首先会“考虑自己层面上的政策依据”，遇到自己层面上的政策和学校总体人才政策不相符时，各个部处就会“互相推诿”。这种情况下，学院按学校特区政策把人才引进来了，但在落实特区政策时，还要想方设法去符合学校不同部门的各种政策要求，否则就前期工作做得再好，这一步也会走不通，到现在依然如此。

“没办法只能找校领导”：其实处理过程和关键部门“人”的关系很大，归根结底是如何解释的问题。所以很多情况下，学院到各个核心部处的领导那里跑了一圈发现还是协调不了，只能找分管的校领导来协调解决。不过也有找了分管校领导，还是解决不了、协调不下去的情况。因为说实话，各个校领导都有各自的分管领域，这种情况下如果都不表态，就只能“不了了之”。(I-HIA-1-201905)

· 案例二：“路线图”与“时间表”

N 学院 KC 学科建立于晚近几年，最初是从 JS 学科（一级学科）独立出来的二级学科，学科独立后即被学校列为首批学科特区。相比较而言，不仅有着普通学院和学科难以企及的政策优势，还有着其他特区不具备的得天独厚的发展优势。

不过自从建院以后，M 学院也在面临引人引资的困扰。谈起这方面的问题，M 学院院长显得颇为急切：从目前的趋势来看，WQ 学科的建设时机是非常短的。现在比我们更高层次的一些学校还没开始发力建设这个学科，等这类学校都开始发力了，我们就没有这方面的优势了。在学校内部，大家总觉得我们是学科特区，又是从 JS 学科划分出来的，资源很多、自主权大、不愁进人。但实际上，我们现在最困难的地方偏偏还是在进人的问题上。简单地说，现在经过几轮努力，我们这个学科的学科建设基本“路线图”已经形成，但直到现在，完成这个路线图的“时间表”还是迟迟定不下来（O-DDHY-1—会议 201901）。

M 学院院长的感慨意味深长，其中有关“路线图”与“时间表”的话题，可以勾连出学院自主引人方面的很多细节：

“看好的高层次人才被屏蔽掉了”：我们是特区学院，学校对我们学院的目标要求比一般学校要高很多。在学校高度重视下，给予我们发展学科的资源确实比其他学院要多，不过困惑的是，现在很多事情“做起来却变得没资源”了。眼前的困难就是引人问题，比如看好的高层次人才因为一些原因“被学校屏蔽”了。尽管我们也是学科特区，但总体上学院的规模比较小，和某些大学院还是不好比。所以客观地说，在高层次人才引进问题上，学校实际上能兑现给我们的薪酬待遇，并不比那些非特区学科的学院高多少。

“从其他学院跑动一些人过来”：接下来的压力就更大了。如果按正常途径引不了我们想要的人，就要考虑是不是可以从学校内部其他学院“跑动一些老师过来”。不过这种情况要选择一些好的时机去跑动，比如最近有学院撤并后会有老师流动，这些老师很可能去K学院JS学科，然后K学院内部受到影响也会有老师流动。这种情况下我们主动出击去做做工作，老师们来我们这里发展的可能性还是很大的。

“想办法提前使用明年的人才指标”：我们这个学科的建设是真拖不起！只要有合适的老师愿意来，我们都是欢迎的。就算是今年的人才指标都用完了，还可以想办法“提前使用明年的人才指标”。这方面向学校打个报告争取一下，还是可以灵活处理的，学校也不会在指标上刻意为难。因为从学科建设来看，时间确实太紧张了，况且这样做对其他学院也不会产生什么影响。

“动蛋糕的事情须校领导出面”：如果再没办法，就只能想办法在“校内动别人的蛋糕”。这种情况需要校领导出面去商议，直接部门出面去争取恐怕效果还是不会好。当然这类情况不多，通常是“占理不占情”的事情才能成功，比如这些老师的科研能力并不差，但科研方向在目前的学院并不是主流方向。而那些“占理也占情”的事情，因为会给对方学院带来影响，造成对方学院不开心或为难的，最后就算校领导出面也可能难办成。(1-AII-2-201904)

罗伯特·伯恩鲍姆曾指出，控制这个概念可用以表示学校的参与人员相互作用、相互影响以及与更大环境沟通的结构和过程，控制系统就是一所学校的答案——至少是“谁在这儿负责？”这一问题的答案[①]。然而接踵而来的困扰是，即便控制系统的“责任机制和责任原则”已为人们所接受，面对具体问题时，因为没有统一详尽的配套机制，人们在“责任结构和责任过程”上依然难以达成一致意见与行动，需要转而自己熟悉的领域以各自不同的方式争取支持或形成决策。反映在特区人才引进的问题上：依托学校特区人才引进制度，学校成立由核心部处组成的特区人才引进协调机构，特区学院享有人才引进的充分自主权，人才引进俨然已经成为学校部处和特区学院的“共同责任”；但与此同时在涉及有待商议和需要决断的具体问题时，共同责任又使学校部处和特区学院陷于“责任连带和责任牵扯”之中，不仅学院在沟通、协调学校部门时常常需要通过“打报告”和“跑动”来获得支持，学校不同部处之间的决策纷争也往往需要通过校领导“拍板”和“出面”才能得以落地。

于是在这种情形下，权力集中现象既在减少又在增加。校院两个层级之间的决策拉锯虽然困扰着人们，但从问题化解的整体趋势来看，显然已成为人们争取制度优势和规避制度风险之必然选择。因为唯有经历这个过程，才有可能慢慢产生大家都能接受的对策和办法。尤其是在面对学术人力资源紧缺和成本提高、学科特区建设时间紧任务重、学校配套软法较多滞后和缺位等现实困境时，这个过程更是成为一种无奈的选择。正如一位校领导所说，“这些高端人才引进来要考虑很多方面，学院层面通常考虑更多的是，引人工作很辛苦跑下来，万一错过了或没有成功，会影响学院整体学科冲刺，于是盯着、催着学校和部门赶紧落实；但作为学校和部门，还需要考虑更多的问题，如学术市场的风险性、学校内部总体的平衡性等，需要在反复权衡和综合比较后才会做出一些大步子的尝试”（I-OHH-1-201904）。由此可见，在人才引进机制的实施

① ［美］罗伯特·伯恩鲍姆：《大学运行模式：大学组织与领导的控制系统》，别敦荣主译，中国海洋大学出版社2003年版，第6页。

中，“学院推着学校跑、学校揽着学院走”的权力运作情境正在显现。

（二）人力资源开发上的“重重对垒”

上文主要分析了特区人才引进方面的决策把控和应对，接下来的讨论将延展至校内所有学院人力资源分配、开发、利用的方方面面。因为在云城大学，不仅特区学院的经验路线正在被学校作为典型经验在各个学院宣传推广，而且学校软法运行中有关人才引进、培育、聘任、评定、激励的问题成堆已成为普遍共识。这些成堆的问题部分可归于学术体系的控制与决策，部分可归于行政体系的控制与决策，但更多的则是关乎学术体系决策与行政体系决策两个层面的问题。

一些熟悉人事工作的管理层谈到，一般每隔三年，学校就会专门印发一本人才管理方面的《资料汇编》，供校院两个层级在决策议事时备查。最近一次资料汇编印制于 2018 年，主要涵盖两个部分的内容：第一部分是有关高校人才管理的国家、地方政府政策，主要涉及“国家千人计划”“国家百千万人才工程”“151 人才工程”“长江学者奖励计划”等高层次学术人才项目的申报和认定等；第二部分是学校以人事处文件下发的重要软法规范，主要涉及“高层次人才引进”“引进人才特殊待遇”“海外高层次人才认定”“非全职高层次人才管理”“特聘研究人员管理”“外籍专家聘任及管理”“特聘教授岗位制度”“讲座教授岗位制度”等校院两个层面人才管理的方方面面。此外汇编附录部分以“数字指标”方式罗列了“学校三年人才目标”以及所有“学院当年人才建议目标”和“学院当年人才推荐目标”（L-RSC-人事相关的学校制度汇编-2018-201902）。

很显然，学校有意识地集中印发《资料汇编》的做法，除了强调人力资源开发上的激励意义外，其目的更在于将有关人才开发的一揽子校内软法，尤其是高层次人才开发方面的校内软法联系在一起，在校院两个层级上集中有效地控制这方面成堆的问题。不过值得注意的是，当学校、学院及其下设学科基层的所有决策力量都参与进来后，实际情况往往并非如此。这里介绍两种最常见的情形：

· “外行管理内行”

实地调查时，常常听到人们谈论管理人员，尤其是学校职能部门管理层在人才工作中“权限越来越大”“没有借鉴教授智慧”“工作依葫芦画瓢”等话题。这些话题并不是现在才产生的新问题，也不是云城大学才有的特例情况，但不可否认，行政体系与学术体系之间“外行管理内行”的顾虑正在不断产生和激化。

这几年学校各个口子的事情越来越复杂，学校内部各个学科发展壮大后，教师转行政岗、转分校区或是直接辞职的各种情况陆续发生。但就是在这种情况下，学院面临内部教师流失，向学校打报告想要增加编制或是增加岗位还是很难。有时候，学院层面觉得这个事情都已经办妥了，结果到了学校部门办理时，部门的一个办事人员就能把学院的想法和前期工作直接否决掉。所以现在很多院系乏了不愿意去折腾这些事了，人才任务也就完成不了了。（I-PJY-1-201904）

现在的校院两级管理虽然强调“分权”，操作起来后很容易变成行政口子上大家聚在一起协调和决策。这种情况在哪类高校恐怕都存在，只是程度不同而已。比如现在做人才培育项目，的确是按照流程召开会议讨论具体的机制和办法，也在很多环节上征求大家意见。但具体操作时，大多数情况是部处先协商定方案，然后征求学院领导意见，那些专门研究人力资源的教授的智慧很少借鉴到，并且教授们自身好像也越来越不关注这些事情。这种情况一旦触及面大，就很容易针锋相对……（I-YWD-2-201905）

学校如果是企业，可能早就面临破产了！因为想要学校和学院两个层面彻底整明白人才工作太难了，形成科学有效的机制就更难了。尤其是在那些具体的岗位设置与评聘方面。不夸张地讲，现在的工作流程上，实际承担管理工作的人大都没有系统学过管理，学过管理的人又很少有机会、有时也不愿意参与管理工作。当然学校

毕竟不是企业，就算是没有彻底整明白，大家根据政策规定依葫芦画瓢，最后也相安无事……（I-CHS-1-201904）

十分显见，在岗位设置、人才培育、人才评聘等问题上，专门从事行政工作的管理层基于学校科层体制和常规逻辑处理具体事务，拥有稳健的决策权力，但由于个人经历和阅历等原因，想要在管理中实现充分把控常常招致质疑；具有学科背景的教授们在学校公共性事务上的参与度不大，也不太愿意投入精力，但在触及自身利益时总是会拿自己的专业知识来论事。这就如罗伯特·伯恩鲍姆在大学组织与领导的控制系统中所分析的那样，“管理权力的基础是上级对活动的控制与协调；专业权力的基础是自主性和个人的知识。两种权力的来源非但不同，而且相互对立”①。

· “有意努力与无意阻碍”

除了“外行管理内行”的顾虑，最近还常常听到一些学院抱怨学校人才机制“不能网开一面”“很多渠道走不通”“只处理了几个特例”之类的意见。这些意见不仅关乎行政与学术两个体系的运转，还涉及学校管理层与学院管理层、不同学科学术人员、同一学科内不同学术人员、校内学术人员和校外学术人员等不同层面的问题，可以理解为人们在人力资源管理上“有意努力与无意阻碍”之忧虑。以下是在一次意见征集会上，部分学院代表对此类问题的陈述：

W代表：目前学院刚拿下来一个6＊＊万的科研项目，本来可以做得更大些，问题就出在科研人员的结构上了！如果想要做大这个项目，就要多引进一些这个方向的人才，但矛盾的是这个项目的人才国内不多，硕士都很少培养。去年我们向学校打了很多次报告，

① ［美］罗伯特·伯恩鲍姆：《大学运行模式：大学组织与领导的控制系统》，别敦荣主译，中国海洋大学出版社2003年版，第11页。

希望能打破常规降低进人要求，但学校的回复是政策规定必须博士学历才能引进，因为校内制度是有明确规定的。最后怎么办，我们只能“降低科研项目难度”“缩水”做这个项目了。

H代表：现在＊＊专业的博士都成抢手货了！我们这方面的人才本来就很缺，“最近又走了好几个博士和教授”。其中有几个教授来学校的时间并不长，来了之后却发现一些待遇，甚至是很小的一些事情都没法兑现。遇到这些事情，老师们就有想法了。为了这个事情，学院一直在向学校反映，校领导和部门来学院调研时我们也反映，但到现在还是没法解决。这里有些是因为学校政策上不能灵活处理，有些则因为我们不是学科特区也不是重点学科，很多渠道就走不通。

C代表：学校这几年在加大人事改革力度，但到现在为止，还存在校内自己培养人才和校外引人的反差太大的问题。比如一些激励比较大的政策，现在都还只是针对人才引进的，并不适用于目前校内老师。这种情况下，老师们意见就会很多，这是很多学校都碰到的“儿子”和“女婿”的问题。最近说是同等对待了，但实际上也只是解决了最大牌的那几个高层次教授的同等评价问题，其他更大群体的这类问题没有体现……

不可否认，在人力资源分类管理、内外等同、同行评议等问题上，人们总是很难向着同一个描述困惑，而是常常基于校内软法领域各执一词，甚至成为相互间压力和冲突的来源。大体而言，学校一直在朝着改革和发展的方向构思人才机制，但鉴于外部环境和自身条件限制，具体实施时常常难以满足校内所有学院和学科的人才愿望。而在学院层面，无论是管理层还是普通老师，他们对学校人才机制充满期待，当问题与矛盾发生时不仅对人才改革中的利益得失表现出差异性观点，还会为自己事先锚定，表现出各种基于自洽逻辑的争辩。（O－DDHY－1—会议201901）

"每所高校都是综合性组合体，它一方面把化学家、心理学家和历史学家这些不同的专家联系在一起，另一方面又将专家和非专家、教授、学生与行政管理人员联系在一起。"① 伯顿·R. 克拉克的这一见解强调了大学内部不同人群的岗位分工和角色分化问题，同时也为人力资源开发上的"权力对垒"埋下了伏笔。

在云城大学，谈论这方面的话题总是离不开这样几类人群：首先是在学校任教多年的老教师们，他们对学校有着比前者更为强烈的荣誉感和归属感，即使不在同一学院、学科或专业但相互之间大多相识甚至十分熟悉。他们中有不少人多年后通过竞争性选择而步入学校不同层次的管理系列，在学校公共性事务上投入了更多精力，也有不少人因为晋升无望而离职转至其他高校，但大多数人则比较稳定地在学校扎了根。其次是近些年入职的新教师，包括刚毕业的年轻博士和青年教师、直接引进的海内外高层次专家学者，以及柔性引进或外聘的国家级高端人才。他们大多持有国内外一流大学的博士学位，进校后将注意力主要集中在自己的学科、专业上和职称晋升上，对学校公共性事务及周围人的情况大多不太关心，但在触及自身利益时诉求和意见很多。最后，随着学校规模不断扩大和专业化程度的提高，校院两个层级的管理人员近年来大幅增加，他们基于岗位职责处理各个领域的行政事务，根据上级要求控制和协调校内机构之间的日常运行与往来，与此同时也在其职权范围内各自为政。

这种情况下，云城大学内部的角色分化或许比克拉克所说的情况还要复杂。因为除了不同学科间的专家联系、专家和非专家间的联系，以及教授、学生与行政管理人员间的联系，还有学校管理人员与学院管理人员、校内教授专家和校外教授等不同方向上"四面八方的联系"。每一种联系都在以权力的形式强化，每一种权力形式都可能与其他权力产生冲突与矛盾，各种不协调的沟通与互动也就应运而生。尤其是在涉及

① ［美］伯顿·R. 克拉克：《高等教育系统——学术组织的跨国研究》，王承绪等译，杭州大学出版社 1994 年版，第 33 页。

加大高层次人才引育力度的问题上，相互间不协调的沟通与互动表现得更为突出。并且更为复杂的是，尽管各种不协调的沟通与互动一直在强化，行政权力对学术权力，以及学校权力对学院权力的控制和影响依然在“最大化地深入”，只不过“由于意识到有必要平衡院系的学术实力与集权控制之间的关系，这种监控是很温和的，以免误杀了会下金蛋的鸡”①。

于是在这种情况下，学校内部的权力把控并没有因为问题成堆而趋于分散，反而更加集中了。一些没有明确意见但又具有操作空间的问题，原本可由学院根据校内软法规定自行决策，或是由学校部处协调处理，现在往往需要利用校内软法一次次地呼吁和反映，直至校内具有绝对决策权的高层管理人员对这些问题施加各种影响后才能做出推动或退让。这不仅在校内非优势学科所在学院的人力资源决策问题上可以看到，在优势学科所在学院的人才工作中也很明显。而且从目前的情况来看，每一次呼吁、反映直至推动或退让都是一个独立的个案，其作用无非是疏通眼前人才工作决策难题，并不会对校内后继发生的类似情况产生太多影响。

二　赋权与问责：自主理财之原委

前文集中讨论了人力资源管理上的把控与应对，接下来将关注另外一个相关领域，即财力资源管理上的把控及其影响。正如有学者指出，“财力资源是高校重要的战略性资源，学校和学院在经费配置中的权力关系是校院两级管理体制改革的核心，深刻影响着高校的办学活力和基层学术组织的积极性，也影响着‘双一流’建设进程”②。随着校院两级治理的推进，云城大学的校内软法实践不断面临需要进一步理顺校院两级

① ［英］安东尼·史密斯、弗兰克·韦伯斯特主编：《后现代大学来临?》，侯定凯、赵叶珠译，北京大学出版社 2018 年版，第 13 页。

② 刘向兵、周蜜：《我国公立高校内部经费配置中校院关系模式变革的案例研究》，《中国高教研究》2017 年第 1 期。

财经关系的挑战，学校和学院两个层面的把控及其影响，尤其是学院自主理财方面的把控及其影响引发了极大关注。

并且一个耐人寻味的现象是，“赋权”与“问责”就像两股相互缠绕的力量出现在有关“经费配置”和“经费使用”的软法治理实践中，既为激发学院办学活力提供了丰富的可能性，又强化了学校对学院的控制与支配。

（一）经费配置上的“预算约束”

云城大学是J省较早一批开展学院自主理财探索的大学，近年来基于“统一领导，分级管理，集中核算”的财务管理体制，在如何激发学院开发利用办学资源、提升办学质量和办学水平的主动性、积极性和创造性等方面开展了很多改革尝试。从2016年起，学校相继出台《二级学院自主理财实施意见》和《二级学院自主理财实施细则》两部专门性立法，以“重心下移，目标导向，突出绩效”为原则，构建起有关校内资金在学院分配、使用和管理的一揽子改革新举措。这些方面的改革举措实施起来后，推动了学校部分财权向学院的进一步让渡。

不过与全国几乎所有公办高校一样，学院自主理财的改革探索至今，学校并没有作出“经费全包干”[①]的变革性尝试，而是一直在突破传统意义“经费半包干”的基础上，通过校内软法机制不断“放大”和“强化”学院在校内经费配置上的权力与责任。即学校根据校内法向学院下放财权，将业务运行收入、绩效性收入、政策性收入、专项性收入等校内资金一次性划拨给学院，由学院在自己的职权范围内自由配置；学院

① 一般而言，现阶段中国大学内部经费配置的主要方式是经费包干制，可分为全包干和半包干。所谓“全包干”是指大学将所属各学院（系）的人头费、教学经费、公用经费、科研补贴等项目按会计年度的一次性划拨给院系，学校一般不再给院系划拨经费，院系在这个给定的数额范围内自由支配。“半包干”主要分为两种形式：一种是学校的经费按教学、行政、人头、后勤四块进行划分，人头费由学校包干，而教学经费与院系的行政经费或称公用经费则由学校财务处直接划拨给教务处，再由教务处分配给各院系，这种方式就是我们通常所说的“条块分割”或“块块分割；另一种是人头费由学校统一管理，按时由学校财务处支付给教职工，而教学经费、公用经费等实行院系包干，由学校按一定原则一次性划拨给院系，由院系在自己的职权范围内自由使用，这种方式基本上就是我们所说的“学院自主理财”模式。参见宣勇《大学变革的逻辑：学科制构建：公共治理的视角》（下篇），人民出版社2009年版，第591页。

在自己职权范围内运用好财权的同时，承担起自主制定财务管理和经济责任制度、自主安排年度经费、自主编制预算、决算和用款计划以及自觉接受监督和审计等各项职责。

于是在这种情况下，校内经费配置中的“预算约束”困扰就产生了。正如弗雷德里克·E. 博德斯顿在《管理今日大学：为了活力、变革与卓越之战略》中所言，“大学预算，即学校把钱投到哪些要点上，是用来判断该校坚持什么和致力于什么的最可靠指标，它能反映出大学把什么放在优先地位；并且大学经费预算的筹备和管理是有条件的，它们必须建立在合理可信的基础之上，必须适应新的环境情况，还得适应内部各种政策和优先次序的变化”①。在云城大学，校内经费预算从来不是僵化的权力承诺。无论是学校还是学院，每年都需要围绕各种目标任务和政策要求，将很大的精力投放在筹备下一个财年的经费预算以及管理和执行当年经费预算上。最终，“大学的校长和院长们犹如在一条狭窄的小路上行走，必须格外谨慎，因为大学一方面受到学术自由原则的严格限定，另一方面又受到作为研究经费主要供给者以及作为公众利益和安全最终捍卫者的政府的职责限制”②。也正是在这个过程中，学校和学院之间基于“预算约束”的决策控制与支配变得更为微妙和复杂。

接下来就将目光投向学校内部正在发生的几件事情：

· 案例一：“捆绑在一起的难题”

X 学院是云城大学 2008 年开始设立的教学模式改革试点学院（非学科型单位）。2017 年 9 月，X 学院在学校国际化教育专项经费划拨支持下，正式创办了 2+2 的国际化特色人才培养改革项目且一直运行顺利。眼看着第二年的国际化教育工作马上要启动，最近学院班子成员却正在为两件事情犯愁：第一件事情是 2+2 国际化教育经费是校领导特批的专

① ［美］弗雷德里克·E. 博德斯顿：《管理今日大学：为了活力、变革与卓越之战略》，王春春、赵炬明译，广西师范大学出版社 2006 年版，第 82—83 页。

② ［美］德里克·博克：《走出象牙塔——现代大学的社会责任》，徐小洲、陈军译，浙江教育出版社 2001 年版，第 222 页。

项，第一年划拨的经费下达后只能用于当年，接下来的这一财年如何突破障碍继续赢得支持？第二件事情是根据学校会议精神，接下来学校希望在X学院试点的教学模式创新改革，因为是一项全新的探索，需要学院先做预算但很多事情的发生没法预估。

这两件事情看起来是独立的，但又因为“预算约束”被无形之中“捆绑”在一起。因为一旦改革项目得到预算调拨后，想要同时从学校争取到国际化预算支持可能就难上加难了。为此，学院班子几乎三天一个小会、五天一个大会分析形势和商议对策，希望能找到合适的时机和方法来同时化解眼前“两笔经费的预算难题”。以下是班子成员的对话片段：

班子成员A：学校的国际化政策现在基本上是一年一变，接下来马上又会出台一个这方面的新规，说是从今年起原则上不允许学院以学科经费配套国际化项目运行，如果要做配套只能以学院自己的创收来配套。这种情况下，估计各学院按往年模式来操作学院配套的可能性很小了，都会加大力度向学校去争取各种渠道的专项经费支持。这样的新规对我们这类国际化项目的经费支持非常不利。

班子成员B：这周学校会议专门强调了新一轮改革规划，还提到国际化项目“大盘子”的问题，说是今年用来做国际化专项的预算和往年变化不大。后面可能还会召集相关单位来协调改革模式。照这个情形来看，接下来学校在这类项目上只能维持最基础的补贴，还得另谋办法了……

班子成员C：现在很多学院都在和学校反映困难和争取经费，我们也要多发点声音，也是反映学生和家长的声音，对外表态口径也要一样。这个国际化项目涉及的是本科四年培养计划，如果今年断掉一年，就延续不下去了。毕竟新的教学改革还只是一个规划工程，能不能做，做到什么程度还都是未知数；而这个国际化项目是几年积累才做起来，成效现在还是明显的，否则太可惜了。

班子成员B：学校对国际化改革项目这个事情是支持的，只是这个节骨眼上谁都没法直接下结论划拨。前面已经多次和部门领导反映了，但始终没有正面回应，学校现在的关注点不在这个问题上，接下来的新项目倒是已经基本明确了。如果还是没有回应，我们也只能按原计划走一步看一步，等走到跟前了再向学校去打报告要经费的问题，学校最终总是要给出一种处理意见的。

（O-XYHY-1—会议201903）

· 案例二："蓄水池里的困扰"

U学院无论是在招生规模、师资队伍上，还是在学科成就以及社会服务上，都可以被称为"实力派"学院。尤其是最近这几年，伴随着国家战略部署和地方信息经济发展需求，U学院在J省创新驱动发展中乘势而上，经费配置上的优势越来越明显，自主理财范围也随之不断扩展。不过尽管如此，在当下校院两级财权关系中，U学院依然面临经费可伸缩空间太小、自主理财范围过窄的困扰。

于是每每有校领导来调研，U学院领导总是"会找机会述说"学院发展上的经费问题。因为在U学院领导看来，"经费永远是缺的，能从学校预算中争取一些对学院发展总是有利的"（I-EIH-1-201901）。然而对于这类困扰，学校领导的看法却并不一样。一次调研会上，校领导直接回应说，"那学校就把你们学院的钱都收走，反正你们也没钱"，令现场所有人面面相觑。那么在经费问题上，学校和学院之间为何会呈现出如此反差呢？这里主要列举两件事情：

第一件事情是有关创收性收入的计提。U学院内部一直有两项比较稳定的教学服务创收。按照校内软法中的预算管理规定，服务收入必须及时全额纳入学校账户统一核算，每年由学校按规定的比例结算和计提后，其余部分纳入学院创收性收入。由此也给学院带来两个方面的影响：一是创收性收入虽然可以增加学院大盘子里的钱，但其支出用途是有严格规定的，或者更进一步说是“直接花不出去，最后都留在账目上”；二是学校计提后的创收性收入纳入学院自主规划，但做不到全盘自主规划，因为“学院支配多少就要再向学校再提交多少”（I-EIH-1-201901）。用学院管理层的话来说是，U学院的创收就好比是一个“蓄水池”，当学院有发展之需时可从中支出一些用来缓解压力，但想用来另外“谋事”和“做事”就很难，而且在学校“预算约束”调控下总是蓄不满水。

无独有偶，第二件事情是有关专项性经费的回收。也就是在年度学校“预算约束”调控下，已经蓄上的水又被收回了。根据U学院管理层回忆，“前几年有一个学校特批的国际化项目，经费预算充足但一直没有运行起来，直到校领导召集学院班子一起商议如何挽救这个专业。当时学院班子没有提前合计这个情况，举措里提了一条要划拨经费，就把管财务的校领导给惹恼了。校领导很不客气地说你们是有经费不用还来要！你们自己回去搞搞清楚！”。这件事情带来了两个影响：一是现场本来能成的两笔经费也都没有成，因为气势上就很弱了；二是学院此后也一直没动这笔专业建设的预算经费，到年底就全部被收回了。“事实上，学院明明知道这样做是不对的，但谁也不愿意出头去改变现状。第二年真遇到专业建设经费困难时，向学校写报告希望能解冻，财务也一直没答复。”

（I-HDS-1-202001）

综上所述，由于政策影响和经费有限，学校预算调配正在成为学院自主理财过程中无法抗拒的约束机制，使学院在其内部理财决策中可能产生的追求规模和产出的行为在规划阶段就受到了抑制。不过矛盾的是，作为学院无法抗拒的约束机制，预算调控抑制住了学院理财决策中可能产生的追求规模和产出的行为，却并没有抑制住学院向学校不断索取预算外经费的动机。甚至在一定程度上，还激化了学院为获取预算外经费而展开的竞争。“预算项目的很大一部分几乎都是固定不变的，尤其是在短时期内，少量的可变部分就显得十分重要。”① 在这种情况下，学院一方面受到校内有限经费的预算约束，其在校院两级运转中的自主理财行为大大受限；另一方面由于校内有限经费的预算调控并不是一个无懈可击的约束机制，也就没有抑制住学院向学校不断索取预算外经费的动机。即使是在具有稳定专项性收入和充沛创收性收入的学院，这种为获取预算外经费的冲动也在“抑制—扩张—再抑制—再扩张”循环中不断复苏再现。

由此就呈现出科尔奈所说的“软预算约束”② 现象，即在校院两级管理体制下，学院在按学校软法规划和规定行事的同时，表现出突破已有预算限制、实现规模与权力扩张的冲动，并尝试通过“游说”学校以期获得“预算外经费”。不过与科尔奈所说的“软预算约束”不一样的是，在这个过程中，学校并没有自觉承担起为学院解决困难的责任，而是更为理性地强化了学院在其中自担责任的约束关系以及学院与学校之间的控制与被控制关系，以避免学院经费短缺时可能出现的种种问题。

（二）经费使用上的“监督检查”

如果说分配好经费是校院两级财权关系的基础，那么分配之后的有效使用则是财权运转的关键。诚如前文所指，随着学院向学校索取的冲动在“抑制—扩张—再抑制—再扩张”循环中不断复苏再现，学院自主理财过程中的各种不确定因素及其风险层出不穷。这种情况下，一旦超出学校自组织功能的限度，就会背离改革方向与路线，并可能在某一时期内、以某一形式诱发无序混乱。③ 在云城大学，由于校内经费与每个学

---

① Chaffee E. E.，“The Role of Rationality in University Budgeting”，*Research in Higher Education*，No. 19，1983，p. 402.

② 经济学家科尔奈注意到公有制企业在经济活动中缺乏硬性预算约束的现象，即企业在生产过程中一味追求产出，不注重效率，力图突破预算限制，在出现亏损或资源短缺时，可以不断地向上级部门索取资源来弥补亏空，认为这些“预算”条件对企业行为没有产生有效约束，甚至常常形同虚设，从而表现出“软预算约束”的现象。本书之所以将学院自主理财过程中的学校与学院之间表现出来的权力现象类比为“预算软约束”，并非将此类现象等同于科尔奈所说的“软预算约束”，而在于强调现象所依托的校内软法治理环境以及人们的能动性表现，并希冀从校内软法环境中探寻到有关权力建构的更多微观事实。

③ 许迈进、章瑚纬：《高校内部治理风险的结构性探源》，《浙江大学学报》（人文社会科学版）2015 年第 3 期。

院甚至每个人都会产生不同程度的利益关联，学校对经费分配后的管理和使用向来有着十分刚性的要求和把控。尤其是近年来学院自主理财权限放开之后，这方面的要求和把控就更为严格。

根据财务处网站 63 部“政策法规”，以及下发至校内教职员工人手一册《＊＊大学财务攻略问答 150 题》，学校为防范经费使用过程中可能存在的权力负面行为及其潜在的失范风险，建有“牢固树立过紧日子思想”“建立健全经费使用与管理内控制度”“全面落实经济责任制”“严格执行收支两条线政策”等约束体系。并且从目前的情况来看，来自财务和审计、纪检、监察部门的监督检查机制，无疑已经成为学校在经费使用上把控学院甚至向学院问责的最常见方式。

接下来选择两例最常见的现象作些讨论：

·“财务大厅里的标准化对待”

在云城大学，如果要问行政楼里哪个部门的权力影响最白热化？恐怕很多人都会回答“学校财务大厅”。因为在人们看来，学校财务大厅里的任何一笔经费管理，都代表着一丝不苟、细致入微的权力标准化对待。并且无论学校在经费管理上作出何种改革，财务大厅里的“标准化对待模式”一直都没有发生转向，反而在校院两级运转中呈现出更广泛、更稳定、更持久的效果。

在一次访谈中，V 学院院长从学院目前正在面临的“两笔经费不能打通使用”的困惑开始，讲述了学校所有学院，甚至所有管理层和老师都在日常经历的事情：我们现在说经费制度的约束，既是约束管理层，也是约束普通师生。“你买这个酱油，就不能买那个醋”，学校财务操作上的要求是非常严格的。在这个方面，我们虽然是普通的二级学院，但和学校的学科重点学院、特区学院之间并没有什么差异。相比较而言，这些学院只是经费多了，但经费使用上碰到的问题其实是一样的。也就是说，学校财务规定上已经非常严格了，无论划拨多少经费、用怎么样的划拨方式下来，在经费使用和执行过程上都是一样的，即便是已经在我们盘子里的经费都不一定调的了，因为所有的安排都是严格规定和要求的。尤其是这几年，老师们都要做科研、做教改，小至一张票据，只要有一丁点儿操作上的不符，就会被财务处打回来，几乎所有老师都会经历到。不过这样做的好处是，现在大家也慢慢习惯和适应这种严格谨慎对待的方式了（I-IHI-1-201811）。

如福柯所言，“权力应该分布在能够在任何地方运作的性质相同的电路中，以连贯的方式，直至作用于社会体的最小粒子”①。在云城大学，想要所有学院乃至所有人严格遵循校内软法规定并非易事，很多时候需要经历反复训练才能习得。在这个过程中，权力往往需要以最简单的标准化对待方式，持续不断且整齐划一地作用于包括学院在内的所有下设机构乃至所有人，由此才能实现对学院乃至所有师生的控制和支配。

· “检查报告里的纪律威慑”

与学校财务部门一丝不苟、细致入微的标准化控制和支配相比，学校审计、纪检和监察部门的控制和支配是另一种标准化对待。并且在很多受访者看来，由于学校在经费管理上有着一套完整的监督检查书写机制，其产生影响的关键并不只是局限于经费把控上不间断的、持续性的权力影响，而是如影随形的“纪律威慑”。

例如在年度审计检查中，经费预决算资料和具体执行的项目资料不胜繁杂。按照要求，学校审计部门需要将所有的这些资料都列入监督检查之列，然后就这些资料与专业化准则之间的比照程度作出结论并形成报告。对此，一位校领导强调了目前人们在这方面的“讲规则”和“守规矩”意识，“这几年经费上使用的规定越来越专业，学院的规则意识更强了，工作上也越来越强调规矩意识，什么事能做，什么事不能做，每笔经费都要经历学校审计。离开制度去操作一般不会，最多只是在制度边界上处理”（I-OHH-1-201904）。显然，基于专业化准则，审计部门的“检查报告”很多时候对于控制和影响经费使用具有决定性意义。一旦发现有任何问题，学校审计部门就会责令学院对照专业化准则要求对

① ［法］米歇尔·福柯：《规训与惩罚》，刘北成、杨远婴译，生活·读书·新知三联书店2007年版，第89页。

经费编制和项目资料作出具体说明，并承担起相应的法律责任。

同样的情况也出现在纪检监察部门的监督检查中。据了解，由纪检监察部门牵头，学校层面每年都会定时或不定时地赴各学院开展巡视工作，巡视包括学院自主理财范围内的所有经费使用、支出等财务细节并最终形成检查报告。这方面的“检查报告”不再只是依托于专业化准则，而是一项把“党风廉政和科学规范”融合在一起的权力监督机制。正如一位中层所说，“学院的所有中层和科级干部，包括学科负责人、学位点负责人等都是学校党委任命的，学院领导干部在自主理财决策中讲政治、守规矩是基本条件，干部提拔履职和每年述职时都要经历党风廉政自查报告……”（I-OIN-1-201904）由此可见，在学校纪检监察部门的监督检查中，除了对照专业化准则责令作出具体说明，遵守党纪国法和追求科学真理正在透过不间断的注视、观察、陈述和表态，将学院领导干部、管理者、学术精英等不同系统的经费决策人群置于各种不间断的威慑之中。

莫里斯·柯根在分析高等学校内部管理与其所要反映的环境政治间的关系时指出，高等教育的不同层次有不同的标准模式，它们的政治行为模式也不同。在高等学校这个层次，学者的自我满足是头等重要的东西，当然他们也受到社会和市场需要的考验。① 对于发生在云城大学的以上种种现象事实，如果沿着莫里斯·柯根的观点进一步思考，则可以看到：学校向学院赋予自主理财权的同时，通过监督检查对学院施以各种控制、约束甚至问责，无疑也呈现出政治行为模式的诸多特点。只不过与学校宏大的政治体系相比，这方面的政治行为模式虽然强化外部监测的介入，但主要以一种更为间接和微观的“智力问责”和“道德义务”呈现出来，不仅表现得较为温和，而且更具理性和透明度，从而使得人们能够在悄然接受、努力合规或是保持静默中实现普遍性合作。

这就如同福柯所言的政治领域中“一通百通”的例子——权力的“全景敞视主义”现象所反映的那样，“它是以这样一种方式来安排一切，

① ［美］伯顿·克拉克主编：《高等教育新论——多学科的研究》，王承绪等译，浙江教育出版社2001年版，第61—62页。

即权力的施展不是像一种僵硬沉重的压制因素从外面加之于它所介入的职能上，而是巧妙地体现在它们之中，通过增加自己的接触点来增加它们的效能，以适应需要监督的各种过程，保证权力的生产性扩充”。[①] 实际上，在云城大学财力资源的配置和使用方面，我们无疑也看到“权力全景敞视”机制的存在及其影响：无论是财务大厅里面的标准化对待，还是检查报告里的纪律威慑，学校对学院的控制与约束并非通过软法机制僵硬地压制某个或某类特定的人；而是借助于学校软法治理的内在体系，以一种“无限普遍化”的方式，细致入微地影响校院不同层级领导干部、管理者、学术精英直到校内所有普通师生。或者换句话说，控制和支配不再体现在学校内部某个或某类特定的人身上，而是通过让学院乃至所有人自行审查、监察、审计自己的方式，以及“学校管理部门更加努力地限定自己的责任”[②]，从而使人们能够在不经意间接受并努力限定自己的行为。

三　控权与抗衡：物资管理之端倪

在校内资源管理的问题上，除了人力资源和财力资源，设备、仪器、场所、空间等物质资源的集约与整合也至关重要。有研究指出，大学内部学术资源的存在本身是离散的，想要将原本离散的学术资源基于特定的目的加以整合，使之成为功能集约的完整系统，是一个普遍难题。尤其是在学术资源短缺的背景下，中国大学内部的学术资源的整合与共享平台建设是在行政力量的推动下进行，这方面的问题更是悬而未决。[③] 这类研究阐释了大学内部学术物质资源的集约整合和再分配难题，同时也

---

① ［法］米歇尔·福柯：《规训与惩罚》，刘北成、杨远婴译，生活·读书·新知三联书店2007年版，第232页。

② Amit V.，“The University as Panopticon：Moral Claims and Attacks on Academic Freedom”，In Strathern M. （eds.），*Audit Cultures：Anthropological Studies in Accountability*，*Ethics and the Academy*，London：Routledge，2000，p. 217.

③ 宣勇：《大学变革的逻辑：学科制构建：公共治理的视角》（下篇），人民出版社2009年版，第619页。

暗含着物质资源调控过程中各种内在影响和外部推动。

那么在云城大学，具体又是怎样一番情景呢？以“设备仪器管理”和“办学空间调整”两种情形来看，不仅内在影响与外部推动正在发生，而且总体上看，学校层面的行政力量总是把控着物资管理的全局与整体，而学院及其下设单元和个体则大多在自己领域内以抗衡态势发生影响，即“控权”与“抗衡”并行情景。

（一）设备仪器的“集约管理”

在云城大学的治理规划中，设备仪器的集约化管理最初是为鼓励更理性的学术资源分配和实现资源配备上的更多平衡而设计的，也是取代单纯依靠行政判断或学科自主的更为灵活和有效的物资调控举措。从刚刚过去的这五年来看，学校在学术资源开放共享方面的规划、实践及其成效是有目共睹的：

2016 年，《学校章程》和《重点高校建设规划（2015—2020）》，学校在《“十三五”事业发展规划（2016—2020）》中明确，“以建实建好省重点高校建设规划所确定的各级各类科研平台为突破口，大力推进学校科研管理体制和机制的创新性建设，形成从知识创新、到技术创新、到产业化的良性循环系统…………对实验室、仪器设备等资源有偿使用和开放共享进行系统的改革和完善”。[D-DXB—学校“十三五”事业发展规划—(2016—2019) -201901]

2017 年，学校以激励和保障为主旨，对《实验室开放管理办法》《大型仪器设备管理办法（试行）》《大型仪器设备有偿服务管理办法（试行）》等系列制度进行修订，完成大型仪器开放共享服务平台建设，打通校内外各种大仪共享费用支付结算渠道，使大型仪器设备开放共享工作取得突破性进展。

2018 年，“学校第一批＊＊台大仪实现上线试行服务；第二批＊＊台拟开放共享大仪已进入审批流程；＊＊万元以上大仪信息，均可通过共享服务平台查询。所有具备共享性的大仪，将会在 3 年内逐步完成对校内外开放”。（D-HY—本科教学工作审核评估自评报告-2018-201901）

2019 年，学校在大部制改革中依规成立“资源保障部”，下设国有资产与实验室管理处、公共事务管理处和校园建设管理处。着力于“继续实施好‘校区资源有效使用及拓展’学校重点项目，进一步优化利用各校区资源；借力资产云，推进实验室、仪器设备等资源有偿使用和开放共享，提高资源使用效率和资产运行效益；全面引入竞争性资源动态调整与再分配机制，统筹协调重大资源平台项目的规划、设计与建设”等任务举措。（D-XYW-2019 年工作要点-2019-201904）

2020 年，“学校第二批＊＊台大仪实现上线试行服务；第三批＊＊台拟开放共享大仪已进入审批流程；＊＊万元以上大仪信息，将会在 1 年内基本完成对校内外开放”。（D-HY-学科评估工作报告-2020-202006）

2021 年，“学校实验大楼”等待竣工验收……

这些信息虽无法复原云城大学内部物质资源共享的细节，但都在呈现一个明显的趋势——基于校内软法的规划设计，学校正在源源不断地将科研重点项目、实验室资源、大型仪器设备等校内学术资源注入校内“公共预算”和“公共平台”，使这些价值不菲的学术资源能够在学校与学院、学院与学院、学科与学科之间有效配置并迅速流动起来，以实现“集约化管理”的目标构想。然而理想与现实之间总是存在一些难以逾越的鸿沟，当集约化管理的目标构想付诸实践时，问题与困扰也随之而来。在过去五年里，尽管学校和学院一直在为“集约化管理”付诸努力，然而这样的努力并不意味着学校对学院和学科资源的协调和控制得以强化，也不意味着学校整合校内学术资源的能力得以提升。事实上，学校内部各种力量，尤其是来自学科基层的力量成倍增长，从差异很大的不同方面对“集约化管理”发生影响，甚至在很大程度上削弱了学校在整体上的把控能力。

其中，“分不下去”和“流通不起来”是两种常见现象：

· “分不下去的难题”

云城大学是一所工科背景的高等学校，学校实验室建设和仪器设备的配备方面要求高、耗资大，集中力量加强投入以满足多个学科单位的资源需求是学校在物质资源配置中的普遍愿望。一次访谈学校资源管理部门的机会，该部门负责人 NIA 谈到，目前学校实验室的仪器设备从来源上区分主要有三种：一是通过学校预算经费统筹的教学活动实验设备，通常由各个学科单位按照预算要求自行把握；二是通过项目申报制审批到达的科研专项实验设备，通常以学科团队方式来把握；三是学科建设经费划拨后集中采购的仪器设备。相比较而言，第三种方式投入的仪器设备不仅体量大，购置到位后还需要经历不同学科基层单位之间的二次分配，“决策意见不统一”现象尤为突出。我们的访谈话题也由此而深入：

> 研究者：设备都购置到位了，还有什么问题难以解决呢？
>
> 部门领导 NIA：设备是看得到的学科建设资源，都是按照政策和制度要求分门别类购置和记录在册的，这些都是没问题的。问题都是出在设备购置到位后的分配环节——比如几千万的“重中之重”项目，我们做学科、做项目的时候需要考虑到所有相关学院，这样才能“把蛋糕做得足够大”。但设备购置进来后又会有“分不下去”的问题，因为当时做大蛋糕时波及的学院都来竞争，互不相让。
>
> 研究者：学院之间互不相让主要在哪些方面呢？
>
> 部门领导 NIA：所有的学院都会从自己学科的角度来强调重要性，参与意见。比如某个设备在 A 学院做某个科研项目有用，也可能对 B 学院和 C 学院长期建设更有用。这是学院之间各不相让的地方。学科不一样，各种理由都可以说得通……现在大家都很明白，学院自主运行想要实体化，设备仪器是首先要保障的。
>
> 研究者：在这个事情上，部门和学校的干预作用是什么样的呢？
>
> 部门领导 NIA：设备是国有资产。遇到意见特别多的情况，除了相关部门，还有几个委员会来讨论，提供一些建议方案。比如国有资产委员会（都是学校行政代表）、实验室建设委员会（一半是部门代表，一半是主要学院的正院长）。然后建议方案给校领导做选择，

需要校领导“最终拍板”后执行。不过说实话，校领导、部门领导大多也都有自己的学科，支持哪个学院、倾斜哪个学院，相互之间的“抗衡”太多了……所以有时候会出现“下面的项目都做结束了，上面的设备分配方案还是没定下来”的奇怪现象。

（I-NIA-1-201901）

以上“分不下去的难题”反映了学校内部意见众多而导致的资源分配受阻滞的情形。在这个过程中，不仅来自学院和学科的意见，而且学校层面的意见也不集中、不统一，最后造成学校在集约化管理中整体性把控式微、资源分配受阻、受滞的困扰。当然也存在绕过意见阻隔将资源直接分下去的情形——“比如某个部门和某个学院关系近，机会可能就先给这个学院了；还有一种情况是处长管辖的资源大盘子里有结余，可能根据自己的决策判断直接分配下去了，并不是事事都要上会走流程的”。（I-IHH-3-201903）这种情形虽然没有造成资源分配困扰，但因为违背了程序规则，实际上是学校在集约化管理中整体性“把控式微”的另一种表现。

· “流通不起来的困扰”

事实上，不仅仅是物质资源分配，物质资源使用方面同样存在着把控难题。在2018年教育部本科教学审核评估的考察现场，一位专家讲到，“没进贵校考察前，我就知道贵校会存在哪些问题，因为全国高校可能都存在这些问题——例如学校和学院实验室重复建设、仪器设备多头使用，很容易形成一个个孤岛。实验室的容量是有限的，学院、学科各自都在膨胀，又要到学校来收兵……”（I-MJ-1-201806）评估专家的一席话令人反思，在云城大学，学校一直重视设备仪器的资源共享，这两年还陆续建立了集设备、技术、服务于一体的校内虚拟共享平台。不过共享体系完善了，“想要真正流通起来依然很难”。

对此，学校教务部门一位领导给我们举了两个例子：

第一个例子是大型仪器共享平台的“静默”。“学校实施大型仪器共享平台很多年了，这些设备仪器耗资巨大，如果真正流通起来，各个学科单位做教学实验和科学研究都可以来申请。但客观地说，现在大概只有20%用起来了。之所以只调动了20%，一方面是因为一些大型仪器的共通性并不强，另外老师们做项目开展研究本身也都有自己的设备仪器经费预算。所以尽管学校实验设备部门每次在会上都大力呼吁和强调要实现大型仪器共享平台，这方面的条例也出台了，但大家好像都不太关心，因为没真正想过要去这么用。”

第二个例子是普通仪器设备资产的“沉积”。“设备使用上很大的特点是‘跟着人走’。当初这些设备都是通过根据教学科研实际配置或是项目购置进来的，也就是聚焦设备使用的学科主力或是项目负责人来配置的。一旦这个方面的学科主力或是项目负责人退休了，设备‘没人接班’就很常见了。甚至就变成了烂铁，成为真正的固定资产沉积下来了，没有再发挥和产生它的学术价值。大家的研究方向和研究领域不一样，学校和学院在这方面也都无能为力，不是人力物力可以解决的。这是工科方向很普遍的现象了。”

以上情形进一步表明，即使校院两级行政力量在设备集约化使用上已建有“积极的决策抱负”，实施过程中因为学院及其下设各个学科单位的各自为政，依然很难有强大的把控能力来推进。就像这位受访者所说，“现在最缺的是反馈，比如对为什么报废仪器之类的内容，可以建立过程档案和反馈档案，然后根据这些反馈来有效追究前面的项目。但是谈设想、找问题容易，实际操作起来又是另外一回事，很难开展落实的……”（I-IHH-3-201903）

大学之所以成为大学，是因为它是一个“宇宙”，大学中的一切学术知识都是一个“不可分割的整体”①，不同学术生产方法的范式之间都具

① 金耀基：《大学之理念》，生活·读书·新知三联书店 2001 年版，第 66 页。

有“共通性”。在云城大学，设备仪器的集约化管理正是这样一种基于知识整体性和学术生产共通性的控制与支配体系。按照校内软法一般规则，在集约化管理中，设备仪器的注入和下放需要经历立项、审核、评估、监管、验收等一系列正式统一的程序，学校与学院、学院与学院、学科与学科之间的互动还需要对校内公共预算和平台体系形成路径依赖，才有可能实现物资配备和使用上的更多理性和更多平衡。这就意味着在这个过程中，设备仪器的管理和使用既要遵循学术生产的技术治理规则，又要依赖校院两级运转规则，权力的控制与支配也就愈加微妙起来。

不仅仅设备仪器本身的功能特点和指定用途限制着集约化投入和使用，设备仪器的相关主体，包括学校校领导、部处领导、学院领导、学科负责人等主导物资管理工作的行政权威，校院两个层级实际操纵和把控学科资源的学术权威，以及那些设备仪器的直接使用人、直接参与者，往往会带着“各自的偏好和偏爱”从差异悬殊的不同方向施加影响、产生抗衡，甚至在很大程度上削弱了学校整体上的把控——比如主导物资管理工作的行政权威基于学科背景与任职经历，会对某个学科和学院产生更多倾斜性考虑；而实际把控学科资源的学术权威以及设备仪器的直接使用人、直接参与者基于平时工作中的各种“亲疏关系”，也大多会在学校决策人群中建立不同程度的支持力量，以至于集约化运转只能在学校、部门与学院及其学科单位相互对峙中小步子迟缓推进。

（二）办学空间的“优化调整”

物资管理上的另一项重要调控举措是校院两级办学空间的“优化调整”。根据资料记载，2016 年起，以“盘活存量、做足增量”为基本思路，学校从三个方面着手加强空间布局的优化配置与功能再造：第一，以新校区建设运行为契机进一步合理调整各校区功能和统筹校区资源，“完成主校区实验教学楼建设工程，规划启动老校区改造新建工程和新校区重要基础建设项目”；第二，以校内空间释放带动师资队伍、学科专业以及教育教学资源的优化重置，“以适应学校教学科研和社会服务可持续发展的需要，着力解决教师用房严重不足矛盾”；第三，以物理空间带动内涵空间变革，“由空间重构向效益与质量提升跃进，推动学校办学的深层次变革”。［D－DXB—学校“十三五”事业发展规划—（2016—2019）－201901］

然而办学空间的优化调整毕竟不同于其他物质资源的管理。根据弗雷德里克·E. 博德斯顿对此类现象的阐释：大多数情况下，场地标准及相应使用标准最初是应对公立高等教育系统扩张、用来协助资本预算规划之类的专门目的而提出来的，这些校内建筑和办学场地在功能特点上可能受到限制。并且场地分配机制和偶尔对现有场所的重新分配几乎总是采取行政手段。①

在这样的背景下，学校办学空间的优化调整呈现出三种情形：

·不同校区之间的空间布局

如本章前言介绍，云城大学是一所以城郊多校区、多模式办学为日常运行特征的高校。从21世纪初在高教园区新建第二个校区，到五年后在城市郊区扩建第三个校区和第四个校区，再到近三年在城市新区又建起第五个、第六个校区，以及目前还在规划中的周边县城产学研合作校区，学校根据日益复杂的目标任务和现实需求来统筹多个校区之间的办学资源，并对其下属单位作出空间布局上的整体性规划，是近二十年来物资管理上的重要调控举措。

这方面的规划蓝图很壮观，具体实施起来却并不容易。原因在于，六个校区地处A市主城区、高教园区、郊区、新区四个不同方位，一旦从一个校区调整至另一个校区，就会给工作往来带来方方面面的影响，更意味着学院“定位格局可能发生根本性改变”。在实地调研中，一位学院领导具体描述了这方面的利害关系：几个校区之间的差异还是很大的。现在主城区的老校区具有地理位置优势，但毕竟已经远离学校的学科和行政中心，一旦去那里工作不是一两个月的事情，相当于是“被学校大

① ［美］弗雷德里克·E. 博德斯顿：《管理今日大学：为了活力、变革与卓越之战略》，王春春、赵炬明译，广西师范大学出版社2006年版，第134页。

部队边缘化”了。主校区确实是在学科集聚和行政办公方面有“做事情的优势”，学校重要的、中心的工作也都在这里，但竞争和压力也是最严峻的；郊区和新区的几个校区虽然办学条件上尚不成熟，不过相对独立和自由，对于“图个安稳和自在”来说具有很大吸引力……（I-OHH-1-201904）

以上有关“被学校大部队边缘化”“做事情的优势”“图个安稳和自在”等描述，呈现了不同校区间的空间资源差异，以及空间资源占用上的决策处置与应对规则。事实上，校院两级决策层都很清楚，“单位不会因为放弃场所而获得补偿，况且它还可能因此失去将来发展的灵活性”，而场地占用上的基本决策规则——“我的就是我的，你的我们可以谈判”①。因此校区之间的空间布局几经规划，最终因为各种“僵持”大多是不了了之的结果。

· 同一校区内用房的调配

与上述情形相比，同一校区内现有用房的调配是一件更为寻常发生的事情，也是一件涉及更多矛盾处理的事情。一次茶余闲聊，S 学院和 Z 学院的两位管理层讲述了发生在学校不同办公楼里的故事：

> 我们学院（S 学院）和 K 学院自上一届机构改革后就被调整到同一幢办公大楼。当时两个学院的实力都差不多，但遗憾的是没有争取到“一家一半”的空间格局，之后 K 学院变成学科特区后又向学校要来了 5 楼和 6 楼。尽管总体上，K 学院确实比我们这里的人员规模要大一点，但并没有大到这个程度，不得不说 K 学院院领导更会“向学校争取”。现在 K 学院规模越来越大，发展也越来越快，两个学院在空间上的格局也就不可能再改变了……
>
> 还有一件事情，也是有关用房紧张的问题。这两年我们也花大

① ［美］弗雷德里克 · E. 博德斯顿：《管理今日大学：为了活力、变革与卓越之战略》，王春春、赵炬明译，广西师范大学出版社 2006 年版，第 134 页。

力气引进不少老师，各个层次都有人才引进。这些老师来了以后，自然需要增加一些办公空间。为了这件事情，学院几次向学校打报告希望增加办公空间，但因为各种原因，办公空间一直到现在也没要下来。最后怎么办？只能把本来用于学生实践的两个空间被挪来用，学生的空间就这样“被挤占”了。对此，学生意见很大，学院为了安抚学生，后来又想办法从其他地方调整了一个隔间和一个地下室房间给学生用，这才缓和了一些。(I-IAE-3-201903)

这几年我们学院（Z 学院）特聘教授引进后，还进了一批年轻博士，现在老师们的办公室空间太紧张了。不夸张地说，我们现在是一张办公桌要“贴两个老师名字”。一直反映这个事情，但学校也无奈，办公楼空间只有这些，和其他学院协调也无果，因为这些空间别人已经在用了。去年实在没办法了，只能把走廊改造起来给老师们用。听说接下来学校正在规划新一轮的办公楼空间调整，得提前再去和学校“谈”这个事。(I-EAH-1-201901)

显然，在同一校区用房调配的问题上，上举决策处置与应对规则表现得更为淋漓尽致。通常情况下，规模扩张型学院总会面临空间紧张的困扰，他们的需求如果不能及时得到学校的“支持性回应”，就会以“内部协调”的方式自行想办法解决。在这个过程中，学院领导的“上下协调工作能不能做通”起到关键作用。

相比之下，那些规模压缩型学院并没有这方面的烦恼，甚至利用规模减小的契机，还可能实现办公空间和活动空间的扩充。遇到这种情况，学校牵头部门会一次一次地动员、劝说这些学院挪出部分空间归于学校整体所用。不过推动起来却很难，“谈妥了再搬”成为最常听到的现象。

· 现有空间的维护与改造

现有空间的维护与改造看似容易，做起来同样也面临很多问题。因为想要在全校范围内开展这项工作，往往需要借助很多机遇条件。2018 年后学校利用迎评建设契机，实现主校区空间环境的“改头换面”就是很典型的例子。

2018年年初起，学校出于迎接本科教学评估检查的考虑，由职能部处牵头，启动涵盖全校各个学院的“校园人文环境建设”项目。尽管在这次“校园人文环境建设”项目启动之前，学校主校区已经历经了二十年校园环境空间建设和各种打磨的过程，学校特有的人文精髓早已日渐融入和整合在空间环境之中。但不可否认，此次学校迎评阶段为主校区空间环境提供了一个难得的契机。正如一位部门领导谈道，“学校这些年其实一直强调人文环境建设，但都是各个二级机构自己在强调在建设，大家都是边做边看，和这次迎评阶段的大规模环境建设不能比。学校这次是政策和资金都给予充足保障的情况下，对校园绿化和人文环境，尤其是多功能教室、实验室资源和创新实践中心进行整体性的标准化改造。而且还在全校层面上做了很大动员，要求所有的教学单位都要动起来，后面几乎全部学院都开展了文化走廊一体化建设，氛围一下子浓郁起来了”。(I-IHH-2-201901)

由此可见，在现有空间维护与改造的问题上，正是有关迎评建设的政策动员、资金保障和过程监督，为学校、职能部门和下设教学单位之间的决策互动提供了一个“特殊的机会”，而且是各方决策者都有兴趣参与进来的特殊的机会。利用这样的机会，学院实现了空间改造和学术文化氛围的提升，学校牵头部门则由此完成了其所辖领域的整体性建设与改造任务。

以上三种情况的分析进一步表明，大学办学空间资源的优化调整并不是一件轻而易举的事情，而是一个涉及学校、职能部门、不同学院各方决策把控与应对的复杂过程。并且随着学校内部规模和结构层次增加，这方面复杂性越来越凸显。总体上看，在校院两级运转之初的那几年，学校整体规模较小、下设的二级学院机构单元的类型也相对单一，办学空间资源的调整并没有成为一个棘手的问题。因为在那个时期，学校依据校内软法，几乎可以在空间资源上实现全部的控制和影响。然而随着学校规模层次进一步推进、校院两个层级结构功能的日趋递增后，面对日新月异的目标任务和现实需求，空间资源的优化调整就变得越来越艰难。

正如在实地调查中所见，学校在依循校内软法作出空间布局的同时，往往会在不同学院之间采用一些"均衡策略"来实现整体性把控；学院则寄希望于"上下斡旋"和"内外谈判"的方式来为自己赢得空间资源的协调优势。这就导致了校内空间资源的优化调整过程常常是迂回的、滞后的，有时甚至为了一个场地需要周旋一至两年时间。究其原因，除了以上决策方式和行动逻辑上的因素之外，很大程度上还在于校园场地空间资源使用上的一些独特性所致——"场地一经分配，使用者是不会节约使用或放弃那些并不真正需要的场地的"①。

第三节　小结：约束性把控下的阵地式治理

权力维度指向那些复杂微妙的政治过程，主要关注的是校院决策层级如何划分、权力如何分配、相互间的控制与影响如何展开等问题。通过以上软法叙事和软法运行两个层面的讨论，可以看到，权力维度的治理发生不像组织维度那样可以通过一种可视化途径呈现出来，而是无时无刻不弥散在大学院校两个层级的日常安排、工作镜像和实践互动之中，表现为学术和行政两大体系并行中各种看得见和看不见的介入、干预、出让和妥协。在这种情况下，校内软法的规范性支持和保障并不是校院之间决策、参与互动的主要依据，取而代之的是，大学校内软法监督、检查、问责、规训之类的约束性把控和支配。此外还需注意的是，尽管这里的过程"迂回"，方法和途径还暗含着"对抗"，结果却始终保持一定程度的"整体化"和"协同化"。

这样的治理样态似乎不能纯粹地以层级划分和权力分配来归纳，也

① ［美］弗雷德里克·E. 博德斯顿：《管理今日大学：为了活力、变革与卓越之战略》，王春春、赵炬明译，广西师范大学出版社2006年版，第134页。

不能直接以集权与分权、赋权与问责、控权与抗衡等权力运作二分法来推演。那么如何总结和阐释这方面的治理样态，以及背后校院两个层级之间更深层次的治理关联？沿用前文分析，大学软法治理是一个重建校内秩序的复杂过程，在这个过程中，权力现象存在于软法把控与支配的特定场域中，是处于一定位置的人们为维护各自不同的利益主张而付诸实践的各种努力。如此形成的校院治理样态，自然也就包括了以软法把控与支配为核心、以场域和位置关系为要义的迂回、对抗、整体化、协同化理解。不妨总结为“约束性把控下的阵地式治理”。

在我们的日常语境中，“阵地”有两层定义：第一层意思是军队为进行战斗而占领的位置，借以保存自己，消灭敌人，是部队作战的依托；第二层意思则是比喻工作、斗争的场所，如文化阵地，教育阵地等。毋庸置疑，本书对“阵地”的运用主要指向后一层定义，即通过形象化的关联语境，用“阵地”来比拟大学如同“工作、斗争的阵地场”，显现发生在学校和学院日常工作往来中具有迂回、对抗等斗争特征的权力现象。由此将“阵地式治理”与约束性把控关联在一起，旨在彰显大学内部无法抗拒的“泛政治化”背景，以及校院决策机构及其成员为达成治理控制不仅注重方法途径上的“控”，更注重功能结果上的“控”的能动性表现。也就是说，在阐明阵地的象征意义及其内在逻辑的同时，致力于揭示大学内部校院之间的斗争式、融吸式的治理互动及其影响。

至此可进一步看到，权力维度总结的“约束性把控下的阵地式治理”，宽泛地说，是发生在学校和学院之间生生不息的治理机制、模式及其影响；狭义地讲，则是一种缺乏必要界限的“予取予求”的治理状态，是学校和学院基于软法把控和支配而发生、发展的“瓦解分化、整合巩固”的治理过程及走向。即在软法约束性把控为重要特征的治理场域中，校院两个层级的决策者站在各自的立场，为达成各自的治理把控和支配结果而将自己的某一方面予以出让，来换取其他方面更为有利的配合与支持。在这个过程中，大学内部治理互动既不是纯粹“竞争与对抗”，也不是简单的“干预和妥协”，而是通过学术使命与行政及政治任务兼而有之的决策把控，以及监督、检查、规训、问责等各种细节“软磨硬泡”，最终达到学校治理与学院治理“相互融吸”的整体化、协同化结果。

构建其样态机理，如图 5-3 所示，其中校院两个层级之间更深层次的治理关联，可从“阵地化方式的产生”和“阵地化方式的作用”两个方面进一步解读：

首先在阵地化方式的产生方面。资料表明，校院两级管理改革的历史进程也是学校内部治理体系与治理能力探索的历史进程。作为治理体系与能力探索的基本逻辑，为了维护学校日常教学管理、学科发展和服务地方经济的共同追求，大学内部对阵地化方式的默许和使用天然有之，并且在很大程度上也是国家政策以及社会传统所致。与此同时，以学校章程为统领的校内软法复杂样态更是决定了大学内部以学校权力为核心的学术和行政多元控制格局。不仅学校整体上形成学术权力和行政权力两大分配阵势，学院作为学术使命和行政任务兼而有之的主体，在权力占有和运行的自主性不断强化的同时，还需要随时建立斗争思维和竞争手段投入挑战，以及随时承受和接纳学校对学院监督、向学院问责的各种压力。从此意义上说，“学院权力发端于学校授权”无疑是大学校院两级治理的本质特征。

其次在阵地化方式的作用方面。无论人们承认与否，作为一个实体存在的教育系统，大学已然不再是教育乌托邦式的净土，而是一座权力分得很细的城市，日常工作的理想主义情怀总是被其内部政治现实不断稀释，学校自身的“宣传和教化职责”以及来自国家和地方行政系统的“政策影响”更是令其不能独善其身。而大学与其他社会组织相比最大的不同之处也正在于，其在维持自身专业性发展的同时，能够在最大限度上承担宣传教化职责，并接纳国家、地方行政系统对其泛政治化的影响。权力由此也呈现出一种以行政权力（政治权力）为主的战略性逻辑。随着校内软法的实施递进，权力更是进一步情境化和组合化，在实现大学治理与国家及社会现实相对接方面发挥着关键作用。并且无论学校与学院之间如何分工，“对上负责”的行事逻辑使校院两级治理的权力界限越来越模糊。

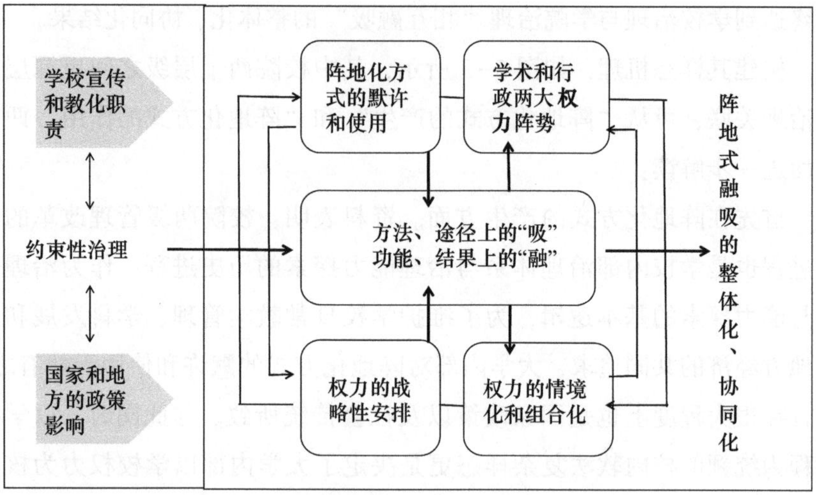

图 5-3　软法约束性治理中阵地式融吸的样态

谈论权力的真正要义并不是要表明行动者渴望获得权力，而是要说明行动者无法规避相互间的依赖关系、利害关系及其互动的必然结果，无法规避权力。因此面对权力依赖关系、利害关系及其互动境况，行动者唯一能够采取的做法，即慎重地运用他们不得不用于交换的所有的资源，更为重要的是，慎重地使用包含着其余一切的资源，这就是其自主权力及能够产生功效的自我行动能力。① 具体化到大学内部，学校的决策能否很好地在基层院系中得到落实与执行并产生积极的效果，主要在于学校与院系之间的责权利的划分及相互关系，但又不仅仅是责权利的划分，更重要的是学校的决策能够符合基层院系的实际，代表教职员工的愿望，将学校的发展与院系的利益结合起来，由此真正实现大学治理中

① ［法］埃哈尔·费埃德伯格：《权力与规则：组织行动的动力》，张月等译，格致出版社、上海人民出版社 2016 年版，第 9 页。

的共治、共建、共享。[1] 这些理论表述与经验做法实际上提供了一个十分重要的启示：在大学治理运转中，校院之间的权力关系能否符合大学办学规律与学术机构特点，并不在于构建了多大程度上的支配和把控，通过“顶层划思路”与“基层出政策”相结合的治理构想和改革举措来实现“充分治理”才是关键所在。

由此不妨提出这样一个观点，即在校院两级运转中，大学不但需要通过校内软法划清校院不同层级决策机构及其成员之间的责权利关系，更重要的还需要在软法实践中通过“兜底机制”重塑大学治理的公共性和开放性、加大学院出政策的力度，由此确保学院基层利益相关者尤其是弱势学院和弱势学科也能够在其中进行充分表达、参与和博弈。当然在这个过程中，学院如果不能很好地运用好这些权力机制，也会使大学内部治理深化难成功，甚至还可能回到改革之初“一放就乱、一收就死”的困境中。也就是人们通常所说的，理想的校院关系不仅意味着权力要放得下去，还意味着下放的权力能够接得住、管得好。

---

① 谢维和：《“工字厅不空转”：大学治理的故事与启示》（https：//www. 163. com/dy/article/G2IE8GMQ0516RJOM. hmtl）。

第六章　信念维度的治理考察

> 人们根据社会实体的某种共同的利益和信念，来确定其参与者是些什么人，他们正在做些什么和为什么这样做，也据此对他们的善恶作出判断。信念的作用如同扳道工，有助于确定由利益所推动的活动的路线。
>
> ——［美］伯顿·R. 克拉克①

软法滤镜下，还需注意到，大学内部治理并不只是表现在组织和权力方面，组织内部信念维度的表现同样十分重要。正如伯顿·R. 克拉克在《高等教育系统——学术组织的跨国研究》中强调，根据社会实体的某种共同的利益和信念，来确定哪些人参与，做些什么事以及为什么参与和为什么这样做。在这个过程中，信念既是一种社会结构，也是一种有关某种意义联系的象征性力量。云城大学错综复杂的样内部治理，也必然卷入对某种共同利益与价值信念的追逐。有鉴于此，我们对大学校院两级治理的认识和理解，也需要基于云城大学组织实体的信念追逐及其意义联系展开，而不仅仅是根据它的组织构造和权力控制来分析。

熟悉云城大学的人都清楚，经过过去60余年的办学历史积淀，云城大学的一些重点学科和专业发展水平目前在省内享有较高声誉，在国内

① ［美］伯顿·R. 克拉克：《高等教育系统——学术组织的跨国研究》，王承绪等译，杭州大学出版社1994年版，第83—109页。

也有一定知名度。学校的办学宗旨基于长远考量，从理念构建、标准构建到任务构建和举措构建，从目标定位、层次定位到学科定位和服务定位，几乎对人才培养、学科建设、科学研究、队伍建设、质量改进、社会服务等所有活动计划都作出了说明。这些有关学校整体工作设想、办学质量和目标效益的宣称，令人们无时无刻不感受到一种严格且统一的治理格局与办学状态。然而这并不意味着学校内部治理的环境越来越稳定了，方向越来越明确了，也不意味着学校与学院、学院与学院，以及学院下设的基层单元能够达成彼此之间心照不宣的理解和默契。

由此可以将信念的理解再推进一层：作为一个社会实体，也是一个学术组织，大学内部的信念追逐在日常运转中表现得比其他组织更为丰富多样，情感及行动联系上也更为强烈多元。接下来，本章就从软法叙事和软法运行两个层面，对云城大学内部的信念表达和信念建构展开讨论。

第一节　软法叙事中的信念表达

如前面分析所言，在云城大学，软法机制中的信念宣称和表述总体上是丰富多样的。无论是学校软法规划、政策要求和标准，还是院系软法规范、实施细则和说明，信念表达既可以以学科布局为基础，也可以以任务安排为基础，还可以以机构单元及成员的未来发展为基础。因此相对而言，选择当下最为人们所关注的软法机制，将更有助于探索大学在信念维度上的结构性事实。

考虑到“当前在推动高等教育改革发展过程中，绩效优先正成为席卷全球的教育管理的主导理念和方向性的行动策略”，① 本章从林林总总的校内软法中，选择与这方面的主导理念和方向性策略关联度最高的两

① 操太圣：《遭遇问责的高等教育绩效化评价：一个反思性讨论》，《南京社会科学》2018年第10期。

类机制加以说明。第一类是考核管理机制，这类软法机制规定了实施考核管理的任务程序与方法要求，因为关涉校内所有机构、群体及个体的工作逻辑与利益分配格局而受关注；第二类是成果奖励机制，这类软法机制建有丰富的量化目录和赋分标准，因为关涉校内组织单元及其成员的工作评价与利益分配标准而引人注目。

一 目标引领的考核管理及其信念表达

（一）基于《学院（部处）目标管理办法》的信念宣称

在云城大学，对校内机构（部处和学院）进行考核管理是一件从未间断的寻常事，不过基于“目标”对其下设部处和学院实施考核评价管理，却是新近几年才发生的事情。或者说是2013年起，伴随着学校《改革方案》及其配套软法——《学院（部处）目标管理办法（试行）》（以下简称《目标管理办法》）的制定施行，才开始探索、确立并逐渐完善起来的治理举措。据此，对这方面信念表达的探索，也从2013年《改革方案》及其配套软法《目标管理办法》说起。

2013年，学校几经拟稿讨论、听取意见与会议汇报，终于完成新一轮的《改革方案》及其配套软法《目标管理办法》的起草工作，形成以“目标管理”为导向的考核管理改革基本思路。融合2013年方案，主要有以下几个方面的强调：

一是对学院实行目标管理。以目标任务为导向，以实绩为准绳，学校将总目标任务分解下达到各学院，明确学院发展的关键指标任务，加强过程考核，实现绩效考核激励关口前移。坚持效率优先，质量为本，切实把握进度和效度，形成竞先争优的机制和氛围。二是实行年度目标任务和领导班子任期目标任务相结合。年度工作目标作为学院年度考核、奖励的基本依据。三年任期目标作为各学院领导班子任期内业绩考核的基本依据。目标管理的内容包括队伍建设、人才培养、学科建设、科学研究、社会服务等几大常规办学职责。每类任务下达的指标设置弹性区间，常规指标是必须完成的任务，争先创优指标为指导性任务，进行奖励性积分。三是建立学校与学院共同落实目标任务的协同机制。学院目标任务确定注重校院两级自上而下和自下而上的协商互动，通过设置合理的目标任务来促进公平、鼓励竞争、提高质量。指标任务的分解下达注重科学性、现实性和可操作性。加强过程管理和质量监控，实行年中和领导班子任期届中检查，及时督察目标任务的完成情况。学校职能部门的绩效考核，根据其管理与服务的性质，实现与学院目标任务完成情况关联挂钩，捆绑考核（L-DAG-进一步深化校院两级管理制度改革的意见-2013-201902）。

据了解，这次改革启动后，在学校内部产生了广泛反响，形成来自部处、学院及其学科基层的各种声音。其中，二级机构负责人虽然从大局出发总体上表示支持，但在先改后改、强改弱改等问题上总是有着各种纠结，学科和专业基层的老师们则大多持观望态度，甚至还有表示对改革不理解的否定声。因为在当时的情况下，人们已经隐约预感到：新的以“目标管理”为导向的考核评价改革，并不是学校内部管理上的小变动，而是关系到教职员工切身利益的大调整，甚至会为学校现行的工作逻辑与利益分配格局带来难以预料的颠覆性影响。那么，《改革方案》和《目标管理办法》的脉络背景、规范事实和过程影响中，究竟暗含了哪些方面的信念？这些信念又是如何通过校内软法演变为共同信念的呢？

根据实地资料总结，主要有三个方面的信念宣称值得注意：

一是“质量优先”的信念。过去二十余年里，随着改革不断推进，学校对其内设机构的考核力度持续加大，但在考核方式上却依然维持着以“工分制”[1] 为特征的标准体系。然而工分制毕竟是计划经济时代沿袭

① 中国大学的内部治理制度和机制，主要是采用绩效管理的方式，即被人们称为“工分制”管理方式。“工分制”是中国大学发展的特定阶段，自进入大学以来，一直以“双刃剑”的形式存在，目前似乎已经难以持续，其“边际效应”正在递减。如果学校内部治理还是采用“工分制”管理模式，把老师的工作量都用工分来确定，学术生产力和管理效率都会受到影响。参见邬大光《走出“工分制”管理模式下的质量保障》，《大学教育科学》2019 年第 2 期。

下来的以数量管理为主导的标准体系，以件来计算学术工作量的做法与大学的功能并不相容，其边际效应大幅递减。因此在“院办校”改革推动下，学校通过《目标管理办法》首先明确，“学院（部处）任期/年度目标管理是落实学校两级管理实施意见和推行绩效管理的主要载体，是推进学校主要工作任务顺利完成的一项基本制度，是全面贯彻落实‘解放思想、奋力转型、狠抓落实、跨越发展’工作思路的重要举措”。这就是说，学校实施改革的目的，就是希望通过目标管理彻底打破以数量管理为主导的工分制体系，形成“以有质量的数量为导向”的竞先机制和争优氛围。

二是“区别对待”的信念。云城大学是一个涵盖理工经管文法体艺等学科的综合性大学，不同学科具有各自不同的发展规律，不可能存有一个适用于所有学科的统一标准。由此《目标管理办法》在核心问题上尽量做到“不以一根标尺来评价”。例如，在考虑学科投入与占用以及未来成果产出的基础上，将承担基本办学职责的实体型学院划分为“研究为主型、研究教学型、教学研究型和教学为主型”四种类型，规定“学院关键指标积分采用千分制，根据年度目标任期内完成情况计算完成率，根据本年度和上年度目标任务完成情况计算年度增长率”等弹性空间；将所有独立建制的机关部处大致分为“与学院目标任务关联紧密的部门和与学院目标任务关联一般的部门”两大类，并对其评优和奖励给出“与学院相应目标任务情况直接挂钩”和“视其在该年度完成的创新突破性业绩而定”两种不同规定，以此构建形成“分类分型区别对待”的目标理念与评价标准。

三是“目标责任”的信念。在云城大学，学校对其下设机构的考核涉及人才培养、学科建设、科学研究、队伍建设、质量改进、社会服务等方方面面，如何科学有效地完成各领域目标任务成为重要关切。为此，《目标管理办法》中形成“目标任务与主体责任挂钩”的规划构想，通过将学校目标任务分解至学院（部门），由学院（部门）具体肩负起主体责任的方式来实施和推进改革。这不仅体现在“学校成立目标管理工作领导小组，负责目标管理的规划、协调、考核和督查”“学院（部门）负责人对任务完成情况和考核结果负主要责任”等原则性规定上，还呈现在“任期/年度目标任务书由校党委书记、校长分别与学院（部门）负责人签订”“三年任期目标作为各学院（部门）领导班子任期考核的基本依据，届中对领导干部任期目标完成情况进行初步评估，对领导干部的工作业绩、投入、效率和质量等进行中期考察”等程序性规定。通过责任主体、责任清单与问责机制，构建起“以责任明任务、以责任强目标”的考核管理基本思路［L-DAG-学院（部门）目标管理办法-2013 试行-201902］。

综合以上内容不难发现，对于大学而言，或许没有什么特定的工作和格局是一成不变的，学校对学院实施考核评价的工作逻辑与利益分配格局同样需要调整。但重要的是，这些方面的调整在校院两级运转中能够产生怎样的意义，以及校院两个层面的参与者是否把这样的调整看作是他们工作和奋斗所依循的重要方式。正如伯顿·R. 克拉克所言，在一起工作了几十年的人们，会形成关于“他们”的组织的某种共同的感情，这是一套信念，它有助于确定他们在生活中的地位，也使他们把如此多的时间和精力贡献给特定的组织这一事实获得意义。①

作为一个整体，云城大学从过去长时间的考核管理历史经验中吸取了信念、造就了信念，同时又从当下考核评价机制中成就了信念、开拓了信念。这就是说，在有关考核管理的软法实践中，是年复一年的历史感造就了目标管理信念体系的原材料，又是推陈出新的软法机制成就了目标管理信念体系的开拓，并使那些重要的信念宣称逐渐发展成校院之间“以目标为引领”的共同依循，直至演变为未来大学内部考核管理的传统（如图 6-1 所示）。

① ［美］伯顿·R. 克拉克：《高等教育系统——学术组织的跨国研究》，王承绪等译，杭州大学出版社 1994 年版，第 93—94 页。

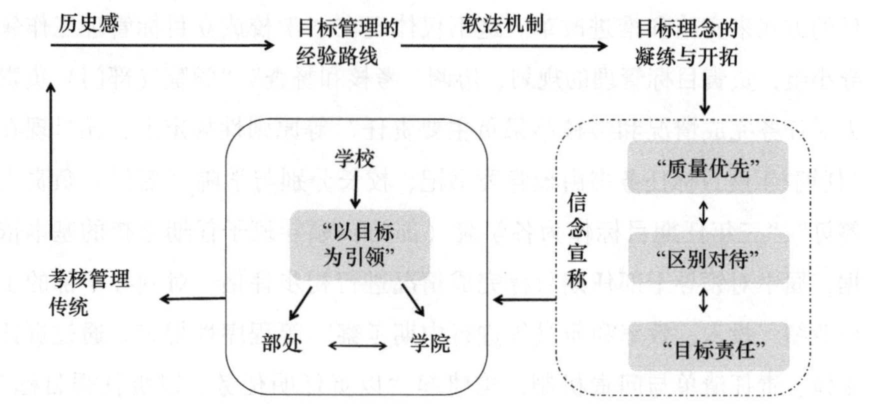

图 6-1　"以目标为引领"的信念宣称

下文从"年度/任期目标考核"和"重点/专项工作考核"两个方面，具体分析其中的信念表述及其产生的象征意义。

（二）"指标下达与任务执行"：年度/任期工作考核的例子

如前文所强调的，共同信念是过去历史感的造就，更是当下软法机制的成就与开拓。2013 年《目标管理办法》出台后的两三年间，云城大学对其内设机构考核管理机制作出了较为彻底的调整。随着《关于完善学院、部处考核工作的实施意见》《学院、部处考核实施办法》以及每年一次《学院、部处年度考核工作相关事项通知》等规范细则纷至沓来，"以目标为引领"的信念宣称和表述不断得以具体化，并通过一些特定主题进一步呈现出来。

在有关年度/任期工作考核的校内软法规定中，"指标下达"就是一个引人注目的主题。有学者在解析此类现象时曾指出，目标责任制的基本运作在于构建目标和细化，形成一套目标和指标体系，以此作为各级组织进行管理的依据，并通过签订书面"责任状"的形式将任务和责任固定下来。[①] 从此意义上讲，"指标治理"与"目标责任"如出一辙，是

① 黄晗、燕继荣：《从政治指标到约束性指标：指标治理的变迁与问题》，《天津行政学院学报》2018 年第 6 期。

“以目标为引领”的典型性表现。

在云城大学，这方面的内容最早可见于 2016 年《学院、部处考核实施办法》，不仅提出“密切关注对学校当前和长远发展起决定性作用的关键绩效指标（Key Performance Indicator，以下简称 KPI），强化学校核心竞争力提升”的基本原则，还明确规定“根据指标赋值计算各学院 KPI 指标得分和年度工作任务实际完成率”“将部门分为 KPI 指标关联紧密部门、管理服务型部门、服务管理型部门和学术研究为主的部门四种类型”，并对不同类型的学院（部门）的“KPI 内容”“分值构成”“分值权重”“完成率系数”“奖惩额度系数”作出具体的量化规定等（L-DAG-学院、部处考核实施办法-2016-201902）。

此后在学校考核管理专门性立法和各类方案、规划中，“KPI 指标”“核心指标”“关键性指标”等各种指标用语层出不穷，指标体系（含目录和分值）作为考核评价具体参照的应用更是屡见不鲜。尤其引人注目的是，这些方面的用语和应用与学院（部处）班子“责任清单”和“问责机制”相结合，“指标模式”逐渐变成学校实施目标考核管理的中枢机制，不仅承担起为学院工作确立目标方向、肩负起评定不同学院之间重要性排序的重要作用，还逐渐变成学校对学院班子实施政绩评价的基本指针。由此在学校内部，建立起“以指标治理为中心”的两种并行的价值观念和看问题的方式：一种是“预期性指标治理”，即学校对学院（部门）预期将达到的任期目标和年度目标的设定和规划；另一种则是“鞭策性指标治理”，即学校对学院（部门）班子目标责任的设定和规划。

与“指标下达”相对应，“任务执行”是另一个引人注目且更具严肃性、必然性的主题。大量关于年度/任期考核的校内软法安排中，都广泛涉及这方面的整体性、连续性表达与意涵。比如《关于完善学院、部处考核工作的实施意见》中规定，“对部处的 KPI 量化考核以三年任期目标任务完成情况为主，对学院建立以年度目标任务完成为基础”的考评体系，以及“学院的年度考核奖励，年度目标任务完成情况占 25%，部处的年度考核奖励以年度目标任务完成情况为依据”的考核权重（L-DAG-

关于完善学院、部处考核工作的实施意见-2016-201902）；在《学院、部处考核实施办法》中进一步指出“为进一步考察学院任期目标任务的完成程度及其自身努力程度，设置目标任务年度完成率及相应计算系数”，并以此为基础形成“每年完成率基准线”和“任期目标完成率系数表”（L-DAG-学院、部处考核实施办法-2016-201902）。

此外2016年以后，在学校每隔三至四年一次的《学院/部处任期目标任务清单》以及每年年末反馈的《学院/部处任期目标任务的年度完成情况》中，“任务执行”更是以一种高度集中的方式在全校范围内作出整体性表意。可以说，通过学院（部门）任期任务和年度任务的分解、排序、反馈和再调整，“任务模式”通过“校园网公示”和“汇编印制”渗透至目标管理的方方面面，“任务的执行与落实”成为学校评价学院年度/任期工作的惯性思维和倾向性考虑。

值得注意的是，学校考核管理中的指标模式和任务模式并不是固定不变的。比较历年《学院、部处考核工作相关事项通知》可以发现，无论是年度目标考核，还是任期目标考核，指标体系总是处于不断追加之中，指标内容和数量也在不断扩大，任务要求和权重比例更是随着形势发展而变动不居。这就意味着在实施意见和实施办法继续适用的情况下，通过发布补充资料的方式，适时修改和调整指标体系和任务要求成为“越来越平常的事情”。

（三）“拉高标杆与强化特色”：重点/专项工作考评的例子

除了任期/年度工作考核机制中的主题呈现，“重点/专项工作考评”机制总是聚焦某个或某些特定领域，导致一些与目标引领信念相关的独立规则和利益机制的出现，其引人注目的程度也日渐强化。这个现象在学校2016年《学院、部处考核实施办法》中就能够得以证实。

比如在该办法中，规定如下有关“学院重点工作考评”的内容：重点工作落实情况考核评价学院围绕任期目标、KPI指标所设计并开展的重点工作，特别是大项目、大团队、大平台、大成果等培育情况。实施重点工作任务的项目化管理，强化重大谋划、重大任务的过程引导、监督和考核。学校于每年年初组织开展重点工作项目申报、论证工作（各学院需填报年度重点工作实施计划书），每个学院一般立项 1—2 项。重点工作考核由学校组织校内外专家进行评审，重点考察该项工作的意义、策划组织、努力程度和取得的实际效果。鼓励学院、部处协同申报重点工作，共同分配考核得分（L-DAG-学院、部处考核实施办法-2016-201902）。

同时，又规定如下有关“学院专项工作考评”的内容：专项工作绩效考核是对任期目标和岗位绩效考核的补充，是兼顾全局、调动各方面工作积极性的需要。以考核该项工作的业绩为主，同时评价该项工作的运行保障、执行等，激励各项工作创先争优和可持续性发展。学校于每年年初设立若干本年度考核专项，并根据学校年度工作需要在下一年度进行调整。年度专项工作绩效考核由分管校领导主抓，相应职能部门负责，发展规划处协同推进（L-DAG-学院、部处考核实施办法-2016-201902）。

从上述这些规定来看，这里颇具独特性的信念表述主要向两个方面延伸：

第一个方面是“拉高标杆”。根据条文表述，重点工作考评给人们的一个总印象是“集中力量激发资源优势单位的关键性、突破性发展”，这不仅反映在定位上，强调“重点工作落实情况要围绕任期目标、KPI 指标所设计开展，特别是大项目、大团队、大平台、大成果的培育情况”；还呈现在方法和程序上，明确“重点工作任务实施项目化管理，强化重大谋划、重大任务的过程引导、监督和考核”“由学校组织校内外专家进行评审，重点考察该项工作的意义、策划组织、努力程度和取得的实际效果”“鼓励学院、部处协同申报重点工作，共同分配考核得分”等。显然，重点工作是学校资源高度聚集的地方，也是学校目标效能强化驱动的地方。通过支持和强化重点的方式“拉高目标任务的标杆”，以激发学院相互竞争和赶超，无疑已成为学校考核管理的重要关切。

第二个方面是“强化特色”。如果说重点工作考评呈现了“拉高目标任务标杆”的设想，那么专项工作考评则反映了在拉高标杆的同时“强化目标任务特色”的思想。根据条文规定，“专项工作考核主要涉及党建与思政治理工作、学生工作（含安全稳定）、本科生培养、学位与研究生教育、办学国际化、资金拓展与使用效益六个方面，由分管校领导主抓，相应职能部门负责，发展规划处协同推进”。以上这些条文规定虽然看起来简单，但实际上，“关注特色”和“强化特色”的理念和要求已被具体运用于各个领域——每个领域都有特定的目标指向、程序和方法要求，每个领域都在强调特定的目标绩效和责任担当，以此强化对学校总体目标任务的贡献率。

当然在上述分析之外，还需要补充说明的是，在一个结构多质的大学里，除了年度工作考核、任期工作考核、重点工作考评、专项工作考评这四项考核之外，岗位绩效考核也是学校考核管理体系中不可或缺的重要组成部分，且重要性日增。这个问题与利益分配密切相关，将在接下来有关分配管理的章节内容中讨论。

二　绩效导向的分配管理及其信念表达

（一）基于《标志性成果奖励办法》的信念宣称

前文已强调，云城大学的目标管理引发了一系列变革与发展。这里十分显见的现象是，随着目标引领的考核管理理念的强化，高水平、高层次学术成果的产出成为人心所向，通过校内专门性立法将最有助于高水平、高层次学术成果产出的分配机制确立下来迫在眉睫。

根据资料记载，在落实目标管理的过程中，学校有关这方面奖励性分配的变革发展共涉及四次立法：第一次是 2016 年 12 月，出台校内试行办法——《标志性成果奖励办法（试行）》［以下简称 2016 年《奖励办法（试行）》］；第二次是 2017 年 7 月，对试行半年的《奖励办法（试行）》进行修订，正式出台《标志性成果奖励办法》（以下简称 2017 年《奖励办法》）；第三次是 2018 年 9 月，将此前《奖励办法》及其相关规定废止，出台《业绩及标志性成果奖励办法（试行）》［以下简称 2018

年《奖励办法（试行）》]；第四次是 2019 年 11 月，修订 2018 年《奖励办法（试行）》，出台 2019 年《奖励办法》，一直沿用至今。

比较这四部校内软法可以发现，四次立法间隔的时间较短，框架和内容条款有不同程度的变动。具体而言：2016 年《奖励办法（试行）》是学校贯彻落实目标管理理念的首次重要体现，也是学校实施奖励性绩效核拨与分配体系的首次构想，因为涉及大量“全新”的规划和设计，学校对奖励要求、成果目录及其标准的实施效果还把握不准，需要有一段时间的观察和实测，2016 年《奖励办法（试行）》就成为“缓兵之计”。2016 年《奖励办法（试行）》出台后，不足三个月的时间，学校就迎来机构考核工作，先前拿捏不准的很多内容在具体的考核工作中经历考验，有关工作程序的问题在考核工作后正式出台的《奖励办法》中予以调整，而那些反映不同学院和不同学科成果标准和业绩核算的意见在短时间内则没有采纳。也就是说，2017 年《奖励办法》改进力度并不大，只有一些程序性内容的“微调整”，并没有实质性内容的改变；相比之下，2018 年《奖励办法（试行）》在立法安排上则显得考虑充沛且游刃有余，无论是奖励原则、程序和具体的分配要求，还是目标成果类型、指标赋分和奖励金额的设定，每一处细节结合绩效考核奖励都有过“精雕细琢”的反复斟酌和考虑；而此后 2019 年《奖励办法》更是结合绩效考核奖励三年实施的现实问题作出了“适时修补”。

但即便如此，可以肯定的是，四部《奖励办法》在理念构想与规划上是一脉相承的。即使是在 2018 年和 2019 年废、改、立的情况下，也没有改变此前 2016 年和 2017 年奖励高水平、高层次成果产出的分配构想与规划。于是在学校逐年强调、修补和推进奖励机制的过程中，一些有关业绩分配的信念宣称得以强化：

一是“数目字化”的信念。需要先澄清，“数目字化”源自对“数目字管理”的概念理解，主要指向一种社会治理形态，即整个社会资源均可以通过从地方汇聚到中央的如实计算和统计，整合成一个较为精确的记录系统，并达成社会资源的自由交换、流动和宏观管理。同样，为适应目标管理评价导向与激励需要，云城大学的《奖励办法》也正在以数目字化的方法理念构建起一个涵盖学校和学院两个层级的完整的成果业绩评价体系。在这个评价体系中，学校首先将教学、科研、人才、国际化等各领域的标志性业绩折算成具体可量化的数据，按“业绩指标名称”“业绩指标分值”“奖励金额”三个类目加以描述。每个类目都建有刚性的计算和度量要求，每个类目也都建有严格的统计和排序要求，由此构建起涵盖不同绩效领域且符合技术处理要求的“标志性成果目录及标准”。

当然，数目字化不只是用来计算、度量、统计和排序的手段，它更是学校对二级单位施政的工具。在学校三个不同时期的标志性成果奖励机制中，业绩成果奖励的程序要求越来越刚性，包括相关职能“统计、审核上一年度奖励成果和超额业绩并提出奖励清单”，人力资源部根据“汇总奖励清单向校长办公会报告拟发放奖励情况”，以及会同计财处将相关资金“统一划拨到相应学院和部门”等，每一类清单资料技术处理都需要有切实可信的数据作为依托，每一个管理部门的工作安排要求都被置于确定的、可控的管理之中。

二是“优绩优酬”的信念。不可否认，云城大学每个阶段的标志性成果奖励办法都是有关“优绩优酬”的专门性立法。因为整体而言，这类办法中的条文规定都围绕着“充分发挥优绩优酬激励导向”的系统理念得以展开，并且从立法改进上看这方面的理念还在持续强化。例如，聚焦“聚焦目标”和“突出高端”两大原则，言明要“紧紧围绕学校跻身国家‘双一流’和省重点高校建设目标，着眼重大影响和学术贡献，激励产出高层次、有影响力的成果”；还将“标志性成果”明确界定为“是指在教学科研中取得的省部级以上成果奖、国家级平台和项目、高水平论文等”，强调“对于学院超额完成的业绩”给予相应奖励，以及对“学校作为参与单位的成果”“不同二级单位合作取得的成果”“同一成果多次获得奖励”等各种特殊情况作出最有利于调动积极性和创造性的考虑。

另外，在标志性成果奖励办法之附件——“业绩指标目录”类目列表中，还可观察到，国家级成果的业绩分值及其奖励金额要明显高于省级成果的业绩分值及其奖励金额，省级成果的业绩分值及其奖励金额又明显高于厅局级成果的业绩分值及其奖励金额，而厅局级以下的业绩成果基本没有体现。这样的情形表明，优绩优酬的理念正在沿着层级路线不断分解，显现出厅局级成果、省级成果、国家级成果在业绩分值与奖励金额上依次递增的规划理念。

三是“综合再造”的信念。之所以还需要强调综合再造，不是因为《奖励办法》的具体条文规定直接呈现了这方面的内容，而是结合实地调查后的一种强烈的经验觉察。比较四部《奖励办法》可见，云城大学长期以来一直信奉这样的理念：大学是一个庞大而复杂的组织体，其内部分配管理应该是教学、科研、社会服务等各方面绩效逻辑牵引之下的综合。尤其是教学和科研这两个方面的绩效牵引，学院作为二级学科单位应该是教学任务和科研任务的并进，教师的职责和学术成果也应该是教学工作和科研工作的结合。用《奖励办法》的话语体系来说，是“注重教学、科研系统之间以及各系统内部的协调”。也正是持有这样的眼光，学校将包括标志成果奖励在内的奖励性绩效核拨至学院后，各学院须遵循学校指导意见并结合自身实际情况，自行制定并形成二次分配方案。尤其是在关键性、突破性成果奖励方面，因为涉及大额度绩效分配，结合学科特点、目标考核、人员类别等进行“综合再造”的要求就更为凸显。

综上所述，在有关高水平、高层次成果产出的软法实践中，学校通过校内专门性立法持续不断地强化成果奖励的经验路线和情感储备，并由此形成以成果业绩分配为核心的独特的信念宣称。这些信念宣称沿着学校对学院（部门）实施目标管理的技术路线发展，但又不同于目标管理领域的信念宣称，而是在“最具标志性和突破性的成果绩效方向上”不断凝练和强化，最终在校院两个层级上构建起“以 KPI 绩效为导向”的共同信条（如图 6-2 所示）。并且从整体趋势来看，随着“学院办大学”改革实践的推进，这方面的信念联系变得越来越强烈，甚至坚不可摧。

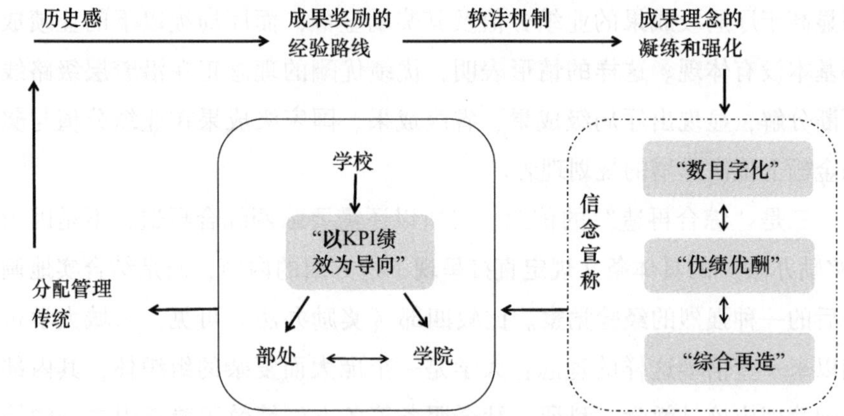

图 6-2　“以 KPI 绩效为导向”的信念宣称

以上是把信念作为一个整体进行考察的结果。接下来，从一般转向具体，选择“教学业绩分配”和“科研业绩分配”两个领域具体分析。

（二）“导向重点与平衡”：教学业绩分配的例子

在四部《奖励办法》中，教学业绩的奖励性分配通常被列于条文规定和目录列举的首位，围绕“KPI 绩效导向”的信念宣称和表述也较为明显。以 2019 年《奖励办法》及其附件《业绩指标目录》为例，主要有两个方面的情况可以总结：

第一个方面是《奖励办法》中的“比例划定”。2019 年《奖励办法》中有关教学业绩奖励比例划定的条文规定不多，但其重要性和引人注目程度却日益提升。考察这类条文是了解教学业绩分配管理的第一步，因为从中可以获得对学校教学业绩和成果价值的有效洞察。例如，“学校获得的省部级一等奖及以上教学成果，国家级重点项目、重大项目及人才项目，国家级教学平台或团队等，其资金可按照学院 85%、相关部门 15%的比例进行分配”。这方面的条文规定描绘了学校分配管理中的一系列正向绩效要求以及相应的奖励性分配关系。亦即，无论是教学单位所在学院，还是教学成果相关的学院职能部门，学校下设的所有二级机构既在绩效上怀有业绩理想，又在分配上具有利益需求，“按比例分配奖励性业绩”的情形由此呈现。

第二个方面是《奖励办法》之附件《教学业绩指标目录》中的“标准设定”。总的来说，《教学业绩指标目录》是一套严格的“标准化赋分体系”，涉及“教学成果奖”“专业、平台、团队”“课程、项目、教材”“学生学科竞赛和学术指导”“教师竞赛类”五大类业绩指标。每个大类的指标目录均按照国家级、省级、厅局级、校级由高到低的层次排列，并赋予相应的指标名称、具体分值和奖励金额，呈现出“按层级赋分奖励”的标准化设计。这里整体面上的标准化设计，进一步考察还可看到另外一些标准化倾向。例如，在目录列表中，教学成果奖类的业绩分值明显高于其他大类同等层级的教学业绩分值，在标志性成果中位居首位。尤其是国家级教学成果奖的业绩分值，一直以“200—300”的倍比的标准高于其他任何大类任何层级业绩分值，由此形成“不同类目不同业绩分值”的标准化倾向。再如，在目录说明中，将教学类项目分为资格性项目和建设性项目，同时规定“资格性项目一次性核算，建设性项目中的国家级、省级项目分值和奖励分两次核算，首次核算一半，待通过验收（或结题）后再核算一半”，由此形成“不同项目不同核算标准”的标准化倾向。（L-XYW-业绩及标志性成果奖励办法-2019-201907）

上述分析表明，通过目标绩效的比例划定和标准设定，学校在教学业绩的奖励性分配方面形成“既突出重点绩效导向，又注重整体绩效平衡”，即“导向重点与平衡”的信念表达。不过这方面的内容虽然重要且引人注目，却并不能涵盖学校内部庞大而烦琐的教学业绩分配管理体系。事实上，在目标绩效的奖励分配规定之外，一些日常教学业绩分配规定很大情况下要比目标领域以及标志性领域更大限度地呈现出“导向重点与平衡”的信条和逻辑。这里不妨举个例子：

2016年开始，学校结合年度综合发展情况和财力，在学院和部处标志性成果奖励之外，专门建立“学校绩效调节奖励”，并且明确规定“学校绩效调节奖励占5%，主要用于教学等方面的调节”［L-XYW-绩效工资和绩效考核奖核拨（分配）办法-2016-201907］，对二级学院教学业绩分配作出“倾斜性考虑”。从此，“教学调节金的分配”就成为学校在每年年度绩效分配之前须反复周旋的一个事情，时至今日仍然需要在“重点与平衡”的信念敲打下实施推进。有关这方面的情况，将在下文信念建构章节中展开讨论，此外不予赘述。

（三）“突出高端与共享”：科研业绩分配的例子

与教学业绩的奖励性分配相比，科研业绩的奖励性分配在“KPI 绩效导向”上的信念表述更为强烈。同样以《奖励办法》及其附件《业绩指标目录》来总结：

首先从《业绩指标目录》来看，同样是标准设定，科研业绩方面的标准设定比教学业绩奖励分配方面的情况要“尖锐”得多。具体而言，学校在这方面构建起的经验性路线不再局限于“导向重点”的价值目标，而是显现出一种强烈而“突出高端”的价值理想。这些“突出高端”的价值理想，在外行人看来可能会产生“高不可攀”的感觉。比如从 2016 年开始，《科研业绩目录》就已细分“理工”“人文社科”“国防”三个标准化系列，每个系列都有完整的指标层次和分值排列，每个系列也都显现出强烈的“突出高端”倾向。单单“理工”系列的指标目录，就涵盖“成果获奖”“专利”“论文”“基地、平台、群体和团队”“国家自然科学基金项目”“国家科技计划项目”六个大类的业绩指标（L-XYW-标志性成果奖励试行办法-2016-201907）。此后 2017 年《奖励办法》增设“省部级及以下科技计划项目”“服务地方、科技成果转化”“国内外科技合作”等社会合作指标，汇合后的指标数量更是高达当年教学业绩指标数量的三倍以上（L-XYW-标志性成果奖励办法-2017-201907）。此后在国家“双一流”战略推进后，这方面“突出高端”的价值理想更是处处可见。

当然以上只是整体分类上的显现，如果再作进一步对比，还可以看到具体分层上的一些独特性表现。例如业绩指标的“层次排列”方面，尽管总体上遵循“国家级”“省部级”“厅局级”“校级”的排列逻辑，每个层次上的指标等级分布差异却很大，其中“国家级”科研业绩指标占据指标总数的50%以上。业绩成果的“层次赋分”方面情况就更是如此，不仅被赋予“标志性成果”的业绩指标占所有指标数量的近三分之二，而且在业绩分值及其奖励金额方面的差异进一步拉大，个别情况甚至差异超“千倍”以上。

其次从《奖励办法》来看，一个与教学业绩按比例分配相关的构想是，“打破机构单元界限，共创共享科研成果”的分配思路在校内软法更迭中不断植入。就像这类办法中所表述的那样，“鼓励学院与部门协同合作，鼓励学院之间协同合作，鼓励团队之间协同创新，共同获取重大成果，共同分享成果奖励”（L-XYW-标志性成果奖励办法-2017-201907），其背后的信念源泉不外乎合作创新、协同分享的思想。也正是从此意义上说，本书在前文组织和权力章节中，曾多次提到不同学院之间的学科群建设、不同学科之间的科研团队建制、学校实验室资源和大型仪器设备的集约化管理等层出不穷的学术资源整合工作，现在看来，似乎也都可从2017年及此后的《奖励办法》中溯及渊源。

由是观之，在《奖励办法》及其附件《业绩指标目录》中，科研业绩奖励性分配方面的信念表述不仅更注重高水平、高层次成果激励，还嵌入了合作创新、协同分享的思想，“突出高端与共享”的经验路线在其中表现得淋漓尽致。

第二节　软法运行中的信念建构

按照马克斯·韦伯的比喻，信念的作用如同扳道工，有助于确定由利益所推动的活动的路线。这种确定过程中令人着迷的是信念在社会领域调解外部压力的方式。在系统中的人受自身观念的指导解释社会趋势的意义，决定合适的反应方式。[1] 这方面的原理性阐释提醒着我们：信念除了软法叙事中的规划、设计与构想，在软法运行层面还有着对规划、设计与构想作出具体决策回应的特定表达方式、解释方式、反应方式及其意义。并且在不同的社会场合下，特定的表达、解释和反应方式及其意义会随着趋势和压力的变化而发生变化。

那么在云城大学的校院两级运转中，具体的表达方式、解释方式、反应方式及其意义又是怎样的，在不同的治理场合下，又会经历怎样的变化？可以预料到的是，价值观念和信念提升了大学的共同旨趣，但同时也隐藏着因为角色、身份、场合、情境不同而各行其是的另一种情况。这样的情景犹如伯顿·R. 克拉克所说，“大学所宣称的价值观产生于其所在社会与学术的传统。这些价值观是大学社区中的个体所处环境中的一个重要方面，它们激励人们努力追求学问，并以一种微妙方式把人们联系在一起。在许多场合下以集体面貌出现，有时是演员，有时是观众。人们的行为总会因其场合不同而不同，无论是在课堂上、在官方会议上，或是在参加研讨会时，每类场合都反映出大学这个机构的某个基本方面”[2]。就像一座充满无穷变化的城市，除了城市中心的整体价值理念、愿景和期许，来自各个区域单位和单元的信念表达、解释、反应以及由此产生的新的象征意义，都在成为城市治理发展的重要组成部分。

由此不妨提出这样一个观点，即信念在校院两级运转中也有其自身的运作方式和轨迹，并且在不同的场合和情境下还会产生影响人们注意力分配和决策行动的各种不同象征。接下来，本节就以《目标管理办法》《奖励办法》及其配套软法的运行为例，聚焦与学校考核管理和分配管理最紧密相连的三类会议，即“教代会”“考评会”“协调会”三个方面的信念建构事实展开讨论。

---

① ［美］伯顿·R. 克拉克：《高等教育系统——学术组织的跨国研究》，王承绪等译，杭州大学出版社 1994 年版，第 109 页。

② ［美］弗雷德里克·E. 博德斯顿：《管理今日大学：为了活力、变革与卓越之战略》，王春春、赵炬明译，广西师范大学出版社 2006 年版，第 17 页。

一　内外表意：教代会议之声音

教职工代表大会是学校在重要问题上形成改革决策的必经环节，也是核心环节。根据权力章节所述，校院两级教职工代表大会是学校成员参与民主管理和监管的基本形式，承担着行政决策“底座”功能，从中可以微观到大学内部不同成员之间的各种信念解释与应对。据此，当我们沿着软法运行脉络探寻最具普遍意义的信念事实时，首先需要关注人们在这类场合下的表达方式、过程及其意义。

根据资料记载，云城大学的教职工代表大会（以下简称“教代会”或“教代会议”）制度产生于20世纪80年代中叶，当时主要是遵照国家政策的底限要求推行校级教代会制度。2000年学校第五届教代会第三次会议通过《教职工代表大会实施细则》后，学校开始形成以二级学院或部门为单位的二级教代会制度，校院两级教代会体制得以构建。2007年《二级教职工代表大会实施办法（试行）》以及2015年《教职工代表大会实施细则》（修订）颁布后，校院两级教代会体制得到进一步强化。此后，学校和学院两个层面重要工作的规划实施不仅须经历教代会代表的意见决策，还须接受广大教职工的意见监督。可以说，校院两级教代会体制的构建及强化，不仅为学校内部不同层级单位的决策层和管理层提供了意志传递和意见交锋的机会，还使普通教职工的意愿表达有了基本保障。

那么在教代会场合中，人们究竟表达了哪些不同的声音，这些不同的声音反映了校院之间怎样的信念逻辑，意义何在？深入“教代会内”和“教代会外”两类场景，可以从教代会内的讨论、审议、表决，到教代会外的代表选举、意见征询以及二级教代会执行，构建起完整的“内外表意链条”展开分析和讨论。

（一）教代会内的“重点把控”

需要说明，根据通常理解，教代会过程有广义和狭义之分，广义的过程从教代会代表的选举开始，一直到下一届教代会代表产生后结束，也就是一届教代会的持续运行过程。按照教育部《学校教职工代表大会规定》，广义教代会过程的时间跨度为3—5年。狭义的过程则指某次教代会的会议过程，开始于会议议题的确定，结束于会议决议的形成。① 本单元立足“教代会内”场景来发现和提炼人们在其中的意愿表达及其象征，主要是针对狭义教代会过程的考察。

据了解，云城大学2016年至今共召开过四次学校教代会，会期一般为1—1.5天，会场活动主要分“预备会议—全体会议—代表团讨论和审议—主席团会议—全体会议”五个阶段。每个阶段的时间、参会成员及内容安排不尽相同。大致而言，第一个阶段预备会议时间很短，正式代表参会，主要涉及主席团名单和议程表决等例行安排；第二个阶段全体会议仪式隆重，正式代表和列席代表同时参会，主要是听取学校重要工作报告；第三个阶段代表团讨论和审议环节分散开展，全体正式代表和列席代表参会，主要是在各自代表团参与民主讨论；第四个阶段主席团会议只面向主席团成员和代表团团长，会议过程较为精简，主要是听取前一阶段各代表团讨论情况及审议决议；第五个阶段全体会议同意第二个阶段的现场仪式要求，主要包括制度表决、选举表决、通过决议、内设机构及个人表彰、闭幕致辞等，其中表决环节仅限正式代表参加。

综上五个阶段，现场议程涵盖听取报告、分组讨论、发表意见、表达诉求、民主监督、举手或投票表决等内容。在议程内容如此紧凑的情况下，想要在会议现场就相关议题充分听取、讨论、发表和表达，继而有效汇聚意见并实现教代会意见的最终表决，无疑是一件难度很大的事情。那么代表们究竟如何通过会议来发表各自的意见诉求以及实现全校意见汇聚和表达呢？

实地调查中每每谈及这个话题，受访者们一般都会强调参加教代会主要是“用耳朵听”和“用眼睛看”，只有在代表团讨论环节才是“用

① 叶文明：《教师参与大学内部治理的代议制度研究》，博士学位论文，南京师范大学，2017年，第165页。

嘴巴说”来参与意见，但通常这种情况也是有节奏、有选择地进行。至于大会最后的决议过程则主要是“大家在一起用举手来表达”。当然也有受访者会说些直观感受，谈到这几年学校教代会上的几次“实质性碰撞”以及由此产生的“重点把控”，意见碰撞最激烈的地方正是对校内考核管理和分配管理制度的讨论和表意。不过即使是产生激烈的意见碰撞甚至发生意见冲突，最终都能以不同方式化解。

以 2019 年教代会为例，学校共设立 17 个代表团（12 个学院代表团，5 个机关代表团），每个代表团需要讨论、审议包括“考核管理”和“分配管理”在内的 8 项文本材料。讨论审议完成后，全体正式代表还需要行使代表职权进行表决。于是在这个过程中，表意与把控也围绕考核管理和分配管理展开……

· 片段 1：代表团会议上的“曲折表意”

在众多的代表团中，HL 代表团的特殊性在于，这个代表团由来自 4 个按照部处考核管理的学院（其中 3 个 KPI 指标关联紧密的服务管理型学院、1 个普通服务管理型学院），以及 2 个规模偏小的学科型学院（其中 1 个研究教学型学院、1 个教学型学院）组成，成员结构尤为多元，意见碰撞也更显其复杂性。

在自由发言阶段，人们大多会在发言前尝试先摸索会场规律，然后选择“先礼后兵”“委婉套话”等方式表达个人意见，待到自己想表达的意见成为“多数人意见”或“优势意见”时才得以正面表达。而在总结发言阶段，则会选择“认真聆听”和“主动沉默”的方式，以避免校领导参与情况下不适当表意可能会带来的各种“节外生枝”。根据发言顺序，内容节选如下：

T 代表（学院院长，来自 KPI 指标关联紧密的服务管理型学院）：团长点名让我先讲，我就带个头。主要讲两点意见，一是现在这一轮改革是在上一轮改革方向上做的调整，我们看到了学校在目标管理上的持续性努力，这对学校发展是有利的；二是学院和机关在核心指标上的考核关联更紧密了，这也有利于整体和谐。希望学校政策继续加大这方面的力度，有利于淡化学院和机关之间的矛盾。

H代表（学院书记，来自教学型学院）：不好意思我插一句，分配上的情况不能一概而论。同样是二级学院，我们非主流学院和重点学科型学院完全不能相提并论。学院的领导干部更是差距大得离谱。单从年终分配来看，在我们这类非主流学院，一些中层干部拿到的年级绩效比科长还要少。并且以发展的眼光来看，这方面的差距是一年比一年大。

S代表（学院书记，来自普通服务管理型学院）：任何改革都要经历一个不断完善的过程，而且这样的情况以后还会发生变化，这是改革的常识。认识到这一点，我们就可以看清目前的一些困惑。比如在改革过程中，当初认为对的东西，后面情况变了就不一定对。我经历了机关工作和学院两类不同的环境，感觉到这三年改革下来，学校整体上的获得感是提高了。但同时不容忽视的问题是，学校对我们这类学院的重视程度明显偏少。无论是主干学院，还是一般学院，还是偏远学院，希望学校支持重点建设的同时都能兼顾。

C代表（学院院长，来自研究教学型学院）：我来谈几句，作为学校重点支持的学院，我们学院虽然有很多资源，但很多时候也为难，因为学校给我们下的目标任务实际上是很难完成的。比如前一轮学院绩效分配的文件，虽然教代会上通过了，但操作起来又是另外一回事。就我了解的，目前很多学院都面临这样的问题，如果完成不了，等到最后一年任期考核时是不是只能“放水”变通？但这样操作，事实上又会造成学院之间、老师之间新的不公平！我们目前还没按这一轮新的方案测算过具体的发放，但可以预料到问题肯定会很多。

L代表（学院书记，来自KPI指标关联紧密的服务管理型学院）：*院长谈到现象我也有同感。这里的关键问题是，2016年的考核分配文件在我们学校是第一次操作，学校文件出台了，作为二级学院需要直接面对老师。对于当初制定文件时没有考虑周全的情况，实际操作时是不是只能“放水”变通？如果不以这样的方式来执行，最后受影响的还是学校。这里的责任到底在学校，还是在学院？这一轮新的改革，在这方面恐怕还要更加慎重对待！

C代表和L代表的一番观点之后，会议现场“先礼后兵”“委婉套话”的氛围被打破，浮现在人们眼前的是另外一番情况：所有正式代表和列席代表，不约而同地就“放水”话题相互交换意见，也有人口若悬河地相互争辩起来。说话的声音越来越大，言语间不时夹杂着些许尖锐的讨论，甚至湮没了正在进行的主题发言……直至十五分钟后，校领导B走进会议室，谈论声、争辩声即刻停止，开始等待校领导总结：

改革没有十全十美，需要辩证的、历史的、发展的观点看待这里的各种问题。大家都谈到了2016年的方案，我们必须承认，2016年方案是在学校层面很多问题上考虑得还不是那么周到的情况下出台的。但大家想一想，2016年的改革是不是在抱怨声中也取得了发展，是不是也解决了很多问题……对于改革而言，“谁受益、谁受损”的情况一定是有的。又如，上一轮改革一定程度上解决了教学工作回归本位的问题，以前我们有些教师不爱上课，现在也出现抢课上的情形了。又如，成果奖励是否公平的问题，之前机关干部可以拿成果奖励，学院干部则不能拿，现在在这方面也都统一。再如，学院占用资源越多任务越大的问题，经过上一轮改革，基本也解决了投入和产出不平衡的问题……

所以对于一个学校而言，改革如果没有重点，没有核心，事实上是很难想象可以成功的。现在问题的核心是学校未来是否能拿到一流学科，如果拿到了，学校的声誉、信心、底气、精神面貌等都会完全不同。学校就像是一艘船，我们每个人都绑在同一艘船上，这艘船如果能顺利到达彼岸，大家每个单位都能获得成功；这艘船如果沉了，大家都会遭殃……真心希望各位代表能从大方面、从宏观角度支持学校的改革方案，局部问题肯定会有，后面再想办法一步步改进。

至此，在听取有关“改革没有十全十美”“抱怨声中取得了发展”“宏观角度支持方案”“局部问题后面再改进”的总结后，会场上不再有不同的声音。（O-JDHY-1—会议201906）

·片段2：全体大会上的“胜利表决”

大会表决是全体正式代表依法行使代表职权的关键活动，按照2019年教代会的议程安排，这个阶段的表决活动以两种方式进行，其中学校各类报告以“举手表决”的方式进行，改革方案（审议稿）则采用“无记名投票表决”的方式。显然，对于学校而言，“票决”方式是一种风险和压力都较大的方式，但考虑到岗位聘任、考核管理、奖励分配等事项关涉教职工切身利益，通过这类方式进行表决也是一种基于更彻底的合法化的过程需要。

表决开始前，人们走进会场就能感受到浓浓的表决氛围。从张贴横幅标语、设置投票路线、安置投票箱和摄像摄影设备，到划分会场代表团坐席、确认到会代表比例、密封计票选票登记，等等，所有这些方面的程序安排都按照文件要求“高标准执行”。

表决的时间到了，校领导们统一入席就座，大会现场顿时变得“肃静”起来，空气中带着一些“紧张”的氛围。工作人员按照程序要求首先介绍大会各个阶段、各个环节的讨论、审议和汇报过程，随后组织和监督会场上的全体代表依次进行表决。整个过程恰好维持在议程规定的3个小时。

表决结果出来了，无论是举手表决，还是投票表决，各项结果都远超学校教职工大会规定的比例要求。尤其是对考核管理和分配管理改革方案（审议稿）的票决结果，几乎没有什么反对的声音，只是较小比例的代表投了弃权票。

最后，大会通过“教代会决议”，并在校领导总结致辞和宣布“本次教代会是一次成功的大会、胜利的大会”的庆贺和鼓掌声中闭幕。

大会结束后，现场的代表团人群快速散去，工作人员开始相互问候致谢和分享交谈。“这个结果总体上还是很理想的，一年一次的大会，今年的内容特别多、任务也特别重。大家一起努力了这么长时间，今天表决的结果确实比我们预料当中的还要好!”话语间似乎暗含着这样一个逻辑：教代会的表决结果从某种程度上说并不是大会现场决定的，而更多

的是在会议召开之前就已见分晓。(O-JDHY-1—会议 201906)

如上讨论的云城大学 2019 年学校教代会现场的片段，描述了大学内部三类人群，即学院和部门的代表、校领导、工作人员在“代表团会议”和“全体大会”上的不同声音。可以觉察到，受各自角色、职务、专业背景及身处领域的影响，三类人群的不同声音反映了三种不同的表达方式和运作轨迹：

首先，来自学院和部门的代表是教代会现场的多数，他们的角色、职务和专业背景各不相同，面对学校改革议题时总是会基于各自立场，选择性地表达制度机制对其所在机构、群体及其个人产生的利益影响，在一些情况下还会依赖于学校意见或是直接退出意见表达。其次是校领导无所不在的影响，他们基于学校整体和全局的考虑，通常将注意力主要放在如何更大程度地避免会场上的反对声音，尤其是来自不同学院的意见冲突，以确保学校新一轮制度改革能够无障碍地顺利通过。最后还可以感受到，会议组织部门的工作人员自始至终参与整个过程，他们的任务来自学校和上级主管部门的部署，因此无论在怎样的场景中，都是小心谨慎地维护着学校和上级主管部门所要求的各种程序性规则。

由此可以对在教代会内场景中信念逻辑进一步聚焦，得出以下两点认识：第一，以上通过代表团讨论、大会举手或投票表决的方式形成有关考核分配的校内软法公意的过程，并不是一种基于学校与学院（部门）多数人利益或强权者利益的意见集合的过程，而是学校内部不同机构单元的成员群体在组织、交流和监督过程中“着眼于公共利益并最终在重要问题上实现意见集中”的过程。也正是基于这样的方式和过程，那些原本对考核和分配管理意见分散的不同学院才不至于是一盘散沙。第二，从不同年份的教代会意见资料的比较来看，学校考核分配议题上的信念表意并不是戏剧性发展的，而是随着组织惯例与软法规则的运行而发展，呈现出“波浪般起伏”的特点。在这个过程中，不仅仅制度规则和任务要求成为行动表意的核心动力，教代会现场的人员分工设置、时间安排、信息传递以及他们在决策过程中的参与方式也都在影响着人们的注意力和行动，甚至为学校组织和监督学院（部门）代表作出意愿表达提供了强大的支撑。

（二）教代会外的“全面动员”

与“教代会内”场景主要是针对狭义教代会会议现场的考察相对应，“教代会外”场景主要关注的则是广义教代会过程，即教代会召开前和召开后持续运行过程中的意愿表达及其象征。根据云城大学的资料分析，学校最近一次广义教代会过程的跨度三年，从 2016 年第 * 届教代会代表的选举开始，一直到 2019 年第 * 届教代会代表产生后结束。

正如有学者指出，“表决只是一种程序上的认定，实质性的意见分歧并不通过表决体现，而是争取在表决之前通过其他方式解决”①。根据经验资料，这个过程实质上是一个更全面、更广泛的组织动员过程，即“通过组织的渠道，按照自上而下的扩展路径，运用舆论宣传、思想教育、利益诱导、任务分配、组织控制等方式使动员客体、动员主体产生组织认同，并激发、鼓动、促使或强制动员客体采取行动，去实现特定组织目标的行为和过程”②。

那么，发生在云城大学教代会外的更全面、更广泛的组织动员具体是怎样的呢？以 2019 年的学校教代会为例，选择具有时间差的两个代表性场景：第一个场景发生在学校教代会召开之前，全面动员主要呈现于教代会代表遴选、产生，以及考核管理与分配管理方案的意见征询之中；第二个场景发生在学校教代会召开之后，全面动员主要呈现于学院教代会组织进行二级方案的讨论与表决之中。

· 事例 1：代表选举与意见征询的“常规应对”

2019 年的学校教代会准备工作从 5 月底开始启动，离教代会正式召开不足一个月。从下发教代会代表换届通知、拟定教代会议题文本，到

① 郭卉：《权利诉求与大学治理——中国大学教师利益表达的制度运作》，博士学位论文，华中科技大学，2006 年，第 63—64 页。

② 钟凯凯：《大学评估运动：“组织化动员”的概念、特征与悖论》，《浙江社会科学》2012 年第 5 期。

二级选举单位按照文件要求具体开展落实，20余天内需要完成所有工作。按照任务流程和要求来推算，在如此短的时间内，想要圆满完成所有准备工作恐怕不是件容易事。尤其是对于学院而言，这些工作是新任学院领导班子到位不足一个月马上面临的事情，能否充分酝酿候选人情况和就改革议案广泛征求意见都成为考验。

然而实际情况却并非想象的那般艰难。根据人们回忆，因为时间紧、任务重，大部分学院将代表选举活动安排在工作日中午进行，持续时间15—20分钟，其中唱票和计票的时间大约10分钟，会场思考酝酿和投票的时间甚至不用10分钟就已完成，一拿到票就快速完成投票的情况也屡见不鲜。

在代表选举的话题上，一些经历过多次代表选举程序的受访者谈到“推荐提醒”“领导优先”“熟人优先”等投票环节中的常规性考虑，似乎可以解释为什么代表选举工作能够快速完成的问题：

> 代表选举开始之前，学院一般都会提醒大家一些注意事项，包括选举需要严格遵循的纪律问题，还有候选人需要具备哪些条件之类的提醒。大家也都明白这里的道理，一般都会按照这些方面的提醒去选……（I-UIU-1-201907）
>
> 老师们的利益诉求千差万别，即便是本院的教师代表也未必能反映学院内部各个教师群体的利益诉求。一些老师会觉得选与不选都一样，自己这一票投给谁也不重要。当然更多老师愿意相信学校和学院领导，毕竟所有的这些流程都是要经过领导意见和安排的。（I-AIA-1-201811）
>
> 大家一般会选学院领导、学科团队负责人这些有职务并且自己又熟悉的人。代表当选后是要代表学院去向学校提意见和建议的，书记、院长他们和学校各个部门的关系熟、了解情况，学科负责人相对比较敢说，而且也更具有资历和资本去提建设，至于要选自己熟悉的人，很多时候也是人之常情了。（I-AII-2-201909）

至于改革议题的意见征询，很多受访者谈道，“在向全体教职工广泛征求意见之前，学校已面向学院院长和书记召开过多次意见征询会，其中涉及学院与学院之间、学院与部处机关之间有关考核管理和分配管理的一些分歧和敏感问题更是作过多次调研、解释和说明”。另外在实地调整中，我们还注意到，因为2019年改革议题是在2016年考核和分配方案的基础上历经多次修补完善起来的，各个部分都已较为成熟，这在很大程度上也简化了议题讨论工作的操作流程。

因此在正式征询意见时，这项工作变得十分简单。当然除此以外还有意见征询对象本身的原因，例如一些学院的管理层提道，“实际上我们作为二级学院，在向老师发学校方案的征集意见时，老师们都不关心或者说对方案经常没感觉，没有关注的动力也不发表意见”，由此也大大降低了意见征询工作的难度。

（来自I-IHI-1-201811；I-NEU-1-201901；I-UIU-1-201901的访谈整理）

·事例2：二级教代会执行时的“做足工作”

与教代会召开前的场景一样，学校教代会闭幕不久，各学院通过二级教代会落实学校改革方案的工作也都在一个月内陆续完成。根据反馈，除了在二级方案讨论环节有个别抱怨和牢骚，方案表决时基本上都是支持和同意的声音，一些学院甚至“高票”通过了二级方案。不过这样的结果可能只是表面上的“风平浪静”。

因为在实地调查中，老师们对岗位聘任、考核、奖励、分配等方面的意见并不少，一些意见甚至非常尖锐。这就是说，老师们在这方面并不是没有意见，而是没有通过二级教代会现场输送出来，或者更进一步说，是在二级教代会召开前得到了很大程度的沟通和劝说。对此，很多学院领导谈到学校大方向定下来后，学院层面需要结合自身情况“提前做足老师们的工作”，以防范二级教代会现场可能出现的尴尬局面。其中的来龙去脉，大致可以从以下几个方面来看：

“不至于会上一次次地折腾”：我们学院上一轮的情况比较朴实，为了一个方案，进行了三轮会议投票。第一次投票因为意见不集中，方案没通过，然后第二次投票还是没通过，再进行第三次投票，老师们投得有些烦了！就这样一轮一轮地折腾，最终勉强通过了。所以这一轮改革，大家都有经验了，工作要坐在前面，才不至于会上一遍一遍地折腾……（I-IUI-1-201902）

“帮助老师们更好地理解”：教代会的方案主要讲的是原则，而不是讲具体情况。学院领导通常会有这样的观念意识，但对于老师们而言，想要大家都理解是很难的。比如，一些老师对方案内容以及可能会产生的变化经常会不理解，尤其是人文社科类的老师，很多时候是看不懂方案中很多量化公式的，对方案会带来怎样的结果就更加不清楚了。另外，还有些老师平时没有关注的动力也不发表这方面的意见。这些情况都需要在会前做一些引导和解释工作，帮助老师们更好地理解方案……（I-HEU-1-201904）

“提前关心老师们的情感”：还记得前一轮考核和分配改革，说句实在话，学校的政策变化是相当大的！当时很多老师都投了反对票，大家都觉得不能接受和适应这种变化。现在三年过去了，大家开始慢慢地适应上一轮政策要求了，但现在学校政策又要改变了……这样的情况下，考虑到老师们的情感接受问题，必须提前去关心关注啊……（I-HIA-1-201905）

“政策定了就要按此执行”：学校的导向、学校的苦衷，其实我们作为二级学院都是知道的。学校的压力和要求下来了，每个学院都要做二级方案，压力也都很大。这些压力都是一层一层下来的，如果不去理会这些压力，后续压力就会更大。不仅仅是工作任务，还有职责担当、身份面子等各种问题。学校层面的政策既然定了，就要按此执行！（I-AII-1-201901）

以上两个事例，描述了在教代会召开前和召开后两个阶段的工作进程中，学校内部四类人群，即学校教代会选民、学院教代会代表、学院领导、学校领导在涉及代表选举、意见征询和二级教代会执行时的不同声音。同样基于角色、职务和背景差异，四类人群的不同声音表达了四种不同的表意方式和运作轨迹：

首先，作为学校教代会选民的大学成员每个人都是一个独立的决策者，他们可以一人一票、一人一意的方式参与代表选举和意见表达，但在实际参与中却并没有充分履行这样的表达。其次，学院教代会代表的学科、专业背景相似，但在利益结构上依然很不平衡，涉及学校意见征询、学院方案讨论和表决时往往矛盾重重。再次，学院领导是这些工作的直接组织者，他们一方面要将注意力放在如何尽快妥切完成教代会代表选举、意见征询，以及如何确保学院二级方案顺利通过等学校下达的任务要求上；另一方面又要从学院实际出发考虑如何支持中意的人选和方案，以及从维护学院内部稳定出发考虑如何减缓方案对学院教职工产生的压力等问题。最后，学校领导在这两个场景中虽然“隐形”，但通过文件指令、任务要求和监督指示，无所不在地强化着整体意义和全局意义的重要性。

显而易见，与教代会内的场景相比，教代会外的场景正在呈现出大学内部信念发展与变化的另外一番情形。在这类情形中，参与意愿表达的主体从教代会代表、校领导和工作人员扩展至校内所有教职工，掌控意愿表达的方式从现场组织、交流、监督延伸至场外宣传、提示、说服、动员等，通过广泛而有效地常规应对，以及在一个个分散个体上做足工作，最终呈现出学校与学院“基于公共利益全面维护校内软法意见”的信念逻辑。当然尽管如此，对比代表选举和意见征询前的充分表意和过程中的简化表意，以及二级教代会执行前的意见高峰和执行时的风平浪静两类现象，我们依然可以捕捉到信念表意随着组织惯例与制度规则的运行而发展的“波浪般起伏”的影子。至于教代会内外的场景为何都会表现出“波浪般起伏”的特点，从以上分析来看，显然并不是组织成员完全心悦诚服的结果，而是组织内部某些信任支柱、监督体系、舆论力量和道德情感共同发挥作用所导致的。就像守法动机中的“被动守法”道理一样，大学成员出于理性的利益计算在其中发挥了更为关键的作用。

二 前后遵循：考评会议之聚焦

教代会层面的改革决策产生后，如何具体实施落实这些方面的政策制度成为接下来的关键。在云城大学，每年到了年末，就可以看到这样一番情景：以工作分工和任务联系为界，学校职能部处各条线上面向学院及其下设学科单位的考核会、评比会和汇报会不计其数；与此相应，作为检查、评比和汇报对象的学院及其下设学科单位，除了要关注这些会议现场的参与和应对，还需要提早将大量时间、精力和资源投放在这类工作上。可以说，随着改革推进，这样的情景遍布学校各个领域，不仅成为学校（部门）和学院“辞旧迎新”的象征，很大程度上还是学校对学院（部门）实施目标管理和绩效分配的“中间环节”，对这些方面工作任务的落实有着“承上启下”的重要作用。

对此，受访者们常常用“台上一分钟，台下一年忙”来总结，反映了体制内的人们对这类现场短暂却影响漫长的工作所持有的非同寻常的感悟。而本章节对考评会议的聚焦，也将跳出现场描述的场景局限，转而从“考评会前”和“考评会后”这两条时间线索上探寻人们在其中所遵循的信念方式、过程和意义。

（一）考评会前的“切磋权衡”

前文有关信念结构的分析已强调，2013 年《目标管理办法》出台以后，在学校内部产生了不同的反响。其中一个主要的原因是，该办学虽然规定了以目标管理为导向的考核机制，却并没有确立具体的考核结构和考核过程来实施这方面的目标管理机制。直至 2016 年《关于完善学院、部处年度考核工作的实施意见》《学院、部处年度考核实施办法》和每年一次《学院、部处年度考核工作相关事项通知》纷至沓来，以目标任务为引领的考评管理机制不断具体化，人们在这方面的经验路线才日渐形成。

然而眼前的问题虽然缓解了，新问题却又开始加剧。如我们所了解，云城大学是一个拥有无数共有目标与独立目标的变化的综合体。2016年，学校以“建成有国际影响力的多学科研究为主型大学”为目标，构建起6个系列共50项有关学校未来五年发展的关键绩效指标；2017年，学校围绕“十三五”“省重点”等发展大计，将此前6个系列的指标要求转化为15个重点领域的项目化指标安排；2018年和2019年，学校紧跟国家“双一流”建设高校动态调整形势，对标志性成果指标体系又重新作出新的调整。这些指标规划确立后，首先要通过目标任务的形式打包给具体的机构单元，然后再分解到个人来完成。于是在这个过程中，无论是学校、学院还是部门，都需要围绕目标问题反复“切磋权衡”。不仅仅是目标之间的切磋权衡，还有实现目标的方法和路径上的切磋权衡。

·片段1：应当优先选择哪些目标？

学院和部门的目标任务都来源于学校的目标体系，哪些成果可以通过指标赋分的方式归入学校标志性成果序列，一直是个焦点问题。在2019年的一次务虚讨论中，校领导与校内各核心部处负责人就此问题再次进行意见交换：

校领导：最近一些学院来提意见，涉及标志性成果体系里某个指标有、某个指标没有之类的争议，希望学校目标任务的成果奖励平台可以拓宽。今天会上，大家再提提意见和想法……

科研部门：标志性成果就是要突出标志性，参照第四轮学科评估的指标要求，建议接下来再调整一些方面，如像技术发明之类很难拿，希望能够列进去；还有专著指标按评估目录也在内，也需要列入……另外，学校现在越来越重视支持人文社科，人文社科类标志性成果系列的奖励还需要更多地考虑和提高……

教学部门：有两个问题想提一下，第一个是原则导向的问题，比如个别学院只拿了一个很高的标志性指标，是不是意味着就完成了所有的教学和科研目标任务？第二个是之前没有考虑到但后面又发生了的问题，如像学科竞赛、中外合作办学等，这些成果对学校也很重要，是不是也能够列入标志性成果目录？

学科部门：还有一个问题，如果某个学科在指标排名上什么都没有，但按标志性成果奖励文件能够拿到很大奖励。这样的情况，事实上对这个学科没什么用，对学校发展而言更没用，我们用于奖励的钱要用在刀刃上。是不是需要把学校现在准备要冲“双一流”的那些学科，在标准性成果奖励政策上单列？

办公室：如果这样来做区分，那涉及的问题还有很多，比如上级领导批示的成果怎么奖励，不同级别的领导批示是不是都给予一样的头大？还有社会服务类项目方面，理工类与人文社科类存在很大差异的，怎么解决这些问题？

规划部门：还有一点，标志性成果奖励和考核评分之间要保持一致性。不能出现类似这样的情况：获得标志性成果奖励的单位，考核时得到的评分却少一点；然后没有标志性的单位反而考核分多一点，这样不妥。

……

讨论持续深入，部门处长们提出的意见和建议越来越多，大家都希望自己负责的口子上能够多一些标志性指标，特别是高奖励的标志性指标能更多一些。但矛盾的地方是，如果把这些意见和建议都予以采纳，可能就会拉低学校之前已经确立的标志性成果价值。见此情况，校领导当机立断进行了简短总结，“标志性成果是什么？很简单，学科评估用到的就是标志性成果。想要把目标任务里的所有成果都当作标志性成果，这样显然是不行的！”于是讨论进入“围绕学科评估，应该实现哪些目标”的对话阶段，一些与未来学科评估关联度高的成果代表开始成为热议话题。（O-KHHY-1-讨论 201903）

·片段2：如何最大限度地实现学校目标？

学校开展考评工作是为了最大限度地实现总目标，但是当考评工作实际运转起来后，情况却并没有那么简单。因为在学校总目标下，各层面、各领域的具体目标实际执行起来常常是模糊的，甚至可能是相互冲突的。并且不同学院和职能部门还都有着各自不同的方法和标准，在一种情况下是可行的目标方法，在另一种情况下可能根本就行不通。一次交流机会，学校核心部门处长WHG讲起现阶段发生的很多事情。这些事情整合起来，呈现出以下四个方面的信息：

“毛病就出在思想境界不一样”：校领导总是说，我们容易办成的事情都不是大事，大事都不容易办成。所以在大会小会上都会强调现在距离学科评估的时间很紧，希望全校一盘棋，集中力量去做有助于“双一流”目标建设的事情。但现在的问题是，学院的院长、书记和校领导的思想境界并不一样，或者说没有在同一个层次上考虑问题，这可能是我们现在面临的最大毛病了……所以为了争取“双一流”，我们学校并没有去成立领导小组，而是直接成立工作小组，需要采取一些非常规发展方法……

“这里主要是价值判断的问题”：机关处长通常认为部门是开展服务的，这样的认识很谦虚，但也容易把做服务简单化、庸俗化。为什么？主要是价值判断的问题。管理意义上，机关部门应该是做规划、做指导的，而不只是做服务的，或者说不能只是服务态度、服务情感，而是要有服务能力……学校现在对机关部处先进行分类，分类之后有的下达指标任务，有的并不下达指标任务，只有重点工作的考核。然后考核工作也逐渐开始前置，并且强调过程管理的重要性，更加重视机关部门规划、监测全校的工作。这些问题，很多机关部门就会觉得工作变复杂了，增加了部门的工作量和压力……

“习惯了屁股指挥脑袋的思维”：一些院长认为，自己在这个位子上做的事情都是为了本学院的发展，是为学院老师争取利益。大家都习惯了用这种屁股指挥脑袋的思维来看问题和办事情。比如说，这两天，T学院提出SCI成果认定规则要区分处理，P学院因为职称评审工作希望临时调整规则，S学院又在说需要削减目标任务的事情……这种事情虽然站在学院的角度没有错，但是部门就难了……

"就事论事（按制度执行）很难"：目标执行最终是要分解到个人的。现在老师们对学校发展都有共同认识，但要和他们讲清楚道理，尤其是要和大教授、大专家们就事论事就很难……前几天，一个教授专家跑到我办公室，拿了三份学院领导已经签了字的考核资料给我，想要让我也在上面签字。我和他进行了一些沟通后，没有给他签字。这里没有什么规则，也没有逻辑上的道理，无非是考核执行过程中大家都支持一下的道理……但部门和学院不一样，我们面对的是所有学科、所有老师……（I-WHG-1-201903）

云城大学的故事发人深省。在考评会前的不同场合下，校领导、部门处长、学院院长以及教授们，对未来学校跻身全国高校"双一流"的总目标也许都持肯定态度，但在标准、措施、方法上依然持有不同的观念态度与抉择。具体而言，校领导希望全校部门和学院一盘棋，集中力量发挥正向作用，以确保最大限度地实现学校顶层规划的目标决策；部门处长们主要着力于所在领域的需求与服务，对其他领域的目标任务及工作中具有较大难度的任务规划与监测则无暇顾及；学院院长总是站在自己的位子上竭力为本学院目标任务的完成创造条件，而不会过多去考虑学校整体或其他学院可能面临的困境；教授们则专注于从学校和学院各个层面为自己争取更多有利于目标任务达成的支持力量……

这种情况正如罗伯特·伯恩鲍姆在分析大学运行模式时所指，"组织目标的重要性在于其对个人和团体行为的假定影响作用。但是，即使是那些共在目标，对于应当最大限度地实现哪些目标以及如何实现，人们也不可能取得一致意见。即使他们都对最大限度地实现同一个目标感兴趣，但是由于对实现目标的最有效措施可能各抒己见，他们的行为还是不可能达成一致”[1]。从中不难得出信念发展与运作上的一些规律性总结，即在这个阶段，人们普遍认为学校目标非常重要，也感受到学校目标在决定自己未来应当做些什么的重要意义，以及为此而产生振奋之共情。然而一旦涉及应当实现哪些目标以及如何实现之类的问题时，却总是怀有各自的见解和认识，并不希望自己的选择受他人主导。于是随着学校、部门、学院的期待、要求、希望、意见纷至沓来，大学通常需要基于目标执行的轻重缓急作出相应的考虑，校内软法的实施代价大幅度提高。

不过需要注意的是，由于这个阶段的活动主要涉及考核分配前的问题，还没有直接涉及利益分配，即使期待、要求、希望、意见不少，所涉及的问题也大多是正面反馈，校院之间的切磋权衡最终还是呈现出“合作共事”的结果。

（二）考评会后的“适应改进”

在进入正式讨论前，需要先说明，考虑到考核管理的闭环式呈现，本单元虽然强调了“考评会后”这个时间界限，实际上并没有将考评会真正区隔出去，而是聚焦考评工作开展对此后很长时间乃至下一轮考核管理带来的影响。换句话说，是在年复一年的考核管理大循环圈中，探寻信念发展与运作规律。

根据资料显示，2013 年后，云城大学的考核管理有一个特点，即年度/任期考核与资金资源划拨、干部业绩评价几乎完全同步，考核要求一旦确立，学院（部门）要在规定的时间内完成相应目标任务并肩负起相应的责任；考核工作完成后，学院（部门）还要根据前一轮目标履行结果和下一轮目标责任要求形成总结报告并作公开自查，可以称为“任务锁定、问责锁定”。不可否认，这种情形大大增进了学校整体管理效能，同时也带来了“系统、机构和个人都在适应问责逻辑的要求，问责变成

① ［美］罗伯特·伯恩鲍姆：《大学运行模式：大学组织与领导的控制系统》，别敦荣主译，中国海洋大学出版社 2003 年版，第 58—59 页。

了目的本身，而不是一种实现其他目的的方法”[①] 的隐忧。尤其是 2016 年以后，伴随着重点工作项目化和奖励性绩效分配政策的进一步落地，校院两个层级的决策层、管理层乃至体制内每个人，基于自身岗位责任都在作出各种适应性调整和改进。以下列举最常听闻的两则现象事实：

· 事例 1：“大人物的关系性存在”

在云城大学，“大人物”并非拥有权威力量的学校决策层，而是享有高端学科成果、引领重大科研项目以及具有很高学术声望的国家级人才和海内外高层次人才。他们在学校并不是历史性存在，而是最近几年学校改革发展中通过人才引进不断显现的新气象，是一种建立在学校目标管理基础上的“关系性存在”。也正是因为他们的关系性存在，成就了学校更高层次的构想与实践，并且以笔者目力所及，这种更高层次的构想与实践还将成为学校未来发展的趋势和潮流。

根据访谈整理，这里大概反映了三个方面的权宜性考虑：

“下决心引进高层次人才”：现在大家都很明白，学科评估、重点高校验收，还有下一轮的一流学科，都需要大师级人物的头衔、资源和平台。那么学校的考核任务倒逼下来了，学院就会想方设法地去适应，通过引进高层次人才尤其是国家级高层次人才是最见效的，我们自己培养的速度肯定赶不上人才引进……当然引进这些大人物会影响到学校整体，这里的代价也是非常大的。另外同样是引进高层次人才，引进院士和引进“国家千人”“万人”也不一样，一个院士的投入可以用在好几个“国家千人”身上，还有年轻的新生力量也因此可能就进不来了。

“想办法平衡内部利益格局”：高层次人才引进来了，对学科和学院就会带来直接收益，标志性成果这些可能马上就解决了，学院

① ［荷］格特·比斯塔：《测量时代的好教育：伦理、政治和民主的维度》，张立平、韩亚菲译，北京师范大学出版社 2019 年版，第 55 页。

整体肯定是受益的。但是对老师们也产生了直接影响……像高薪聘进来后还在学院里担任职务的情况，对学院内部的利益影响就更大，考核过程中会有很多不平衡的利益格局需要去磨合和化解，大家在这个过程中都要作出调整。当然现在很多时候是“柔性引进”，学校在校内老师中也开始做“年薪制”“终身教授”，内部影响也会小一些。

“未来产生的影响力不可估量”：花大代价投入高层次人才建设，其中的意义是不可估量的。打个比方来说，即使是退休院士本身可能产生不了多少直接的学术成果，但在很大程度上是对学校的一种象征性的形象影响，他们的存在对全校师生能增强一些自豪感，还有他们的学术影响和人脉影响这些都一直在为学校做事情和产生效益……再说现在的时代，虽然淡化了“帽子”和“位子”，但大学也不可能没有帽子和位子，对学科提高地位、扩大影响的意义就更不用说了。

（来自 I-III-2-201901；I-UIN-3-201901；I-AII-1-201903 的访谈整理）

· 事例 2：“体制内的断崖式转型”

与大人物的关系性存在相呼应，“体制内的断崖式转型”则是一种扎根于学校系统和机构本身的现象，反映了人们在面临任务评价、绩效分配方面的改革巨变时，从体制内寻求行之有效的工作方式、应对方式的挣扎和选择。

2016 年以后，随着改革进入了一个新阶段，工作任务评价和绩效分配发生了“巨大变化”，学校、部门和学院的决策层、管理层甚至体制内的所有人都陷于“新的挣扎”之中，一些有关学校未来工作的想法和选择也由此产生。拿一些学院领导的话来说，就像是经历了一次“断崖式转型”。这里的故事包罗万象，不可能面面俱到。综合一些经验资料，以下过程事实沿着“学校—部门—学院—老师”四个层面的想法和选择展开：

“继续统一思想做好分级分类”：现在回过头看看，这三年学校着实有了很大发展，国内四个排行榜，在三个榜上已进入百强。但这三年也暴露了很多问题，毕竟是完全打破了工分制。接下来，学校层面还要继续统一思想做好分级分类，学校考核学院，学院考核团队，团队去考核个人，在这件事情上不能折腾太多。然后接下来要做大量工作在学院为主体的考核管理上。比如有些学院可能不用考核学科，主要在于做好教学工作，然后为其他学院的学科建设做好贡献。对于这些学院而言，为学校做好贡献比自己学科进位的意义更大一些。但现在位居学校第一方阵的几个学院则是要做大，如果没有一定规模，接下来的排名肯定上不去。

“找到关键性指标的突破空间”：网上有数据对J省可能进入下一轮“双一流”的高校做过一些分析，有2—3所高校的可能性很大。与这些高校相比，我们在一些关键性指标上还不是很强，新一轮改革的突破空间在哪里，这恐怕是最关键的……作为责任部门，我们也曾经参与讨论过一个ESI奖励办法，当时主要是以S省的**大学的学校政策文件为蓝本，也征求过学院的意见。虽然考虑到很多不同的意见现在还没有推进，但这个方面对于新一轮改革来说确实是一个最大的突破口，如果能够调动积极性，奖励的幅度上再提高一些，会有很大竞争力。

“允许一定程度上的成果拆借”：改革最终还是要落到具体的老师身上的。作为学院领导，我们最关心的是学院内部的矛盾收集、分析与核定，既要鼓励科研又要确保教学，还要考虑整体与个人的匹配，否则工作是推不动的。但老师们的转型实在是太难了，就算能转型也要有个过程，现在近五年进来的博士都还没有发力……所以现在很多学院的二级方案都允许做些“成果拆借”，很大程度上也是为了缓和老师们转型难的问题。下一轮考核马上又要开始了，教师岗怎么来区分科研型、科研教学型、教学科研型、教学型，这些标准还需要重新定……

“多上课和抢着上课的情况都存在”：从上一轮聘期开始，老师的岗位工作要求及分配都产生了很大变化，也不知道接下来的三年聘期还会发生什么。就像教学基础工作，不同学院老师的反映差别很大，一些学院课程多但课酬少，老师们不愿意多上或者只愿意上小班课，因为性价比实在太低了；也有些老师表示无所谓，因为很多成果已经摆在那里了……用一句话来说就是“多上课就相当于多做贡献”。当然也有一些学院的老师抢着上课，因为学校文件规定必须上满一定学时，如果没课上就算完成科研任务也没用。

（来自I-III-1-201812；I-UIU-1-201901；I-IUI-1-201902；I-IAH-3-201808；I-IHH-2-201908的访谈整理）

综上所述，在经历一次次的任务考核之后，校院两级目标任务决策者、管理者乃至体制内每个人表现出各种权宜之计或生存之道。他们或是大胆规划，或是焦虑观望，或是积极转变，或是消极跟进，但最终都以符合自身岗位逻辑的方式接受和顺应了改革，并将改革政策及其配套制度以自己的方式落到实处。就像是一个个循环圈，它将校院两个层级决策者、管理者的注意力集中到一些目标期待上而忽略了另一些目标期待，并通过组织可以接受的意义和趋势呈现出来；同时也将校院两级管理体制内每个人的注意力集中到当前绩效成果与过去绩效成果的因果机制中，从而更加坚定了他们各自对目标方法和有效性的解释。

其中，学校考评机制通过限制人的随意性，既保证了学校两级工作运转的规范化与稳定性，也确保了人们在可接受范围内最大限度地实现学校发展总价值。并且现在来看，那些有关任务考核的目标期待和绩效成果最终都指向实现学校整体发展，体现了学校对部门、对学院的“高风险问责”和“激励性推进”。由此可以将这里的信念发展与运作进一步总结为，随着校内软法规则程序的规范化推进以及目标期待和绩效成果的周期性出现，部门、学院及其下设基层单元的负面反馈增多，大学不再仅仅强调目标执行上的切磋权衡，而是在理解和解释目标责任和强化目标绩效的循环反馈过程中，不断强化自身发展上的适应改进。

此外，在这个过程中，一些真实可信的目标期待正在被某些潜在的紧张关系和“功利性体验”所取代。诚如有学者在分析大学内部改革逻辑时曾指出，2014年以来，中国大学的教育综合改革方案以教师人事制度改革为突破口，用丰厚的薪酬待遇吸引人才并刺激产出，通过绩效考核和淘汰制进行市场竞争，以此激发教师的学术活动和产出效率。这种以利益为交换条件、以奖惩为刺激的激励不仅会侵蚀教师热爱学术的纯粹之心，也会破坏良好的学术环境和学术文化，进而造成难以估量的、永久性的内伤。[①] 在云城大学，这种以利益为交换条件、以奖惩为刺激的激励对学术环境和学术文化的影响也在与日俱增。一位受访者告诉我们，“这几年，大家对考核好像越来越接受了，为了工作晋升或是得到更多奖励，很多人都急着‘割韭菜’，追求产出更多短平快的成果；一些人还会通过‘表演’来公开展示这类成果……不真实感和无意义感的事情很多”。（I-NIU-1-201902）

三　上下协商：协调会议之常规

上两个单元分析了教代会和考评会两种场景，呈现出政策需求与制度关切的同时，也为校院之间的协商互动埋下了伏笔。的确，在大学日常运转中，尽管每个单位都受上层组织制定的政策制度的约束，但是下级通常都能对那些政策制度作出不同的理解。为了能够应付他们认为重要的少数几种可变因素，两个单位都因其认识偏见和通过认识过滤简化了他们各自的世界。它们往往忽视其计划对其他单位的计划可能造成的影响。而当两单位的利益发生冲突时，各自的代表就会坐下来谈判协商，并都试图改变对方的认识或价值观。[②] 云城大学的情况亦是如此：尽管在

---

① 林小英、薛颖：《大学人事制度改革的宏观逻辑和教师学术工作的微观行动：审计文化与学术文化的较量》，《华东师范大学学报》（教育科学版）2020年第4期。

② ［美］罗伯特·伯恩鲍姆：《大学运行模式：大学组织与领导的控制系统》，别敦荣主译，中国海洋大学出版社2003年版，第188页。

考核管理与分配管理的问题上，校内软法制度已建有泾渭分明的目标要求和绩效规定，具体执行时由于认识或价值观不同，问题与矛盾仍然需要通过协商来解决。不仅仅是正式的会议形式的协商，还有会下各种非正式的协商。

那么在考核管理与分配管理的问题上，云城大学的协商互动具体是如何展开的？反映了来自学校和学院的哪些不同认识、不同价值观？最后在校院两级治理中又呈现出怎样的信念轨迹？接下来聚焦绩效评定、奖励分配等利益攸关问题，从“协调会上”和“协调会下”两种情况下的协商情景展开讨论。

（一）协调会上的“集中协商”

总体而言，协调会是学校内部纵向关系与横向关系的集中呈现。根据学校每周一例“会议通知单”汇总，围绕学校具体工作或目标任务，这类会议一般以一位校领导主持的情况居多，也有少数由多位校领导主持的情况，参加对象涵盖学校职能型机构处长、学院相关工作负责人两类人群。这就是说，在云城大学，协调会并非直接发生在学校权威整体与二级学院上下级之间，也不是具体发生在同为二级机构的部门与部门、学院与学院之间，而是通常关涉学校领导机构、职能型部处、二级学科单位和党群单位等多重决策主体、实施主体和参与主体，显现出大学内部纵向与横向工作关系、任务关系的集中并行与交汇。

由此不难想象云城大学协调会上的两类协商情景：第一类协商情景为“单任务型集中协商”，即发生在“一位分管校领导——一个领域的相关职能部门处长—各学院相关工作负责人”之间的集中式协商；第二类协商情景为“多任务型集中协商”，即发生在“多位分管校领导—多个领域的相关职能部门处长—各学院负责人”之间的集中式协商。以实地调查过程中颇受关注的两类协调会为例：

· 片段 1：“教学工作量折算”协调会上的商榷

或许因为关涉每位教师的基本收入，在学校众多单任务型集中协商中，教务口子上的协调会，尤其是有关“教学工作量折算”方面的协调会似乎最受关注。以2018年度教学工作量折算协调会为例，毋庸置疑，这场协调会由学校教务部门召集，分管全校教学工作的校领导主持，参加对象除了教务处处长，还有与教学工作口子上的其他相关部门处长，以及各学院教学工作负责人。会议开始后，教务部门首先介绍学校政策文件和全校教学工作量汇总情况，然后对标学院考核的四种类型（研究为主型、研究教学型、教学研究型和教学为主型），就如何既保障全校教学业绩平衡，又体现不同学院教学业绩差异进行全面细致的讲解。

以上环节持续了很长时间，虽然涉及待讨论、待解决的事项繁多且复杂，但并没有出现针锋相对的谈判画面。与此对应，当协调会进入意见交流环节后，则呈现出另外一番场景。根据一些受访者回忆，印象非常深的是在“优先保障哪类教学业绩”的话题上，“一些学院反映老师们基本上精力都投入在教学工作上了，目前整体上是课程多但课酬少，希望学校能加大对教学课酬的支持力度；一些学院则反映教学基本工作量能够稳定下来是最重要的，因为现在大家都很清楚，如果没课上就算完成科研任务也没用，希望学校能更多奖励教学成果；还有一些学院反映最大的问题是，老师们不愿意多上或者更愿意上小班课，因为任务所要求的成果已经够了……”由此在学院与学院之间形成了“对立性争辩”。

为了平衡这里的问题，教务部门对照往年教学业绩考核与分配情况，重申了教学标志性成果不是每年都有、首先要保证基本工作量等方面的态度，并在会上着重强调用好“教学调节金”补偿政策的重要性。“但问题是教学调节金在具体折算时，是按课时量来体现？按上课数来体现？还是按教学质量来体现？最简单的办法是按课时量来体现，但班级规模大小、课程难易程度又是问题，课程中又分必修课和选修课，班级规模问题上还有实验课、实践课，都要乘以系数进行不同分类。另外还要考虑这一年和上一年相比较，学校希望利用调节金来做平衡，矛盾的是，数据越细，误差反而更大了。”这种情形使学校内部又产生了新的意见分歧与困惑，遇到尖锐问题时，甚至还引起一定程度上的对峙局面。

对此情形，校领导进行了各方意见缓和，在强调学校政策导向的基础上对大多数问题直接明确作出了决断。与此同时在少数复杂问题上则并没有显性表意，还是回应得比较模糊，强调会后根据文件精神和学校实际来妥善解决。（来自I-IHH-2-201911；I-AII-2-201911；I-OIA-1-201911；I-EAI-3-201911的访谈和实地观察的汇总整理）

·片段2："年终绩效分配"协调会上的讨论

年终绩效分配协调会，顾名思义是每年年末召开的以年度绩效分配为主题的会议。同样以学校2018年度年终绩效分配前的协调会为例，这次会议由学校规划部门召集，分管规划、人事、财务、科研、教学等工作的多位校领导共同主持，参加对象是参与学校绩效评价和分配工作的核心部门负责人，即学校绩效分配工作领导小组成员。会议开始时，规划部门首先就国家、J省和学校政策作总体介绍，然后结合学校2018年上半年制定的《绩效分配方案》以及2017年年底形成的《绩效分配补充说明》，全面介绍当前学校绩效分配情况和正在面临的问题。

这个环节引起在场人员的"高度注意"，因为规划部门介绍的全校绩效分配情况和正在面临的问题，正是协调会召开前各部门所反馈的情况和需要学校协调解决的问题。而各个部门所反馈的情况与问题，又是此前全校各学院及其基层单位绩效实际的数据汇总。换句话说，部门在这里作出的意见观点，不仅代表特定的任务领域，还代表学院及其基层单位。也正是由于此，总体介绍结束后，部分没有完整呈现的内容，或者说是没有依循部门或学院想法呈现的内容，自然还需要由相关部门进行补充，话题焦点也就这样直接转移和传递到了部门。

根据人们回忆，在部门补充发言的环节，不同部门都会寻找最适合作为汇报依据的政策规定，积极稳妥地陈述自己所辖领域的详细情况，以表达自己在这方面的努力、面临的困难、请求及其合理性解释。例如，人事处根据"J省事业单位绩效工资实施政策"，强调学校要在未来岗位绩效上作出更多统筹性考虑；财务处对照"国家财政和审计规定"，陈述目前面临的全校性分配和审计压力；科研处围绕当前"学校标志性成果奖励办法"，介绍今年全校KPI科研业绩进展、成果和指标体系上的未尽之处；教务处围绕“学校教学调节金政策”，表达目前普遍存在的教学与科研之间“非等价比较”和“非等效评价”，以及目前最棘手的教学工作量平衡问题……这个过程大概持续了整整半天，在各领域分门别类的困难请求和意见构想中，涉及多项工作、多项任务交叉的争议情况不断呈现。

对此，校领导们围绕学校目标任务和工作重心，对以上提到的政策文件与实施操作之间的偏差作出了不同程度的回应。在这个过程中，一些相对简单易办的事情由分管校领导作出回应，马上在会上就达成了明确的处理意见。另一些利弊关系复杂，或是较难操作的事情，经几位分管校领导意见商榷后依然定不下来的，则由会上最高层级领导（校长）拍板决断，或是形成进一步研究决策的处理意见。（来自 I-IHI-1-201911；I-HEU-1-201911；I-HIA-1-201911；I-GJK-3-201911；EAH-3-202004 的访谈和实地观察的汇总整理）

以上两个片段，呈现了两种不同任务状态下的协商情景。具体而言，第一个片段发生在“一位分管教学的校领导—学校教学相关部门负责人—学院教学工作负责人”之间，协调会上的任务状态相对“平行且聚焦”。在这个过程中，无论是部门负责人，还是学院负责人，自始至终都围绕着同一类政策文件要求、面对同一种绩效分配困境形成主张、作出回应，校领导的意见决策也在此类文件精神指引下作出。即便会上形成“对立性争辩”的情况下，最后的结果也是如此。对于人们而言，教学领域的“政策文件支撑”较之其他政策文件或是高层指令与其有着更密切、更直接的利害关系。而第二个片段则发生在“绩效分配工作领导小组的多位校领导—学校规划、人事、财务、科研、教学等各领域部门负责人—各学院负责人（隐形）”之间，协调会上的任务状态十分“交叉且松散”。在这个过程中，无论是哪个领域的部门负责人，都会结合各自所在特定系统的政策文件来“稳妥陈述”自己的困难、请求及其合理性解释，与此同时，校领导们则需要综合各个系统政策文件精神与各个领域运行实际才能形成最终的意见决策。于是在所有系统、所有领域竞相抛出问题、诉求与观点的情况下，对于人们而言，“高层权威指令”较之政策文件与其往往有着更密切、更直接的利害关系。

由此可将协调会上的场景归结为这样的问题，即“谈判各方关于对方愿意妥协的信念是什么，以及关于对方对自己愿意妥协的信念是什么”①。在云城大学的例子中，无论是单任务型集中协商，还是多任务型集中协商，人们在其中集中商榷、讨论的一个重要原因是，学校对各个机构单元正在实施的大量目标任务绩效指标有其对应的绩效分配。面对这样的情势，单单靠任务执行单位在协调会上讲理论、讲理念并不能彼此说服对方，校内软法的具体规定与学校高层的意见定夺显得更为重要，校院两个层级的治理运转由此呈现出基于校内软法制度权威和学校高层意见权威的“密切程度”而作出选择的信念轨迹。

（二）协调会下的“相互牵制”

前文已经指出，在考核管理与分配管理的问题上，大学内部的协商在很多情况下并不是一次性的互动反应，而是需要经过会前和会后多次互动甚至提交更高层级会议决策，才有可能达成最终的意见共识。为完整有效地呈现其中存在于校院两个层级之间的各种牵制及其背后的信念轨迹，接下来的讨论沿着前文列举的“教学工作量折算”和“年终绩效分配”两个片段继续展开：

· 片段 1：“教学工作量折算”协调会下的较量

2018 年度“教学工作量折算”协调会后，随着绩效评价工作在学校和学院两个层面的推进，会上没有形成明确决断的那些问题变得越来越尖锐，教学业绩分配上新的较量也由此产生。“教学调节金”政策的执行是个最典型的例子。

按照学校政策用意，学校当年绩效总和就像是一个可供分配的“公共池塘”，5%的教学调节金作为一笔机动资金、灵活资金，主要用于补

---

① McMillan, John Games, *Strategies, and Managers*, New York: Oxford University Press, 1992, p. 47.

偿校内分配不平衡情形中的弱势机构、单元及个人。然而实际执行过程中，如何定位优势与弱势、作出多大程度的补偿，可谓仁者见仁、智者见智。根据教务部门一位管理层的说法是，“教学调节金是学校 2016 年开始实施的政策，到 2018 年年终分配时已经是第三年执行了。这三年下来，年年出细则，年年有意见……细化的问题太多了，每年的情况又都在变化，无法穷尽”。可见在当时的绩效分配形势下，意见和诉求的差异化存在已是不争的事实。比较突出的主要有这样两种情况：

第一种情况是“高出平均值的学院希望尽多补偿”。为实现四类学院（研究为主型、研究教学型、教学研究型和教学为主型）的共同扶持和发展，学校对高出教学量平均值的学院作出相应比例的“绩效补偿”，是学校在教学工作量折算协调会上已达成的意见共识。然而补偿意见虽然形成了，实施执行又成为难题。因为根据数据汇总，高出教学量平均值的学院并非只对应教学为主型学院，还包括一些教学科研型、科研教学型。由于绩效补偿是以“额外补贴”方式折算下来的，无论是在哪类学院，老师们总是认为拿到补贴越多就越实惠，学院领导尽多争取补贴以稳定学院整体的动力也都很足。于是在这种情况下，学院通常就会利用自己在教学工作绩效方面的“弱势资本”，向学校提出对自己更有利的意见诉求，希望在学校部门和校领导的特殊庇护下能够得到尽可能多的“补偿实惠”。

第二种情况是“低于平均值的学院希望变通处理”。与上面的情况相对应，学校对低于教学量平均值的学院进行相应比例的“绩效回收”，同样在教学工作量折算协调会上已达成意见共识。然而在执行过程中，由于低于教学量平均值的学院主要对应科研为主型学院，教务部门作为这项工作的实施方，实际上很难对此类学院，尤其是科研为主型学院作出真正意义上的“绩效回收”。因为在关乎个体和集体绩效的问题上，这类学院的教职员工们总是不会自愿接受自己既定、既有的绩效又要被回收的现实，学院领导更是会千方百计地利用学院内部项目、成果、平台等目标绩效“优势资本”向学校部门和校领导提出“变通处理”的想法，希望学校最终能作出一定程度的“回收保留”以保障学院绩效总和。

对于上述两种意见诉求，校领导并没有给出太具针对性的实施意见，而是继续维持协调会上已经形成的原则性做法，因为这里所涉及的不仅是教学量分配，还有机构设置、学科整合、人才引进等各种问题。部处负责人则多少显得有些无奈，“部门在做文件时流程是很讲究的。之所以还是免不了‘讨价还价’，主要是因为课向哪边靠的细节问题上总是有一定‘弹性空间’。这些东西不可能在学校制度中具体细化，层出不穷的情况太多了。对哪个学院多补一些，或是少扣一些，影响的是学校整体的分配公平……”（来自 I-IHI-1-201911；I-IHH-1-201911；I-AIH-1-201911；I-OIA-1-201911；I-AII-2-201911 的访谈和实地观察的汇总整理）

·片段 2：“年终绩效分配”协调会下的处理

2018 年度“年终绩效分配”协调会后，随着各个领域赋分评价和分配折算工作的展开，之前在会上没有形成明确意见的那些问题进一步呈现并开始激化，学院和部门、部门与部门之间新一轮的协调解决由此不断被提上工作议程。

在这个过程中，一些关涉学校整体工作且需要迅速处理的事情，被提交至“校长办公会”甚至“学校党委会”讨论，最终很快形成处理解决的意见决策。然而这并不意味着校内不同系统、不同机构之间的协调就此结束。因为客观地说，学校年终绩效分配是一个整体，除了已经形成共识和决策的那些方面，其他还有更多关涉局部领域且没有那么紧急的问题依然处于模糊状态，需要通过各种“非正式程序”进一步报告分管校领导协调解决。此外更重要的原因是，即便是已经形成共识和决策的那些方面，具体实施时无法推进或无法执行也屡屡可见。

于是正如有受访者谈道，“一件事情，在这个领导那里已经认可，在那个领导那里却可能不被认可；在这个阶段也许是当务之急，在那个阶段可能却并没有那么迫切。每个领导看问题的角度不一样，每个阶段的处理情势和方式也不一样，想要协调解决很耗时间”。面对依然没有解决的问题，人们开始不再停留于此前的经验，而是采取新的“时间策略”转入更频繁、更密集的向上报告流程，以吸引高层级领导的注意力，规避可能面临的风险责任。矛盾的是，这些有待解决的问题很多是历史遗留问题，想要通过协商重新作出处理并不现实，很多时候甚至反反复复至职务任期届满，或是一直延续到下一个任期都可能解决不了。（来自 I-IHI-1-201911；I-HEU-1-201911；I-HIA-1-201911；I-GJK-3-201911；I-AOI-1-201912；EAH-3-202004 的访谈和实地观察的汇总整理）

与协调会上的场景相比，同样是“教学工作量折算”和“年终绩效分配”两个主题，所对应任务状态也同样是“单任务”和“多任务”两种类型，协商情景却发生了很大变化。总体而言，这里的协商发生在更多层次的机构、单元及成员之间，呈现出上下级间和同级间更为复杂且微妙的相互牵制。例如，在第一个片段“教学工作量折算”场景中，围绕教学调节金分配，人们在绩效补偿和绩效回收方面总是不愿完全依循校内规则已经达成的意见共识，而是想方设法希望在具体执行时尽多补偿或变通处理。对此，校领导没有给出太具针对性的实施意见，部门又难以代表学校做出决定，学校、部门、学院彼此间就处于观念和意见的来回较量之中。而在第二个片段“年终绩效分配”场景中，根据协调会遗留问题的重要程度和紧迫程度，提交至校长办公会甚至学校党委会讨论的问题很快有了处理结果，但这种高度集中的状态并不总是奏效，因为更多问题依然需要以非正式程序来协调解决。于是人们开始转入更频繁、更密集地向上报告流程，学校、部门、学院彼此间的观念、观点碰撞在协调处理中愈演愈烈。

由此可以对信念问题作出进一步总结，即在协调会场景下，影响人的注意力和观念意识，不再仅仅是政策文件规定、高层意见定夺等正式权威，而是从正式权威转向为各种非正式的社会关系。具体而言，学院或部门作为任务执行方，面对大量目标任务绩效，更加依赖于校内社会资本（如片段分析中的“优势资本”“弱势资本”“时间周期资本”等）进行意见抗衡、寻找特殊庇护和争取风险规避。与此同时，学校作为任务评估方，由于无法估算到微观层次上的各种差异性和问题困境，也总会在政策制度执行的同时注入更多的灵活性考虑，校院两个层级的治理运转由此呈现出基于“校内社会资本”的依赖与评估而作出选择的信念轨迹。事实上，也正是基于这样信念轨迹，那些处于薄弱势力、少数势力的学院，才不至于在关系到学校、学院乃至于所有大学成员利益的软法实施与操作中直接沦为校内雄厚势力、多数势力学院的牺牲品。

第三节　小结：激励性驱动下的压力型治理

信念维度强调的是一种象征性力量，考虑到随着大学改革的持续深化，“公平、效益、效率、质量等因素成为高等教育治理领域的新宠，与之密切相关的绩效管理也日益成为高等教育治理实践的主旨和焦点被注入体制变革当中”①，这个维度主要关注校院两级运转的目标考核、绩效分配以及面对共同趋势和压力的理解和反应等问题。通过以上软法叙事和软法运行两个层面的讨论，可以看到，作为一个整体，大学从过去长期的考核分配历史经验中吸取、造就了信念，又从当下目标管理和绩效分配改革中成就、开拓了信念，并通过校内立法持续不断地强化面向成果、指标、排名的共同理念与信条。与此同时，大学内部不同层级、不同系统的群体和个体在具体实践这些共同理念和信条时，基于各自角色、立场与利益考虑又有着不同的理解和反应，在不同的场合与情境下还会产生不一样的观念与价值判断，反过来又无时无刻不影响着大学整体上的信念联系及其象征。

不可否认，这些信息集中呈现了学校（部门）和学院在对待改革压力时，如何通过他们之间的相互作用和表达解释去不断解决外部利益冲突和实现内部利益整合的状态和过程。在这个过程中，校内软法实践的重点不再是规范性支持或约束性把控方面的考虑，而是着力于大量物质或超经济性的刺激，更加强化对内设机构、单元及个体施以具体明确的

---

① 向东春：《问责与信任：大学学术治理的逻辑与路径》，《教育发展研究》2020 年第 19 期。

任务要求和赋分标准。由此综合学校和学院对待改革压力的状态和过程，以及校内软法注重奖励和刺激的重点呈现，可以将信念维度的治理样态理解为“激励性驱动下的压力型治理”。那么具体如何阐释这方面的治理样态及其背后的治理关联呢？

通常而言，压力型关系主要是一种政治体制的表达。在中国，研究者们大多将各级地方党政组织为了实现经济和其他各项目标，采取任务数量化分解和高度物质化奖励相结合的一套管理手段和方式称为“压力型体制”。[①] 这种体制的基本逻辑在于：为实现经济赶超和其他目标任务，上级组织将各项目标任务分解成量化指标层层下压给下级组织并责令其在规定时间内完成，下级组织在完成目标任务的压力下围绕工作重点进行人、财、物的高度整合，从而形成上级根据任务完成情况对下级进行政治和经济方面激励奖惩的状态格局。循此理解，院办校改革背景下，大学为满足效率、效益和市场责任，在校内软法的推力与拉力下，通过目标任务的数量化分解和高度物质化奖励相结合的手段和方式，形成上下级之间依赖利益刺激来驱动的状态格局，无疑正是压力型体制的具体写照。

然而大学的压力型体制毕竟是不同于通常而言的地方政治体制，即便我们承认大学是一个“指标、绩效的压力体”，依然还需要看到，在大学校院两级运转中，学院既是组织属性上的二级单位，在绩效考核上具有高度“整合性”；又是学科和专业属性上的办学实体，在任务进行中维持着很大的“独立性”，目标执行需要依托更多的调和适应。因此本书虽然汲取“压力型体制”的基本解析，但不拘于通常意义上的“压力型体制”解读，而是将“压力型体制”与“关系调适”联系起来，着力于强调学校内设机构、单元及其成员在面对层层下压的目标管理改革任务和趋势时，通过软法运行中的信念表达、解释、互动不断调和适应的状态和过程。即学校和学院基于软法激励性驱动和维持而发生、发展的“相

① 杨雪冬：《压力型体制——一个概念的简明史》，《社会科学》2012 年第 11 期。

互调和、相互适应”的过程及走向。

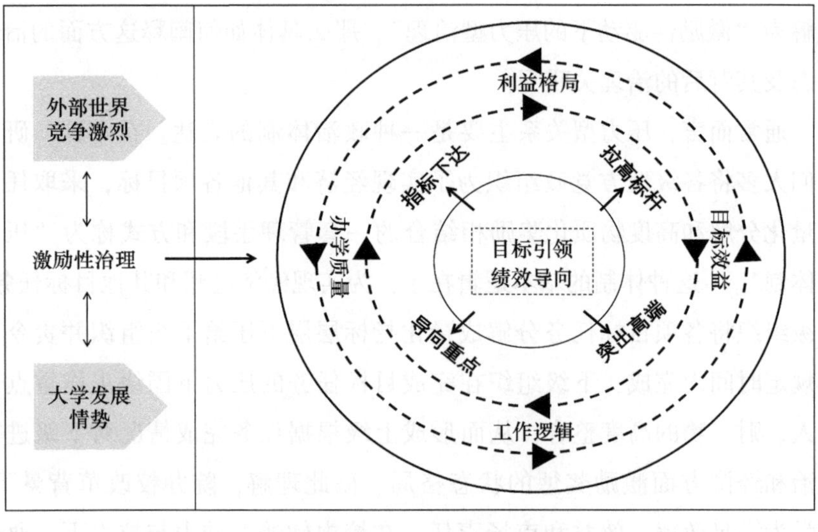

图 6-3　软法激励性治理中压力型调适的样态机理

构建其样态机理，如图 6-3 所示，其中有关学校与学院之间的治理关联，可从“趋同”和“趋异”两种倾向上进一步解读：

首先在趋同倾向上，信念并不是学校或其下设某个部门或学院凭空造就的，而是系统内各个机构单元及个体无意识地共同坚持、强化的结果。大学发展情势使学校对目标管理的规划思路高度重视，在历史经验推动下逐渐形成“以目标为引领”和“以绩效为导向”的一系列信条理念。并且伴随着校内专门性立法的推进，指标下达、拉高标杆、导向重点、突出高端等信念宣称和表述在校院两级治理中变得越来越坚不可摧。在这种情况下，追求办学质量和目标效益的激励性理念不仅赋予工作在一起的大学成员某些共同的支柱、力量和情感，在外部世界竞争激烈的情况下，还使学校和学院始终都能遵循一种心照不宣的利益格局和工作逻辑，在避免目标管理可能带来的负面影响、保证相互之间的绩效支持并最终将学校推上改革发展的快车道方面发挥了重要作用。

其次在趋异倾向上，每一所大学都是一个工作信念的合集，学院作为学术系统和行政系统两套不同系统的组成体，所信奉的工作价值标准与学校所强化的目标要求并不总是一致的，有时偏差比较大，有时又恰好相反。尤其是在改革对工作逻辑和利益格局带来颠覆性影响的情况下，学校内部来自各个学院的意见纷争就变得更加尖锐。于是常常可见的是，来自学校和学院的各种不同的表达、解释和反应都在对改革发展和有效性产生影响。但究竟是谁引领谁，谁主导谁，谁支持谁，这方面的问题即使在学校软法文本中已经作出明确规定，在具体实施与执行过程中依然可能出现前后不一、顾此失彼的情况。

大学内部治理既是一项治理活动，也是一项管理活动，建立怎样的信念原则是关键所在。管理学者罗宾斯等认为，管理是旨在“能够有效率和有效果地同别人一起或通过别人一起或通过别人实现组织的目标”的协调活动，效率是要求用少的投入取得多的产出，效益是要求从事的活动有助于组织目标达成。① 从此意义来看，效率和效益的实现对大学内部治理无疑具有实质性影响，而“大学也的确有责任考虑那些自己从经费上予以资助的研究项目会带来的社会效益”②，即使是世界一流大学和一流学科也需要遵循这样的逻辑。可问题在于，高等教育领域的治理行为并不单单只以满足效率、效益和市场责任为宗旨，而是还要遵循大学组织人才培养和知识生产的内在规律，否则就可能会陷入集体行动的困境。比如人才培养是大学办教育的基础也是关键，但培养人才不比科研产出，其效果并不能立竿见影；再比如与理工类学科相比，文史哲等学科的发展相对缓慢，并且其知识和成果的影响常常带有发散性，需要慢慢积累才能见其成效。

---

① ［美］斯蒂芬·P·罗宾斯、玛丽·库尔特：《管理学》（第11版），李原、孙健敏、黄小勇译，中国人民大学出版社2012年版，第7页。

② ［美］德里克·博克：《走出象牙塔——现代大学的社会责任》，徐小洲、陈军译，浙江教育出版社2001年版，第222页。

如此来看，真正能够促使大学校院两级治理形成良性循环的，应当是学校和学院对高等教育理想和目标的持续追求，而不是一味地依赖利益观念和奖惩的刺激来驱动。这就要求大学在校内软法的推力与拉力下，能够走出单纯以“利益+奖惩”为刺激的效率范式，更多地强调“组织效益+社会需求”为激励的效能范式，以一种更强调合作原则、更讲究质量监督的价值观念和信念对其内部各种重要的问题作出反应，才能将改革风险控制在学校和学院都能够接受的范围内，并以此走向更多的合作和更高的自由。

第七章　多维治理的综合分析

我们认为世界是什么，主要取决于我们如何看待它，我们看待世界的方式则又取决于我们是哪种社会关系的一部分。

——［美］肯尼思·格根①

云城大学的故事是当下改革与转型背景下，中国大学校院两级治理现实的一个缩影。在前面第三章、第四章、第五章的讨论中，本书着力于软法利导作用这个基点，从组织、权力、信念三个维度，对云城大学内部学校与学院之间的治理现实进行分析和阐释。每一个维度都将我们的注意力集中于学校和学院之间某些特定的软法实践，每一重解读也都基于特定领域的软法实践强调校院两个层级之间的治理现实。就像透过窗口流连于城市，无论是区域组合，还是层级竞争，抑或是愿景表达，每一个窗口都在将人们的注意力聚焦于城市内部某些特定法规的创制与实施，每一个窗口也都呈现出某些独特的、不断翻新的城市生活与发展动向。

的确，维度构成认识大学校院两级治理的窗口。当我们运用不同维度来认识这些结构现实和过程现实的时候，就会得到与此相应的不同经验信息和理论解读。然而不可否认，维度的分析在聚焦某些特定方面的

---

①［美］肯尼思·格根：《社会构建的邀请》，许婧译，北京大学出版社2011年版，第2页。

同时，总是会滤除其他方面。即便所选定的组织、权力、信念三个维度能够准确呈现大学校院两级治理研究主题的重要方面，也不可避免地会面临此类问题，使研究的整体性、全面性难以呈现。这就要研究者在总结以上经验信息和理论解读的基础上，沿着软法视角去探寻一种更开阔、更集中的理念和主题，将三个维度的研究发现融合联通后形成“合而为一”的分析思路，以回应本书导论部分提出的大学软法实践最终在校院两个层级之间形成了怎样的治理秩序这个关键问题。

接下来，本章尝试以一种新的软法分析方式，在云城大学的故事与更广泛的大学日常现实之间架起一座理解桥梁，向读者呈现“院办校”改革情境下的大学校院治理整体图景、基本面向和核心机制。

第一节　整体图景

在考虑如何呈现大学校院两级治理整体图景之前，首先对三重校院治理样态及其背后的解释逻辑进行对比分析。这样的对比分析将有助于我们将前面三个维度的研究发现充分融合后，从中提炼出新的具有融通性的有效解读。

如表 7-1 所示，在以“结构上的着力点”“建构上的着力点”“解读的视角”“呈现的样态”为分析单位的对比列表中，将组织、权力、信念三个维度放在一起作比较，三个维度上的解释逻辑分别有着不同的分析着力点和解读视角。其中，组织维度以软法规范性支持视角主要着力于机构设置、任务规划和决策集中性、连续性分析；权力维度以软法约束性把控视角主要着眼于层级划分、权力分配和决策内聚性分析；信念维度以软法激励性驱动视角主要着眼于信念宣称、信念表述和决策回应性分析。由于着力点和解读视角不同，最终呈现的解释逻辑也截然不同。

不可否认，这样的对比分析在显现三重治理样态共生共存的同时，有力证实了导论部分所强调的大学校院两级治理不仅是一种有关体系与机制的实体性、具形化存在，还是一种有关时代与环境、过去与现在、取向与偏好、观念与对策的过程性、价值性存在；以及软法及软法治理不仅指向大学内部开放、动态和多元的软法运行方式和运行机制，还指向人们在大学日常软法实践中的情感反应、能动性以及关系模式等很多构想。由此提醒我们：在大学软法之于校院两级治理的问题上，一方面，要注意到大学校院两级治理的多样性、丰富性以及与此相应的软法体系、机制及其作用轨迹；另一方面，还必须看到，大学内部校院两个层级的治理运转并非某个或某类校内软法机制起作用的结果，而是学校软法体系中各种机制组合在一起的作用结果。换句话说，在大学校院两级运转中，校内软法可能既对大学内部治理改革具有规范促进作用，又在同时消解甚至阻隔大学内部治理的改革意图和决策，需要注意到各种可能性。

表 7-1　　**组织、权力、信念三个维度的对比**

分析单位	组织维度网络态治理样态	权力维度阵地式治理样态	信念维度压力型治理样态
结构上的着力点	机构设置与任务规划	层级划分和权力分配	信念宣称和信念表述
建构上的着力点	决策的集中性、连续性及集体行动的展开	决策支配、把控及其内聚性表现	决策的表达、解释和反应方式及其意义所在
解读的视角	软法规范性支持	软法约束性把控	软法激励性驱动
呈现的样态	“相互依赖、优势互补”的过程及走向	“瓦解分化、整合巩固”的过程及走向	“相互调和、相互适应”的过程及走向

那么在各种不同软法的组合作用下，大学内部校院两个层级之间究竟存在着怎样的整体图景呢？这就涉及如何继续立足软法利导这个基点，将前面的研究发现充分融合并融通起来进行解读的问题了。正如肯尼思·J. 格根在《关系性存在：超越自我与共同体》中所言，“所有我们认为真实、准确、有价值或者善的行为，都能在协作行动中找到根源”①，“行动中的软法”更是如此。在云城大学的故事里，大学是有关学校与学

① ［美］肯尼思·J. 格根：《关系性存在：超越自我与共同体》，杨莉萍译，上海教育出版社 2017 年版，第 7 页。

院之间各种软法实践的集合体，不仅有软法的规范性支持与保障、约束性把控与支配、激励性驱动与维持之间的组合，学校软法体系中政策、规范、标准、规则、规约等各型各类机制的汇合，还有学校软法规划设计、实施执行与发展演变之间的关联，现在的校院两级软法还与先在的校院两级软法以及国家政策、社会、市场结合在一起。而当校内软法在改革实践中受到人们的关注、遵守与维护时，学校及其下设的所有部门和学院更是一同被卷入校院两级治理的各种关系现实。可以总结为“充满连带性”的治理状态。

由此回归到整体图景的问题上，不妨将校院两级治理看作一场发生在学校和学院之间的大规模“协作行动”——所有的校内软法都从中孕育而生，所有校内机构、群体和成员都参与其中，并通过不断扩展的治理现实发展出了新的治理秩序。至此，从软法形式和位阶发挥出发，可将大学校院两级治理中的各种日常现实按照校院之间的协作程度予以排列，从“紧密的协作”逐步排列到“松散的协作”，呈现出“基于软法实践的大学校院两级治理整体图景”。具体见图 7-1。

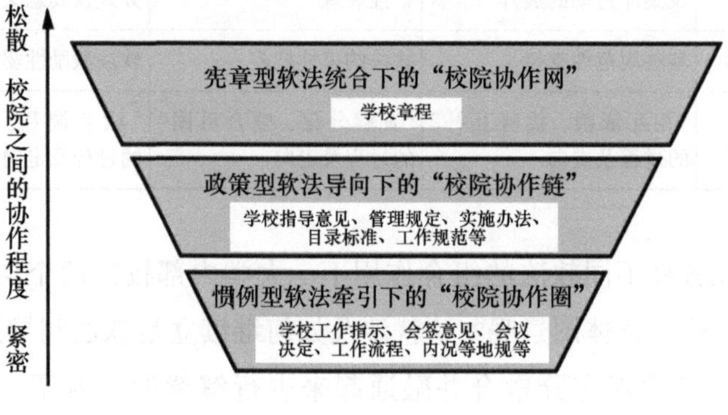

图 7-1　基于软法实践的大学校院两级治理整体图景

如图 7-1 所示，在大学校院两级治理中，协作最紧密的情况首先是学校工作指示、会签意见、会议决定、工作流程、内部行规等惯例型软法牵引下的“校院协作圈”，其次是学校指导意见、管理规定、实施办法、目录标准、工作规范等政策型软法导向下的“校院协作链”，最后是学校章程这部宪章型软法统合下的“校院协作网”。即“惯例型软法牵引下的校院协作圈—政策型软法导向下的校院协作链—宪章型软法统合下的校院协作网”整体图景。

一　惯例型软法牵引下的校院协作圈

尽管从本质上讲，可以将学校和学院参与其中的每一项软法行动，从酝酿确立到实施执行，再到适用解释，都视作一个校院两级治理的协作圈。但显而易见，学校内部长久以来牢固确立的各种数不尽的“惯例型软法”，包括工作指示、会签意见、会议决策、工作流程、行事规程的形成和实施，因为最贴近大学内部治理日常，每天悄无声息地牵引着、强化着学校和学院各项工作，体现出校院之间循环往复的那些最紧密协作。尤其在有关大学内部人、财、物的问题上，这方面循环往复的紧密协作表现得更为突出。

根据实地调查，这里主要有三种情形：

第一种情形是“惯例性疏通”的循环运作。比如，大学运转的每个阶段总是有很多配套机制不完善，在这种情况下，一些工作需要依据此后学校相关部门作出的更具针对性的处理意见、校领导会签意见或是学校会议决策，直至校内决策单位对此施以不同程度的影响后才能得以展开。于是乎，常常可见，学校规划构建时不断强化二级机构目标构想和激励原则，具体决策时考虑到学术市场风险以及不同类型学院间的平衡，又不得不作出各种不同程度的限制；学院面对不断强化的目标构想和激励原则，通常情况下总是想方设法地利用政策和环境条件朝着目标而努力，遇到激励目标的配套依据滞后和缺位时，也会运用“打报告”或是直接跑动、呼吁、反映等方式向学校施加影响。显而易见，这样的情形为学校和学院协调处理日常工作提供了合法性依据，也产生了在原则性和灵活性之间各种疏通应对的循环运作。

第二种情形是“惯例性调控”的循环展开。比如，大学基于统一领导、分级管理、集中核算的财务管理体制，每年需要将很大精力投放在如何确立下一个财年不同学科单位的资金预算、如何管理和执行当年不同学科单位的资金预算上。尤其是最近几年，随着学校战略规划的大跨步推进，涉及多种学术产出或多个目标任务的工作事务越来越多，在这方面的精力投放愈加明显。于是可以看到，学校在经费管理上采取的普遍性做法是，通过工作流程和操作细则不断“精细化”二级机构经费预算、管理和执行，以此强化学院及其成员自担责任的约束关系。然而这样的精细化操作并没有抑制住学院突破已有预算限制、实现规模与权力扩张的冲动，事实上，只要在工作流程和具体操作上存有突破口，学院就会利用好各种“机会条件”向学校争取更多资金，周而复始的调控工作也就循环展开。

第三种情形是“惯例性倾斜”的循环强化。比如，大学内部各个学院都有源自学科基层的行事规程，这些规则大多不成文，但“弥漫于”组织群体及其成员个体的工作逻辑之中，成为学术单元管理的一种常态。于是在按照集约化思路对人、财、物加以整合的过程中，各学院及其下设学科基层的权威力量都会很强硬地表达自身需要优先支持的路线和理由；普通学术人员虽不参与具体决策，但作为设备资源的实际操纵力量则在对集约化过程施加实质性影响；而学校（部门）决策者基于各自学科背景和任职经历也会对某个学科建立更多的倾斜性考虑，校院之间基于学科背景、目标任务和亲疏关系的各种倾斜由此不断循环强化。

“我们文明社会中的成员都遵循一些并非有意构建的行为模式，从而在他们的行动中表现出了某种常规性；这种行动的常规性并不是命令或强制的结果，甚至常常也不是有意识地遵循众所周知的结果，而是牢固确立的习惯和传统所导致的结果。”① 显而易见，上述这些看起来最平常

① ［英］弗里德利希·冯·哈耶克：《自由秩序原理》，邓正来译，生活·读书·新知三联书店1997年版，第72页。

的校内软法经过长期积淀，不仅潜移默化地走进人们的意识当中，还总是蕴藏着可以令人们“心领神会”的无穷力量，牵引着大学成员不言自明地“遵循于此、依赖于此”。大学内部治理正是以这样一些最潜在的、最频繁的方式表现出符合社会常识的行事轨迹，构建起学校与学院之间最紧密的治理协作（如图 7-2 所示）。

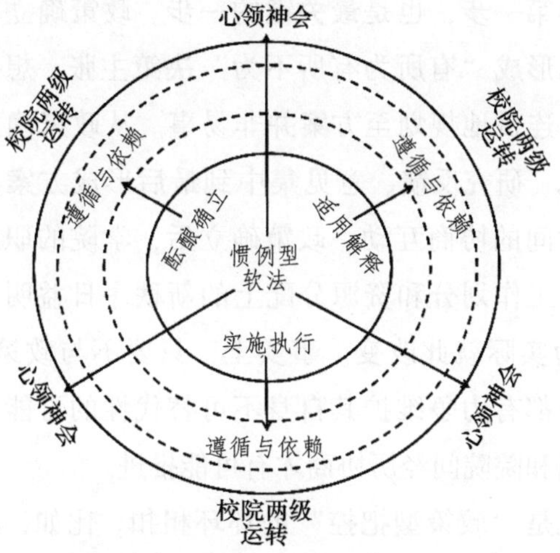

图 7-2 惯例型软法牵引下的校院协作圈

二 政策型软法导向下的校院协作链

惯例型软法虽然体现出校院之间的紧密协作，但不可否认，其在维护治理秩序方面的预期是很不稳定的。这就需要另有一些相对稳定、反应迅速的软法方式来规划、指引校院两级治理的格局和未来走向，以弥补“惯例型软法”的不足，“政策型软法”就扮演着这一角色。根据软法理论的通常性解析，公共政策是软法的重要表现形式，对社会生活各个领域起着实际规制作用。① 它们由学校职能部门以文件的形式自上而下签

① 罗豪才主编：《软法的理论与实践》，北京大学出版社 2010 年版，第 160 页。

发，通常采用指导意见、管理规定、实施办法、目录标准、工作规范等命名方式，是学校规范和调整校院两级运转的基本策略和方式。由此聚焦大学校院两级治理，所看到的图景就不再是一个个循环往复的协作圈，而是一系列沿着可预期路线不断向前延展的协作链。

结合前文分析，主要有三种情况：

第一种情况是“政策型协商”的步步推进。比如，机构调整是大学内部结构设计的第一步，也是最关键的一步。政策确立前，学校在与学院意见协商前已形成“有所为有所不为”决策主张，想要将这方面的决策主张集中地、连贯地规划至方案并非易事。从政策确立前赴不同学院走访、听取意见、研究反馈、意见集中到最后形成方案，往往需要经历半年甚至一年时间的协商互动。政策确立后，学院的职能定位、任务联系都得以重构，工作划分和资源分配上的新秩序日益明朗。然而新秩序并非意味着行为实际就此改变。事实上，只要不与政策方案发生冲突，学院在任何时候都有力争维护其自身不可替代性的可能性，最终很多安排都须在校院间和院院间经历协商才有可能推进。

第二种情况是“政策型把控”的环环相扣。比如，学科建设关乎学校、学院和学科基层的学术权力分配，这方面的政策规划与设计一直在渐近中持续进行，学科组织化也随之有计划地展开。在这个过程中，学科集聚发展既依赖于学校层次的整体性规划和决策，又依托于学院层次的意见决策和学科基层的自身动力，还依托于国家和地方政府的政策机遇与趋势。随着学科体系越来越庞大，学校在学科建设问题上既要照顾全局和一体化，又要有重点和特色化，具体实施推进过程中来自学校、学院、学科以及国家和社会不同力量的环环相扣日趋显现。

第三种情况是“政策型权衡”的层层递进。比如，目标考核是大学打破“工分制”考核评价体系的标志性举措，引发了后续大学内部一系列变革与发展。目前普遍可见的是，学校通过考核管理、成果奖励等方面的政策文件持续不断地建立经验路线，目标引领和绩效导向的信念宣称在外界竞争因素影响下变得越来越强烈，甚至坚不可摧。然而眼前的问题缓解了，实际执行中的新问题却又加剧。由于学院的目标任务来源于学校，又需要分解到学院、学科和个人，在这个过程中，每一项目标都不会是孤立地存在，并且目标与目标之间的结合还总在发生变化。于是改革进程中无论是学校，还是学院，总是需要根据目标执行的轻重缓急或互动反馈作出层层递进的权衡考虑。即便是在经验路线十分牢固的情况下，实际执行中针对新问题的权衡递进依然会不断加剧。

综上所述，在大学内部步步推进、环环相扣、层层递进的治理运转中，政策型软法就像是导向校院治理秩序的基石，一直在“学校施压、学院回应”的各种互动中推动形成协作链条。此后随着软法实施和适用的向前推进，学校和学院之间的互动影响变得更为复杂，每一次软法运用都成为此前软法运用的“补充、共振和强化”，新的更加丰富的两级治理过程及其秩序在关系的汇流中不断延展（如图 7-3 所示）。并且值得注意的是，软法行动能够在多大程度上得以实现，与协作过程常常呈反比趋势。当协作过程较为简短时，其实现概率也较大；而伴随着协作过程的延长，校院两级运转中不确定、不稳定的因素随之增多，其实现概率也随之降低。由此构建起学校与学院之间较为松散的治理协作。

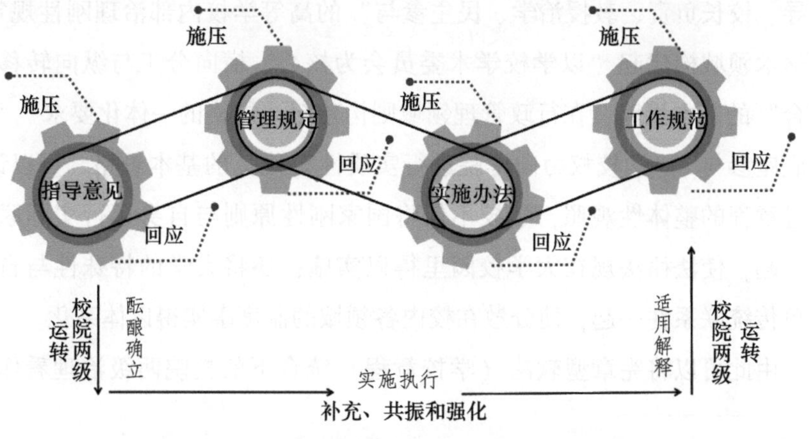

图 7-3　政策型软法导向下的校院协作链

三　宪章型软法统合下的校院协作网

最后是大学内部最稳定的软法方式，毫无疑问，作为大学的治校总纲领，大学宪章型软法（学校章程）将是关于大学校院两级治理的辩论之本，也是一个可以涵盖校内所有校内软法实践的问题。这不仅体现在大学章程的制定是“从具体到抽象”和“从抽象到具体”双重作用的结果，其中“从具体到抽象”主要表现为校内分散的规章制度的体系化和非成文的制度事实的成文化，“从抽象到具体”则表现为国家法通过具体的大学章程得以实施。[①] 还体现在大学章程实施运行中弥漫着办学治校的各种统合性思考：无论是学校中心人物，还是边缘人物，人们的价值观、思维模式、行为习惯等一切问题之本都蕴含在学校章程之中，几乎所有的问题也都能从学校章程的规制与使能中汲取力量。

很明显，在这个方面，大学章程的统合功能是宏大的、刚性的，同样也是包罗万象的、可伸缩的。人们看到的是一个章程，其背后却是通过章程连接在一起的国家法律法规规章，以及校内纷繁复杂的政策意见、规定、办法、规范、惯例和规则。回到前文的分析讨论，学校章程统合下的决策机制就是最典型的例子。根据前文分析，学校章程遵循“党委领导、校长负责、教授治学、民主参与”的高等学校内部治理刚性规定，在学术领域构建起“以学校学术委员会为核心、横向分工与纵向转移相结合”的基本思路，在行政管理领域则构建起“严格的一体化要求”“师生底座参与”“学校权力向学院进行实质性转移”的基本思路。可以说，通过章程的整体性观照，学校不仅将国家刚性原则与自身运行实际联系在一起，使法律法规在大学校园里得以实施；还将大学的特殊性与自身特色传统联系在一起，使分散在校内各领域的制度事实得以体系化。

由此可以将宪章型软法（学校章程）统合下的校院两级治理看作一

---

① 武暾：《我国大学章程的民间法解读》，《法律科学（西北政法大学学报）》2019 年第 4 期。

张涵盖校院协作圈和协作链在内的“校院协作网”。如图 7-4 所示，大学章程统合下，大学内部治理是一个非线性的世界，这里涵盖了几十个、成百个学校内设机构，甚至是数以千计的单元群体及个体，这些单元群体及个体不仅是嵌于校院互动之中汲取力量，还是自主的、能动的。穿流于学校与学院之间的，有工作、资源、权力、信息等多种多样的可伸缩的协作纽带，即使没有什么实质性纽带的存在，通过体制内的一些象征性联系或称隐形关联，也能折射出校院之间松散耦合的协作逻辑及其正当性表现。从而汇聚成一个规模宏大、结构松散的网络整体，实现章程对校院两个层级之间协作行动的整体统合。不过尽管如此，我们基于实地资料分析的具体情况仍需指出，当下中国大学先有制度后有章程以及校内配套软法形式灵活多样的情况下，大学章程的统合功能的发挥事实上是十分微弱的，甚至在很多时候可能是被悬置的、模糊不清的。

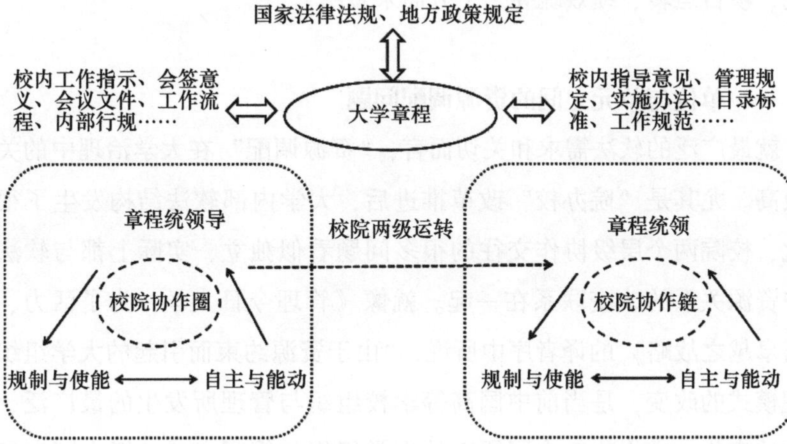

图 7-4　宪章型软法统合下的校院协作网

第二节　基本面向

前面的讨论指出，在软法机制的组合作用下，大学校院两级治理最终呈现出“协作圈—协作链—协作网”的整体图景。这样的总结主要从形式和位阶的视角，较为直观地解读了中国大学软法实践中“充满连带性”的校院治理样态，但在软法需求和关切方面则关注不多，因此对于样态背后的基本关系及其问题面向并没有作出太多回应。接下来本章节继续探寻这里的问题。

诚如肯尼思·格根在《社会构建的邀请》中所强调的，“科学事实可被看成不同群体的产物，而不是观察得到的东西。同理，将这个逻辑扩展，客观事物和事实并非个人思想的产物，而是集体传统惯例的产物。此外，科学无法提出各个学科通用的事实，因为所有的事实表述都是针对某一特定传统——它已深深植根于文化和历史中”①。具体扩展至大学内部治理，校院两个层级协作交往的基本关系及其问题面向亦深深植根于文化和历史之中。下文透过软法需求、关切及其效果的视角，从资源调配、项目运转、绩效疏导三个方面来总结。

一　单位与单元之间的资源调配问题

就最广泛的软法需求和关切而言，“资源调配”在大学治理中的关注度极高。尤其是“院办校”改革推进后，大学内部软法结构发生了很大变化，校院两个层级协作交往的很多问题看似独立，实际上都与软法结构中资源关系的改变联系在一起。就像《管理今日大学：为了活力、变革与卓越之战略》的译者序中所说，“由于资源约束而引起的大学组织与管理模式的改变，是当前中国高等学校组织与管理所发生的最广泛、最深刻的变化，它将改变中国原有的大学组织与管理方式，把中国高等学校管理带向一个新时代”②。实践表明，当中国大学进入了一个校内软法多元化建设的新阶段，传统意义上那种资源高度集中和一体化配置的情

① ［美］肯尼思·格根：《社会构建的邀请》，许婧译，北京大学出版社 2011 年版，第 9—10 页。

② ［美］弗雷德里克·E. 博德斯顿：《管理今日大学：为了活力、变革与卓越之战略》，王春春、赵炬明译，广西师范大学出版社 2006 年版，第 3 页。

况已经不复存在，一系列朝向目标管理和竞争态势的资源调配和运用联系在大学校园里不断产生并成熟起来。

这样的发展情势下，大学校院两级治理是科层的、严密的，同时又是协商的、灵活的。大学借助校内软法形成对资源的总体性设计，依据特定规则将资源分配在不同的群体与个体手中，并赋予其不同程度的自主使用和处置权，从而构建起学校与其下设学院在资源配置问题上规范严密的多元化结构。但同时我们也看到，和校内软法规划与期望相比，大学现有的资源总是呈现出不足甚至紧缺的现实，并且可以预料，未来这种不足甚至紧缺的现实还可能越来越严重。这使原来借助校内软法得到控制的资源规划与设计变得不确定起来，学校（部门）与学院之间业已确立的资源供给和分配关系常常发生松动，学院与学院之间在资源获取、占有和使用上的分化格局不断凸显。可以说，在整个大学的校院两级治理格局中，由于资源有限或紧缺而产生的协商处理与灵活调配正在成为一种重要倾向。

那么回归至体制与传统，应该如何认识这样的发展情势及其治理关联呢？不可否认，在资源分配与运用方面，单位组织是透视大学内部结构与运行的重要方面。按照人们通常的解释，中国的"单位组织"构成了一种独特的社会现象：国家将强制性的行政权力和交换性的财产权力集于一身，通过对单位组织的资源分配和权力授予，拥有了直接控制单位组织的权力，并使单位组织依附于国家；单位组织通过与单位成员之间的资源交换，一方面获得了支配个人的权力，另一方面使个人在很大程度上紧紧地依赖单位组织。[①] 即国家公有制（国有制）环境决定了单位组织基本结构，公有制环境与组织内部关系的结合则决定了单位组织的真实面貌与运行。如果我们基于这样的认识，进一步思考大学内部结构与运行，就可以看到，不仅大学自身软法规划，更重要的是国家政策和

---

① 李路路、李汉林：《中国的单位组织：资源、权力和交换》，生活·读书·新知三联书店2019年版，第7—8页。

制度环境，以及制度环境与大学内部关系的结合，在决定着校院两个层级间的治理关联。

必须指出，作为中国特色社会主义制度的重要组成部分，大学不仅是一个专业化运转的学术机构，还是集教学科研、社会服务、文化传播等多种功能于一身的组织。在这个组织内部，存在一个不争的事实是：作为国家单位的一个直接组成部分，大学的存在与运转依赖于国家的资源供给与分配，而大学内部单元的存在与运转则依赖于学校对资源的再分配管理与控制。即“学校依赖于国家、学院依赖于学校”的单方面上的资源依赖结构。这种情况下，大学不仅掌握着校内资金、资源和资产，而且是以国家名义或者代表国家掌握着这些资金、资源和资产。即便是在大学校院两级体制从“校办院”向“院办校”逐渐过渡的当下，学院在很大程度上似乎已经成为一个相对独立的办学主体，拥有越来越多的人、财、物自主权，学校以国家名义掌握校内资金、资源和资产的基本结构并没有改变。

于是在这个过程中，作为国家单位的直接组成部分，大学通过校内政策文件和配套制度的规划设计，调配并维系着校内各个领域所必需的资金、资源和资产，进而形成一种几乎具有绝对性支配与控制作用的治理关系。与此相应，学院作为大学下设的二级单元，为获取自身发展所必备的资金、资源和资产，赢得二级治理所必需的再分配和使用空间，必然需要接受和遵循学校整体性的调配与维系。甚至获取的资金、资源和资产越多，再分配和使用的空间越大，调配及其维系力量也越为强大和稳固，大学校院两级运转中规范严密的多元化结构由此形成。

当然，以上只是大学资源情势与治理关联的一个方面。事实上，伴随着社会整体转型与发展，还有另一些不能忽略的事实是：无论是从学校层面看还是从学院层面看，自主权的扩大已经发展并延伸至大学日常运转的方方面面。并且大多数情况下，大学正在自觉或不自觉地将市场竞争力、影响力作为校院两级治理原则，构建起校内资源在市场牵引下有选择性地集中于特定学院、特定学科的软法机制。尤其是改革探索不断推进的当下，伴随着学校战略规划的大跨步推进，大量的自主性因素和市场化因素正在从各个方面广泛而迅速地渗透至大学日常运转，倒逼了学校内部的资金、资源再分配机制和运行模式改革。这种情形使大学之于国家、学院之于学校的基本依赖结构有了一定程度的选择意涵、竞争意义，从利益获取与实现的角度来说，甚至有如希拉·斯劳特等人提出的“学术资本主义”现象，“具有市场特点的行为指的是院校和教学科研人员为获得资金而进行的竞争，这些资金来自外部资金和合同、捐赠基金、产学合作企业、教授的衍生公司中的学校投资，以及学生的学杂费。使这些行为具有市场特点的是他们从外部资源提供者那里通过竞争获得资金”①。

也正是在这样的背景下，大学校内现有资金资源不足甚至紧缺的现实不断呈现，各个学科在资源问题上的目标差异、机会差异、产出差异，在很大程度上成为标识不同学院在学校定位的重要依据。以学科之间的差异为基础，原来得以明确的资源规划与设计变得不确定起来，业已确立的资源供给和分配关系开始发生松动，资源获取、占有和使用上的分化格局不断呈现。最终，在大学单位组织内部，呈现出“科层的、严密的软法调配与维系”与“协商的、灵活的软法选择与适应”同时并存且相互作用的治理情景：一方面，大学不断强化资金资源的整体性规划、要求和调控，以确保所有学院单元的日常运转都能与学校保持一致；另一方面，又反复强调校内资金资源的供给与分配是有条件的，学校把经费和资源投到哪些学科、哪个学院，必须建立在合理可靠的基础之上，并且要适应社会新的发展与变化，而学院发展所需的资金资源也同样需要自己去证明和争取。

二 前端与终端之间的项目运转问题

从具体的软法需求和关切来考量，“项目运转”因应了大学内部治理发展的多种构想。一般认为，自20世纪90年代以来，在高等教育领域不断渗

① ［美］希拉·斯劳特、拉里·莱斯利：《学术资本主义：政治、政策和创业型大学》，梁骁、黎丽译，北京大学出版社2008年版，第10页。

透的项目制逐渐成为政府支持高校在教学、科研、人才、学科等方面发展的特定制度安排，[①] 建构出一个关乎身份、资格、资源、声誉等不同尺度的制度运行空间。随着项目制在高等教育领域的不断渗透，大学内部治理实践中基于项目申报、审核、监管的软法需求接踵而来，指向项目验收、评估、激励的校内软法诉求不断强化，并逐渐走向项目治校、项目治教、项目治学的软法依赖。可以说，项目制以更为规范严谨的规划要求和更具专业性的技术程序为中心，衍生了大学与国家、大学与社会之间新的关系格局，规训了大学内部群体及个体之间的行动逻辑，甚至带来意想不到的效果。

正是在这样的背景下，大学校院两级治理经历了认识论和方法论的整体变迁。诚如有学者指出，项目现象是中国社会治理体制机制运行中的一个极为独特的现象，它有一个非常独特的特点，即它并不归属于常规组织结构的某个层级或位点，而恰恰要暂时突破常规组织结构，打破纵向的层级性安排和横向的区域性安排，为完成一个专门的预期事务目标而将常规组织中的各种要素加以重新组合。[②] 结合软法需求和意图，可以看到，为了能够完成大学运行和发展中林林总总的各项预期目标，当下大学内部校院两级治理已不再满足于行政体制内传统固化的常规安排，取而代之的，是各种基于“事本主义”的临时动员与联动安排。即在大学校院两级运转中，通过“前端”（学校）动员校内外资源、组建特定体系机制，与“终端”（学院）认可和信任技术系统、参与竞争式互动的交织，突破层级固化、领域固化和学科固化，来适应各种任务要素统合治理的关系逻辑。不仅如此，当项目运转固化为一种常见常用的机制和模式后，推进全能型学校向服务型学校转型、依附型学院向联盟型学院转型，构建大学内部以开放、竞争为主要特征的新的校院两级治理关系正在成为大学“院办校”改革的主要趋向。

---

① 李立国、张海生：《高等教育项目治理与学术治理的张力空间——兼论教育评价改革如何促进项目制改革》，《重庆大学学报》（社会科学版）2021 年第 5 期。

② 渠敬东：《项目制：一种新的国家治理体制》，《中国社会科学》2012 年第 5 期。

那么溯及体制与传统，又该如何认识这里的整体变迁及其治理关联呢？必须指出，项目制作为一种治理体制的分析思路，在高等教育领域同样具有很强的生命力。近二十年来，大学内部围绕项目运转的治理变迁，是社会情势和改革发展的产物，也有着单位组织所提供的支配性的结构基础。换言之，大学内部运转之所以围绕项目方式进行，甚至很多常规工作也被冠以项目之名，导致项目思维、项目方式普遍生长，是社会资源整体扩张、市场因素介入和国家分税制改革的产物，同时又有着单位组织无法摆脱的政治合法性、资源约束性等结构基础。这种情况下，大学内部的项目运转或称项目化运转实际上是同时嵌套在行政体制、经济体制中发生作用的，所遵循的是国家和市场两大主导下“保持存量、扩展增量”的双轨制原则。即在守持“行政体制内的单位制”和“经济体制内的市场制”两大存量的情况下，从体制内部扩展出项目形式的增量，通过增量的积累而形成结构性的变迁动力，促发原有体制的应激性反应，从而实现社会结构逐步转型。①

这里，可以进一步看到，通过前端（学校）和终端（学院），项目运转确立了一种“从保持大学组织的单位存量和学科发展的市场存量，到挖掘学院基层因素培育增量，再到扩展学校整体增量”的改革思路。无论是国家、部委、地方行政以项目形式划拨专项经费给学校，由学校代表其向下设学院基层发出项目招标通知、进行任务监管之类的事情；还是大量学校内部独立规划的、以项目形式下拨任务与资金至学院基层，由学院基层具体落实之类的事情，鉴于体制和竞争双重因素，项目审批、

① 一般认为，改革在理论和实践上的本质含义，即是在一定程度上守持体制存量的情况下，培育和发展原有体制之外的增量，再通过增量的积累而形成结构性的变迁动力，促发原有体制的应激性反应，从而实现社会结构逐步转型。分税制前的双轨制，是通过体制外的市场增量来改变体制存量，在治理上达到了由总体制度的集权到地方分权的效果。而分税制后的项目制，则从体制内部扩展出了项目形式的增量，来控制市场的过度扩张。项目制意义上的双轨制，与前一种双轨制的最大区别，在于它要从体制内挖掘一种增量的逻辑，既不因循单位制或科层制的逻辑，也不能被市场所裹挟。综合这方面的分析，本书将项目制意义上的双轨制进一步解读为单位和市场两大主导下“保持存量、扩展增量”的逻辑，并作出相应阐释。参见渠敬东《项目制：一种新的国家治理体制》，《中国社会科学》2012 年第 5 期。

核定、监管、验收、奖惩由牵头部门与财务部门共同掌控，具体实施则建立在学校多头统筹和学院持续参与基础之上。可以说，这样的治理不再是简单的行政指令性授权，也不是纯粹的市场竞争式参与，而是“在更大程度上匹配了财权和事权，扩充了灵活资金的自由支配空间”①，落实国家、部委、地方委托和学校自身任务工作的同时，学院及其学科基层得到明确的方向带动和激励鼓舞，甚至学校与学院之间、学院与学院之间更大范围的联合运作得以策动，最终形成政府—学校—学院“三位一体”可持续发展的协作格局。

不过，需要注意的是，对于大学而言，项目运转毕竟还是一种“点面结合”的治理方略和思维模式。项目体系和机制固然以任务开展的前端和终端为基础，确立了一种新型的校院两级治理思路，但出于组织稳定和阵地建设的考虑，在哪个阶段，将哪些项目指标、资金和资源投放在某个学院，既要看学院能够参与项目和执行项目的实际条件，又要看学院在体现国家政策和校内软法需求及意图方面所能反映的象征性意义。而从更宽泛的层面来看，常规工作的项目化更是集中表现为暂时叫停、临时替代的运动方式。这种情况下，在项目运转中立标杆、树典型往往成为提高质量、优化落实的重要考虑。此外，中国项目制的独特之处还在于项目运转中单位体系不是空转，而是对项目运转产生了巨大的拉力和推力。项目制运行中人事动员、办事推动和组织控制等事务都由单位完成，项目制的开展已经对单位结构形成路径依赖。② 这就意味着在大学内部，不只是资金资源方面的依赖，项目运转中的人事、关系、权威等各种因素无时无刻不在刺激着前端的整体性统筹和终端的竞争性参与，校院两个层级之间充满连带的等级、分化、扩张、边界也就不断产生。

---

① 王晋：《嵌于单位的项目制：教师专业发展的组织支持》，《高等教育研究》2020 年第 6 期。

② 王晋：《嵌于单位的项目制：教师专业发展的组织支持》，《高等教育研究》2020 年第 6 期。

三　委托与代理之间的绩效疏导问题

聚焦软法需求与关切的核心主旨，必须重申，“绩效疏导”对于大学而言堪称新转向。这样的转向主要产生于21世纪初而定型于最近五六年间。随着新公共管理范式的不断强化，公平、效益、质量等因素成为当今中国高等教育治理领域的新宠，与之密切相关的“绩效管理”和“问责”也日益成为高等教育治理实践的主旨和焦点被注入高等教育管理体制变革当中。① 相应地，大学内部治理中如何兼顾战略目标和学科特点，构建科学的绩效标准、传递适合的绩效导向，如何基于标准和导向实施更有效率的考核和监督，使学校内部的绩效管理与软法需求及关切相统一，成为大学在改革中适应困局的主要回应。而与此同时，受另一种全新的新公共治理范式的影响，关注过程、参与和合作的绩效理念，也借由软法政策和制度关切得到强化，成为推动大学内部不同机构群体在相互沟通与协作中实现共赢的重要推力。

于是在两种范式理念的影响下，大学校院两级治理面临如何疏导目标与过程、监管与合作的难题。无论学校还是学院，其初衷可能是通过软法政策和制度，来建立契合当下变革形势的绩效机制并实施差异化管理。但事情的复杂性在于，绩效机制背后的两种价值理念并不能很好地兼容，这使绩效疏导工作的展开困难重重。当学校试图通过利益导向，对校内不同机构群体展开效益和质量监管时，校院两级运转中的协作促进观念已非常脆弱；而当学院不得不回应学校的利益导向，并接受来自学校的效益和质量监管时，协作参与意识很大程度上也已被指标和问责所取代。此外更复杂的方面是，表面上，绩效疏导强化了学校与学院之间以指标和问责为主要方式的互动，也刺激了学院与学院之间的相互整合；但实质上，以指标和问责为主要方式的绩效疏导优先强化了组织监督与控制，却忽略了自我约束和规制。这样，各种矛盾和难题就应运而

① 向东春：《问责与信任：大学学术治理的逻辑与路径》，《教育发展研究》2020年第19期。

生了。那么回归大学组织特性和内部职责关系，又该如何认识这里的难题及其治理关联呢？

诚如有分析指出，学术绩效问责是一种学术资源的委托代理关系，即在大学、学院和学术团体作为学术生产的代理者使用学术资源并承诺在一定时间内创造出有价值的学术成果，并向委托者汇报、解释及回答学术资源的使用情况以及达到的效果，委托者根据代理者所提供的学术成果来判断其是否兑现承诺。① 鉴于高深知识和学术资源的分离，以及由此产生的信息不对称，大学内部校院两级运转中的绩效疏导，正是建基于这样一种委托代理关系。具体而言，学校作为学术资源的所有者，其职责在于努力创造授权和参与的政策环境，通过直接或间接的方式把资金资源委托给拥有学术创造力的学院及学科基层，让他们能够基于学校的规划和意志最大限度地创造出有价值的绩效成果，从而形成对学院层级治理的有效约束。与此相应，学院作为学术生产的代理者，其职责在于充分运用学校创造的政策环境和托付的资金资源，致力于在较短时间内创造出学校所预设的有价值的绩效成果，实现绩效成果最大化的同时兑现学院治理的目标承诺。

如此来看，大学内部绩效疏导难题的日渐凸显，除了价值理念方面的原因，还与校院两级运转中的“契约化治理”“要约式参与”息息相关。也就是人们通常所理解的，大学是各种利益主体的复合型，学校与学院是利益共同体，也是利益不同体，在实践中不可避免地存在矛盾与冲突，因此，学校与学院要订立“契约”，实行责任分担，否则可能造成推诿。② 现实中，为了化解校院两个层级间的矛盾与冲突，大学内部以委托代理的契约模式构建起绩效目标和责任的同时，学术治理的多元、竞争、参与和协作关系也必然面临结构性挑战。即在委托代理的契约模式下，学校为实施学术治理，通常会与学院订立有关学院绩效成果创造的

① 向东春：《问责与信任：大学学术治理的逻辑与路径》，《教育发展研究》2020 年第 19 期。
② 左崇良：《现代大学治理的法权边界》，《高等教育研究》2015 年第 6 期。

目标协议，明确具体的一体化责任要求；而学院为完成学术治理，则必须基于目标协议的一体化要求来规划其绩效成果，并作出相应的责任承诺。然而令人一筹莫展的是，协议与承诺在绩效疏导实施中毕竟只是一种规划和意愿，并非放之四海而皆准。并且对于当下大学而言，“目标协议作为契约式调控工具，面临着目标难以量化及明确化引发的自由裁量空间缩小的悖论”① 情况同样难以回避。

事实上，这样的困局无时无刻不在提醒着人们：大学从其运行来看是一个高成本、回报周期长的组织，以短期协议与承诺来衡量学院基层的学术创造力，与大学长周期回报之间必然存在着各种合理性质疑。而随着“院办校”改革的迈进，大学内部绩效管理线性问责与非线性博弈、绩效指标统一性与价值诉求多样性等诸多矛盾，也将成为未来大学校院两级治理的潜在压力。

第三节　核心机制

通过前文分析，可以进一步澄清：学校和学院之间的协作治理建基于校内软法的组合作用，但并不是由校内软法本身所决定的，而是体制、传统等外在环境与一所大学的内在结构相互作用的结果。并且伴随着改革发展的历史车轮，当下形势越来越显著地表明，在环境和结构的相互作用下，大学校院两级治理在单位与单元、前端与终端、委托与代理等多重关系的交织重叠之中，表现出一系列非线性的、曲折的治理连带，意涵着机构、单元及成员之间不可化简的治理关联。

为了能够更深入地理解其中的各种关联，接下来聚焦软法环境和条件视角，来具体看看当下中国大学校院两级治理中究竟暗含着怎样的核心机制。

① 姚荣：《迈向法权治理：德国公立高校法律地位的演进逻辑与启示》，《高等教育研究》2016 年第 4 期。

一 以中心人物为枢纽呈现差序信任

需要注意的是，软法有时是一种独立的管制方式，这种管制方式适用于充满自发规则的治理体系中。① 这就是说，软法及软法之治离不开一个具有较高社会化程度和同一性建立的环境。当下大学的情况正是如此。简单地说，人们长期工作和生活在大学这个具有共同传统和文化印迹的社会组织中，彼此间的治理关联不仅建立在层级分明的校内政策和制度规则之上，还整合在各种基于工作、学缘、生活的社会人际联系和情感联系之中，形成人与人之间多维度的复杂性网络。

这就如同有研究指出，尽管随着市场经济发展和城市化进程的加速，中国社会结构形态已经发生了巨大变化，但熟人社会依旧是中国社会运行的一种重要形态。只不过在传统的中国社会，熟人社会往往以血缘、地缘关系为纽带，发生在某个自然村；而在现代熟人社会，更多的是以同事、朋友、同学等关系为纽带，发生在以单位、组织为载体的某个场域。② 从前文讨论来看，高等教育领域改革转型的大趋势下，虽然传统的诚信体系已被打破，但是作为法治上的后发国家，大学适应风险社会、信息社会和速度社会所需要的制度体系也尚未建立起来，大学内部治理运转始终离不开一个特殊的熟人环境。此种情况下，大学软法之治能否有效运转，不仅依托于大学内部成员的普遍认可，还有赖于大学内部自发秩序中的信任联系。而想要把握并解析其中的关联性，必然需要聚焦于“人际结构和互动格局”这个核心问题，并且作为人际信息、权力和行动的联通枢纽——“中心人物”或称“枢纽人物”是其中十分关键的切入点，有着很强的解释力。

“往往只有具有卡里斯玛特质的社会圈子中心人物，才可能使‘石

① Morth U., *Soft Law in Governance and Regulation: An Interdisciplinary Analysis*, Cheltenham: E-Elgar Pub, 2004, p. 195.

② 胡娟：《熟人社会、科层制与大学治理》，《高等教育研究》2019 年第 2 期。

子’所激起的‘涟漪’扩散至远。”[①] 毋庸置疑，在一所大学内部，这种具有卡里斯玛特质的社会圈子中心人物所形成的“涟漪”扩散效应也越来越显见。即相对于校内普通师生而言，以校领导、职能部处负责人、学院负责人、学科和专业负责人（带头人）、学术高层次人才为代表的学校“中心人物”，依据工作分工、角色岗位、帽子头衔等身份因素，在软法创制和实施运行中拥有更显著的权威特质和社会资源，也更具决策主动性，不仅孕育了学校和学院之间亲疏远近不同的各种信任感，还造就了人们基于信任感而作出选择和取舍的行动逻辑，对大学院校两个层级的日常运转形成了关键性影响。可从“校领导之于学院负责人”和“职能部门负责人之于学院负责人”两种情况具体观瞻：

从“校领导之于学院负责人”的情况来看，在大学校院两级治理运转中，校领导位居资源配置和权力决策的中心位置，是学校软法创制工作的发起者和主导者，也是软法实施运行过程中的效能评价者和最终责任承担者。因此，从软法酝酿开始，校领导的政策抱负和政策承诺就一直决定着校院两级管理的改革方向。而在校内软法实施出现校院之间或是院院之间的意见阻隔时，学院负责人也总是更愿意相信校领导的意见权威和服从校领导的公正处置。不过这并不意味着大学内部始终保持着“集中向上”的信任结构，因为在一所大学内部，上下级之间除了层级分明的科层依赖与互动之外，还有各种基于资源、权力和利益分配的学术依赖，以及基于大学理想和信念抱负的情感互动。并且从现实情况来看，校领导与学院负责人之间的关系纽带除了领导与被领导、管理与被管理关系，在一定范围内还可能存在着既往的同事关系、同学关系、师生关系等各种学缘关系。甚至于某个学院的负责人而言，现任校领导是曾经的下属的情况也并不鲜见。在这种情况下，各种基于行政体制的层级依

① 王建民：《自我主义与社会秩序——关于“差序格局”的再思考》，《社会学评论》2016年第6期。

赖、基于学科和专业发展的学术依赖，以及隐藏在层级依赖和学术依赖背后的情感牵制和人际牵制，无形之中和人们通过软法构想已经建立起来的信任联系并行，最终影响校院两级治理的具体运转。

从“职能部门负责人之于学院负责人”的情况来看，相对于校领导而言，职能部门负责人（部长或处长）处于校院之间承上启下的重要位置，是学校软法政策和配套制度的直接策划者，也是实际执行者。因此从理想状态来看，部处领导代表学校主管某个特定行政管理领域的软法治理工作，不仅肩负着校内“条条块块”的行政管理职责，在具体事务上“对口”管理和指导学院自主运行，在中国公立高校当前资源配置“条块分割”的情形下，对资源的二次配置还拥有“选择性行政”的较大权限。[①] 当学院遇到例如工作绩效评价、利益分配等制度压力和困境时，找职能部门负责人解决无疑是最便捷、最有效也最理所当然的方式。然而从工作实际开展来看常常呈现出另外一番情境。比如，在实地考察中有受访者曾提到，“学校和学院都认为部处代表学校，但实际上部处代表不了学校”。事实上，由于任务压力、经验意识以及一直在一个学校工作和晋升而结下的复杂人际网络，职能部门负责人在学校治理中要面临上级行政部门的政策指令、校领导的指示要求和校内不同学院师生的执行反馈这三层关系，在按制度办事、依规则处理的过程中往往陷于问题处理的“夹心地带”，需要在“上和下”“主和次”之间反复周旋。即使在掌握互动主动权的情况下，徘徊于不同学院之间也在所难免。

显而易见，在大学这个特殊的熟人社会环境中，由于“利益互惠的一致性”与“追求自身利益的冲突性”的并存，校院之间的信任联系虽然需要通过校内软法予以合法化，但并不只是单纯取决于软法制度，而是一种“制度法则”与“关系圈子”的叠加，取决于人们从自我出发对

① 蔡连玉、眭依凡：《大学内部资源配置及其制度选择研究》，《清华大学教育研究》2017年第6期。

制度法则的期待和彼此间亲疏远近的判断，并因此决定了校院两级治理中究竟是更倾向于完成好自己职责范围内的工作任务与目标，还是更倾向于利用好关系圈子来处理好其中的各种关系。具体而言，如果具有人情、学缘、上下级关系的核心圈熟人之间的责、权、利取向相同，就最有可能以制度的方式公开肯定并团结在一起；当核心圈熟人之间的责、权、利取向不同，则可能转向与非核心圈的熟人以制度的方式建立联合；如果非核心圈的熟人之间的责、权、利也难以达成一致，就可能在自己职责范围内与其他具有相同利益诉求的非熟人联合在一起。但在后一种场景中，默示、意会等熟人社会的行动逻辑就会显得无计可施，人际交往上的关系事实上变得更为复杂。

一如《论中国法的精神》中指出，从差序结构这个原型出发，可以将中国的秩序原理归纳为和谐秩序原理。[①] 大学现行体制下，校院之间信任联系同样基于差序结构。根据图 7-5 所示，学院对校领导的信任感主要源于校领导在人们心目中的直观印象以及校领导对学院作出制度承诺的实现程度，而对部处领导的信任感则更多源自部处领导在制度实践过程中的具体行为表现。除此以外，校院中心人物从自我出发对彼此间亲疏远近的判断也是一种无形的影响，即校领导、部处领导、学院负责人彼此间的关系圈子越多，校院之间的互动频率、情感联系和依赖程度也越为复杂。最终大学内部制度法则与关系圈子的叠加，呈现出校院之间的信任感随着以中心人物为枢纽的校内软法运作往来的增强而增强的“差序事实”。至此，也就不难理解为什么在学院遇到制度压力和困境时，首先想到的是要与部处领导拉近关系来疏通其中的对口运作问题，而在拉近关系后依然不能解决问题时，就会转而通过找校领导来出面协调解决，并且以当下情况来判断，学院绕过部处环节直接找校领导协处理困境的情况越来越频繁。

---

① 喻中：《论中国法的精神》，陕西人民出版社 2019 年版，第 13 页。

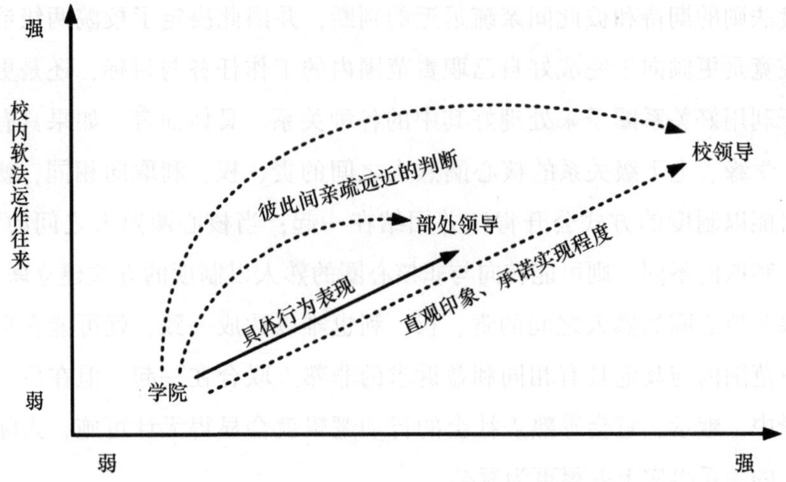

图 7-5　校院之间的差序信任

二　在向上依赖和协商性控制中走向模糊治理

按照通常解释，软法有别于硬法就在于其没有国家强制力保障。那么软法靠什么来保持治理持续推进并形成有效秩序呢？从前文有关单位与单元、前端与终端、委托与代理等多重关系的交织重叠之中，我们已经看到，大学内部表现出一系列非线性的、曲折的治理连带。这种治理连带就像埃哈尔·费埃德伯格在有关组织行动的动力分析中所指出的，“人们为解决共同要面对的问题或实现共同的利益目标而进行联合，建构组织，因利益不同而分异、而产生矛盾与冲突，在相互需要、相互补充、相互联合、相互角逐、相互博弈的过程中既协作又竞争，既相互依存又彼此斗争，既为了共同的目标而一起奉献，又为了各自的目标而为自己留出足够的自由余地，竭尽所能地维护或扩展自己的自主领地”①。即人们彼此间“既分工协作、各尽其能，又彼此竞争、相互博弈”的行动事实。

① ［法］埃哈尔·费埃德伯格：《权力与规则：组织行动的动力》，张月等译，格致出版社、上海人民出版社 2017 年版，第 10 页。

同样，在一所大学内部，从校内制度的讨论酝酿、制定出台、实施执行到适用解释，举目可见的是，大学内部治理的共同目标随着情势对比的变化而变化，每个人对治理决策有着各自不同的注意力，关心的问题可能因时间发生变化，相互之间作用与妥协也不断发生变化，变数和不确定性可以说是无处不在、无时不在。不可否认，这样的大学内部治理正在因灵活应变的校内软法实践而焕发出活力，然而这既不意味着软法机制在任何情况下都能发挥作用，也不意味着软法之治是一项变化无常的自由活动。相反，从前文的讨论中，我们总是能隐约感觉到一种源自国家力量和组织体制的更深层次的条件反射和关系秩序的存在，即“大学内设机构及其成员在倚重国家资源前提下通过柔性治理方式和手段，形成以组织性依赖与协商博弈为特征的治理秩序”。这是当下大学校院两级治理的真实写照，也是中国大学校院两级运转能够始终保持韧性和适应性的重要基础。

正如前文所指，在大学校院两级运转中，一个不争的事实是，学校作为单位组织掌握着校内学术资源和办学资产，而且是以国家名义或者代表国家掌握这些资源和资产，可以有效地实现对学院的支配、控制和影响。即使是在校院两级体制从“校办院”向“院办校”逐渐过渡的当下，协商共治因素日益渗入大学校院两级治理运转，学院在很大程度上似乎已经成为一个相对独立的办学实体，拥有越来越多的自主权，学校在校内资源的再分配方面也依然保持着强大的支配、控制力量，甚至学校赋予学院自主支配的资源越多，干预和控制反而更为明显。这在很大程度上表明，从当下大学运行来看，传统体制下校院之间的依赖与控制关系并没有发生根本性的变化，只是随着组织体制的更迭和校内软法柔性方式的改进，从过去的完全依赖与控制转向现在“有限度的依赖”与“协商性控制”。这种情况下，虽然没有国家强制力作为后盾，校内软法的资源调配能力或称资源维系能力在两级运转中依然很强大，最终各种治理变数和不确定性在多元利益交织中应运而生。综合前文讨论，可以总结出以下三种具体表现。

首先是制度安排上的“难以计数”和“多义理解”。实地调查中稍加留意就可以发现，在国家政策要求和改革发展的驱动下，大学从校院两个层面强化治理规划及其配套制度的设计，涉及的软法领域越来越广、越来越细，乃至于校内软法始终处于“废、改、立”的再生产状态中。这是大学确保管理落地、权力放而不乱的有力举措，也是校院两级运转中最显性的治理变数与不确定性。而与此同时，条文规定中的多义理解则是一种隐性的治理变数与不确定性表现。虽然常常不为人们所察觉，却在很大程度上折射出两级运转中的诸多深层次问题。比如，近年来学校绩效考评方面的制度分层日益细化，专业化程度也越来越高，但与此同时，各个领域的绩效指标内容互补和错位表达上往往存在着不确定性，一些专业术语和计算公式对学院普通管理层和一些人文学科的教师而言更是存在认知困境，各种猜测和不理解也由此产生。又如，考虑到不同学院既有学科建设的投入和产出差异，学校在目标管理方面形成“不以一根标尺来评价”的区别对待原则，表面上看清晰明朗，实际上在不同学科、不同学科看来则可能有着各自不同的理解和标准，意见分歧和冲突也就由此产生。甚至在一些情况下，这类分歧和冲突还有可能成为软法治理之缺陷所在。

其次是具体操作中的“灵活再造”。这是大学校院两级运转中最典型的治理变数与不确定性，主要表现为学校确立校院两级治理的大政方针后，各个领域的配套方针的制定和落实由职能部门牵头，具体如何操作则下达给各个学院，由各个学院根据自身情况自定细则。在这个过程中，学校层面的软法一般会留有很多允许灵活解释和变更的空间或称“口子”，明确一系列下限要求，以默认和鼓励学院在坚持基本原则的前提下可以因地制宜地进行制度再造。从校院两级治理的初衷来看，其中的道理是显而易见的：学校在掌控政策方向的前提下，将部分解释权和变更权下放至学院，以确保资源调配在微观层次上的合理性；职能部门主管某个特定领域的资源再分配，对该领域的资源运转情况更为了解，可以有效评估学院的再造工作是否合理；学院作为办学主体，想要激发内部活力，就必然需要在资源再分配方面创新探索并肩负起相应的主体责任。不过现实情况往往没有这么理想化，就像实地调查中所了解的，制度越有空间，口子开得越大，再造时的压力就越大。学校（部门）希望学院能够把矛盾接过去，利用好资源积极谋划、主动发力，并且做好内部调控，但学院在具体操作时常常是避重就轻、依葫芦画瓢，学校给我什么就怎么下去，很难真正实现学校所期望的制度再造的愿望。

最后是策略运用上的“弹性应对”。在大学校院两级运转中，这类治理变数与不确定性通常被视为一种基本的策略运用，强调的是决策层为平衡各方利益、达成合作和妥协而采取的一种有意行动。比如，在涉及成果评定方面，学校希望通过强化目标、提高指标来强化对学院的控制，然而每个学院都有自己的学术期待和标准，为此涉及多数成员利益和大人物利益时，学校和学院相互间通常会选择“一事一议”“一人一策”的方式不断强化特殊性处理，以实现学校政策跟随实际情况不断优化的最终目的。再如，在绩效分配方面，为增强政策机制在不同学院的可接受性，每年年终分配前，学校和学院都会通过不同层面的利益商榷和协调博弈对政策未尽之处进行“事后补丁”，以确保学校政策在具体实施时表现出更大的灵活性。至于其中的正当性和合理性，显然不能一概而论，因为在多重任务和目标面前，很多从这项校内政策来看也许是有理有据的行为，从那项软法政策来看却可能是不恰当、不合理的。此外，从学院方面来看，例子更是不胜枚举，“公开场合拼凑应对、实际操作时各行其是”之类的情况也日渐成为公开的秘密，这类行为表现显然与我们通常所强调的法治要求相去甚远。

当然以上只是为了总结方便而提炼出的三种表现，实际运行中由于外部情势变化与改革需求影响，更常见的是三种表现相互交织在一起的情况，但凡阻隔任何一种模糊性，都有可能导致大学校院两级治理无法正常运转，甚至陷于危机。由此可以对大学内部多元利益交织中的治理变数和不确定性作出进一步总结，即以上有关学校与学院之间基于有限度的向上依赖和协商性控制的内在联系，正在大学校园里实践着一种可以被称之为“模糊治理”的秩序走向。这种秩序走向是软法条文中不断推陈出新的校院两级治理之规则呈现，同时也是软法运转中不断建构产生的校院两级治理之过程呈现。可以说，校内制度的讨论酝酿、制定出台、实施执行、适用解释的过程整体中，来自学校和学院的目标方向、决策层和参与者的注意力、治理的重心焦点等所有问题，都在随着情势对比的变化、时间和空间的变化而变化，甚至相互之间的治理作用与妥协也在发生变化，各种“非均衡”“不稳定”的特性无处不在、不时不在。

也正是从此意义上讲，基于大学内部制度现实、外部情势和改革发展的相互关联，需要用“在向上依赖和协商性控制中走向模糊治理”来归纳这方面的核心机制，形成校院之间多方利益“既分工协作、各尽其能，又彼此竞争、相互博弈”的分析框架。根据图 7-6 所示，可从三个方面来具体解析：第一，在校院两级运转中，校内软法制度是学校和学院共同遵循的正式规则，至少在形式上必须如此；第二，当现行单位组织体制成为校内软法实施运行的外部条件时，向上依赖结构为校院两级运转注入了各种风险和压力因素，协商性控制则为校院两级运转创造了

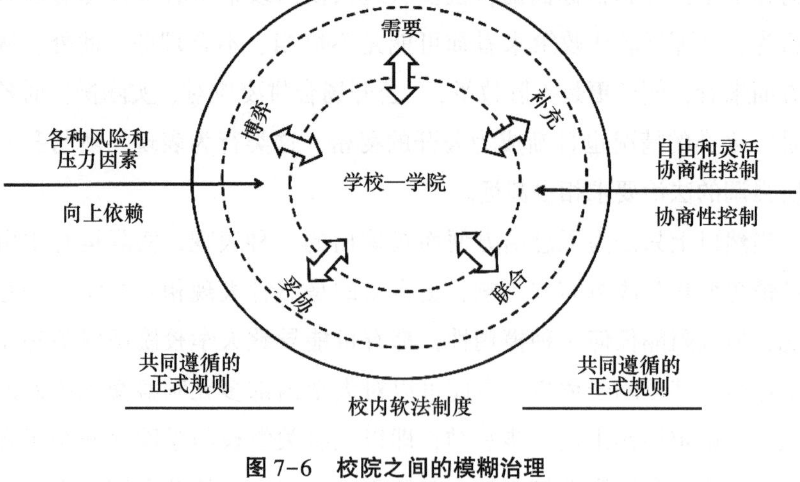

图 7-6　校院之间的模糊治理

一个相对自由和灵活的改革空间，又在很大程度上帮助人们共同抵御风险与压力；第三，鉴于大学内部制度现实、外部情势和改革发展的共同驱动，校院间的模糊治理最终在多方利益相互需要、补充、联合、博弈与妥协中形成。

三　依效能和机会构建起院院之间的优先排序

凡是具备利益导向机制的软法规范，不管是形式多"软"（不完整、不正规、不权威），都有其效力，都可以成为作用于社会的现实力量。[①]将大学内部校院两级运转的今昔情况进行对比可以看到，过去各个学院几乎完全依赖于学校政策提供的任务定位与发展路径，不用考虑可能存在的潜在资金资源危机，也无须对其内部项目和绩效承担特别的责任。现在情况却发生了很大的改变，随着学术市场竞争加大，仅仅依赖学校给定的政策路径已经不足以为学院发展提供保障，大部分资金、资源、项目、绩效的获取都需要由学院自己去证明和争取。这就是说，一个学院想要在大学内部具有优势，首先需要接受校内软法政策对其内部组成部分及其业绩情况作出各种识别和测量，然后还要对照校内软法标准来证明自己在师资力量、学术研究的投入和产出、实验设备和平台的开拓等方面具备足够的潜力，才有可能从学校获取资金资源并对内部项目和绩效承担起相应的主体责任。于是在这种情况下，院院之间的分层与排序成为一个重要风向标。

这可从两个层面来看：第一个层面是学校软法规定中确立的排序，这个层面的排序寄托了大学对校院两级治理的各种想象和期许，是院院之间分层与排序的理想之维；第二个层面则是学校软法运行中实际呈现出来的排序，这个层面的排序是学校以及不同学院彼此间相互选择、共同作用的结果，反映出院院之间分层与排序的现实之维。值得注意的是，无论人们作出何种努力，大学内部治理在理想和现实之间总会存在着一

① 江必新：《论软法效力 兼论法律效力之本源》，《中外法学》2011 年第 6 期。

定程度的脱节，甚至在一些时候还会表现出相互背离的结果。那么，究竟是什么在左右院院之间分层与排序的过程及其结果呢？

从经验来看，在一所大学内部，软法关注的是林林总总的任务结构和目标结构，但在具体运行中还面临着各种现实需求。尤其是在大学按学科群来统筹院院之间任务、资源和目标的情况下，随着结构性设计的不断强化，学校（部门）、学院、学科、团队等各类机构团体在价值取向上的分歧与差异也日趋凸显。于是在这种情况下，作为被整合起来的能动主体，“结构上的变化”和“需求上的差异”使学校和学院无时无刻不在面临着动态的、差异化的“治理情境”，以及由此产生的效能和机会两个方面的“类型化偏好”。换言之，学校和学院对于效能和机会的具体考量总是在影响着各自对于某一具体软法的态度、互动及其结果，并由此呈现出这类现象背后共同遵循的秩序逻辑。并且在这个过程中，学校主要希望能够通过软法实现效能最大化，学院则主要希望软法能够为自己提供所需的各种机会。效能与机会高度聚合，意味着某个学院在软法实践中具有更多的支持而居于优先位次。如果二者聚合度低甚至出现相互分离的情况，则意味着某个学院在软法实施中可能受限、受阻而无法拥有理想的位次。

具体可分为以下三种情况：

首先是“学院自发呼吁+学校大力推广”情境下的表现。这种情况主要发生在学院基于重点学科发展需要自发向学校呼吁校内资源的合法化支持，而学校出于扶优扶强扶持的考虑也希望在校内大力发展直至推广的情境下。不可否认，当下“院办校”改革背景下，这种情境越来越频繁地在大学校院两级运转中发生。而且通常情况下，这类情境发生后，都会带来较为理想的结果。因为从软法创制开始，自发呼吁的重点学科型学院就已在机会和效能上实现了高度聚合，最终利用制度优势也自然赢得校内资源分配的优先位置。不过也有例外的情况，比如，在一所大学内部，学科群内的学院通常分为拥有重点学科的学院和拥有相近、相关学科的学院，后者虽然具有学科基础和机会条件，但因为要对学科群内拥有重点学科的学院作出支持与贡献，利用制度优势加大效能产出的可能性大大降低，最终只能处于相对弱势的地位。另外一些情况是，学院的内部期望与学校最终出台的制度并不十分契合，想要利用制度优势产出效能显然很难。

其次是“学院惯性使然+学校主动谋划”情境下的表现。与前面学院自发情境下的表现不同，这种情况之所以出现，并非学院自发呼吁，而是学院内在发展的惯性使然以及学校发展战略的主动谋划和激励性促动。总体而言，这是大学内部最为稳定的治理情境。因为无论是学科群内拥有重点学科和相近、相关学科的学院，还是学科群外拥有重点学科和非重点学科的学院，根据学校战略性支持来看似乎都实现了机会和效能上的很好聚合，学院主体定位和发展境遇的提升指日可待。实际上当校内软法真正运行起来后，情况却往往并非如愿，而是呈现出差异化的机会结构。即学科群内的学院比学科群外的学院要更具优势，重点学院比非重点学院更具优势，当然还有更复杂的情况。比如，当学科特区政策实施运行后，同样是学科群内的学院，实行特区政策的学院比其他学院更具优势；当行业学院政策运行实施，无论是哪类学院，拥有信息类、经管类学科的学院比拥有人文类、数理类学科的学院更具优势，最终形成各种差异化的排序阶梯。

最后是“学校主动谋划+外部环境契合”情境下的表现。很明显，这类学校主动谋划情境之所以出现，主要是大学提升综合实力的愿望与当下中国高等教育强化指标排名的现实相聚合的产物。至于学校目标愿望与学院机会现实之间能否实现有效聚合，从一开始就处于不确定状态。在这种情况下，无论学校软法政策和配套规定作出怎样的设计，似乎都难以避免不同程度上的制度缺陷，而调整或补牢哪方面的校内软法政策和配套规定，也就可能意味哪类学院可以赢得更多的机会条件，并最终居于更为优先的位置排序。比如，在标志性成果奖励方面，学校作出怎样的分类分型设计以及对哪类业绩做出更多支持，不同学院总是有着不同的见解和看法，这方面的政策变迁与更迭无疑决定着院院间的优先排序。

以上分析聚焦院院之间的分层与排序，为大学内部治理的秩序逻辑提供了一个重要的解释框架。即在大学校院两级治理运转中，学校和学院基于软法治理的互动决定了院院之间优先排序的过程，而效能与机会的聚合程度则决定了其结果。据此，本书用“效能”和“机会”架构出四个象限，来具体解析当下中国大学内部院院之间优先排序的复杂情况。如图 7-7 所示，处于正象限中的是效能产出和机会获取都最强大的学科群内的特区学院，这类学院具有学校最强势的学科，同时在校内软法实施中也居于最优先排序；处于第二个象限的是学科群外的重点学院，这类学院的学科基础不占优势，但因为效能产出大而居于较优先排序；处于第三个象限的是学科群外的普通学院，这类学院的效能产出和机会获取方面都很弱，其排序也最靠后；最后处于第四个象限的是学科群内的普通学院，这类学院具有较好的学科基础，但因为效能产出低而排序靠后。

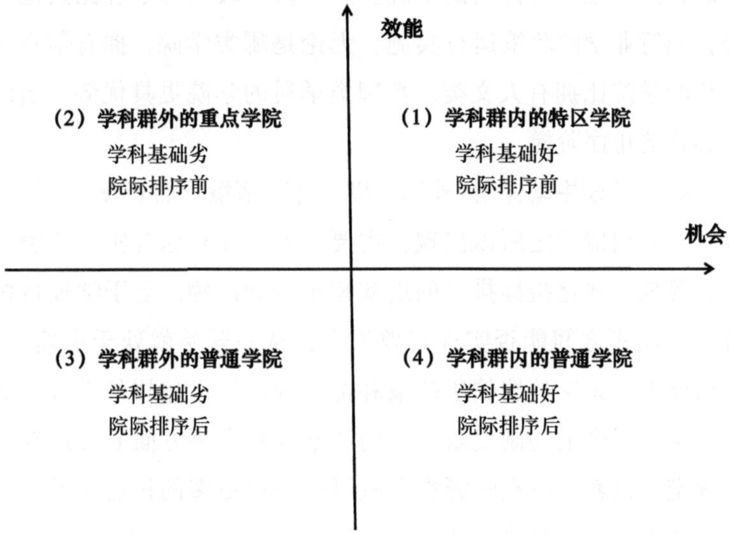

图 7-7　院院之间的优先排序

第四节 小结：交叠嵌合的“同心圆”样态整体

综合分析需要把各维度不同的样态现实嵌入一个解析体系中作出阐释。这个过程是大学校院两级治理的整体重现，软法滤镜、关系思维以及结构与能动并存的研究取向一样都不可少。此外不可忘却的一点是：整体来看，我们正在面对的不仅是大学内部治理变革，更是社会治理大变革的激荡，这些变革发生在社会结构内部，也发生在社会意识、价值观念、历史传统等各种范式意义转换之间。怀着这样的思考畅想，笔者以软法形式和位阶、软法需求和关切、软法环境和条件为着力点，对“院办校”改革情境下的大学校院治理整体图景、基本面向、核心机制三个主题依次展开论述，以期对“大学软法实践最终在校院两个层级之间形成了怎样的治理秩序？”这个全书最为关键的问题作出更开阔、更全面的解答。

通过论述，本章进一步澄清：在软法机制原则的组合作用与接续影响下，大学校院两级治理是一个勾连着时代与环境、过去与现在、行动与偏好的非线性世界，它发生在学校与学院充满连带性的协作交往中，意味着校院不同层级机构及其成员在大学协作交往中不可化简的治理关联。总的来说，这样的情形不仅在学校与学院之间从紧密到松散的协作圈、协作链、协作网整体图景中得以证明，在有关资源调配、项目运转、绩效疏导三组基本关系及其问题面向，以及有关差序信任、模糊治理、优先排序等多种核心机制中也都得到进一步确证。

因此，本章的呈现不再像前三章聚焦于一个主题，呈现出“泾渭分明”的解读视角和样态机理。而是将关联着不同主题的治理现象置于软法多元化、开放性滤镜下，形成一种“交叠嵌合”的样态整体。这种样态整体围绕治理这个共同目标，强调在软法规约和利益导向的组合作用下，校院两个层级尝试探寻各种可接受的机制原则和常规对等，直至形成规则均衡和对策均衡的过程与走向。

构建图7-8“同心圆”模型对应这种样态整体，以形成对大学校院两级治理之秩序生态更为直观具体化的解释。该模型以“治理”为圆心，以“治理外显”“治理内隐”“治理动能”为圆周，形成表征学校和学院基于校内软法展开多维治理的外层圆、中层圆、内层圆即“同心三圆”，以及表征“治理张力”的两个周边圆。“同心三圆”是差序分布、交叠嵌合的，处于圆模型中的每一层圆相对于里面一层圆而言都是一个外层圆，且每一层圆都不排斥周边圆，而是维持着一种既可扩散又可收缩的关系。并且同心圆通常呈现为正圆形，无论哪一层圆，其半径的建立都是对等的，与周边圆始终保持着某种样态上的平衡性；而违背对等或平衡原则，则会导致同心圆变成椭圆形，紧张、冲突与失衡现象由此呈现。

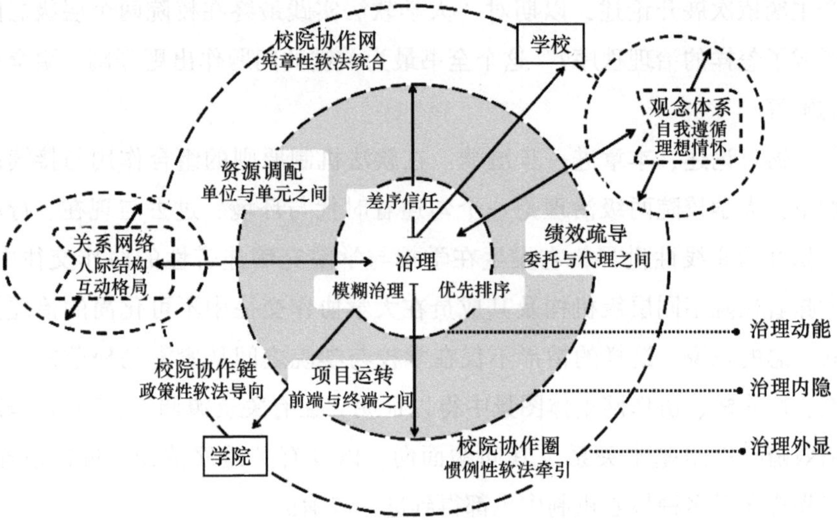

图7-8　交叠嵌合的“同心圆”样态整体

按照以上描述，其中的样态机理从四个方面得以还原：首先，外层圆（治理外显）勾勒了大学软法组合作用下或紧密或松散的校院协作整体图景，这是校院两级治理的直接表征，也是大学内部最直观的治理图式。其次，中层圆（治理内隐）呈现了大学内部指向资源调配、项目运转、绩效疏导的校院协作基本面向，这些基本面向与校院协作图式之间没有直接映射关系，但又无时无刻不在参与校院协作并对其产生必要影响，趋近于更具现实性和本土特征的治理图式。再次，内层圆（治理动能）呈现了大学内部以利益导向为促发的校院协作交往核心机理，形成的差序信任、模糊治理、优先排序等关联性图式，意蕴了大学内部生生不息的动力源泉。最后，周边圆（治理张力）表达了大学内部治理具有自身独特性，无论是直接表征，还是间接映射，抑或是动力意蕴，皆离不开观念体系和关系网络的可能性影响。这种独特性表现在大学在很大程度上依然维持着自我遵循的方法路径和各种理想情怀，还体现在大学内部人际结构和互动格局无时无刻不在影响着治理的展开与推进。并且大学越大，需要跨越的人际牵制和互动纠结也越多。

至此，交叠嵌合的“同心圆”样态整体在一定程度上证实了组织、权力、信念三维度分析后得出的规范性支持下网络态治理、约束性把控下阵地式治理、激励性驱动下压力型治理此三重解读，也印证了大学治理建立在大学自身多样而丰富的规制实践之上，不仅与社会环境、体制和历史传统相连，还与大学成员观念、意识、心态和期待基本认识的相连。更重要的是，论证了发生校院两级治理是在大学软法组合作用下，由“经验—因果—利导—生活”四重平衡相互嵌套的极其复杂的过程与走向。围绕“治理”这个共同目标，大学在校院两级运转中不断构建各种可接受的软法机制、模式与导向，但要达到或维持这方面的预期并不容易。因为在社会变革背景下，大学总会处于一种不稳定、不确定的状态，学校及其下设所有学院在改革中推行规则和改造规则、在压力下争取规则和规避规则等经验做法看似寻常，实际上是行政体制、市场因素、范式理念和大学内在自主性因素相互作用所致，并且溯及起点主要在于大学内部利益导向所促发、所决定，最终难以摆脱现实生活的驯化与影响，治理张力及其伸缩效应由此产生。

正如博登海默在《法理学：法律哲学与法律方法》中所强调的，“我们这个时代的分配正义问题显得如此之复杂，它们极不可能只凭靠一条唯一的原则加以解决”。[①] 在本章尾声，笔者重申两点，希望为读者在更广泛意义上理解大学校院两级治理架起一座桥梁：其一，变革时代的大学校院两级治理，是一个重建社会秩序的极具复杂性的过程。组织、权力、信念三个维度的分析总结了校院两级治理的三重样态机理，但实际上，大学内部治理常常是超越这种有着自身独特解释逻辑的样态机理的。其二，聚焦软法主题，我们所见的大学校院两级治理建基于软法的组合作用，但并不是由软法机制本身所决定的，而是一所大学的内在结构与外在环境相互作用的结果，需要注意到与软法作用并行的各种接续影响。

① ［美］E. 博登海默：《法理学：法律哲学与法律方法》，邓正来译，中国政法大学出版社 2004 年版，第 606 页。

第八章　大学校院两级治理的再思考

从某种意义上说，法治是一个社会的、实践的概念。无论是被认为业已建成的法治社会，还是正在走向法治的社会，其法治的运作都会面临一些具体场合下的特殊问题。

——夏勇[①]

必须承认，过去的这些年，大学校院两级治理的变革发展正在日新月异地向前推进。并且与之并行的，还有变革推动下大学校内软法的极大丰富和发展。即作为一种常态，在变革的“创建端”，为了更有效率、更有指向地展开治理，大学将沿袭或效仿改革先行大学和尊重自身条件基础相结合，致力于在最短的时间内积极谋划、调动各方力量，构建起一整套改变既定格局、推动优势发展的大学校内软法体系与配套机制。与此同时，在变革的“实施端”，当体系和配套机制具体运转起来后，来自国家、地方以及大学自身的声明、原则和机制依然层出不穷，大学越来越倾向于将校内软法作为一种动态的改革运作依赖，不仅学校整体显现出大变动下的运作依赖，内部机构及其个体也都显现出不同程度的依赖，出现问题时也常以继续深化改革的方式来修补，以期更周全、更妥当地应对治理过程中的现实问题。这样的校院两级治理汇聚起来，造就

① 夏勇：《文明的治理：法治与中国政治文化变迁》，社会科学文献出版社 2012 年版，第 44 页。

了充满目标、效率与活力的大学，产生的改革成效不可低估。

不过在这个过程中，大学也无时无刻不在面临着治理瓶颈与困局，甚至还有可能因为治理过程中的一些矛盾和紧张关系而束缚了变革发展。尤其是在“院办校”改革动议不断深化的当下，大学软法的组合作用和接续影响解决了大学校院两级运转的诸多忧虑，但同时也使大学内部治理背负越来越大的压力，并且未来这方面的压力还可能继续强化。这实际上提出了一个具有普遍性的问题——当前社会大变革背景下，我们究竟应该建立怎样的认知，才能更合理地端详直至认清大学软法之于校院两级治理的利弊真相，以及背后深层次的规律性强化所在？

毋庸讳言，面对如上问题，回到法治语境，揭示其中的特殊性所在，才能从诘问中觉醒。下面，本章就从“法治”这个关键起点出发，带着特定的法治眼光，从“软法—利导”的现实红利、陷阱危机、逻辑依归三个主题中寻找答案。

第一节　一个始终萦绕的法治化问题

对现代法律秩序仍待建构的转型中国来说，“法治”堪称中国法哲学研究的“元问题”，因为它影响甚或决定着几乎的所有其他法律问题的解决实效乃至研究价值。在法治阙如的社会，所有法律问题的解决最终都会回溯性且自我关涉地指向法治本身，特别是法治国家和法治社会的建构本身。① 同样，对于当下中国大学而言，从学校章程、校内政策和配套制度的快速供给和规范性建设，到制度规范的贯彻实施与运用解释，乃至整个制度体系的构建、完善与落实，其内部校院两级治理问题的解决最终也将回溯性且自我关涉地指向法治社会及法治高校建构本身。因此想要认清软法利导之于大学校院两级治理的问题真相和深层规律，首先

① 孙国东：《公共法哲学：转型中国的法治与正义》，中国法制出版社 2018 年版，第 192 页。

要回到法治这个关键起点，搞清楚在当下变革时代，我们究竟应该以怎样的眼光来看待大学内部治理法治化的问题。

罗豪才等曾这样指出：我们应当从哪里发现法律秩序的基础？马克斯·韦伯给出一个可能的方式。在他看来，在社会学中，法则只是发现历史现象之因果关系的手段而已，这些历史现象与价值之间的关系对于文明来说有着很重要的意义。尽管普遍有效的科学分析必须与价值判断分离开来，但我们必须探究价值，因为一个遵循他自己价值的人必定会干涉其他人的价值，为此，每个人都担负着一种责任，这里存在着一种应予协调的价值冲突——而康德在此前却认为这里所存在的是一种意志冲突。不过，承认、界分和保障利益的价值判断标准，乃是法律哲学的一个终级问题，我们必须牢记，就这个论题的理论及其细节而言，人们之间始终存在着深刻的意见分歧，这种分歧有可能永远存有——我们之所以必须有法律，在很大程度上乃是因为我们无力就这一判断达成一致意见。①

这方面的论断实际上意味着，法治是由众人的理性构成的，人们"赋予法律以理性，把法律作为建立一种理性、正义的秩序的重要依据；同时，也把法律看作自己的安全、自由、权利、利益的保障"。② 也就是说，作为一种满足公共需求的社会产物，法律之治所要体现和捍卫的理性，主要不是个体理性或者少数人的理性，而是一种超越个体理性和个性差异的公共理性。这种公共理性，反映出人们试图基于彼此合作来寻求自身利益的最大化的意愿和能力。③

同样，在大学校院两级治理变革中，个人理性与公共理性之间的矛盾与冲突是一个难以回避的话题。当我们聚焦校内软法创制、实施、适

① 罗豪才、宋功德：《软法亦法：公共治理呼唤软法之治》，法律出版社 2009 年版，第 206—207 页。

② 汪太贤：《西方法治主义的源与流》，法律出版社 2001 年版，第 53 页。

③ 罗豪才、宋功德：《软法亦法：公共治理呼唤软法之治》，法律出版社 2009 年版，第 206—209 页。

用、执行、解释等一系列问题，并强调用内部治理的法治化来推进校院两个层级上的改革实践时，无疑需要直面怎样体现和捍卫组织内部的公共理性这个核心问题。

那么，在这方面，应当建立何种基本认知呢？诚如《软法亦法：公共治理呼唤软法之治》一书的解释，这就要求我们去寻找一个法律制度安排赖以产生法实效的逻辑支点，讨论建构一套制约与激励相容的法的机制，据此促成主体对法的自愿服从，辅之以必要的公共强制，试图实现法效力、法效果、法治效用、法治效益之间的统一性与最大化，借助理性的法的机制全面实现法治目标。[①] 大学校院两级治理的法治化正是这样一种借助软法体系、机制和关系支点，试图实现法效力、法效果、法治效用、法治效益之间的统一性与最大化，以体现和捍卫大学公共理性的方式和过程。

它首先体现为追寻公共理性的方式和过程，表现为在实体和程序两个方面追寻软法之治逻辑意义上的严格性与可预期性。正如人们已经看到的，随着“全面推进依法治国、加快建设法治中国”政策目标的深入实施，大学内部治理迈入改革实践的法治化语境。在这种法治化语境中，公共理性主要指向大学校内章程、政策及其配套制度本身，即校内软法所规定的一套公认的、可操作的形式规则。换言之，当建章立制遍布校院两级治理的每一个可能角落时，校内软法需要构建起大学共同体中各个学院乃至每个大学成员的权利、责任和处理事项，按章办事、依规处理日益成为大学内部治理观念和行动的主流。与此同时，还意涵着大学校内软法之治的合作性与参与性，即相对于硬法而言，强调更多协商、更少强制、更高自由的软法，更加强调公众参与和社会自治，更加重视论证—商谈，更加推崇公私合作，并通过这种合作实现“双赢”、提高社会文明程度，更加追求共识和合意。[②] 毫无疑问，这是当下大学内部治理

---

① 罗豪才、宋功德：《软法亦法：公共治理呼唤软法之治》，法律出版社 2009 年版，第 150 页。

② 罗豪才、宋功德：《软法亦法：公共治理呼唤软法之治》，法律出版社 2009 年版，第 402—403 页。

法治化在形式意义上的基本追寻。

当然形式法治固然重要，如果缺失公平、正义、安全、民主等实质的、特定的法治理念，依然会沦为一种空架。在这个层面上，法治不再只是一种制度化模式或社会组织模式，而是一种理性精神和文化意识。① 大学内部软法之治的具体施展及其变迁，也需要从其所能代表的理性精神和文化意识，即大学内部制度规范是否实现校院两级治理法治化的实质理念中得到说明。比如，我们观察到学校软法形成与实施的大致轮廓，还考察到学校软法如何因解决问题和满足需求而酝酿产生，如何依赖学校内部的资源和权力、经由学校内部的项目和活动从而获得遵守和执行，以及如何从学校内部的诉求与绩效评价中获得旺盛生命力的过程。其中，不仅暗含着大学内部来自学校和学院的法治愿景与价值理念，更体现出大学内部实现公共愿景、价值理念与大学成员实践法治的意识、认知、智慧、技巧以及创造性思维的结合。从此意义上说，一种追寻公共理性的法治化，也是人们试图基于彼此间协商合作，最大限度地强化个体意识与公共愿景之间正相关性、弱化个人意识与公共愿景之间负相关性而付诸努力的各种尝试。

可问题在于，法治虽然为我们指明了体现和捍卫公共理性的方向，想要通过软法实现真正意义上的公共理性依然是个经验命题。即使是在人们越来越倚重软法之治的背景下，法治化构想已经表明并将继续证明，作为社会关系的调节器，软法更加强调公众参与、社会自治、公私合作以及通过这种合作实现双赢、共识和合意。② 田野调查及其资料分析却又告诫我们，在校院两级治理运转中，非理性的亲疏判断、效能与机会的无序结合以及各种非线性的协商性控制等诸如此类的问题，很有可能蜕变成软法利导下的人治、权治或管治，从而背离大学校院两级治理法治化的公共理性目标。这里的来龙去脉恐怕并不仅仅在于大学软法本身的

① 王人博、程燎原：《法治论》，广西师范大学出版社 2014 年版，第 197 页。

② 罗豪才、宋功德：《软法亦法：公共治理呼唤软法之治》，法律出版社 2009 年版，第 402—403 页。

理性方式、过程、原则与理念，还与大学内部特定语境、校院互动的一贯特征以及影响大学治理的法外因素紧密相连。

这就引发了一个更具现实感的话题——大学“软法—利导”的法治理，究竟何以一方面支撑着法治构想，同时又没有像法治构想的那样渐次展开，而是面临重重难以回避的问题？借助“法治”这个起点，下面三个章节就顺此脉络而下，从“软法—利导”之现实红利、陷阱危机、逻辑依归中探求解释。

第二节 “软法—利导”的现实红利

“院办校”改革发展至今，软法之所以迈着大变动、大调整步伐生生不息，最引人注目的是其功效所在。按照软法利导原理，这种功效不再只是强化除弊，而是带有兴利色彩，强调大学软法实践带来的现实“红利”。正如导论部分指出的，软法主体所追求的是一种由“多元利益整合而成的整体效用最大化”，并且在很多情况下，自利性动机不仅体现为“经济性自利”，还体现为其他“超经济利益”。大学软法蓬勃发展后，就像是一个追求多元利益最大化的磁场，校院两级治理的每一个方面，都彰显着各种体现为经济性和超经济性的目标、欲望、机会和需求，有力地强化这种基于大学法治理实践的现实“红利”。为了更好呈现这里的红利效应以及不同红利的类型差异，我们结合考察反馈的大学校内法与“院办校”改革利益的交融情况，先对这方面的现象事实作些区分了解：

首先，是在每一轮改革启动时出台的校内法，它与改革利益之间表现出高度且直接的交融。主要涉及校院两个层级的资源调整、任务考核、绩效分配相关的各种问题，包括机构重组和人财物调配、年度工作考核、任期工作考核、标志性成果管理、奖励性绩效管理等。“院办校”推进的这十年间，为了强化这些方面极具现实意义的目标要求，大学创建了大量的校内法规则，以确保改革能够形成实质性成果。目前总体而言，与资源调配有关的校内法实施提升了特定学院学科专业竞争力；与任务考核有关的校内法实施带来了一些高水平、高层次成果产出；与绩效分配有关的校内法实施强化了优绩优酬后落实到每个人的变化。

其次，是在改革实施过程中出台的校内法，它与改革利益之间表现出一种程度较高的间接交融。比如，因应改革新变化而出台的经费预算和调拨规定，根据改革实施需求而出台的监督检查和评估要求。这些规定或要求将量化后的主张要求纳入校内法，通过增加校内法的利益接触点来细化改革过程，以保证改革成效的生产性扩充。从目前的情况来看，这类校内法的作用功效是富有成效的，不仅形成各种标准化对待的利益生产及扩充模式，还使大学内部不同层级组织单元及成员个体能够以一种主体责任和道德义务的方式实现利益普遍性合作。

最后，是适用于校院两级运转的一般规则，它与改革利益之间表现出具体的相关性交融。比如，有关校级议事机构组成原则的实施意见，有关校院两级学术委员会、学科建设委员会的管理规定，有关安全稳定和应急处置的通知细则，等等。这类规则从常规事项的安排办理，到问题矛盾的处理解决，致力于谋划和调动各方力量构建起校院两个层级的改革配套安排。目前来说，围绕大学自身实际形成的很多经验性做法，为复杂环境下疏导和应对各种利益需求保留了必要空间。

实践证明，在利益多元交织、变革无时不在的现代社会，大学软法之所以能够迈着大变动、大调整步伐生生不息，从法的利导特征来看，主要在于其所涵盖的各种目标主张以及实现目标主张的方式，可以为大学带来法效果、法效用和法效益的最大化产出，呈现出预料之内甚至预料之外的各种可持续的现实红利。比较而言，这种情况在软法与硬法并行的情况下，也许是以一种补充性的法功效呈现；而在改革缺乏国家硬法表达意图的当下，其所呈现出来的现实红利无论是在经济效应上，还是在超经济效应上，都体现出一种强烈的社会正当性和认同性。将实地调整中目力所及的现实红利汇聚在一起，总结出以下三种主要情况：

一　催生了办学治校的经济获益

大学软法无论如何变化，一直围绕着办学治校的资金资源在展开，这是不可辩驳的事实。如我们所了解，高等教育领域“放管服”改革推进后，大学逐渐进入学术市场的竞争主位。刚开始的那些年，大学内部日常运转走上治理轨道，校内软法的用意主要聚焦到要将原来不受规制的资金资源调配问题纳入校内法规制行列，希冀解决内部竞争性排序有法可依、有规可循的问题。因此总体而言，那时的软法虽然强化了大学自身多种经济性权能，但主要是一种粗线条的市场接轨和数量框定，并没有给大学带来实质性的获益。而当变革深入推进后，大学越来越陷于竞争性排名的激烈格局之中，校内软法不仅诱发了校院两级治理新秩序，还在一定意义上成为大学向外争取更多资金资源的催化剂。这样一来，软法之于大学内部治理的功效就不再只是数量上的获利，而是聚焦于更多高层次、高水平的成果产出，不断催化生成数量和质量并进甚至质量优先于数量的经济性获益。

这就如同法律经济学家熊秉元在《正义的效益》中指出的，法律的精神往往不是追求公平正义，而是处理价值冲突。并且在现代社会里，法律的主要功能已经由“除弊”转向“兴利”。① 可以想象，当外部力量对大学的评价主要依据的是学术产出和市场排名，内部成员对大学的期许首先考虑的也主要是资源效益，大学基于绩效、排名、声誉等多方面考虑，必然要放弃那些不起作用或已失去效用的校内软法规范、软法价值及软法行为，也必然会以一种更高、更快、更大的经济性促利要求强化内部软法规制，让有限的资金资源流向价值更高或者说是产值更大的办学治校途径上，去实现更多可品鉴、可量化的经济收益。

二　强化了依法依规的政治立场

法治高校建设高涨后，大学治理方式不断发生转化。作为重心下移的体现，大学要求学校权力向学院权力转移的过程中，既要增进多主体

① 熊秉元：《正义的效益》，东方出版社2016年版，第2页。

参与，又要防止多数人的暴政，对校院两级治理的依法依规进行提出了更高的要求。在这方面，大学软法虽然没有硬法那样的刚性，但却有着大学成员更广泛、更直接的参与机制，以及更透明、更公开的信息机制，从而在某种意义上能够通过硬法无法渗透的利导方式，更加巧妙地对依法依规的立场要求作出正当性、合理性和威慑性强化。此外，就法本身的创制实施而言，大学软法大多由学校职能部处牵头起草，尤其是体现监督监测权能的软法起草更是直接由学校党政核心部处牵头，而适用处置这类软法也是由党政核心部处主持把控。在这种情况下，大学软法通过组织法、程序法以及对公权力的监督、设定责任、提供救济等方式，将合理可信的价值理念置于规则体系之中，表明非校内法机制、法原则莫属的立场态度。譬如，指向自主理财的校内软法不仅以泾渭分明的预算要求对校院两级财权作出严格设定，还能通过监督检查机制将讲规则、守规矩的要求整齐划一地作用于所有人。

此种意义上说，大学软法的现实效应体现在超经济性获益方面，主要是以一种崇尚法治权威、强化法治原则的宣传教化方式呈现出来，虽然表现得较为灵活且温和，实际上在有权必有责、用权受监督等方面集中了更多的民意和民智。更加重要的是，还使人们告别了将治理变革理解为创制、实施和适用的简单过程，认识到大学法治理首先是对法规则的尊重和遵从，其次还是用一种无限普遍化的方式强化监督监测的权威所在，在潜移默化之中强化了依法依规的政治立场。

三　提升了自主自律的意识能力

大学内部治理是学校及其二级机构同为主体的法治理实践，作为机构及其成员的集合体，大学需要实现整体性变革，除了明确的法规则，更重要的还在于学校治理和学院治理的并行不悖，或者说是实现一种可以各展其长、各得其所的意识能力。必须指出，经过十余年的改革探索，大学依托校内章程、政策及其配套规范实施自主自律地推进内部治理，已成为一种普遍认同的观念意识和行动实践。在这种观念意识和行动实践的推动下，长期以来，大学软法被理解为是校院两级治理的一项改革成就、一种政治方略和中间手段，不仅涌动着大学内部来自学校和学院的集体智慧和抱负，而且还赋予校院两级组织结构、任务联系、权力决策和人们的观念表达某种力量。于是从这十余年的变化来看，在大学软法强化之前，大学校院两级运转主要是依托上级指令和传统习惯而展开，职能转变主要是增进管理而非真正强化治理；大学软法建设全面展开以后，无论是自主参与方面，还是自我觉醒和反思方面，大学内部机构职能普遍有了很大提升。

这就类似于这样一种局面：软法的崛起使人们不再消极地、机械地、片面地理解法治目标，而是更加积极地、能动地、辩证地领悟刚性的法治目标与弹性的法治化之间的关系，主观满意与客观最优之间的关系，以及诸如秩序与公平、公平与效率、公益与私益等不同法治目标之间的辩证关系。[①] 从大学的情况来看，通过校内软法的自我规制和自我驯化，大学不再一味信任学院学科基层利益的平均调配，也不再采取只要学院学科自主行动就加以管控的运动，而是“在对公共利益的天真信任与只要集体行动露头就加以消除的愤世嫉俗的运动之间，走某种中间道路”[②]，运用更加灵活多样的治理资源，诉诸更加得心应手的治理方式。故而构建起大学校院两级治理的核心部分，在更大范围内激发了、鞭策了内部机构及成员的参与动能与治理热情，对更加广泛且全方位地提升大学自身内部自主自律的意识能力起到了很好的推动作用。

第三节　“软法—利导”的陷阱危机

安东尼·史密斯等在《后现代大学来临？》中指出，“大学在不断地

① 罗豪才、宋功德：《软法亦法：公共治理呼唤软法之治》，法律出版社 2009 年版，第 392 页。

② 罗豪才、宋功德：《软法亦法：公共治理呼唤软法之治》，法律出版社 2009 年版，第 393 页。

吸收和积累一代又一代人不同的期望——也许还包括假想，但大学也令人们失望”①。这种期望和担忧的并存现在看来不无道理。作为一种变革方式，软法在推动法治目标实现方面具有正面效应，同时也可能显露出更多与法治精神南辕北辙的致命缺陷，导致公共关系出现一定程度的扭曲变形②。这样的情形反映在大学内部治理的实际运转中，着实让人们感受到软法创制、实施和推进中各种勾连着利益的困局，尤其是在面对相互矛盾的目标期望时，利益与互动之间的各种问题不容小觑。

此外现在人们还越来越普遍地意识到，国家和社会变革的冲击也在使大学背负越来越大的压力，并且还可能给未来大学的治理发展带来很多转变。从治理改革和法治建设这一基本遵循中可以看到，虽然大学内部来自学校及其学院基层的努力反映出学校在治理改革和法治建设问题上的全面布局和持续推进，但由于治理改革强调的是大学要在“推进国家治理体系和治理能力现代化”大背景下提升自身内在的治理能力，即大学内部运转要讲究治理效能；而法治建设则强调的是大学要在“法治国家、法治社会、法治高校”建设中遵循法规则和法秩序约束，即大学内部运转要避免校内机构及其成员利益受损。概言之，前者意在强化学校能力，后者意在规制学校权力，其中必然隐含着各种张力与紧张关系。

为了能够更深入地理解软法利导及其背后宏大社会结构的特征与变迁，接下来的讨论中，我们将结合当下国家和社会的改革动议与实践，来具体看看大学校院两级治理的法治化为何总是步履艰难，看看那些被大学视为理所当然的软法实践背后究竟还存在着哪些可能的陷阱和危机。总体上看，可以将这里的问题总结为软法利导中的三重治理陷阱及其可能引发的法治危机，即象征性治理与法治内卷化危机、变通性治理与法治恣意化危机、实用性治理与法治工具化危机。

① ［英］安东尼·史密斯、弗兰克·韦伯斯特主编：《后现代大学来临?》，侯定凯、赵叶珠译，北京大学出版社2018年版，第1页。

② 罗豪才等：《软法与公共治理》，北京大学出版社2006年版，第78页。

一　象征性治理与法治内卷化危机

当下，大学内部普遍流行着这样一些观念和做法：认为只要制定某种政策或制度就算是完成任务，或是制度文本越多越能够表现对工作的重视和决策的科学有效，抑或推行某项政策或制度就权当已实现某个方面的根本性转变等。实地调查中，这类情形可谓层出叠见，例如，“新出的制度谁来起草就要谁去落实，对于学校而言，最妥善的办法是把上级政策要求或其他学校的已在实施的文件制度改头换面，不仅效率高，而且安全不会出问题”“学校是上面千条线、学院是一根针，千条线管一根针的情况下，就只有两种方式，要么就是粗线条的面面俱到，要么就是抓重点来做创新”“每届学院新班子到位，都会针对学校政策和学院发展的新计划、新要求制定一批新制度。但通常是碰上什么事就立什么制度，不会去做旧制度的废改工作，因为确实也理不清楚”“每次考核检查时，学校都会对学院的二级制度完善情况倍加关注，然后很多学院就会说我们又写了几个制度，成为考核成果来汇报展现，至于这个制度和那个制度之间的关系，有没有去实施，实施效果如何，要不要重新立等问题，很少有人问津”。

一些研究认为，这些观念和做法是次于正式制度所预实现的秩序的一种治理状态，是与主流意识所描述的理想治理状态存在一定落差的实际治理状态，并将其解释为官僚体制下一种难以规避的存在。[①] 也有研究指出，在行政管理的金字塔结构中，政府对大学事务的过度干预导致大学的行政化趋向增强，导致大学的校级和中层管理者在文件处理中耗费大量的时间和精力。于是当前大学管理的常态是，校领导每天都是会议和文件缠身，中层管理部门和学院（部）也常常是“以文件落实文件，以会议贯彻精神”，院长、系主任、学科专业负责人陷入“文山会海”也

① 刘天旭、范风华：《象征性治理：对政府治理失灵的一个概括》，《甘肃行政学院学报》2009年第5期。

不罕见。[①] 如此一来，产生上述观念和做法也就不足为奇。还有研究认为，这些观念和做法虽然有“表面功夫”“做样子”“形象工程”之嫌，但并非漫无目的、不遵循治理规则的行为，一定程度上还增进了治理行动的合理化认识与规划落实。[②] 本书不否认这类观念思维和行动逻辑本身的难以规避及其背后的积极意义，但主张要回归软法利导的法治命题，来剖析和反思其中所暗含的大学内部治理变革源头失真、过程失控、结果失效等缺陷。依循其中的因果脉络，可从三种类型的“象征性治理”切入来作进一步考量：

首先是软法起草前的“象征性调研”。软法文本的起草关系到大学内部治理改革之整体生发。现在高校的普遍做法是，在软法起草前会花费较多时间精力规划调研，既向校内受众群体调研，也向校外相似单位调研，以便从中汲取有益经验。这样的做法的确显现了大学在其内部治理改革问题上的法治先见与谋略，可问题在于，通常情况下，为了提高效率，学校软法起草由党政职能部门牵头负责，学院软法起草则由院办直接操作。在没有专门的校内法制定委员会、没有独立的校内法评价体系、没有形成学校与学院之间相互监督的情况下，调研工作的具体开展及其结果运用，很多时候就落到个别行政办事人员身上，“小鬼当家”和“外行领导内行”的情况常有发生。这种情形带来的结果便是：校内软法的起草最终受制于起草人的能力水平、洞见以及领导所期待的制定一个好制度的主观愿望。

其次是软法起草后的“象征性反馈”。整体上看，面对日趋强化的程序要求，目前高校越来越重视软法出台前的工作流程，尤其是学校重要政策和配套制度，拟定稿出来后一般都会征求各二级学院的意见，也就是人们通常所说的“几上几下”。这样的观念思维和行动安排构建起了形

① 刘晖、廖勇：《地方大学与政府关系探究——基于 Z 大学 2009—2019 年政策性文件的分析》，《高等教育研究》2021 年第 1 期。

② 郭书剑、王建华：《大学章程的象征意义及其改进——象征性治理的视角》，《高等理科教育》2016 年第 3 期。

式意义上的法治基本追寻，不过就实施情况来看，尽管规范了校内软法的征求意见流程，大多数情况却只能说是象征性征求意见。主要表现在软法制定环节“没有征求有效意见”和“没有对意见进行有效汇总”两个方面。另外从人的自我保护上看，人们总是不愿意自我否定，并且会排斥别人的否定。于是在理性受限的情况下，大学内部的科层权力往往处于绝对性支配地位，最后的决策就很容易停留在决策者个人认知基础上。

最后是软法实施中的“象征性执行”。大学治理是一个十分庞杂的体系，不仅机构层级和形式繁多，还涉及不同的专业类型和管理领域。在软法实施过程中，由于不同层级、领域有着各种阶段性、应急性需求，面临的很大问题是制度出台后，常常被束之高阁、不了了之，或者仅有小范围的决策层、管理层知晓，从而使校内软法的实际权威性和执行力都大打折扣。其中最典型的情况是，学校职能部门出台的政策制度难以计数，进入实施环节后，如果部处领导没有过问，办事人员也就不会过问，学院更不会过问，老师们也就很难了解了。在这种情况下，不夸张地说，校内软法只能成为“装饰性摆设”或评价学校和学院工作业绩的“指标依据”，软法“失效”于改革治理的可能性也就随之而来。

从以上过程链观测，校内政策规划和配套制度不断推陈出新的同时，强化投入、追求形式、各取所需已成为常态。其中很大程度的隐忧是，如此常态下生成的校内软法可能存在着超越上位法边界、不符合于法有据原则等问题，制度现实与法治理想之间的距离从源头起已在无形中造就。当然即便抛开源头，因为缺乏必要的沟通与衔接，实施运行过程中偏离法治本义的问题与困境也并不少见。从此意义上讲，大学内部基于软法利导的象征性治理的确并没有带来改革与法治的同频并进，而是在改革进程中日趋呈现为一种无从摆脱的法治“内卷化”危机。

这里需要补缀，在社会现象研究中，“内卷化”是一个运用十分广泛的概念。人类学家戈登用“内卷化”来描述一种文化模式，认为当达到了某种最终的形态之后，既没有办法稳定下来，也没有办法使自己转变到新的形态，而是不断地在内部变得更加复杂，即统一性内部的多样性和单调下的鉴赏性，这就是内卷化。在学校教育过程的文化再生产中，“内卷化”的基本意涵是事物发展到某种特定程度而出现的原有方式无休止地叠加缠绕、自我复制并伴有内耗加剧、自我锁定的样态。① 本节将“内卷化”运用于法社会学领域，呈现了大学内部法治投入增加下的模仿复制、数量叠加、重复细化，以及校院之间以维持改革运转为目标的消极适从与习惯性参与，不仅依循文化模式的内卷理解，还吸取了部分社会变迁条件下的内卷理解。可以解释为“法治投入增加下的软法效用降低式内卷”，即“法治投入发展到一定的程度而出现的软法叠加、缠绕与自我复制，以及具体运转过程中的内耗加剧、效用降低”的内卷样态。

二 变通性治理与法治恣意化危机

前文已经指出，基于软法运行的校院两级治理正在呈现出“非均衡”“不稳定”的模糊特性，主要表现在多义理解、灵活再造和弹性应对三个层面。其中有软法制度位阶不明、富有弹性等方面的原因，但更大层面则是大学内部软法运作过程的灵活变通以及允许差异性对待的原因所致。接下来就回到这个问题上，进一步讨论这些秩序机制中所暗含的软法—利导陷阱及其可能引发的法治危机。

一如季卫东在《大变局下的中国法治》中指出的，中国法治的存在方式正面临前所未有的两难困境：一方面不得不通过规范的刚性约束力来缩减外部环境的复杂性；另一方面流动的局势要求临机应变的决断，使规范的约束力不得不相对化。② 这种情况自 20 世纪 90 年代依法治国被确立为中国基本的治国方略以来，中国的法治事业取得了长足的进步。遗憾的是，随着法治建设进程的深入，中国法治建设的一些深层次矛盾也逐渐显露出来，并且越来越开始困扰着国人。③ 有研究根据软法之治的

① 高水红：《内卷化：学校教育过程的文化再生产》，《教育研究与实验》2020 年第 4 期。

② 季卫东：《大变局下的中国法治》，北京大学出版社 2013 年版，第 31 页。

③ 泮伟江：《当代中国法治的分析与建构》（修订版），中国法制出版社 2017 年版，第 61—62 页。

情况，指出这种现象如同是一个硬币的两面，既然这种协商的、互动的柔性手段能够促进社会组织治理更合理、更民主、更开放，那么必然带来的另一个问题是，软法规制的实施效果不尽如人意。① 在依法办学、依法治校深入推进的大学，常常可以看到这样一种更为具象的情况：

一方面，学校大量制定新政策、新规范，强调要通过校内软法的机制原则，来统筹校院两级治理以实现其发展目标。这是大学软法在实践中应对外部复杂环境的基本表现，同时也是一个“摸着石头过河”的过程。其中暗含的一个道理是，大学软法产生于一个集中的过程，其内容的统一性难以避免，即使是在确立分类分型规则的前提下，与实际情况也不可能完全相符。另一方面，面对流动的局势，校内软法制定和实施过程又为挑战政策规范底线的行为留有很多“口子”，鼓励敢于打破改革过程中的瓶瓶罐罐，甚至为敢于触碰底线的情况予以资源倾斜。两种现象结合在一起，无疑为大学校内政策规范的“选择性执行”埋下了伏笔，意味着大学软法集中统一的背后，“随机应变”成为一种不可或缺的运行机制。拿实地调查中一些受访者的话来说，学校政策的本义是要按制度原则办事，但在实际操作时这方面的制度原则既没那么刚性，又无法穷尽方方面面的需求，实施过程中发挥主观能动性的各种“灵活应变”也就产生了。

由此基于软法利导之因果脉络，就形成了这样一种局面，即经验、需求、收益、效用造就下的“变通性治理”及其由此产生的法治“恣意化危机”。先来看变通性治理的具体由来及其表征。在一所大学内部，校院之间及院院之间治理体系的建构，依赖于学校的统一支持和集中意志，同时考虑改革过程中的特殊问题特殊对待。为了实现竞争发展与高效稳定的齐头并进，学校在强化治理体系集中统一的同时，将普遍化与个案化相结合，倾向于综合考虑实际条件或根据实际结果来形成治理方略、作出治理决断。与此相应，学院在谋划发展和机会的过程中，其行动逻辑不仅受制于学校治理体系的集中统一，还极大地受制于其与学校之间，

① 张清、武艳：《社会组织的软法治理研究》，法律出版社 2015 年版，第 210 页。

尤其是与学校高层之间的亲疏远近关系，遇到问题时总是徘徊于校内政策规定与学校（部门或校领导）协调处理之间。以至于在改革进程中，支撑软法稳定预期的“常规机制”与突破软法稳定预期的“例外机制”之间不断相互转换，最终呈现出“常规的例外化”和“例外的常规化”的双重秩序。

这就是法国哲学家于连所指出的，中国治理重视“势”，强调“无形”的技艺。“无形”的结果取决于博弈、妥协以及政策性判断，意味着规则和标准是可变的，不可能有一以贯之的法律应用，规范本身也往往呈现出多元的动态。① 具体化到当下中国大学，就像是一个硬币的两面：一面是“常规的例外化”，即通过不断博弈、妥协和政策性互动，学校和学院决策体系可以排除行政和学术的阻碍，达成某种默契，维护内部治理的统一。但是这样一来，软法规则的制定和实施就不可能是中立的，而是必然充满主观性。甚至在一些时候，本应严格执行校内软法、推进依法治校建设的决策层，恰恰成为学校软法规则的最大破坏者。于是就不可避免地出现了另一面“例外的常规化”，即大量校内软法“规避”现象的出现，软法运行的效果不尽如人意。也就是人们常说的，较为普遍地、随意地采纳制度规则之外的道德原则、伦理原则、关系原则以及社会舆论、文化传统作为处理问题的依据，而不是根据制度规则本身的普遍性预期来处理和解决。

于是在这种情况下，校内软法的制定与实施、实施与执行、执行与解释往往是相互分离的，一种观念和行动上的“恣意”倾向正在大学校园里不断蔓延：人们酝酿讨论和创制出台校内软法的最终目的也许并不只是为了治理学校，很大程度上是为了对学院基层和上级政府作出一些必要交代；实施软法并不意味着校内各个基层单位都会严格执行，很多时候可能只是得到了一些现阶段需要的、表层看得到的回应；执行软法也并非意味着能够按照制度预期来获得保障，寻找“漏洞”和向上“跑动”“呼吁”可能是最终的解释路径。这种特殊的观念和行动逻辑的牢固

① 季卫东：《大变局下的中国法治》，北京大学出版社 2013 年版，第 47—48 页。

程度，可以说远远超过了软法制度本身给人的印象。甚至用施克莱在《守法主义》中的分析来说，到了类似于“意识形态”的程度①。

例如，按照学校政策制度的本义，是要形成约束有力、激励有方的规范体系，以及给予学院自主发展的承诺与保障。也就是当学院自主运转起来后，校内软法会采取所有可能的手段来维护学院自主的规范性预期；而当学院自主运转受到阻碍时，他们可以通过校内软法依据寻求支持，以证明自己的规范性预期是正当的。然而现实的情况是，在一些难以量化的问题上，学校对学院自主的支配与把控空间远远大于规范性预期；而学院在两级运转中有了问题和困难，大多数情况并不是通过校内软法依据去寻求支持，而是首先会想“漏洞在哪里，怎么才能通过制度去钻空子、捡便宜”。当这一切仍然不足以解决各种摩擦和冲突时，学院的第一反应也不是通过校内软法方式直接寻求帮助，而是普遍认为可以通过向上“跑动”或“呼吁”的方式来推动学校做出有利于自己的决策。一旦决策对自己不利，也往往不认为这是学校遵循软法规定严格处理的结果，而是对方学院比自己有更多资源和人缘渠道。如若遇到学校决策群体发生变化或是大环境发生了改变，这方面的“恣意”倾向还会更加明显，甚至远远超过了软法制度本身给人的印象。

三 实用性治理与法治工具化危机

“每种法律秩序都有一种压制的可能性，因为它在某种程度上总是非维持现状不可的，而且，它使权力披上权威的外衣，从而更加有效。”②正如我们已经了解的那样，法治在中国并不是来自长期实践的自然生长，而是在特殊的历史条件下由政府来启动和推动的。因此在法治建设之初，法治理想、法治理念多少会带有一些浪漫主义的情结，似乎能够解决所

---

① ［美］朱迪丝·N. 施克莱：《守法主义：法、道德和政治审判》，彭亚楠译，中国政法大学出版社 2005 年版，第 60 页。

② ［美］P. 诺内特、P. 塞尔兹尼克：《转变中的法律与社会：迈向回应型法》，张志铭译，中国政法大学出版社 2004 年版，第 29 页。

有的问题。而在看清楚法治只能解决有限的问题以后，尤其是法治的规则和程序给管理带来不便时，管理者则更多地在宣传强化政治法理学意义上的法治理念，试图通过所谓理念内涵增加的方式，为法治附加上了以政治要求为主的法外因素。① 在过去十余年里，这样的理想和理念也在中国大学普遍流行并发生相应的转变。

简单地说，过去人们对学校内部的制度建设充满想象，现在则采取了更加现实的姿态，主张更加理性地、谨慎地推动和实施。尤其是在改革深入推进的当下，人们看到规则和程序事实上只能解决有限问题，甚至有时还会给日常运转带来不便，以政策要求植入和道德内涵增加的方式更有目的地展开内部治理表现得就更为突出。反映在校院两级治理的问题上就更为突出。就像前面所谈到的，学校所有的法治成就都是围绕着目标需要和管理方便而展开的，校内软法也是由相关职能部门根据管理需要起草和实施的。可以说，"讲政治""讲改革"已经成为大学内部法治建设的常态，"运用制度克服和消灭不利因素""运用制度方便管理"则成了多数大学成员尤其是决策层和管理层所认同的法治建设核心命题。

根据软法利导之通常理解，这样的转变强调权威推动和能动性发挥相结合，其本身的法治实用性意图、主张与效用不言而喻。尤其是在"全面推进依法治国"上升为国家战略开始，依法治校在大学已然不再是一种高高在上的法治理想，而是日益成为一种政治方略、治理手段，大学通过政策和道德内涵不断强化"实用性治理"的法治导向，很大程度上的确减缓了校院两级运转中的诸多难题。然而任何改革都有其两面性，在这样一场学校和学院共同协作的改革探索中，即使各个领域和层面都建立起政策驱动下实用为要的规则和程序，具体如何实施仍然需要结合学校及其学院的经验去决断，而不可能将规则和程序直接作为行动方案。

① 陈金钊：《魅力法治的苦恋：法治理论及其思维方式研究》，上海三联书店 2015 年版，第 91 页。

这就在很大程度上考验着校院两级决策层及实施参与者的智慧、信念和思维，引发了一波又一波对软法作用与效能的考问。我们看到，面对复杂的两级治理改革情势，大学内部的人们既兴奋，又忧虑。兴奋是因为人们从改革中看到有更具现实意义的效能和机会，但与此同时，在经历一次又一次的尝试后，发现改革并不能为自己直接带来收效和转机，而是常常陷于更大的困境和挑战之中，而且人与人之间、学校与学院之间的信任感还在不断减少，一些忧虑油然而生。

从实地调研来看，最典型的忧虑是，学校与学院之间的“情绪摩擦”在改革推动中不断加剧。人们常说现在的学校很复杂，说时还带有不满情绪——“学校不满学院，学院也不满学校。”比如，在权力下放的问题上，学校认为通过校内政策向学院放权后，学院要将改革和发展的矛盾接过去，而不是学校向学院“输血”后依然依赖学校来“造血”；学院则认为之所以没有调动起活力，是因为自己并不是一个运行实体，更为关键的是校内政策保障下的自主权说到底只是做事的权力，大多数情况下只能是“学校指哪、学院打哪”。又如在资源分配的问题上，学校认为发展有很多硬指标，在保证基本运行不降的前提下，必须把主要资源集中在最想做的几个重点学科上，才能实现学校的发展；学院则认为学校应该出台对自己最有利的政策规则，即使这个方面不利，那个方面也应该得到补偿，并且总能找到自己应该受到重视的理由。再如在绩效评定的问题上，学校认为核心价值和核心目标在哪里，学院就应该朝着哪个方向进行改革再造；学院考虑得更多的则是怎么将这些问题变得人性化一些，尤其是校内政策不能总在调整和变化，否则就会给内部管理带来很多不便，很难得到改革对象的理解。

事实上，这一切正好印证了中国法治“重目的、轻逻辑”的生命之痛。就像《魅力法治的苦恋：法治理论及其思维方式研究》中所说，人们总是在高喊法治中毁灭法治，从逻辑的角度审视，我们缺少的是认真对待规则与程序的逻辑思维模式，法治似乎缺少逻辑的基因，我们有法治理念但缺少实现的方法论路径，使得我们对法治的追求成为飘在空中的浮云。① 大学内部治理似乎也陷入了这样的矛盾和困惑之中。作为改造校院两级运转、促进大学发展的强劲力量，人们长期以来倾向于将校内软法视为一种被政治、道德所裹挟的“改革工具”，却往往忽视了校内软法也是一种保持组织稳定的保守力量。以至于学校在更加理性、更为谨慎地出台校内软法之际，不仅没有在全校范围内形成各个学院所预期的权威，而且有可能破坏本来已经建立的预期。甚至在一些情况下，为了克服不利因素、方便管理，学校与学院之间、政策与细则之间还存在南辕北辙的缺陷，导致治理出现一定程度的扭曲变形。

第四节　“软法—利导”的逻辑依归

法治分析揭示了“大学软法之治怎样体现和捍卫公共理性”这个理论内核，以及“大学软法究竟何以一方面支撑着法治构想，同时又没有像法治构想的那样渐次展开”的现实疑虑。显而易见，这样的揭示从源头出发，立足法治本质和意义建构，回应了大学日常治理中有关软法利导的诸多矛盾冲突与紧张关系，同时也以一种建设性的态度将大学校院两级治理摆在一个孕育法治、走向法治的位置，暗含着变革时代大学办学治校的未来图景。这就如同於兴中在《法治东西》中所描绘的，“旧的传统并非一堆废墟，它仍然充满活力，时时在制约着这种新的尝试，有时甚至规定着新尝试的航路。而新的体验新的追求已然成为弦上之箭，不得不发”②。在利益冲突频繁的现代社会，大学也正在经历着这样的体验。

那么聚焦过去及当下软法效应，尤其是软法带来现实红利与陷阱危机同在的现象事实，大学“软法—利导”究竟在校院两级治理中呈现出

---

① 陈金钊：《魅力法治的苦恋：法治理论及其思维方式研究》，上海三联书店 2015 年版，第 34—35 页。

② 於兴中：《法治东西》，法律出版社 2015 年版，第 1 页。

了怎样的逻辑？

社会学家皮埃尔·布迪厄等在其论著《实践与反思——反思社会学导引》中指出："必须承认，实践有一种逻辑，一种不是逻辑的逻辑"，并且告诫人们，"应该避免从惯习的生产过程中试图挖掘出比它们实际上所包含的更多的逻辑，实践的逻辑性只可以提炼到特定的程度，一旦超出这种程度，其逻辑将失去实践的意义。"① 这实际上表明了实践逻辑与理论逻辑之间的差异，即相对于理论构想而言，实践受制于时间和空间，并且很多时候是一种潜移默化的大道自然，是嵌于特定的社会关系体之中的。将视角放置在中国社会特定历史与时代变迁下，笔者在此得到的进一步确证是，"软法—利导"的法治理模式在大学校院两级治理中呈现了一种独特的"实践逻辑"，一种关于大学校内软法为何以及如何基于校院两个层级各种不同利益主张而产生出来、运转起来、演化发展的实践逻辑。

具体涵盖两层意思：首先，在软法为何基于校院不同利益主张而产生、运转和演化的问题上，必须看到，大学内部"软法—利导"是一个通过不断积累校内法实践经验来优化内部治理的过程，大学对实践经验的需要与满足，决定着校院两级治理的日常，且伴随着改革的深化，需要与满足不断提高，校院两级治理也发生相应的变化。其次，在软法如何基于校院不同利益主张而产生、运转和演化的问题上，还应进一步看到，对于任何一所大学而言，校院两个层级的决策群体根据经验和需要创造和发展校内法规则，其内容都在于促使大学内部日常运转能够保持总体收益和效用的共同最大化，并且总是期望所有基层群体通过各种正式或非正式的方式相互协作、相互补牢。在这种情况下，作为法治理的日常实践，大学内部"软法—利导"的法治建构是精心设计的、被经营的。它一方面显现出注重成本收益的客观标准，同时又显现出关注效用

① ［法］皮埃尔·布迪厄、［美］华康德：《实践与反思——反思社会学导引》，李猛、李康译，中央编译出版社2004年版，第133、24页。

福祉的主观偏好；一方面呈现出决策把控基础上的刚性执行，同时又呈现出程序饱和条件下的弹性调和；另一方面表现出多元制度交织的结构均衡，同时又表现出多方博弈推动的对策均衡。

正是通过这一系列精心设计的、被经营的法治建构，大学不仅在校院两个层级之间生发出独特的软法体系、机制，而且还发展出具体的校院治理结构以及组织成员生活于其中的法治日常。也正是在此意义上，我们所见的软法利导下的改革效应不再是一种孤立的、片面的法治困境，而是经验、需求、收益、效用等一系列因果关系的法治造就，甚至在一定程度上，是一种不可调和的法治暗示。正如帕特里夏·尤伊克等在《法律的公共空间——日常生活中的故事》结论部分指出，“尽管人们在表面上对法律性表达了不同的观点，但是，他们却共同建构着一种法律的霸权观念。通过这些意识形态（及其相互之间的对立），法律性便可成为一种无可争辩的以及不被人认识的权力，通过它，日常生活得以维持”①。在大学校院两级治理中，软法是理想的、强有力的，也是平庸的、不完美的。人们利用软法体系和规则形成治理支配，运用软法资源、技巧来获得治理优势，同时因为一些难以回避的软治意象、评判与目标，又共同卷入“自我规制、自我强化”的旋涡之中，建构着、维持着一种具体化的不可调和的治理差异与瓶颈。

为更清晰地作出洞察和分析，接下来，笔者将以上解释进一步体系化，构建图 8-1 展开“软法—利导”的多螺旋逻辑依归之整体性阐释。该阐释以软法诱致性创建、诱导型运用、诱训式保障三个层面循循善诱的两面效应回应前述这里的分析，不仅尝试回答大学软法利导的法治理模式从何而起、因何而起，更试以揭示大学内部软法利导模式具体形成了怎样的无形之力，这样的无形之力如何作用于大学内部治理改革，直至将大学改革推向“自我规制、自我强化”的旋涡之中。

① ［美］帕特里夏·尤伊克、苏珊·S. 西尔贝：《法律的公共空间——日常生活中的故事》，陆益龙译，商务印书馆 2005 年版，第 308—312 页。

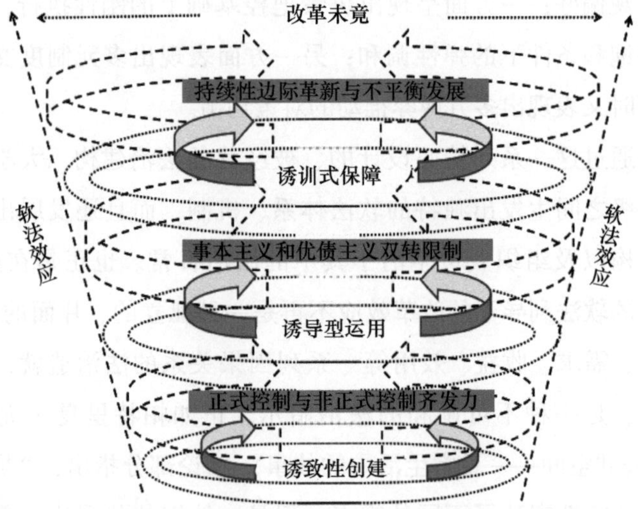

图 8-1 “软法—利导”的逻辑依归

一 诱致性创建带来“正式控制与非正式控制齐发力”

“较硬法而言，软法能够更加充分地体现自发生成秩序，更多地采用一种诱致性制度变革方式，从而表现出更强的可接受性”①。这在根本上意味着，作为一种变革方式，大学软法启动校院两级治理呈现出一种源自系统内部的诱致性图景。即在无法律可依、无先例可循的情况下，校院两级运转的一切规则都由大学基于自需自恰的方式而发起，校内规则的自产自销成为基本事实。这样的软法图景印证了大学极具能动性、创造性的法治姿态，同时又呈现出难以回避的治理瓶颈和缺陷。比较突出的情况主要有三种情形：一是大学软法对学校权力下放作出系统规划，既肩负改革发展的任务要求，又面临上级主管部门政策指令，规则与规则之间时有冲突发生；二是大学软法谋划多领域权力和责任机制，在没有专门的立法委员会和评价体系约束的情况下，匹配性、辅助性、可持

① 罗豪才、宋功德：《软法亦法：公共治理呼唤软法之治》，法律出版社 2009 年版，第 375 页。

续性等基本法治准则失之随意；三是大学软法确立具体的权力下放标准和界限，因为无上位法可循，很多时候既是规制主体又是规制对象，必然存有一些难以裁量的盲区。

可以确证，从软法酝酿创制开始，诱致性创建的每一种行动都带来一种暗示，一种有关改革体系、机制和标准如何基于大学自身逻辑实现合法化的暗示。用法治论的话语来说，大学普遍坚信治理需要依赖于校内法规范性建设的正式控制，但对于组织内部长久以来的高权管制、行政法则等非正式控制同样信赖甚至依赖，并且试图以相互并行的形式不断强化，最终“正式控制与非正式控制齐发力”的治理暗示为各个层面广为遵循。从内容和程序两个方面来看，前者主要表现为这方面无论创造了怎样的规范规约，问题解决取向上的特殊强化、官僚行政取向上的权威施压等非正式控制从源头起就已造就；后者则体现为在规范规约确立过程中，仪式流程的权威介入以及其背后隐藏的政治内涵、纪律威慑等非正式控制总是发生在不经意间。正是基于这样的改革暗示，大学校院之间权责配置虽通过校内正式规则予以合法化，但并不是单纯地取决于校内正式规则，而是一种被正式规则和非正式规则所裹挟的差序控制，一定程度上已偏离法治本义。

二　诱导型运用催生“事本主义与优绩主义双轨嵌套”

软法的实施主要依靠融入软法制度之中的激励机制，借助利益诱导的力量，因势利导[①]，继而构建出一系列无须动用强制方式即可作出应对的软法运用。同理，大学校院两级新制度、新规则投入使用后，大学通过融入校内软法制度之中的资源划拨、指标调配等激励机制吸引自身内部因势利导，并视运行程度给予相应的经济性或超经济性奖励。这样的软法运用采用利益诱导的方式，表现出更强的治理自觉性，却又不可避

① 罗豪才、宋功德：《软法亦法：公共治理呼唤软法之治》，法律出版社 2009 年版，第 373 页。

免地面临各种风险。从调研来看，主要分两种情况：一是大学软法对校院两个层面的改革运行处处设置目标任务，无论是年度工作，还是任期工作，数字化的指标下达和层层下压的检验要求对于学校职能部处和二级学院而言，皆已成为十分平常的事情；二是大学软法对二级机构改革绩效的青睐走向极致，学校在哪个时段、将哪些激励投放在哪个学院、哪个学科，学院又在哪个时段、将哪些激励投放于哪个专业、哪个团队，几乎无一例外都以高水平、高层次绩效产出来衡量，并认为所有基于绩效产出的强化都是人心所向。

可以看到，在软法投入使用后，“实施的每一种策略都会体现出一套关于改革的预期结果怎样才能更好实现的假定”。[①] 当软法诱导型运用广泛存在且以协商共治的方式持续发力，大学为完成校院两级治理的预期目标，将体现利益诱导的各种机制加以组合，“事本主义与优绩主义双轨嵌套”的治理运转由此催生。具体而言，“事本主义”以重心下移的任务目标为假定，大学内部激励诱导并非围绕权力下放规则空转，而是同时嵌套在行政体制内的任务制和经济体制内的绩效制中发生作用，就事论事和绩效至上的双轨原则自始有之。“优绩主义”则以重心下移的绩效产出为假定，当大学内部激励诱导不断强化高绩效、高产出的成果效应，必然会经历组织及其成员突破权力常规、扩展力量促发应激性反应的过程，常规叫停和优绩替代的双轨方式应运而生。也正是从此意义上说，大学内部重心下移、权力下放的实施运转说到底还是一种各取所需的治理运用，除了任务落实上的压力注入，目标、资源、竞争等各种因素无时不在刺激着、影响着改革运转，真正体现多元参与、协商共治的法治理逻辑并没有充分体现。

三　诱训式保障造就“持续性边际革新与不平衡发展”

“软法并不就司法适用当作其实现效力的唯一方式，而是主要通过相

① ［加］Benjamin Levin：《教育改革——从启动到成果》，项贤明、洪成文译，教育科学出版社 2004 年版，第 153 页。

关主体的自愿服从或者习惯性服从，以及政治组织、社会共同体的适用而实现其效力。”① 伴随着大学依法办学、依法治理的常规化推进，大学在校内软法的修补调整中有目的、有指向地强化学校和学院两个层面的鞭策和驯化。这样的软法迭代将效力实现的重点聚焦于大学内部自律自纠等自身能把握的内应性保障，而非动用国家强制力的司法干预；违反校内软法所要承担的责任后果，也主要是在大学共同体内部丢势头、失信誉等道德或伦理意义上的内应性责任，而非具有社会整体影响的司法后果。尽管一定程度上强化了校院两个层级的选择和应变能力，但也使驱动的瓶颈和挑战越来越大，并且未来这方面的瓶颈和挑战还可能继续强化。调研高校也正是如此，主要表现为两种情势：一是大学软法规则频繁修改之际，尽管权力下沉已日渐显现，运用规则降低不利因素和方便管理依然是多数校内管理层认同的关键；二是大学软法经验持续积累之际，虽然权力格局不断呈现出均衡趋势，技巧性地相互协作、相互补牢继而形成支配和获得优势仍是普遍共识。

可以推测，在软法诱训式保障的造就下，大学校院两级治理着力于自身内在的韧性强化，形成了以“持续性边际革新与不平衡发展”为基本特征的状态。在这种状态中，“持续性边际革新”是一系列兼具主动出击和迂回调整的方法策略，强调大学校院两级治理一直是在权力关键保持不变的前提下不断强化新规则，是以部分非关键领域先行先试的方式持续推动规则调整更迭，以及对个别特殊领域不断作出各种精细化的细节改进。并且以部分领域先行先试的方式持续不断地推动规则内化，以及对外围边缘领域不断作出各种精细化的细节改进，而不是等到剧烈的结构变动才作出大调整。“不平衡发展”则是边际试验方法策略的结果状态，主要是指大学通过不间断地更新规则、支持并鼓励小范围试点试错，造成校内资金资源投入和权力结构实际优化不断向某些关键重点领域、

① 罗豪才、宋功德：《软法亦法：公共治理呼唤软法之治》，法律出版社 2009 年版，第 374 页。

关键重点学院倾斜的差异化效果。从法治的眼光来看，这样的治理一定程度上让大学获得了更多适应政策环境和市场环境的能力，以及更加坚韧的规制性反馈和认同；但就连贯性、稳定性而言，大学也由此陷于无休止地规制性迭代损耗和成本递增，以及以维持改革为目标的规制性盲从与习惯性参与。

第五节　小结：一种由表及里的认识

社会变革背景下，要推动校院两个层级的治理并行，必须综合利用大学内部各种软法资源，发挥软法利导不可替代的作用功效。但不可否认，软法利导在推动内部治理变革中常表现出各种紧张关系与问题瓶颈，使大学校院两级治理背负越来越大的压力和挑战，并且未来这方面的压力和挑战还可能继续强化。

按照一般原理，这类褒贬不一的矛盾事实通常都被解释为软法的两面效应。罗豪才先生在其系列著作《软法与公共治理》中曾直言，在公域之治的现实中，软法的确是把双刃剑，软法的优点和缺点都非常明显，它一方面呈现出推动法治目标全面实现的正面效应，另一方面又不时暴露出与法治精神南辕北辙的致命缺陷，经常受到“法外”或者“非法”的批评与指责，甚至还被贴上损害“法律”权威、妨碍“法治”目标实现的绊脚石之类的黑标签。同时在论及软法的正面效应时指出，一个能够获得普遍认同的公法体系必然要由多样化的制度资源构成，之所以如此，是因为多样化的制度形态更有可能反映多元化的利益诉求，更有可能在广泛的范围内赢得共识。与此同时，在论及软法的负面效应时又指出，非理性的软法的存在，不仅有损于硬法的权威与实效，制约着整个公法体系的完善，妨碍着公域之治目标的正常实现，而且还为权力滥用提供了契机，公民权益因此得不到有效保障，导致公共关系出现一定程度的扭曲变形。①

① 罗豪才等：《软法与公共治理》，北京大学出版社2006年版，第76—78页。

这些论述触及了公域之治的法治及法治化这个关键问题，并且暗含了软法及软法之治研究的真谛所在。即认真对待软法之治并不在于根据法治原理积极地或消极地描述软法现象，而在于按照社会法治及法治化眼光客观而全面地端详软法实践中的利弊得失，比如在公域之治的现实中，软法规范公共关系、推动法治目标全面实现等正面效应反映于实践的现实意义何在？软法先天理性不足和创制实施缺乏理性等负面效应体现于实践的风险危机又有哪些？唯有如此，才能对软法之治中难以回避的变革与稳定、原则与灵活、目的与逻辑等悖论作出合理且有效的回应。也唯有如此，才能最终窥探到特定历史与时代变迁背景下软法利导的规律。具体化到大学软法之治的问题上，毋庸讳言，对于变革时代的大学校院两级治理，我们也应建立这样的法治及法治化眼光，才能合理地端详直至认清大学软法之于校院两级治理的利弊真相，以及背后深层次的规律性强化所在。

需要看到，本章的分析探讨是理论对话和反思，更是对前七章内容的提升。借助“法治”这个起点，笔者指出社会大变革背景下，想要认清大学校院两级治理的利弊真相与深层级规律，必须立足法治现实及其意义建构，发掘内在隐秘的法治理现象问题及规律所在。并顺此因果脉络而下，在比较翻转和反思反诘实地资料的基础上，将前面各章节的研究发现进一步抽象化和体系化，形成有关大学“软法—利导”之现实红利、陷阱危机、逻辑依归等一系列反思。也正是这一系列反思性呈现，全书前七章的分析探讨得以升华。可以说，从有关办学治校、依法依规、自主自律的现实红利，到有关象征性、变通性、实用性三重治理陷阱及其可能引发的法治危机，再到有关诱致性创建、诱导型运用、诱训式保障所致的利导效应还原，最终形成“一种由表及里的认识”，实现了从现象问题到本质挖掘、从经验分析到规律探寻、从一般原理到本土解析的充分舒展。

第九章 余论

> 中国，改革，大变局的关口。左还是右？前还是后？是维持硬性框架，让自由竞争的激流越发湍急？还是建立弹性结构，让翻腾的洪水逐渐和缓？
>
> ——季卫东①

从大学内部治理的利弊真相以及背后深层次逻辑中，还可以得到哪些启示？大变革、法治化日益涌进的时代，大学究竟应该付诸怎样的校院两级治理，才能契合改革动议和变革理念，且符合依法办学、依法治校的基本规律的呢？在总结当下经验、构想未来秩序之际，不可忘记的事实是：大学治理并不只是一所学校的变革所为，而是一个领域、一个地方甚至一个国家的大变局所致。

尤其是在2015年10月《统筹推进世界一流大学和一流学科建设总体方案》发布后，更是吹响了加快以学院为主体的大学建设发展冲锋号，对全国各地高等学校的校院两级治理提出了更高的目标要求。为实现这些目标要求，大学在很大程度上尝试打破原有的传统“校办院”模式，以一种更加开放和充满活力的“院办校”理念去构建内部治理规则。可以预料到，在国家各领域改革发展的大变局激荡下，进一步完善校院两级治理理念和治理规则，强化学院在治理改革中的主体地位，将成为未

① 季卫东：《大变局下的中国法治》，北京大学出版社2013年版，第30页。

来很长时间中国大学治理发展之大势所趋。

然而现实也在不断向我们发出警戒，即使已经有了大变局激荡下的理念和规则创新，大学从“校办院”模式向“院办校”模式转变依然是一件十分艰难的事情。甚至2011年“国家试点学院”改革方案倡导下的几所高校，此后的几年中由于种种原因，也未能真正实现人事制度改革为突破口的“学院办大学”理想。于是面对现实，人们对大学内部治理及其法治化变革何去何从的问题总是心生疑虑。接下来，本章将从重新构想治理改革、软法之治的法治设问、十字路口的大学三个方面展开论述，希冀能够带给读者更加真切、更具建设性的体会和感受。

第一节 重新构想校院两级治理改革

当前，在高等教育领域“放管服”改革与依法办学、依法治校背景下，中国大学进入改革发展的“深水区”。大变局、大转型的关口下，未来大学需要以怎样的共识将校院两级治理持续推进？应当认识到，从软法亦法理念出发，法治理是指依据特定法规则对某种活动或某一事物进行规范、规约和限制，以达到一定状态的矫正的行为。为构建学校和学院之间的新型关系，大学依据校内规则对其内部治理作出各种变革性调整，以实现一定程度的自我矫正、自我纠偏。其中暗含的法治理要义无疑是——在国家和地方授权范围内，大学作为办学治校的实体，从校院两个层面构建庞大而细密的治理网络，其规制内容、方式的选择均体现合法性、协商性、经济性等方面的意义逻辑，且规制作用的发挥还表现出与目标相一致的矫正功效。不仅如此，当现行校内规制出现驱动不足、保障不力等情况时，外在辅助性力量还能够及时介入并予以一定程度的干预与修正。更进一步说，大学想要实现“院办校”改革的公共利益最大化目标，其内部治理变革不仅应当着力于重心下移、权力下放的具体规则，还应当考虑组织及其成员的结构特性以及校内法能力有限等现实，并借助外在兜底方法及时加以干预和推进。尤其是在无法律直接可循可束的情况下，承认系统内在不足和软法规则运行缺陷并借助外在力量及时干预，很多时候比直接强化规则和规制本身更为重要。

这便是未来大学校院两级治理必须认真对待的“如何迈向有效规制”的问题。不同于当前反复呈现的强化样态，迈向有效规制的改革构想“根植于高等教育的自治属性与公共属性”[①] 同在事实，更加侧重于来自系统内部各层面的审视和优化，包括对规制适用和裁量环节的反思和优化。正如有研究指出，受规制的学术自我规制，是高等教育规制变革的必然要求和内在规定。中国高等教育领域的“放管服”改革，从某种意义上而言，蕴藏着类似反身法的逻辑和意图。[②] 校院两级治理深化发展的今天，“院办校”模式下的治理变革同样蕴藏着这样的反身法逻辑和意图。应采用更加有力、更为高效的方式，探索出一种持续集中地增进反身性的改革构想，逐步激发组织及其成员转化思路、改善外围、激发动力和接轨硬法，才能避免陷于“深水旋涡”。也唯有如此，大学才能真正以法治逻辑不断积累经验来优化权力结构，直至在权力先后排序与权重分配上都得到体现。下面，本节就建基于这样的共识和假设之上，以“多维理性融合、强化有效规制”为基本构想，以压力回应、开放对等、均衡协同和整体接轨为关键突破，从规制基准、规制要求、规制评价与规制环境四个方面尝试提出解决方案。

首先，压力回应模式下赋权和问责明晰的规制基准。压力回应是软法控制权力的主要模式，“主要表现为把社会压力理解为认识的来源和自我矫正的机会”[③]，使法治目的在规则创制和实施中具有足够权威。大学校院两级管理改革的矫正与约束并非一蹴而就，更非一劳永逸，需要以压力回应为基本遵循，在赋权与问责明晰的规制基准上下功夫。首先，在学校向学院赋权的基准设定上，应区分学术压力和非学术压力两种压

① 姚荣：《高等教育监管的理由、困局与新视野》，《清华大学教育研究》2021 年第 5 期。

② 姚荣：《高等教育领域“放管服”改革的意图、效应及其深化——基于〈高等教育法〉首次执法检查报告的分析》，《湖南师范大学教育科学学报》2020 年第 2 期。

③ 刘小冰等：《软法原理与中国宪政》，东南大学出版社 2010 年版，第 94—95 页。

力。回应学术压力的赋权重在强化大学内部学科专业合议制机构监管职能，以及学科专业领域同行专家监测职能；回应非学术压力的赋权则重在增强大学内部校院两级党政机构监管职能，以及更宽泛、更细化科层单元督促职能。由此界清校院两级不同类型决策机构及其成员之间的职权界限，使学校向学院赋权的改革基准在压力回应中具有更持久的目的权威。其次，在校院两个层面的问责基准设定上，应界清事前压力和事中事后压力。回应事前压力的问责应基于教育行政规制合法性审查思路，通过完善校院两个层面各种类型的目标协议和负面清单，明确机构及其成员的法定责任；回应事中事后压力的问责则应秉持大学内部规制双随机检查原则，通过随机抽选校内涉检机构和随机抽选利益相关者尤其是弱势群体参与表达，确保校院两级约束问责的规制基准在压力回应中具有更强的客观性和正当性。

其次，开放对等条件下防范与内控并进的规制要求。开放对等是软法得以运行并产生实际效力的必要条件，不仅体现为共同体内部信息开放，还体现为共同体成员之间地位或实力基本对等。学校和学院同为规制主体的情况下，大学在内部管理改革中注重开放对等的条件创建，必然会涉及开放对等条件下如何防范风险发生、如何做好风险内控等问题。对此，应形成“预防—识别—应对”这样一个动态系统，在校院两级规制性运转的过程链中，强化防范与内控并进的规制要求。具体而言，防范主要发生在规制发起端，大学应秉持公开透明的原则在改革实施前划出一道红线，就制定风险防范计划、管理方案和内部流程的透明度作出基本要求，明确校院两个层面哪些规制行为能做、哪些规制行为不能做，对规制过程中的风险规避、降低与转移作出前瞻性预判。与此相应，内控主要发生在规制运行端，大学应在改革实施过程中强调公开连贯的内控体系建设，通过构建校院两级风险调查、跟踪、审查、决策和处置的权力和责任链条，夯实动态规制的层层要求。条件成熟的大学还可以建立校院两个层级的风险内控平台，针对风险状态强弱不等规制问题施加不同强度、层次和类型的过程识别与应对，确保动态规制的层层要求可以落到实处。尤其是在当前大数据背景下，应积极推动风险内控云平台建设，尝试风险防范与风险内控的深度接轨。

再次，均衡协同结构下合规与提效并重的规制评价。均衡协同是软法创制与实施的意义使然，其原意是在多样化的主体之间展开多方博弈形成的一种结构性均衡。[①] 大学校院两级管理改革涉及学校、职能部处、学院及学科基层多方主体，重视系统内部多方博弈并由此构建起协同度高的合理化规制，需要关注法治空间下的各种内生动力与能力，以实现一种必要的结构性均衡。合规与提效并重的规制评价正是因应了这方面的需求。总体上看，合规评价主要在于守法机制的构建，比如设立两级管理事务合规评价机构及其专员，对照国家纪监审准则构建学校和学院之间常态化的交流恳谈机制，强调基于法律保留原则、比例原则和正当程序原则的专门化测量和评判。其目的除了限制校院两个层级可能存在或可能孕育的违规因素，还在于提高职能部处和二级学院这两个关键领域的反应速度和承接能力。提效评价主要在于质量机制的构建，也就是大学除了测量改革造就的成本收益与效率产出，还需要评估规制性改造是否符合任务结构、机会结构和需求结构，以及如何将整体规制与基层尤其是弱势基层结合起来，真正实现基于多方博弈和充分协同的大学共治这个核心问题。即在以合规评价限制可能存在和孕育的违规因素的同时，以一种更讲究质量监督以及效率、效用、效能理念的公共理性对其内部具体问题作出评价，才能确保法治空间下学校、职能部处、学院及学科基层多方主体的内生动力与能力得到有效激发。

最后，整体接轨目标下刚柔并济的规制环境。刚性规制和柔性规制形成对接和整合，是实现精明监管的目标愿景。对于大学而言，在高等教育“放管服”改革不断深化的当下，校内软法不可能完全主宰其内部规制性运转，迈向有效规制也不只是大学自身所能及的事情。而是需要

---

① 罗豪才、宋功德：《软法亦法：公共治理呼唤软法之治》，法律出版社 2009 年版，第 79 页。

以社会法治的整体接轨为目标，致力于营建软法和硬法兼施的校院两级管理规制环境，丰富依法治校、依法治教的法治高校建设“工具箱”。这种情况下，大学内部治理的合法合规基于刚性规制与柔性规制的交相辉映、和谐一体，不仅需要高等教育领域公法规制秩序的根本性价值与原则，以实现内部规则与外部规则的平衡协调、良性互动；还需要构建一套助成二者相互依存的动力机制，实现组织自身内部规制与外部规制的各展其才、各得其所。也正是因为如此，大学内部持续集中地增进有效规制的同时，进一步建立健全国家在高等学校内部治理保障方面的刚性制度，以及进一步构建完善防范防治柔性规制和刚性规制相互抵牾的制动机制，显得尤为迫切。

第二节　软法何以成为“法治守护”?

那么，软法何以成为大学改革之“法治守护”？即瞄准以上大学校院两级治理改革新构想，什么样的软法之治才能发挥好“法治守护”的功能与意义呢？

必须强调，关系的起点不同，关系的建构路径也就大不相同[①]。法治化是一个通过不断积累理性来优化制度安排的过程，伴随着法的进化，对实体理性与程序理性的要求与满足也相应提高，与之相适应，法的实施机制本身也会发生变化，这在适用的先后排序与权重分配上都会得到体现。[②] 在法治化的框架内，大学基于公共理性积累与实践过程优化的目标愿景，对其内部软法之治作出具体回应，也需要以这样的起点思路来建构法治化路径。具体包括软法本身所及的创制和运行机制、软法之治所依赖的环境条件、软法之治主体自觉自醒的优势发挥、国家硬法体系的实施保障等四个方面（如图 9-1 所示）。

---

① 边燕杰主编：《关系社会学：理论与研究》，社会科学文献出版社 2011 年版，第 3 页。

② 罗豪才、宋功德：《软法亦法：公共治理呼唤软法之治》，法律出版社 2009 年版，第 201 页。

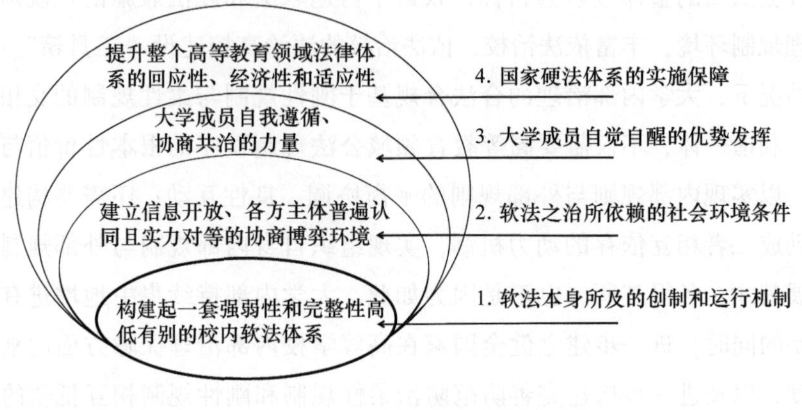

图 9-1　大学内部软法之治的建构路径

首先在软法本身所及的创制和运行机制方面，构建起一套强弱性和完整性高低有别的校内软法体系。根据《软法亦法：公共治理呼唤软法之治》的解释：法治化应当是一个对照法律目的理性选择相应的法律制度的过程，要保证这种选择的理性，就需要遵循匹配性准则、辅助性准则和可持续性准则，对照着公共性强弱不等的法律目的作出相应的法律制度安排，即因“公意”的不同而运用不同的法律规范创制和运作机制，对应于不同的法律目的创设强弱性和完整性高低有别的法律规范逻辑结构，最终将这种差异性的制度安排浓缩为均衡的权利/义务配置。[①] 从此意义上讲，在大学这个多元主体共存共生的社会组织中，想要实现内部治理的法治化，关键在于软法规范条文创制过程中，要将“匹配性准则”“辅助性准则”“可持续性准则”等法治普遍性准则以契合软法的方式转化为具体的软法实施、软法监督和软法保障机制，才能基于不同的软法目的构建起一套强弱性和完整性高低有别的校内软法体系，妥善处理好校院两级治理运转中的各种关系。

① 罗豪才、宋功德：《软法亦法：公共治理呼唤软法之治》，法律出版社 2009 年版，第 206 页。

比如，基于“匹配性准则”全面评估学校和学院在推进软法建设的动力与阻力，合理确定学校章程、软法政策与配套规范之间、校内软法与其他非正式规范之间的边界，系统大学内部治理改革不同阶段的软法“成本—收益”效能差异，进一步建立学校制度体系和重大决策程序的合法性审查工作机制，以保障学院软法与学校之间、学校与国家之间不至于发生矛盾与冲突。又如基于“辅助性准则”推动政治规范、道德规范、伦理规范在软法之治中的良善渗入，推动大学人本价值理念在软法规则中的最大化舒展与发挥，推动公共选择机制与私人选择机制在软法规则中的有序整合，促成合作规制与自我规制在以公共利益为导向的软法机制中有序运作等；再如基于“可持续性准则”保持校院不同层级软法之治在内容上、路径上、过程上的连续性，保证校院两级运转能对校内多数人正当利益诉求作出及时、准确的回应，以及维护两级运转与外在社会结构之间的交互性之类的问题。只有这样，软法之治才有可能做到制度化、规范化与程序化同频共进，才能最大化地降低规则改变带来的风险概率，实现既富有弹性又不失原则的法治目标。

其次在软法之治所依赖的社会环境条件方面，建立信息开放、各方主体普遍认同且实力对等的协商博弈环境。不得不重申，在中国，大学内部软法之治正在面临着前所未有的两难困境。虽然人们总是习惯于先从软法本身找原因，但事实往往不可辩驳地证明，很多矛盾冲突的发生并非主要在于软法规则本身所致，而是软法创制和实施运行过程中多种因素综合作用的结果。正如夏勇在《文明的治理：法治与中国政治文化变迁》中所强调的，从某种意义上讲，法治是一门社会的、实践的艺术。因为规则在本质上依赖于社会场合和重复性的人类行为。无论是被认为业已建成的法治社会，还是正在走向法治的社会，其法治的运作都会面临一些具体场合下的特殊问题。也就是说，怎样表述法治、怎样建成法治以及怎样操作法治，在不同的文化和制度背景下是有着不尽相同的、路径和方法。[①] 显然，立基于社会行动及实践本质，在发挥好“法治守护”功能与意义的问题上，“软法之治所依赖的社会环境条件”也许比“软法本身所及的创制和运行机制”更为关键。

由此从社会环境和实践背景切入，解决问题的关键就需要回归至大学软法之治的特定场域，对软法所依赖的各种外围条件对症下药。比如大学内部软法机制想要得到理想的实施并且产生实际效果，取决于一个信息开放的社会化环境。这种社会化环境不仅意味着学校与学院之间应当建立十分便利的交流机制与条件，还意味着校院两级事务的处理很大程度上需要得以公开和显露。唯有如此，才能在完善大学内部治理体系的同时逐步落实“学院办学校”的理念和设想。再如软法实际作用的发挥离不开一个各方主体普遍认同、实力对等的社会关系网络。在这个社会关系网络中，大学想要发展出一套既适合中国国情，又符合自身实际的两级管理制度体系，并使其成为推动大学追求卓越的真正“内驱力”，不仅仅大学成员要对中国独特的“大学中国模式”持以高度一致的认同感，更为关键的是大学内部各方主体的地位、实力要处于一个基本对等的平衡状态，而不是某一方拥有不可挑战的权力优势。

再次在大学成员自觉自醒的优势发挥方面，进一步激发大学成员自我遵循、协商共治的力量。通常认为，大学是一个对环境有着高度依赖却又强调独立自主的专业性组织[②]。科层化和专业化并存运转的现实，使大学在实现其内部治理法治化的问题上具有自身独特的优势。这种独特优势可以用“大学是理性的堡垒，否则就不是大学”[③] 来一言以蔽之，同时还进一步体现为大学知识分子自觉自省、协商共治的群体力量的发挥。即大学是知识分子集群的地方，代表着社会先进文化和科技创新发展的

① 夏勇：《文明的治理：法治与中国政治文化变迁》，社会科学文献出版社 2012 年版，第 44 页。

② 胡娟：《脱耦机制、组织边界和有效竞争的丧失——“双一流”政策影响下的大学组织机制异化分析》，《高等教育研究》2020 年第 4 期。

③ ［美］约翰·S. 布鲁贝克：《高等教育哲学》，王承绪等译，浙江教育出版社 2001 年版，第 45 页。

践行力量。大学知识分子群体，包括决策者、管理者、教师在内的大学成员普遍具有使用、传播公共理性的自觉自省的态度和信念。他们关注高等教育和学科发展的内在本质，对制度规约的执着程度常常胜过制度本身的约束性影响。很多时候，无论有没有制度规约，大学知识分子群体依然会很自觉地进行自我遵循和协商共治。以这些方面的认识去理解和反观大学内部法治化现实，可以发现，大学日常运转在很多情况下并非校内软法使然，而是依托于大学内部校院两个层级决策者、管理者等关键主要群体的法治理认知与能力，以及广大师生群体自身专业素养和能力辐射性影响。这种自我遵循、协商共治力量的进一步激发，对推动大学软法更为良善地运用与发展无疑至关重要。

最后在国家硬法体系的实施保障方面，提升整个高等教育领域法律、法规、规章的回应性、经济性和适应性。必须看到，作为现代法的两种基本形态，大学校内软法在推动国家硬法体系日趋完善的同时，也必然要依赖于国家硬法体系的实施保障。其中，除了软法自身理性不足的先天缺陷，还有软法创制和实施过程中缺乏理性的现实，都决定了校内软法不可能完全主宰校院两级治理的日常运转。因此无论是依法办学还是依法治校，大学软法与国家硬法实现对接与整合，才能真正发挥软法之治的作用。总体上看，20 世纪 90 年代以来，伴随着法治国家、法治社会的建设步伐，中国高等教育领域硬法体系逐步完善。1995 年《教育法》和 1998 年《高等教育法》两部国家法律的颁布，以及此后 2005 年《高等学校学生管理规定》、2011 年《高等学校章程制定暂行办法》、2014 年《高等学校学术委员会规程》等法规、规章和规范性文件相继出台，高校依法办学、依法治校的硬法保障体系基本构建。然而从“为大学治理的法治化提供良好的硬法环境”的目标理想来看，现行高等教育领域硬法体系依然不健全。在大学校院两级治理改革问题上，很难找到具体可循的法律法规，也没有直接对应的条文规定。即使在 2015 年对《高等教育法》进行部分修正的情况下，大学内部组织机构权限不清等问题依然存在。这些问题若是一直不解决，长此以往，必然会影响大学治理的实施运行和校内软法作用的发挥。

此种意义上说，只有进一步加大国家硬法规则和硬法体系建设力度和进度，提升整个高等教育领域法律、法规、规章的回应性、经济性和适应性，大学校内软法才能将自身的优势更加巧妙地与现代社会公共理性的要求接轨并发挥作用。如此一来，即使学校内部治理改革表现出一定的偶然性，“软硬并举”环境下的软法之治也终将成为大学校院两级治理之“法治守护”。

第三节　十字路口的抉择与推进

大学作为历史与环境的产物，是国家和社会的一个缩影。美国教育改革家克拉克·克尔在《大学的功用》中指出，“当校园的边界演变为我们国家的边界时，将内部同外部分开的界线就变得相当模糊了；把校园带进国家也就是把国家带进了校园”。[①] 香港中文大学前校长金耀基先生在《大学之理念》中强调：“大学教育的性格与使命与其国家和社会的情景不能分开，也以此各国大学必然会有其特殊的精神面貌。”[②] 此外还有学者谈到，大学是一个国家综合实力的集中体现，大学理念及其制度安排反映着国家和民族的核心价值，构成一个国家“文化软实力”的重要组成部分。[③] 本书最后想要与读者分享的是，无论你是否置身其中，也无论你是否赞同以上构想和建议，必须重申的一点是，国家治理和社会治理正在发生的法治化变革和面临的法治化问题，已经悄无声息地显露于大学。

也正是基于此，当我们讨论大学内部治理改革时，无论是校内政策和配套规范的制定，还是政策和配套规范制定后的贯彻实施和解释运用，

① ［美］Clark Kerr：《大学的功用》，陈学飞等译，江西教育出版社 1993 年版，第 17 页。

② 金耀基：《大学之理念》，生活·读书·新知三联书店 2001 年版，第 71 页。

③ 朴雪涛：《大学中国模式：逻辑要义、基本特质与文化效应》，《高等教育研究》2018 年第 9 期。

总是能看到国家和社会的影子。比如，随着大学治理改革的推进，依法治校、依法治教呈现出越来越强劲的态势，这里除了学校制度的规划安排和实施保障之外，还是国家力量持续性主导以及社会触角不断延伸的结果。不仅如此，大学内部两级运转中不可调和的法治造就、法治暗示及其背后可能引发的法治危机，其中的问题虽然首先要归结为学校政策和制度本身的原因，但究其根本还是国家和社会在无意识地发生作用。或者更进一步说，是国家和社会体系延伸下的“大学文化”“治理文化”，一直在以一种非正式的、常态化的方式塑造着大学成员，进而影响大学的改革与发展。因为无论是社会中的人，还是大学中的人，都持有相似的文化价值观。这些价值观自然而然地指导着人们作出相似的行为，哪怕在不同的组织中。

此种意义上说，对于大学的转型发展而言，国家和社会体系延伸下的文化问题才是关键所在。有关这一点，季卫东曾有过深刻见解：“从社会结构上看，中国具备树立法治国家的客观条件，但结果却并非如此，为什么？这是罗伯特·昂格尔之问。这就是具有世界性历史意义的中国问题。在我看来，中国问题的最有趣之处是经验的自反性。例如中国的官僚机构看起来很强权，其实却很脆弱；看起来是等级森严的，其实却网络纵横；看起来以强制为特征，其实却建立在具体的交换或契约关系之上，而合意与强权的界线又是流动的、变异的，似乎一切总是处在矛盾之中。”① 显而易见，这里所说的中国问题的最有趣之处是经验的自反性，与我们整个国家、整个社会缺乏一种彰显公共理性特质的法治文化紧密相连。反映到中国大学，哪怕是法治高校建设不断深化的今天，大学已经逐渐解决了制度层面的很多问题，这种根深蒂固的文化困惑似乎依然没有淡化。

鲁迅先生曾言“世上本没有路，走的人多了，也便成了路”，启示人

① 季卫东：《大变局下的中国法治》，北京大学出版社 2013 年版，第 47 页。

们在探索理想社会过程中的各种披荆斩棘与勇于创新。而今面对一个接一个的改革浪潮，“路”的启示又带给了人们更多的想象。的确，我们生活在一个变化的时代，“路”的变化改变着世界，更改变着我们的生活。多年以前，有学者用“十字路口”隐喻大变局下的中国政治改革及法治设计：21世纪全球都会关注中国向何处去的问题，也就是说，中国能否推动政治改革、构建民主法治的新秩序、实现体制转型软着陆，将是21世纪的一个全球性课题。① 更有学者曾用“十字路口的抉择与推进”隐喻中国社会法治现实：我们明明有交通规则，但硬是发明了一个中国式的过马路，就是仗着我们人多的优势，冒着生命的危险，不断地向路中央前进，从而三五成群地开辟出一条无视红绿灯的过马路方式。这虽然是个玩笑，但非常形象地刻画出了国人的规则意识与中国法治现状的某些重要面向。②

事实上，“十字路口的抉择与推进”，又何尝不是当下大学校院两级治理的极好隐喻呢？尽管国家政策和社会影响都很强劲，制度化、规范化、程序化的呼声也已充斥大学校园的各个层面，大学校院两级治理却并没有人们所期盼的那么成熟与有力。不仅大学本身难以为校院两级治理提供充沛的法治土壤，而且学校和学院总是依赖于各自的观念习性和传统意象行事。因此真正触及根本的问题并不在于大学应该付诸多大程度的努力去积累制度经验，而在于当前社会时代背景下大学应当做出何种符合公共理性方式的反应，才能发展出、构建起校院两级治理“法治文化”，使不断积累的制度经验与那些虽然肉眼看不见，实际上却对大学日常运转产生很大影响的社会现实进行有效连接。

当然在文化的问题上，还需要看到，世界是过程的集合体，客观事物是作为过程存在的。任何事情的发展都有完整的过程，而过程又是由

---

① 季卫东：《大变局下的中国法治》，北京大学出版社2013年版，第30页。

② 泮伟江：《当代中国法治的分析与建构》（修订版），中国法制出版社2017年版，第353页。

一个一个阶段组成的。事物发展既有连续性又有阶段性，学校的发展亦是如此。[①] 对于每一所大学而言，从“校办院”模式向“院办校”模式发展，都将经历改革起步、改革发展与改革提高三个阶段。在这个过程中，学校所处的位置、社会基础、资源结构和改革环境，都在影响着大学内部法治文化的具体形成和发挥。总体上看，在部属大学先试先行、地方大学紧随其后的改革浪潮中，地方大学经历了调研、移植与效仿等各种尝试后，普遍处于“院办校”改革的起步阶段。不仅制度交叠情况多、制度更替速度快，而且制度规则在实施运用上也更显其变通性和实用性。这与地方大学在行政层级上面临中央、省、市政府多层级管理和多部门管辖，同时在资源获取上又以地方政府财政拨款为主的现状密不可分。相对而言，部属大学在政策和资源的集中发力与先行试验中，则已大多迈入改革发展与提高阶段，制度文本的体系化和稳定性程度不断提升，实施运行上的有效沟通、支持与衔接也日渐深入人心。其中自生的校院两级管理成熟经验，虽然带有很强的校本特色，但无疑已唱响大学校院两级治理法治化的主旋律。

变革时代的校院两级治理能否真正建构起以“院办校”为目标愿景，以法治化为结构模式的大学内部治理新秩序？这是当下我们共同面对的一个课题。尽管忧虑与挑战不断，但我们相信，在不久的未来，来自文化的力量、人的力量定将慢慢沉淀，直至指引中国大学体制机制的法治化变革走向更为理性的未来。

---

① 刘献君：《大学战略规划中需要处理的若干关系》，《高等教育研究》2020 年第 7 期。

附　录

附录一　访谈提纲

学校职能部门访谈提纲

相关说明：

1. 访谈对象：学校党校办、学科办、规划处、科研处、教务处、人事处、财务处、资产处等职能部处的部分管理者

2. 核心制度：机构改革、学科建设、教学管理、组织人事、经费管理、职称评审、物资设备、考核管理、绩效分配

（一）基本情况

1. 您在学校的职务转变及其经历

2. 您所在部门的机构及其人员设置情况

（二）制度（软法）供给

3. 关于校院两级管理，您如何看待目前校院两个层级的制度现状与变化？

4. 您如何看待“院办校”政策及其对校院两级制度体系产生的影响？

5. 您如何看待学校两级管理制度出台中的意见分歧或矛盾点？遇到部门、学院之间意见分歧大的情况如何处理？

（三）制度（软法）运行与实效

6. 如何评价两级管理制度的执行效率和效果？如何看待不同学院在制度执行上的差异性情况和责任问题？

7. 请您谈谈学校机构改革方案对部门与学院带来的一些影响？能否谈谈您所在部门的一些变化？

8. 您如何看待两级管理制度实施过程中的特例情况及其处理方式？如何看待学校、部门、学院领导在其中的作用和影响？

9. 您如何看待目前学校的目标管理和KPI考核？部门在制度实施过程中涉及哪些动力、压力和阻力？部门领导、办事人员分别以什么立场和行动来对待？

10. 您如何看待制度推进中的学校导向问题？如何看待目前学校内部圈子氛围、惯例对制度运行带来的影响？能否谈谈制度运行中的师生投诉与调解问题？

11. 校院间、院院之间还有哪些问题难以解决？如果做更彻底的二级管理，您认为还需考虑哪些问题？

学院访谈提纲

相关说明：

1. 访谈对象：二级学院的院长、书记、副院长、副书记、办公室主任、学科组织负责人及专任教师。根据访谈对象不同职务和背景，有侧重地选择问题

2. 核心制度：机构改革、学科建设、教学管理、组织人事、经费管理、职称评审、物资设备、考核管理、绩效分配

（一）基本情况

1. 您在学校的职务转变及其经历

2. 您所在学院的组织机构及其人员设置情况

（二）制度（软法）供给

3. 关于校院两级管理，您如何看待目前校院两个层级的制度现状与变化？

4. 您如何看待“院办校”政策及其对校院两级制度体系产生的影响？

5. 您如何看待校院两级制度出台中的意见分歧或矛盾点？遇到学院内部意见分歧大的情况如何处理？

（三）制度（软法）运行与实效

6. 您如何评价两级管理制度的执行效率和效果？如何看待不同学院在制度执行上的差异性情况和责任问题？？

7. 请您谈谈学校机构改革方案对学院运行、学科和专业发展带来的影响？如何看待您所在学院的一些变化？

8. 您如何看待两级管理制度实施过程中的特例情况及其处理方式？如何看待学校（部门）、学院领导在其中的作用？如何看待学院教师和学生群体的影响和反映？

9. 您如何看待目前学校的目标管理和KPI考核？学院层面涉及哪些动力、压力和阻力？学院领导、办事人员、普通老师分别是以什么立场和行动对待？

10. 您如何看待目前学校内部圈子氛围、惯例对制度运行带来的影响？能否谈谈制度运行中的师生投诉与调解问题？

11. 校院间、院院之间、学院内部还有哪些问题难以解决？如果做更彻底的二级管理，您认为还需考虑哪些问题？

校领导访谈提纲

相关说明：

1. 访谈对象：历任及现任校领导

2. 核心制度：机构改革、学科建设、教学管理、组织人事、经费管理、职称评审、物资设备、考核管理、绩效分配

（一）基本情况

1. 您在学校的职务转变及其经历

（二）软法供给

2. 关于校院两级管理改革，您如何看待校院两个层级的制度现状与变化？

3. 您如何看待“院办校”政策及影响？

（三）软法运行与实效

4. 您如何评价两级管理制度的执行效率和效果？如何看待不同学院在制度执行上的差异性情况和责任问题？

5. 请您谈谈学校机构改革方案对学院运行、学科和专业发展带来的影响？

6. 您如何看待两级管理制度实施过程中的特例情况及其处理方式？如何看待校院不同层级领导在其中产生的作用与影响？

7. 您如何看待学校目标管理和 KPI 考核中的动力、压力和阻力现象？

8. 您如何看待制度推进中的学校导向问题？如何看待目前学校内部圈子氛围、惯例对制度运行带来的影响？如何看待制度运行中师生投诉与调解现象？

9. 有人说两级管理一直没破题，您如何看待？为什么不让第三方来做两级方案？

10. 校院间、院院之间还有哪些问题难以解决？如果做更彻底的二级管理，您认为还需考虑哪些问题？

附录二　资料列表

序号	编号及主要内容
学校内部管理改革方案：（2003—2019，共 12 项）	
1	L-DAG-两级管理体制改革实施方案（试行）-2001-201902　3 个附件
2	L-DAG-两级管理体制和运行机制改革实施方案（试行）-2003-201902　6 个附件

续表

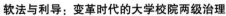

序号	编号及主要内容
3	L-DXB-校院两级管理办法（试行）-2004-201906　5个附件
4	L-DAG-校院两级管理实施意见（试行）-2005-201902　4个附件
5	L-DAG-校院两级管理实施意见-2007-201902　15个附件
6	L-DXB-校院两级管理实施意见-2011-201906　13个附件
7	L-DAG-进一步深化校院两级管理制度改革的意见-2013-201902　13个附件
8	L-DAG-健全二级学院运行机制的办法-2013-201902
9	L-DAG-全面深化改革的实施意见-2014-201902　5个附件
10	L-DXB-深化校内管理体制改革方案-2016-201906　4个附件
11	L-XYW-深化校内管理体制和运行机制改革方案-2018-201907　4个附件
12	L-XYW-深化校内管理体制和运行机制改革的实施意见-2020-202007　4个附件
机构调整：（2013—2019，共4项）	
1	L-DAG-内部机构调整与建设指导性意见-2013-201902
2	L-XYW-内部机构调整的通知-2016-201907
3	L-XYW-内部机构调整的决定-2019-202005
4	L-XYW-基层党组织设置的规定-2019-201907
人事管理：（2016—2019，共29项）	
1	L-XYW-专业技术职务评聘实施办法-2014-201902
2	L-XYW-岗位编制管理办法-2016-201902
3	L-XYW-岗位设置与聘任实施办法-2016-201902
4	L-RSC-人事相关的学校制度汇编-2018-201902
5	L-XYW-专业技术职务评聘实施办法补充规定-2017-201902
6	D-RSC-各学院人才目标-2017-201902
7	L-XYW-教学编制计算的规定-2019暂行-201907
财务管理：（2016—2019，共4项）	
1	L-DAG-二级学院自主理财的实施意见-2016-201902
2	L-DAG-二级学院自主理财的实施细则-2016-201902

续表

序号	编号及主要内容
3	L-XYW-基本科研业务费管理办法-2019-201907
4	D-XYW-学校财务收支预算-2019-201904
物资管理：（2014—2017，共6项）	
1	L-XYW-实验室管理办法-2014-201902
2	L-XYW-大型仪器设备管理办法-2015 试行-201902
3	L-XYW-大型仪器设备有偿服务管理办法-2015 试行-201902
4	L-XYW-实验室开放管理办法-2017-201902
5	L-XYW-大型仪器设备管理办法-2017-201902
6	L-XYW-大型仪器设备有偿使用和服务管理办法-2017-201902
学科建设：（2015—2019，共9项）	
1	L-XYW-学科建设管理办法-2015-201902
2	L-XYW-学科特区建设的意见-2015 试行-201902
3	L-XYW-学科负责人设置及聘任办法-2016-201902
4	L-XYW-学科特区建设实施意见-2016 试行-201902
5	D-XYW-深入推进学科建设-2017-201902
6	L-XYW-学科交叉平台和创新团队建设实施办法-2017-201902
7	L-XYW-学科建设经费管理办法（试行）-2019-201912
8	L-XYW-学科、专业及学位负责人岗位职责及管理实施办法（暂行）-2019-201912
9	D-HY-学科评估工作报告-2020-202006
教学工作：（2018，共94项）	
1	L-JWC-教学相关的学校制度汇编-2018-201902　内附93项制度
2	D-XYW-校院教学督导-2018-201901
考核管理：（2012—2019，共15项）	
1	L-DAG-学院（部门）目标管理办法-2013 试行-201902
2	L-DAG-关于完善学院、部处考核工作的实施意见-2016-201902

续表

序号	编号及主要内容
3	L-DAG-学院、部处考核实施办法-2016-201902
4	L-DAG-学院、部处考核工作相关事宜-2017-201902
5	L-XYW-学院、部处考核工作相关事宜-2018-201902
6	D-XYW-学院（部处）目标任务年度考核结果—（2013—2018）-201902
7	D-XYW-教学工作考核-2018-201902
8	L-HY-学院、部处任期责任目标-2016-2018-201801
9	D-HY 一部处任期目标完成情况汇总-2017-201801
10	D-HY 一部处任期目标完成情况汇总-2018-201901
业绩及标志性成果奖励：（2016—2019，共 5 项）	
1	L-XYW-标志性成果奖励试行办法-2016-201907
2	L-XYW-绩效工资和绩效考核奖核拨（分配）办法-2016-201907
3	L-XYW-标志性成果奖励办法-2017-201907
4	L-XYW-业绩及标志性成果奖励办法-2018 试行-201907
5	L-XYW-业绩及标志性成果奖励办法-2019-201907
学校章程及其他综合性实物资料（2015—2019，共 14 份）	
1	L-XYW-学校章程-2015-201811
2	L-DAG-教职工代表大会实施细则-2015 修订-201907
3	L-XYW-议事机构组成原则的实施意见-2019-201904
4	L-XYW-中层干部换届工作实施方案-2019-201907
5	D-DXB-学校省“重点高校建设”规划-2015-201901
6	D-DXB-学校“十三五”事业发展规划-2016-2019-201901
7	D-XYW-学校规章制度废、改、立-2018-201902
8	D-HY-本科教学工作审核评估自评报告-2018-201901
9	D-HY-第四次党代会上的报告-2019-201901
10	D-XYW-2019 年工作要点-2019-201904
11	D-HY-第二届教职工代表大会第三次会议资料-2016-201906

续表

序号	编号及主要内容
12	D-HY-第三届教职工代表大会第三次会议资料-2017-201906
13	D-HY-第三届教职工代表大会第二次会议资料-2018-201906
14	D-HY-第三届教职工代表大会第三次会议资料-2019-201906
二级学院的实物资料（2016—2019，共 10 份）	
1	L-XY-HD 学院新进教职工常用文件汇编-2018-201906
2	L-XY-YZ 学院主要制度汇编-2018-201906
3	L-XY-HC 学院常用制度汇编-2019-201906
4	D-XY-CG 学院教职工代表大会资料-2016-201902
5	D-XY-HD 学院教职工代表大会资料-2016-201902
6	D-XY-HC 学院教职工代表大会资料-2019-201907
7	D-XY-YZ 学院教职工代表大会资料-2019-201907
8	D-XY-FS 学院教职工代表大会资料-2019-201907
9	D-XY-QA 学院教职工代表大会资料-2019-201907
10	D-XY-CG 学院教职工代表大会资料-2019-201907

参考文献

中文专著

陈金钊：《法治及其意义》，法律出版社 2017 年版。
陈金钊：《魅力法治的苦恋：法治理论及其思维方式研究》，上海三联书店 2015 年版。
陈向明：《质的研究方法与社会科学研究》，教育科学出版社 2000 年版。
范国睿等：《教育治理的逻辑：基于管办评分离的教育变革》，教育科学出版社 2021 年版。
范国睿等：《教育治理的战略：教育治理现代化的未来之路》，教育科学出版社 2021 年版。
范国睿等：《从规制到赋能——教育制度变迁创新之路》，华东师范大学出版社 2018 年版。
费孝通：《乡土中国》，北京大学出版社 2012 年版。
贺雪峰：《新乡土中国》，北京大学出版社 2013 年版。
胡建华等：《大学内部治理论》，南京师范大学出版社 2019 年版。
黄宗智：《中国的新型正义体系：实践与理论》，广西师范大学出版社 2020 年版。
季卫东：《大变局下的中国法治》，北京大学出版社 2013 年版。
季卫东：《法治秩序的建构》（增补版），商务印书馆 2019 年版。
金耀基：《大学之理念》，生活 · 读书 · 新知三联书店 2001 年版。
李路路、李汉林：《中国的单位组织：资源、权力和交换》，生活 · 读书·新知三联书店2019年版。
梁剑兵、张新华：《软法的一般原理》，法律出版社2012年版。
梁治平：《论法治与德治》，九州出版社2020年版。
梁治平：《寻求自然秩序中的和谐：中国传统法律文化研究》，商务印书馆2013年版。
刘小冰等：《软法原理与中国宪政》，东南大学出版社2010年版。
罗豪才主编：《软法的理论与实践》，北京大学出版社2010年版。
罗豪才、毕洪海编：《软法的挑战》，商务印书馆2011年。
罗豪才等：《软法与公共治理》，北京大学出版社2006年版。
罗豪才等：《软法与协商民主》，北京大学出版社2007年版。
罗豪才、宋功德：《软法亦法：公共治理呼唤软法之治》，法律出版社2009年版。
申素平等：《从法制到法治——教育法治建设之路》，华东师范大学出版社2018年版。
苏力：《法治及其本土资源》（增订版），中国政法大学出版社2004年版。
苏力：《制度是如何形成的》，北京大学出版社2007年版。
眭依凡等：《高校内部治理体系创新的理论与实践研究》，上海交通大学出版社2022年版。
孙国东：《公共法哲学：转型中国的法治与正义》，中国法制出版社2018年版。
孙绵涛等：《高校学术委员会制度研究》，人民出版社2015年版。
王启梁、张剑源主编：《法律的经验研究》（修订本），北京大学出版社2016年版。
王人博、程燎原：《法治论》，广西师范大学出版社2014年版。
夏勇：《文明的治理：法治与中国政治文化变迁》，社会科学文献出版社2012年版。
宣勇：《大学变革的逻辑：学科组织化及其成长》（上篇），人民出版社2009年版。

宣勇：《大学变革的逻辑：学科制构建：公共治理的视角》（下篇），人民出版社 2009 年版。
宣勇：《大学组织结构研究》，高等教育出版社 2005 年版。
荀渊、刘信阳：《从高度集中到放管结合——高等教育变革之路》，华东师范大学出版社 2018 年版。
於兴中：《法治东西》，法律出版社 2015 年版。
翟学伟：《中国人行动的逻辑》，生活·读书·新知三联书店 2017 年版。
张清、武艳：《社会组织的软法治理研究》，法律出版社 2015 年版。
张维迎：《大学的逻辑》（第三版），北京大学出版社 2012 年版。
张晓辉：《法律人类学的理论与方法》，北京大学出版社 2019 年版。
张新平：《教育管理学的持续探索》，安徽教育出版社 2007 年版。
张新平等：《教育管理学的方法体系》，科学出版社 2012 年版。
张新平：《教育组织范式论》，江苏教育出版社 2001 年版。
张新平、褚宏启主编：《教育管理学通论》，高等教育出版社 2012 年版。
周雪光：《组织社会学十讲》，社会科学文献出版社 2003 年版。
［美］黄宗智：《实践与理论：中国社会、经济与法律的历史与现实研究》，法律出版社 2015 年版。
［美］阎云翔：《私人生活的变革》，上海人民出版社 2017 年版。

中文论文

操太圣：《遭遇问责的高等教育绩效化评价：一个反思性讨论》，《南京社会科学》2018 年第 10 期。
褚照锋：《学科制度如何影响院系设置与治理》，《高等教育研究》2020 年第 5 期。
段从宇、朱德玲、李增华：《概念阐释、来源分析与边界厘定：高等学校二级学院权力管窥》，《教育发展研究》2020 年第 7 期。
高水红：《内卷化：学校教育过程的文化再生产》，《教育研究与实验》2020 年第 4 期。

胡娟：《熟人社会、科层制与大学治理》，《高等教育研究》2019年第2期。
胡娟：《脱耦机制、组织边界和有效竞争的丧失——“双一流”政策影响下的大学组织机制异化分析》，《高等教育研究》2020年第4期。
林健：《大学校院两级管理模式中的权责划分》，《国家教育行政学院学报》2009年第11期。
刘恩允、周川：《学术主导、分类驱动、协同推进——我国大学院系治理机制探究》，《高等教育研究》2017年第8期。
朴雪涛：《大学中国模式：逻辑要义、基本特质与文化效应》，《高等教育研究》2018年第9期。
王建华：《对高等教育中问责与绩效评价的反思》，《现代教育管理》2020年第7期。
王建华：《学院的性质及其治理》，《中国高教研究》2017年第1期。
王建华：《政策驱动高等教育改革的背后》，《清华大学教育研究》2019年第1期。
王建华：《重申高等教育体制改革》，《教育发展研究》2018年第1期。
向东春：《问责与信任：大学学术治理的逻辑与路径》，《教育发展研究》2020年第19期。
肖国芳：《权力规制视域下的校院两级管理改革路向研究》，《高教探索》2019年第10期。
谢凌凌：《世界一流大学的学院治理与高等教育创新——对剑桥大学教育学院院长杰夫·海沃德教授的访谈》，《高等教育研究》2017年第5期。
许迈进、章瑚纬：《高校内部治理风险的结构性探源》，《浙江大学学报》（人文社会科学版）2015年第3期。
宣勇：《论大学的校院关系与二级学院治理》，《现代教育管理》2016年第7期。
阎凤桥、管培俊：《中国大学治理结构中的行动空间构型：聚焦党政领导关系》，《高等教育研究》2020年第9期。

仰丙灿：《学院自治：大学内部治理结构优化的路径选择》，《复旦教育论坛》2015 年第 5 期。
姚荣：《高等教育监管的理由、困局与新视野》，《清华大学教育研究》2021 年第 5 期。
姚荣：《高等教育领域“放管服”改革的意图、效应及其深化——基于〈高等教育法〉首次执法检查报告的分析》，《湖南师范大学教育科学学报》2020 年第 2 期。
姚荣：《高等教育领域“放管服”改革缘何如此之难——基于组织分析的新制度主义视角》，《教育发展研究》2020 年第 7 期。
张德祥：《1949 年以来中国大学治理的历史变迁——基于政策变革的思考》，《中国高教研究》2016 年第 2 期。
张德祥、方水凤：《1949 年以来中国大学院（系）治理的历史变迁——基于政策变革的思考》，《中国高教研究》2017 年第 1 期。
张德祥、李洋帆：《二级学院治理：大学治理的重要课题》，《中国高教研究》2017 年第 3 期。
张庆奎、张兄武：《“学院办大学”：本质、意义、路径与风险防控》，《江苏高教》2021 年第 6 期。

中文译著

[加] Benjamin Levin：《教育改革——从启动到成果》，项贤明、洪成文译，教育科学出版社 2004 年版。
[美] C. 赖特·米尔斯：《权力精英》，尹宏毅、法磊译，新华出版社 2017 年版。
[美] C. 赖特·米尔斯：《社会学的想象力》，陈强、张永强译，生活·读书·新知三联书店 2016 年版。
[美] Clark Kerr：《大学的功用》，陈学飞等译，江西教育出版社 1993 年版。
[德] 韩博天：《红天鹅：中国独特的治理和制度创新》，石磊译，中信出

版集团 2018 年版。

[法] 埃哈尔·费埃德伯格：《权力与规则：组织行动的动力》，张月等译，格致出版社、上海人民出版社 2017 年版。

[法] 米歇尔·福柯：《规训与惩罚》，刘北成、杨远婴译，生活·读书·新知三联书店 2007 年版。

[加] 迈克尔·富兰：《变革的力量——深度变革》，中央教育科学研究所、加拿大多伦多国际学院译，教育科学出版社 2004 年版。

[加] 迈克尔·富兰：《变革的力量——透视教育改革》，中央教育科学研究所、加拿大多伦多国际学院译，教育科学出版社 2004 年版。

[加] Michael Fullan：《教育变革的新意义》（第四版），武云斐译，华东师范大学出版社 2010 年版。

[加] 约翰·范德格拉夫等编著：《学术权力——七国高等教育管理体制比较》，王承绪等译，浙江教育出版社 2001 年版。

[美] E. 博登海默：《法理学：法律哲学与法律方法》，邓正来译，中国政法大学出版社 2004 年版。

[美] W. 理查德·斯科特、杰拉尔德·F. 戴维斯：《组织理论：理性、自然与开放系统的视角》，高俊山译，中国人民大学出版社 2011 年版。

[美] 埃德加·沙因：《组织文化与领导力》，马红宇、王斌等译，中国人民大学出版社 2011 年版。

[美] 伯顿·克拉克主编：《高等教育新论——多学科的研究》，王承绪等译，浙江教育出版社 2001 年版。

[美] 伯顿·R. 克拉克：《高等教育系统——学术组织的跨国研究》，王承绪等译，杭州大学出版社 1994 年版。

[美] 德里克·博克：《走出象牙塔——现代大学的社会责任》，徐小洲、陈军译，浙江教育出版社 2001 年版。

[美] 菲利普·G. 阿特巴赫：《比较高等教育：知识、大学与发展》，人民教育出版社教育室译，人民教育出版社 2001 年版。

[美] 弗雷德里克·E. 博德斯顿：《管理今日大学：为了活力、变革与卓

越之战略》，王春春、赵炬明译，广西师范大学出版社 2006 年版。

［美］肯尼思·J. 格根：《关系性存在：超越自我与共同体》，杨莉萍译，上海教育出版社 2017 年版。

［美］肯尼思·格根：《社会构建的邀请》，许婧译，北京大学出版社 2011 年版。

［美］罗伯特·C. 埃里克森：《无需法律的秩序》，苏力译，中国政法大学出版社 2016 年版。

［美］罗伯特·伯恩鲍姆：《大学运行模式：大学组织与领导的控制系统》，别敦荣主译，中国海洋大学出版社 2003 年版。

［美］迈克尔·瑞斯曼：《看不见的法律》，高忠义、杨婉苓译，法律出版社 2007 年版。

［美］迈克尔·桑德尔：《精英的傲慢》，曾纪茂译，中信出版集团 2021 年版。

［美］曼瑟·奥尔森：《集体行动的逻辑：公共物品与集团理论》，陈郁、郭宇峰、李崇新译，格致出版社、上海人民出版社 2018 年版。

［美］帕特里夏·尤伊克、苏珊·S. 西尔贝：《法律的公共空间——日常生活中的故事》，陆益龙译，商务印书馆 2005 年版。

［美］唐纳德·J. 布莱克：《法律的运作行为》，唐越、苏力译，中国政法大学出版社 1994 年版。

［美］托马斯·索维尔：《知识分子与社会》，张亚月、梁兴国译，中信出版社 2013 年版。

［美］韦恩·K. 霍伊、塞西尔·G. 米斯克尔：《教育管理学：理论·研究·实践》（第 7 版），范国睿主译，教育科学出版社 2007 年版。

［美］约翰·S. 布鲁贝克：《高等教育哲学》，王承绪等译，浙江教育出版社 2001 年版。

［日］川岛武宜：《现代化与法》，申政武等译，中国政法大学出版社 2004 年版。

［英］H. K. 科尔巴奇：《政策》，张毅、韩志明译，吉林人民出版社 2005

年版。

[英] 安东尼·史密斯、弗兰克·韦伯斯特主编：《后现代大学来临?》，侯定凯、赵叶珠译，北京大学出版社 2010 年版。

[英] 罗杰·科特威尔：《法律社会学导论》（第 2 版），彭小龙译，中国政法大学出版社 2015 年版。

[英] 迈克尔·欧克肖特：《政治中的理性主义》，张汝伦译，上海译文出版社 2004 年版。

[英] 托尼·比彻、保罗·特罗勒尔：《学术部落与学术领地：知识探索与学科文化》，唐跃勤等译，北京大学出版社 2018 年版。

[英] 约翰·亨利·纽曼：《大学的理念》，高师宁等译，贵州教育出版社 2006 年版。

后记

2024年5月21日，我在书房校阅完书稿最后一页，此刻的心情如同初夏的果实，一种甜丝丝的味道充盈整个心房。之所以有如此自在的感受，不仅因为这本书是我进入教育领导与管理领域后，第一项真正意义上的实地研究成果，更重要的是，它是我从事高校工作后围绕大学治理问题不断观察、积累、探寻和思考的一次大总结。从找到源于现实的研究问题，到构建适恰的研究方法和理论依据，再到形成本土化的观点总结，这本书的写作跨越了整整五年时间。在打开所要研究的关系问题、还原关系真实面目之际，凝聚了我无数次尝试着打开自己、还原自己的领悟与感受。可以说，写书的过程，就是心性磨炼的过程。

回望过去的十余年，伴随着高等教育领域乃至国家整体领域简政放权放管结合改革发展的历史车轮，大学办学治校实践中的一场场变革不断涌现，既营造了学校整体的改革氛围，更提升了基层单位的治理期待。某种意义上，甚至可以说，大学治理不再只是依赖于学校层面的集中发力，而是学校层面的集中发力与学院层面的积极响应、校院之间的双向互力以及大学成员积极实践的合力所致。这就如同是一个个相互关联的关系圈，在大学这个开放的社会系统中，学校、学院、学科各个层次的组织单元交织关联，变革时代的大学校院两级治理无疑是复杂的。在书中，我试图以一种更为开放的学术心境，带着大学工作、生活经历者的常识，对变革时代大学校院两个层级之间治理现实展开过程性、情境性、能动性的研究，来追溯、深描和探寻治理的复杂性所在，并试图将复杂问题透过软法视角简单化呈现。

很多时候，我就像走进了一个迷宫，要表达的、要还原的内容太多，每走一步都需要不断地看、不停地想，比如如何对大学内在体制格局和制度规则形成判断，如何对中国社会“情、理、法”特定结构下认识与实践之间鸿沟的建立关切，如何对环境、传统、条件、立场所致的治理冲突与博弈作出解释并勾勒出自己朴素的法治情愫，等等。不过过程虽然艰辛坎坷，写作带来的希望和惊喜也总能相伴而行。事实上，我也一直相信，社会在转型，变革就像涓涓细流，即便此刻不见江河奔涌，在不久的未来，随着改革的持续深化，现实的制约、鸿沟、冲突终将逐渐淡化，而那些来自文化的、精神的力量则会慢慢沉淀，直到指引中国大学治理与发展走向更为理性的未来。对于这些相关问题的阐释、理解和意义挖掘，需要拓展到更广泛的领域和更丰富的层面，才能继续探寻。

行文至此，过往无数个夜以继日的思绪浮上心头，不禁令人感慨万千。感慨曾经的执着与坚持，感慨现在的从容与追求，更感慨这期间太多人给予的教导、帮助、支持与启发。还记得写作陷于瓶颈时，一位亦师亦友的师长曾说，“登山的三段路表达了你论文写作的三个阶段：第一个是上坡的台阶，每一步都需要付出艰辛，但它是努力的方向；第二个到了山顶的平台，路直但深远处处是风景；第三步是下山的陡坡，弯弯曲曲但无法刹车，逗留或留恋已不可能。人间烟火，就在杭州天堂!”写作是需要意义感、价值感甚至仪式感指引的，就像是一场马拉松长跑，发令仪式后需要长期的坚韧和力量不断激荡内心。

本书完成之际，我首先要向我的导师张新平教授表达最真挚的敬意和谢意。张老师是将我正式带入教育学科开展学术研究的引路人，他浓厚的哲学底蕴、开阔的视野与敏锐的视角，总是令我有醍醐灌顶之感。在写作过程中，张老师一直循循善导和指点迷津，给予我的力量是无穷的。每当艰难困顿之际，想起导师为人为学的处世态度，我就会自觉收起浮躁的心态，然后沉静到自己的书斋中，以一种更加坚定的信念和上下求索的动力继续写作，最终完成系统性的书稿。可以说，这些年，张老师对我的影响总是在无形之中，跟随张老师研读经典、讨论问题和探讨人生的点点滴滴，也将成为我这一生中最美好的回忆。

感谢我的母校南京师范大学，其自由学风和醇厚学术传统对我的陶冶和帮助。尤其是教育管理与政策系的程晋宽教授、陈学军教授、姚继军教授、刘建教授、叶忠教授、魏峰教授、陈红燕教授等，他们给予了我很多极具指导价值的意见建议。还有吴康宁教授、程天君教授、胡建华教授、王建华教授、邵泽斌教授、冯建军教授、徐文彬教授等给予我的意见启发。无论是在学识涵养上，还是在治学风格上，能得诸位老师的学术教诲与真金，备受鼓舞和感激。

感谢我所在工作单位的领导为我提供良好的学术氛围，使我能够有时间、有条件尽快完成书稿。感谢一直以来支持我的同事、同学和朋友，为本书所提供了弥足珍贵的经验意见，让我大幅缩短了理论与实践间的距离。如果没有志同道合的学友们一起谈古论今和观点交锋，我想我很难在思想丛林中长期摸索前行，也很难汲取到实践智慧和理论张力。感谢我的许多学生，尤其是研究生孟娟、涂艳、林敏的细心校稿，与她们交流讨论的点点滴滴，对我也有很多启发。

感谢中国社会科学出版社对本书的支持，尤其是责任编辑为本书出版给予的支持和帮助，使我的书能够在最短的时间内和读者见面。感谢《高等教育研究》《江苏高教》等学术期刊，本书在写作过程中，部分章节内容成稿于《软法治理视角下的校院两级管理：整体图景与实践机理》《校院关系的多维分析及启示——基于Y大学的实证研究》等论文，已发表在这些学术期刊上。

感谢个案高校接受访谈和提供实地资料和便利条件的领导、老师和学生。书中的很多故事是他们真情实感的流露，很多内容也受到过他们的评论和质疑。一些访谈和资料尽管没有在本书中采用，但对我也颇有启迪。鉴于实地调查期间的身份关系考虑，本书抹去了他们的真实信息。在此，对他们的热情支持和配合帮助，表达真挚的感谢。

感谢家人的理解，尤其是我最亲爱的父母。每当想起父母，都令我心生愧疚。没有他们的理解和支持，我不可能安心于工作和学术。这本微薄的书也是我唯一可以回馈父母默默付出的礼物，衷心希望他们身体健康！

最后需要说明，本书的写作虽然跨越多年，但一些观点的提出还不太成熟，一些空间的探索还不够开阔。不过也正因为此，使我有信心、有勇气认识到，这是一项远未完成的研究，未来需要长途跋涉的学术修行还很长。

何晨玥

2024 年 5 月 21 日于杭州